行政法研究双書 39

行政訴訟の解釈理論

村上裕章 著

弘文堂

「行政法研究双書」刊行の辞

　日本国憲法のもとで、行政法学が新たな出発をしてから、七〇有余年になるが、その間の理論的研究の展開は極めて多彩なものがある。しかし、ときに指摘されるように、理論と実務の間に一定の乖離があることも認めなければならない。その意味で、現段階においては、蓄積された研究の成果をより一層実務に反映させることが重要であると思われる。そのことはまた、行政の現実を直視した研究がますます必要となることを意味するのである。

　「行政法研究双書」は、行政法学をめぐるこのような状況にかんがみ、理論と実務の懸け橋となることを企図し、理論的水準の高い、しかも、実務的見地からみても通用しうる著作の刊行を志すものである。もとより、そのことは、本双書の内容を当面の実用に役立つものに限定する趣旨ではない。むしろ、当座の実務上の要請には直接応えるものでなくとも、わが国の行政法の解釈上または立法上の基本的素材を提供する基礎的研究にも積極的に門戸を開いていくこととしたい。

塩　野　　　宏
園　部　逸　夫
原　田　尚　彦

はしがき

　本書は、筆者がここ 10 年ほどの間に公表した論文及び判例評釈のうち、行政訴訟関係のものを収録した論文集である（書き下ろしも 1 編ある）。解釈論に関わるものが多いことから、「行政訴訟の解釈理論」という書名としたが、行政訴訟の基礎理論や立法論に関する論文も含まれている。収録に際し、見出しや文献の引用方法等について最小限の修正を行ったが、実質的な変更は原則として加えていない。

　本書は、第 1 部「法律上の争訟」、第 2 部「訴訟類型と訴訟要件」、第 3 部「裁量統制」、第 4 部「行政訴訟制度改革」の 4 部から構成されている。

　第 1 部「法律上の争訟」においては、法律上の争訟や客観訴訟など、行政訴訟の基礎理論に関わる問題を論じた研究を収録している。

　第 1 章「行政主体間の争訟と司法権・再論」では、行政主体間の争訟が法律上の争訟に含まれるかという問題を検討している。筆者はかつて「行政主体間の争訟と司法権」（村上裕章『行政訴訟の基礎理論』（有斐閣、2007 年）所収）を公表したが、その後、判例や学説が大きく展開したことから、改めて考察を加えた論文である。

　第 2 章「日本における客観訴訟論の導入と定着」では、行政訴訟を主観訴訟と客観訴訟に分類する考え方（客観訴訟論）が、日本に導入され、定着した経緯を検討している。筆者はフランスにおける客観訴訟論を検討したことがあるが（「越権訴訟の性質に関する理論的考察」村上・前掲書所収）、日本におけるその受容過程を分析した研究である。

　第 3 章「客観訴訟と憲法」では、日本における客観訴訟の具体例を検討した上で、客観訴訟が憲法上許容されるかという問題を論じている。結論としては通説に与するものであるが、論点を明確化するとともに、憲法上の限界をある程度解明できたのではないかと考えている。

　第 2 部「訴訟類型と訴訟要件」においては、行政訴訟の訴訟類型と訴訟要件

について論じた研究を収録している。

　第4章「多様な訴訟類型の活用と課題」では、2004年の行政事件訴訟法改正によって明文化または明示された訴訟類型（義務付け訴訟、差止訴訟、公法上の確認訴訟）について、執筆時点までの裁判例を分析している。

　第5章「「申請権」概念の生成と展開」では、日本において「申請権」という概念が生成し、発展した経緯を検討している。学説史的な考察をふまえ、現在の義務付け訴訟のあり方について、立法論的な問題提起も行っている。

　第6章「土地家屋調査士に係る懲戒処分申出に対する決定の処分性」は、「申請権」の有無が争われた裁判例の評釈である。

　第7章「原告適格拡大の意義と限界──小田急線高架化事件」では、2004年の行政事件訴訟法改正によって付加された条文を検討し、判例における原告適格の考え方がどう変わったかを検討している。

　第8章「教職員国旗国歌訴訟（予防訴訟）上告審判決」、第9章「ワンコインドーム事件」、第10章「厚木基地第4次訴訟（行政訴訟）上告審判決」（書き下ろし）は、差止訴訟や確認訴訟に関する判例・裁判例の評釈である。

　第11章「公法上の確認訴訟の適法要件──裁判例を手がかりとして──」では、公法上の確認訴訟の訴訟要件について論じている。2004年の行政事件訴訟法改正により、公法上の確認訴訟の活用が求められたが、その適法要件が不明確であることから、裁判例を手がかりとして検討を加えた論文である。

　第3部「裁量統制」においては、行政訴訟における裁量統制を論じた研究を収録している。

　第12章「判断過程審査の現状と課題」では、いわゆる判断過程審査に関する判例を分析し、今後の課題を明らかにしている。判断過程審査については不明確な点が多いが、その意味を多少なりとも解明できたのではないかと考えている。

　第13章「小田急訴訟本案判決」と第14章「生活保護老齢加算廃止訴訟」は、判断過程審査を行ったと思われる判例の評釈である。

　第4部「行政訴訟制度改革」においては、行政訴訟制度の改革を論じた研究を収録している。

　第14章「司法制度改革後における行政法判例の展開」では、司法制度改革

後の判例の傾向を明らかにするとともに、理論の過剰及び過少という観点から批判的に検討を加えている。第79回日本公法学会総会（2014年）の総会報告をもとにした論文である。

　第15章「団体訴訟の制度設計に向けて──消費者保護・環境保護と行政訴訟・民事訴訟」では、消費者保護と環境保護の両分野における団体訴訟のあり方を比較検討している。筆者が研究代表者を務めていた科学研究費基盤研究(B)「個別行政法の多様な展開と行政訴訟制度改革」（2013年度〜2015年度）で2014年にシンポジウムを実施したが、その成果をふまえて執筆した論文である。

　本書に収録した論文等は、2008年に筆者が北海道大学から九州大学に移籍した後に執筆されたものである。法科大学院教育が本格化した時期にあたり、筆者もその対応に追われる毎日だった。法科大学院での授業は大変刺激的で、本書に収録した論文には、学生からの質問が考察を深めるきっかけとなったものも少なくない。これまで以上に判例を意識するようになったことはよい影響であるが、個人的には、比較法的な研究が手薄になったのではないかという反省もある。

　誠にささやかなものではあるが、本書を刊行できたことについては、九州大学の良好な研究環境と、同僚諸氏からの学問的刺激によるところが大きい。

　本書の出版にあたっては、弘文堂編集部の高岡俊英氏、鈴木麻由美氏から多大なご助力を賜った。公表媒体がさまざまだったことから、表記の統一にかなり苦労したが、高岡氏、鈴木氏の的確な校閲作業のおかげで、迅速に出版にこぎ着けることができた。この場を借りて心より御礼申し上げたい。

　最後になるが、日々の研究を温かくかつ明るく支えてくれている妻明香に、本書を捧げたい。

　　　2019（平成31）年4月

村　上　裕　章

目　次

はしがき　*i*
初出一覧　*vi*

第1部　法律上の争訟

第1章　行政主体間の争訟と司法権・再論 …………………………………… *1*
Ⅰ　はじめに（*1*）　Ⅱ　学説（*2*）　Ⅲ　判例（*6*）　Ⅳ　検討（*10*）
Ⅴ　おわりに（*15*）

第2章　日本における客観訴訟論の導入と定着 ……………………………… *16*
Ⅰ　はじめに（*16*）　Ⅱ　明治憲法下における客観訴訟論の導入（*16*）
Ⅲ　現行憲法下における客観訴訟論の定着（*43*）　Ⅳ　おわりに（*52*）

第3章　客観訴訟と憲法 ………………………………………………………… *53*
Ⅰ　はじめに（*53*）　Ⅱ　客観訴訟の具体例（*54*）　Ⅲ　客観訴訟の憲法上の位置付け（*73*）　Ⅳ　客観訴訟の憲法上の限界（*78*）　Ⅴ　おわりに（*87*）

第2部　訴訟類型と訴訟要件

第4章　多様な訴訟類型の活用と課題 ………………………………………… *93*
Ⅰ　はじめに（*93*）　Ⅱ　おわりに（*103*）

第5章　「申請権」概念の生成と展開 ………………………………………… *104*
Ⅰ　はじめに（*104*）　Ⅱ　生成——拒否処分取消訴訟の理論的説明（*105*）
Ⅲ　確立——行政事件訴訟法における不作為の違法確認訴訟の規定（*114*）
Ⅳ　展開その1——行政手続による「申請に対する処分」の法定（*121*）
Ⅴ　展開その2——行政事件訴訟法改正による義務付け訴訟の明文化（*130*）
Ⅵ　おわりに（*145*）

第6章　土地家屋調査士に係る懲戒処分申出に対する決定の処分性 ……… *146*
【事実】（*146*）　【判旨】（*146*）　【評釈】（*149*）

第7章　原告適格拡大の意義と限界——小田急線高架化事件 ……………… *155*
Ⅰ　はじめに（*155*）　Ⅱ　用語の整理（*156*）
Ⅲ　目的を共通にする関係法令（*160*）

Ⅳ　考慮されるべき利益の内容・性質（163）　Ⅴ　おわりに（167）

第 8 章　教職員国旗国歌訴訟（予防訴訟）上告審判決 …………………… 168
　【事実】（168）　　【判旨】（170）　　【評釈】（173）

第 9 章　ワンコインドーム事件 ………………………………………………… 182
　【事案】（182）　　【判旨】（184）　　【評釈】（187）

第 10 章　厚木基地第四次訴訟（行政訴訟）上告審判決 ………………… 198
　【事案】（198）　　【判旨】（199）　　【評釈】（202）

第 11 章　公法上の確認訴訟の適法要件──裁判例を手がかりとして ……… 214
　Ⅰ　はじめに（214）　Ⅱ　対象選択の適否（215）　Ⅲ　即時解決の必要性（221）　Ⅳ　方法選択の適否（226）　Ⅴ　おわりに（231）　（追記）（231）

第 3 部　裁量統制

第 12 章　判断過程審査の現状と課題 ………………………………………… 235
　Ⅰ　はじめに（235）　Ⅱ　判断過程に関する判例の展開（235）
　Ⅲ　判断過程審査の分析（240）　Ⅳ　判断過程審査の課題（243）
　Ⅴ　おわりに（247）

第 13 章　小田急訴訟本案判決 ………………………………………………… 248
　【事実】（248）　　【判旨】（249）　　【評釈】（251）

第 14 章　生活保護老齢加算廃止訴訟 ………………………………………… 262
　【事実】（262）　　【判旨】（263）　　【評釈】（265）

第 4 部　行政訴訟制度改革

第 15 章　司法制度改革後における行政法判例の展開 …………………… 277
　Ⅰ　はじめに（277）　Ⅱ　行政法判例の展開（277）　Ⅲ　理論の過剰（283）
　Ⅳ　理論の過少（288）　Ⅴ　おわりに（296）

第 16 章　団体訴訟の制度設計に向けて
　　　　　──消費者保護・環境保護と行政訴訟・民事訴訟 ……………… 298
　Ⅰ　はじめに（298）　Ⅱ　消費者保護と環境保護（299）
　Ⅲ　行政訴訟と民事訴訟（303）　Ⅳ　おわりに（307）

　　　事項索引　　308
　　　判例索引　　313

初 出 一 覧

第1部　法律上の争訟
第1章　「国・自治体間等争訟」現代行政法講座編集委員会ほか編・現代行政法講座IV 自治体争訟・情報公開争訟（日本評論社、2014年）11～27頁

第2章　「日本における客観訴訟論の導入と定着」法政研究82巻2＝3号（2015年）519～567頁

第3章　「客観訴訟と憲法」行政法研究4号（2013年）11～50頁

第2部　訴訟類型と訴訟要件
第4章　「多様な訴訟類型の活用と課題」法律時報82巻8号（2010年）20～25頁

第5章　「『申請権』概念の生成と確立」滝井繁男先生追悼・人権拡大のために（日本評論社、2017年）336～354頁、『『申請権』概念の展開」法政研究84巻1号（2017年）41～72頁（150枚＝30頁）を統合して改稿

第6章　「土地家屋調査士法44条1項に基づく懲戒申出を受けた地方法務局長がした当該土地家屋調査士に対し懲戒処分を行わないとの決定の行政処分性（積極）ほか」）判例評論695号（2017年）2～5頁

第7章　「原告適格拡大の意義と限界──小田急線高架化事件」論究ジュリスト3号（2012年）102～108頁

第8章　「教職員国旗国歌訴訟（予防訴訟）上告審判決」判例評論651号（2013年）2～7頁

第9章　「ワンコインドーム事件」法政研究84巻4号（2018年）109～123頁

第10章　「厚木基地第4次訴訟（行政訴訟）第1審」法政研究82巻1号（2015年）65～79頁をもとに、上告審判決を踏まえて書き下ろし

第11章　「公法上の確認訴訟の適法要件──裁判例を手がかりとして」高木光ほか編・阿部泰隆先生古稀記念・行政法学の未来に向けて（有斐閣、2012年）733～752頁

第3部　裁量統制
第12章　「判断過程審査の現状と課題」法律時報85巻2号（2013年）10～16頁

第13章　「都知事が行った都市高速鉄道に係る都市計画の変更が鉄道の構造として高架式を採用した点において裁量権の範囲を逸脱し又はこれを濫用したものとして違法であるとはいえないとされた事例──小田急線連続立体交差（高架化）事

業認可取消訴訟上告審（第一小法廷）判決」）判例評論584号（2007年）2～8頁
　第14章　「生活保護老齢加算廃止訴訟」法政研究80巻1号（2013年）205～218頁

第4部　行政訴訟制度改革
　第15章　「司法制度改革後における行政法判例の展開」公法研究77号（2015年）26～49頁
　第16章　「団体訴訟の制度設計に向けて――消費者保護・環境保護と行政訴訟・民事訴訟」論究ジュリスト12号（2015年）114～118頁

第1部　法律上の争訟

第1章　行政主体間の争訟と司法権・再論

I　はじめに

　本章では、個別法に規定がない場合に、行政主体間の争訟[1]を提起することができるか、という問題を検討する。

　一般に、「法律上の争訟」（裁3条1項）は、司法権（憲76条1項）が行使される本来的な対象であり、「法律上の争訟」にあたる場合には、個別法に規定がなくとも、当然に訴訟を提起できると解されている[2]。行政訴訟には、国民の権利利益の保護を目的とする主観訴訟（抗告訴訟及び公法上の当事者訴訟）と、公益の保護を目的とする客観訴訟（民衆訴訟及び機関訴訟）があり、前者は「法律上の争訟」にあたるから、当然に提起することが可能であるのに対し、後者は「法律上の争訟」にあたらないから、個別法に規定がある場合にしか提起できないとされている。

　行政主体間の争訟については、国等の関与に対する地方公共団体の訴え（地自251条の5・252条）のように、機関訴訟として個別法で定められているものがあり、こうした場合に訴訟を提起できることは問題がない。本章で取り扱うのは、個別法に規定がない場合に、行政主体間の争訟を主観訴訟として提起できるかという問題である。国や地方公共団体のような行政主体が訴訟当事者となる場合[3]は、私人とは異なり、当然には「法律上の争訟」が成立しないから、

---

1) 本章で「行政主体間の訴訟」とは、行政主体（国、地方公共団体、公共組合、特殊法人、独立行政法人など）相互間の訴訟を指す。
2) たとえば、芦部信喜（高橋和之補訂）『憲法［第5版］』〔岩波書店、2011年〕328頁以下。
3) 行政主体が当事者となる訴訟としては、①私人が行政主体に対して提起する場合、②行政主体が私人に対して提起する場合、③行政主体が行政主体に対して提起する場合がある。このうち①が

主観訴訟を提起することができない、という有力な見解があり、この見解の当否をめぐってこれまで論争が行われてきた。本章は、この論点について、これまでの判例学説を踏まえ、検討を加えるものである。

なお、行政主体は様々な地位を有しており、混乱を避けるためには、あらかじめ整理しておく必要がある。大きく分けると、①行政主体が財産権の主体である（あるいは私人と同様の法的立場に立つ）場合、②かつての機関委任事務のように、行政主体（またはその機関）が他の行政主体の下級機関として扱われる場合、③行政主体（またはその機関）の行為について、他の行政主体（またはその機関）に対する不服申立てが認められている場合（いわゆる裁定的関与）、④その他の場合がある。このうち、①の場合については、その範囲が必ずしも明らかでないものの、行政主体も訴訟を提起できることについては争いがない。また、②の場合については、そのような取扱いが許容されるか疑問があるものの、下級機関として扱われている以上、訴訟は提起できないと解するのが一般である。主として議論されているのは③と④の場合であり、本章では④を中心に検討を行う。

II 学　説

行政主体間の争訟（上記①ないし③を除く）が「法律上の争訟」にあたるかについては、大別して、肯定説と否定説がある。

一　肯定説

肯定説を早くから主張したのは塩野宏であり、地方公共団体と国の争訟については「自治権」の侵害を根拠として訴訟の提起が可能であるとし[4]、特殊法人等の特別行政主体についても、法律上独立の法人格を与えられている以上、国の行為に対して訴訟を認めるべきであると主張する[5]。学説の多くもこれに

「法律上の争訟」にあたることは争われていない。本章の対象は③であるが、②についても類似した問題があるので、必要に応じて言及する。
[4]　塩野宏「地方公共団体に対する国家関与の法律問題」（1966年）同『国と地方公共団体』〔有斐閣、1990年〕119頁以下、同「地方公共団体の法的地位論覚書」（1981年）同書36頁以下、同「地方公共団体の出訴資格」（2009年）同『行政法概念の諸相』〔有斐閣、2011年〕361頁以下、同『行政法 III〔第4版〕』〔有斐閣、2012年〕252頁以下。

賛成しており、後に検討する 2002（平成 14）年の宝塚市パチンコ店建築中止命令事件上告審判決[6]（以下「宝塚判決」という）以降もこの状況は変わっていない[7]。比較法的にみても、ドイツ、フランス、イギリス、アメリカ合衆国においては、ニュアンスの違いはあるが、原則として行政主体の出訴が認められて

---

5) 塩野宏「特殊法人に関する一考察」（1975 年）同『行政組織法の諸問題』〔有斐閣、1991 年〕30 頁、同・前掲注 4)『行政法 III』117 頁以下。

6) 最判平成 14 年 7 月 9 日民集 56 巻 6 号 1134 頁。

7) 地方公共団体について、田上穣治「新憲法と自治監督」『地方自治論文集［再版］』〔第一法規、1955 年〕29 頁、成田頼明「地方自治の保障」宮澤俊義先生還暦記念『日本国憲法体系（5 巻）』〔有斐閣、1964 年〕309 頁、田村悦一「地域住民及び地域団体の法的地位とその保障」立命館法学 119＝120 号（1975 年）51 頁以下、室井力＝塩野宏編『行政法を学ぶ 2』〔有斐閣、1978 年〕281 頁以下［磯部力］、寺田友子「行政組織の原告適格」民商法雑誌 83 巻 2 号（1980 年）271 頁、木佐茂男「国と地方公共団体との関係」雄川一郎ほか編『現代行政法大系 8』〔有斐閣、1988 年〕411 頁、碓井光明『自治体財政・財務法［改訂版］』〔学陽書房、1999 年〕92 頁以下、同「国庫支出金・地方交付税等に関する法律関係」自治研究 76 巻 1 号（2000 年）3 頁、曽和俊文「地方公共団体の訴訟」（1991 年）同『行政法執行システムの法理論』〔有斐閣、2011 年〕213 頁以下、篠原睦・訟月 44 巻 7 号（1998 年）1106 頁以下、白藤博行「国と地方公共団体との間の紛争処理の仕組み」公法研究 62 号（2000 年）207 頁以下、同「地方分権改革と『自治体行政訴訟』」法律時報 79 巻 9 号（2007 年）58 頁以下、白藤博行ほか『アクチュアル地方自治法』〔法律文化社、2010 年〕245 頁以下［白藤］、富岡淳・平成 8 年行政関係判例解説（1998 年）105 頁以下、阿部泰隆「基本科目としての行政法・行政訴訟法の意義㈢」自治研究 77 巻 6 号（2001 年）26 頁、同「区と都の間の訴訟（特に住基ネット訴訟）は法律上の争訟に当たらないか（上）（下）」自治研究 82 巻 12 号（2006 年）3 頁、83 巻 1 号（2007 年）3 頁、同「続・行政主体間の法的紛争は法律上の争訟にならないのか（上）（下）」自治研究 83 巻 2 号（2007 年）3 頁、3 号（2007 年）20 頁、同『行政法解釈学 II』〔有斐閣、2009 年〕84 頁以下、山本隆司「行政組織における法人」塩野宏先生古稀記念『行政法の発展と変革（上巻）』〔有斐閣、2001 年〕859 頁以下、南博方＝高橋滋編『条解行政事件訴訟法［第 3 版補正版］』〔弘文堂、2009 年〕727 頁［山本隆司］、村上裕章「行政主体間の争訟と司法権」（2001 年）同『行政訴訟の基礎理論』〔有斐閣、2007 年〕64 頁以下、人見剛「『まちづくり権』侵害を理由とする抗告訴訟における地方自治体の原告適格」（2002 年）同『分権改革と自治体法理』〔敬文堂、2005 年〕47 頁以下、斎藤誠「地方自治の手続的保障」（2005 年）同『現代地方自治の法的基層』〔有斐閣、2012 年〕142 頁、同「行政主体間の紛争と行政訴訟」藤山雅行＝村田斉志編『行政争訟［改訂版］』〔青林書院、2012 年〕94 頁、室井敬司「自治体と法律上の争訟・司法権論覚書」兼子仁先生古稀記念『分権時代と自治体法学』〔頸草書房、2007 年〕127 頁以下、山本未来「行政主体間の争訟と地方自治」愛知大学法学部法経論集 177 号（2008 年）1 頁、寺洋平「国と普通地方公共団体との間における行政訴訟」早稲田法学 85 巻 3 号（2010 年）846 頁以下、大浜啓吉『行政法講義 II 行政裁判法』〔岩波書店、2011 年〕145 頁以下など。公共組合について、田村・前掲 52 頁、安本典夫「公共組合の国家に対する地位について」立命館法学 150-154 号（1980 年）770 頁以下、同「公共組合」雄川一郎ほか編『現代行政法大系 7』〔有斐閣、1985 年〕318 頁、寺田・前掲 271 頁以下など。独立行政法人について、長谷部恭男「独立行政法人」ジュリスト 1133 号（1998 年）103 頁、山本隆司「独立行政法人」ジュリスト 1161 号（1999 年）129 頁など。

いる[8]。

二 否定説

これに対し、否定説も有力な論者によって主張されている。

雄川一郎は、「法律上の争訟」は国民の権利義務に関する紛争の概念を中心に構成されており、行政内部における機関相互の紛争はこれにあたらないとした上で、「不適法とされるべき機関訴訟の「機関」や「権限」の観念は実質的かつ相対的に解すべきである」とし、「国や公法人自体が出訴する場合であっても、それらが公行政の主体としての地位にある場合には、機関訴訟の性質をもつものと考え得る場合が多い」と述べている[9]。

藤田宙靖は、行政主体と私人の二元論を前提とすると、行政主体相互間の法

---

[8] ドイツについては、小高剛「内部規律行為と行政行為」立命館法学 33 号（1960 年）84 頁以下、塩野・前掲注 4）「地方公共団体に対する国家関与の法律問題」93 頁以下、同「西ドイツ原子力訴訟の特色」（1978 年）同『行政過程とその統制』〔有斐閣、1989 年〕377 頁以下、宮田三郎『行政計画法』〔ぎょうせい、1984 年〕259 頁以下、中井勝巳「西ドイツにおける地方自治体の計画参加権の裁判的保障」立命館法学 175 号（1984 年）381 頁以下、安達和志「西ドイツ環境行政訴訟における市町村の出訴適格」神奈川大学法学研究所研究年報 7 号（1986 年）33 頁以下、人見剛「地方自治体の自治事務に関する国家の裁定的関与の法的統制」（1995 年）同・前掲注 7）273 頁以下、山本隆司『行政上の主観法と法関係』〔有斐閣、2000 年〕364 頁以下、同「行政訴訟に関する外国法制調査——ドイツ（上）」ジュリスト 1238 号（2003 年）86 頁以下、薄井一成「地方公共団体の原告適格」（2004 年）同『分権時代の地方自治』〔有斐閣、2006 年〕197 頁以下など。フランスについては、広岡隆「地方公共団体の行政訴訟」法と政治 28 巻 3＝4 号（1978 年）345 頁以下、亘理格「フランスにおける国、地方団体、住民㈠～（五・完）」自治研究 59 巻 3 号（1983 年）92 頁、8 号（1983 年）86 頁、9 号（1983 年）95 頁、10 号（1983 年）81 頁、12 号（1983 年）79 頁、橋本博之「行政訴訟に関する外国法制調査——フランス（上）」ジュリスト 1236 号（2002 年）89 頁、飯島淳子「地方自治の法理論㈠～（五・完）」国家学会雑誌 118 巻 3＝4 号（2005 年）183 頁、7＝8 号（2005 年）718 頁、11＝12 号（2005 年）985 頁、119 巻 1＝2 号（2006 年）1 頁、5＝6 号（2006 年）359 頁など。イギリスについては、岡村周一「イギリス行政訴訟法における原告適格の法理（四・完）」法学論叢 103 巻 6 号（1978 年）12 頁以下、同「イギリス行政法における原告適格に関する最近の動向について」法学論叢 106 巻 6 号（1980 年）22 頁以下、榊原秀訓「行政訴訟に関する外国法制調査——イギリス（上）」ジュリスト 1244 号（2003 年）242 頁など。アメリカ合衆国については、藤田泰弘「アメリカ合衆国における行政訴訟原告適格の法理」訟月 19 巻 5 号（1973 年）147 頁以下、曽和・前掲注 7）189 頁以下、浅香吉幹『現代アメリカの司法』〔東京大学出版会、1999 年〕55 頁以下、柴田直子「アメリカにおける地方政府の出訴資格」神奈川法学 36 巻 1 号（2003 年）121 頁以下など。

[9] 雄川一郎「機関訴訟の法理」（1974 年）同『行政争訟の理論』〔有斐閣、1986 年〕464 頁以下。同「地方公共団体の行政訴訟」（1968 年）同書 426 頁以下もほぼ同旨。

関係は行政主体と私人の間の法関係とは性質が異なるのであって、基本的に行政主体内部の組織構造に関する法関係であるが、個別的には、私人相互間または行政主体と私人との関係と同じ性質のものとなることもある、と述べている[10]。

小早川光郎は、戦後司法制度改革によって、「行政主体としての自治体の自治権を主張する訴訟という、一般私人の権利利益主張の訴訟とは基本的に性格を異にするものを、裁判所の本来的な任務・権限の一部として新たに組み込むことが積極的に意図されていたと解すべき根拠はない」とし、自治体の自治権について、憲法は、地方自治の本旨に即しつつ裁判所の介入をいかなる程度と態様において制度化すべきかの決定を、法律に委ねているとする[11]。

なお、田中二郎は、特殊法人（田中のいう「独立行政法人」）について、「実質的には、国又は地方公共団体との間に一体性を有することを否定し得ないのであって、それぞれ、その代行機関としての地位及び性質を有するものとみるべき」であるとして、国に対する訴訟提起を否定している[12]。しかし、他方で、国と地方公共団体の間の関係については、「行政機関相互間の関係とも異なり、地方公共団体の自主性と独立性とをはっきりと認めている現行法の下では、大体においては、行政主体と人民との間の関係に準じて考えてよい」と述べている[13]。また、別の箇所では、行政機関相互間の関係（機関委任事務を含む）における争訟が法律上の争訟にあたらないのは、「権利義務に関する紛争ではなくて、機関権限の行使の問題であり、行政組織の内部的な問題として、内部的に処理すべきものだという考え方に基づいている」[14]とする一方で、国と地方公共団体との関係、地方公共団体相互間の関係については、「私法上の権利義務の関係ではなく、公法上の特殊な権利義務の関係とみることができると思う」[15]とし、「いずれにせよ行政主体相互の関係で起こる問題は、権利義務の関

---

10) 藤田宙靖「行政主体相互間の法関係について」（1998年）同『行政法の基礎理論下巻』〔有斐閣、2005年〕61頁以下。同『行政組織法』〔有斐閣、2005年〕45頁以下も同旨。
11) 小早川光郎「司法型の政府間調整」松下圭一ほか編『自治体の構想2 制度』〔岩波書店、2002年〕67頁以下。
12) 田中二郎『新版行政法（中巻）〔全訂第2版〕』〔弘文堂、1976年〕212頁。
13) 田中二郎『行政法総論』〔有斐閣、1957年〕198頁注2）。
14) 田中二郎『行政法講義（上）』〔良書普及会、1965年〕102頁以下。

係、当事者間の法律関係としての性質をもっているもので、いわゆる機関相互の関係とは区別して考えなければならない問題である」[16]と述べている[17]。以上からすると、田中の見解を整理すれば、行政主体相互間の関係を基本的に（公法上の）権利義務関係と捉え、法律上の争訟の成立を認めながら、機関委任事務の場合や（国の代行機関としての）特殊法人について、例外的に、行政機関相互間の関係として、法律上の争訟の成立を否定する、というものだったように思われる。

III　判　例

この問題についての最高裁の立場は必ずしも明確ではなかったが、近年になって否定説に立つとも解される判例が現れている。

一　大阪国民健康保険事件

国民健康保険の保険者である大阪市が行った被保険者証の交付拒否決定につき、不服申立てを受けた大阪府国民健康保険審査会がこれを取り消す裁決を行ったため、大阪市が当該裁決の取消訴訟を提起した事件である。

最高裁は、「国民健康保険事業の運営に関する法の建前と審査会による審査の性質から考えれば、保険者のした保険給付等に関する処分の審査に関するかぎり、審査会と保険者とは、一般的な上級行政庁とその指揮監督に服する下級行政庁の場合と同様の関係に立ち、右処分の適否については審査会の裁決に優越的効力が認められ、保険者はこれによつて拘束されるべきことが制度上予定されているものとみるべきであつて、その裁決により保険者の事業主体としての権利義務に影響が及ぶことを理由として保険者が右裁決を争うことは、法の認めていないところである」として、訴えを不適法とした[18]。

この判決は裁定的関与に関するものであり、国と自治体の関係一般について

---

15)　田中・前掲注 14) 104 頁。
16)　田中・前掲注 14) 105 頁。
17)　塩野・前掲注 4)「地方公共団体の出訴資格」368 頁は、明治憲法下の学説について、「自治体の自治権は、明治憲法時代のわが国においても権利としての位置づけをすでに与えられ」ていた旨を指摘しているが、田中の見解はその延長線上にあるといえる。
18)　最判昭和 49 年 5 月 30 日民集 28 巻 4 号 594 頁。

判示したものではないと解する余地があった。

二　成田新幹線事件

運輸大臣が日本鉄道建設公団に対し新幹線建設に係る工事実施基本計画の認可を行ったのに対し、建設予定地周辺の住民等（江戸川区及び土地区画整理組合も含む）が当該認可の取消訴訟を提起した事件である。

最高裁は、「本件認可は、いわば上級行政機関としての運輸大臣が下級行政機関としての日本鉄道建設公団に対しその作成した本件工事実施計画の整備計画との整合性等を審査してなす監督手段としての承認の性質を有するもので、行政機関相互の行為と同視すべきものであり、行政行為として外部に対する効力を有するものではなく、また、これによって直接国民の権利義務を形成し、又はその範囲を確定する効果を伴うものではないから、抗告訴訟の対象となる行政処分にあたらないとした原審の判断は、正当として是認することができ」ると判示した[19]。

この判決についても、当該認可に関して公団を国の下級機関と捉えているにすぎず、一般的な射程をもつわけではないと解する余地があった。

三　那覇市自衛隊基地情報非公開請求事件

国と自治体間の争訟が正面から問題となったのが、この事件である。那覇市が情報公開条例に基づいて行った自衛隊基地に係る公文書の公開決定につき、国が取消訴訟を提起した。第1審及び控訴審は「法律上の争訟」にあたらない

---

[19] 最判昭和53年12月8日民集32巻9号1617頁。第1審・東京地判昭和47年12月23日判時691号7頁は、本件認可の法的効果を検討した上で、処分性を否定したが、同認可を国の公団に対する「内部的な行為」と表現していた。判時の匿名コメントは、この点をとらえ、公団は「法律的には独立の公法人であり、運輸大臣を機関とする行政主体である国に対しては、行政客体である。そして、認可が判旨のような特質をもつ点から考えれば、これは行政処分といえるのではなかろうかとの疑問を生じる。判旨のいう国民の権利義務という場合の国民とは、自然人のみならず法人を含み、私法人のみならず公法人を含むものと解するのが普通と思われる」と批判した。控訴審・東京高判昭和48年10月24日判時722号52頁は、この批判を意識してか、国と公団の関係を詳細に分析し、公団を国の下級機関であると判示し、最高裁もこの判断を是認して、本文のような判示を行っている。しかし、本件認可の処分性を判断するためには、本件認可のもつ法的効果を検討すれば足りるはずであり（藤田・前掲注10）「行政主体相互間の法関係について」73頁）、公団の位置付けに関する判示は一種の傍論と解すべきであろう（村上・前掲注7）55頁参照）。

として訴えを却下した。

　最高裁は、「本件文書は、建築基準法18条2項に基づき那覇市建築主事に提出された建築工事計画通知書及びこれに添付された本件建物の設計図面等であり、上告人〔＝国〕は、本件文書の公開によって国有財産である本件建物の内部構造等が明らかになると、警備上の支障が生じるほか、外部からの攻撃に対応する機能の減殺により本件建物の安全性が低減するなど、本件建物の所有者として有する固有の利益が侵害されることをも理由として、本件各処分の取消しを求めていると理解することができる。そうすると、本件訴えは、法律上の争訟に当たるというべきであり、本件訴えは法律上の争訟に当たらないとした原審の判断には、法令の解釈適用を誤った違法がある」と判示した上で、国には原告適格がないとして上告を棄却した[20]。

　この判決は一般論を述べているわけではないが、国は、建物の所有者など、財産権の主体としてのみ訴訟を提起できる、という趣旨を読み取ることも可能であった。

四　宝塚市パチンコ店建築中止命令事件

　宝塚市が、事業者に対し、条例に基づいてパチンコ店の建築中止命令を行ったが、当該事業者がこれに従わなかったため、同市が、当該事業者を被告として、建築工事の続行中止を求める民事訴訟を提起した事件である。

　最高裁はこの訴えを不適法としたが、その理由として、「国又は地方公共団体が提起した訴訟であって、財産権の主体として自己の財産上の権利利益の保護救済を求めるような場合には、法律上の争訟に当たるというべきであるが、国又は地方公共団体が専ら行政権の主体として国民に対して行政上の義務の履行を求める訴訟は、法規の適用の適正ないし一般公益の保護を目的とするものであって、自己の権利利益の保護救済を目的とするものということはできないから、法律上の争訟として当然に裁判所の審判の対象となるものではなく、法律に特別の規定がある場合に限り、提起することが許されるものと解される」と判示した[21]。

---

20)　最判平成13年7月13日訟月48巻8号2014頁（〔　〕は引用者による挿入）。
21)　最判平成14年7月9日前掲注6）。

本件は行政主体間の訴訟ではない。しかし、上記の判示からは、行政主体が行政主体に対して訴訟を提起する場合にも、同様に、「専ら行政権の主体として」訴えを提起することはできない、との趣旨を読み取る余地もある[22]。

　実際、国等との間での合意に基づき、逗子市が、国を被告として、米軍家族住宅を建設してはならない義務の確認等を求めた逗子市米軍住宅追加建設事件[23]、杉並区が、東京都を被告として、住基ネットに係る本人確認情報の受信義務確認等を求めた杉並区住基ネット事件[24]において、下級審裁判所は、原告が専ら行政権の主体として訴訟を提起しているとして、訴えを不適法と判断している。

五　福間町公害防止協定事件

　旧福間町が産業廃棄物処分業者との間で締結した公害防止協定に基づいて、合併により同町の地位を承継した福津市が、当該業者を被告として、産業廃棄物処分場の使用差止めを求める訴訟を提起した。

　最高裁は、訴えが適法であることを前提として、本案について審理している[25]。

　本件も行政主体間の訴訟ではない。しかし、この判決は、宝塚判決にいう「行政権の主体」は、行政上の契約に基づいて訴訟を提起する場合を含まず[26]、

---

22) これに対し、同判決の射程は行政主体間の争訟に及ばないと解するものとして、阿部・前掲注7)「区と都の間の訴訟（特に住基ネット訴訟）は法律上の争訟に当たらないか（上）」12頁、兼子仁＝阿部泰隆編『自治体の出訴権と住基ネット』［信山社、2009年］89頁以下［高木光及び内野正幸発言］、塩野・前掲注4)「地方公共団体の出訴資格」382頁。
23) 東京高判平成19年2月15日訟月53巻8号2385頁。第1審・横浜地判平成18年3月22日訟月53巻8号2399頁は、本件合意は法的権利義務を発生させるものでないから、法律上の争訟にあたらないとしたが、これは訴訟要件と本案を混同したものである。
24) 東京地判平成18年3月24日訟月53巻6号1769頁、東京高判平成19年11月29日判自299号41頁。最決平成20年7月8日判例集未登載は、内容に立ち入ることなく、上告棄却、上告不受理としている。
25) 最判平成21年7月10日判時2058号53頁。
26) 同判決の匿名コメントは、本件訴訟は、「地方公共団体が、事業者との間で対等な立場に立って締結した契約上の義務（地方公共団体自身が有する契約上の請求権）の履行を求めるものであって、平成14年最判〔＝宝塚判決〕にいう「地方公共団体が専ら行政権の主体として国民に対して行政上の義務の履行を求める訴訟」には当たらないと考えるべきであろう」（判時2058号55頁）と述べている（〔　〕は引用者による挿入）。

むしろ公権力を行使する場合を指すことを明らかにしているように思われる[27]。そうすると、少なくとも、逗子市米軍住宅追加建設事件については、最高裁の判例に照らすならば、訴えを適法とみるべきだったということができるであろう。

IV 検　討

　国や地方公共団体が独立の法人格を有する以上、原則として、それら相互間の争訟は「法律上の争訟」にあたり、個別法の規定がなくとも訴訟を提起できると解すべきであり、したがって肯定説が妥当と考える[28]。以下では、この立場から否定説の論拠を検討する。否定説の論拠としては種々のものが主張されているが、公権力行使の特質に着目するアプローチと、司法権の観念に着目するアプローチに大別できるように思われる[29]。

一　公権力行使の特質に着目するアプローチ

　公権力行使の特質に着目するアプローチとしては、公権力行使について、①法律関係の成立を否定する見解、②行政主体の権利の成立を否定する見解、③行政主体間の関係を内部関係とみる見解などがある。

　①は、公権力行使についてはそもそも法律関係は成立しえないとする見解である。かつての国庫理論[30]でとられていた考え方であるが、現在これを明言する学説は存在しない。もっとも、宝塚判決が、行政権の主体と財産権の主体を区別し、前者について法律上の争訟は成立しないとしているのは、このような考え方に基づくものとも解しうる。しかし、公権力の行使に関する不服の訴えである抗告訴訟が主観訴訟として認められている現在、このような考え方がも

---

27)　神橋一彦『行政救済法』〔信山社、2012 年〕27 頁。
28)　村上・前掲注 7) 64 頁。
29)　この分類は、否定説においては、「法律上の争訟に当たらないから司法裁判所の管轄外となるという論理と、司法権の概念にはもともと限界があり、その限界を超える争いは法律上の争訟に当たらないという論理が絡み合っている」（塩野・前掲注 4）「地方公共団体の出訴資格」364 頁）との指摘から示唆を受けたものである。
30)　古典的な研究として、山内一夫「国庫説の歴史的発展㈠〜㈢・完）」国家学会雑誌 55 巻 4 号（1941 年）468 頁、5 号（1941 年）602 頁、56 巻 5 号（1942 年）639 頁。

はや妥当しないことは明らかである[31]。

②は、公権力行使については、行政主体に権限は認められるが、権利は成立しえないとする見解である。この見解も国庫理論の影響下にあるのではないかと思われるが、現在でも時折主張されることがある[32]。しかし、行政機関が権限しかもちえないとしても、行政主体については権利が成立しうるはずである[33]。現行法上も、公権力の行使は各行政主体の行為とされている。

③は、公権力行使に関して国や自治体は内部関係にあるとする見解であるが、その根拠としては、国の公権力（統治権）は本来一体であるとする考え方[34]や、

---

31) 村上裕章「行政上の義務の履行と民事訴訟」（2003年）同・前掲注7) 77頁参照。塩野宏は、宝塚判決について、地方公共団体と私人の関係が法律関係であることを否定することは、「行政上の法律関係の存在を否定することになり、一挙に絶対君主制の時代にさかのぼる」ものであり、取消訴訟が可能であることとの関係で、「かかる片面的法律上の争訟概念がどこから導き出されるかについては、判決には説明がなく、結論だけが示されているに過ぎない」と批判する（塩野宏『行政法Ⅱ[第5版補訂版]』〔有斐閣、2013年〕281頁以下）。否定説に立つ藤田宙靖も、宝塚判決を批判する中で、「そもそも、国や地方公共団体が公権力行使を行う場合であっても、その名宛人である国民との間の関係が法律上の権利・義務関係であることは、明治憲法下においてすら、一般的に承認されて来たのであって、これらの者の間の訴訟を「法律上の争訟」ではないということは、行政法理百年の発展を否定することであるとすら評価されかねない」と指摘している（藤田宙靖『最高裁回顧録』〔有斐閣、2012年〕96頁）。

32) 雄川一郎の次の見解はこの趣旨ではないかと解される。「公行対人民の関係を想定すれば、公行政が形式上行政機関によって行われようと、或いは人格を有する国や公共団体が正面に出ようと、実体的には同様であると考えられるのであって、このような場合は、機関も国・公法人も本来いわゆる Hoheitsträger ないし Behörde として考えるべきではないかと思われるのである。従って、そのような地位における国・公法人が何らかの行政庁の行為によって「権利」を侵害されたとしても、それは当然に裁判所による保護を受け得べきものではなく、その意味においては「権限」と実体的には異ならないのではないかと思われる」（雄川・前掲注9)「機関訴訟の法理」464頁）。なお、石川健治「『法律上の争訟』と機関訴訟」法学教室376号（2012年）92頁参照。

33) ドイツでこのように解されていることについては、山本（隆）・前掲注8)『行政上の主観法と法関係』364頁以下、人見剛・自治総研331号（2006年）53頁など参照。

34) 那覇市自衛隊基地情報非公開請求事件控訴審判決（福岡高那覇支判平成8年9月24日行集47巻9号808頁）の次の判示がその例である。「国又は地方公共団体に属する行政権限の根源である公権力は、その性質上、本来は一体のものであるが、これを国及び地方公共団体の各個の行政機関に分属させているのは、行政目的、行政事項などを考慮し、地方自治の本旨にも配慮しつつ、行政の執行において、矛盾を避け、統一を図り、適正及び合理性を保って行政効率の促進を図るため、分業を行わねばならない必要性に基づくものにほかならない。そうすると、このようにして分属させられた個々の行政権限又はその行使について矛盾や抵触が生じ、それを巡って各行政機関の間に紛争が発生したとしても、この紛争は、行政組織内部において処理し解決されるべき性質のものであり、専ら、司法機関において法令を適用して終局的に解決すべき紛争、すなわち法律上の争訟ということはできない。」この趣旨は、原審・那覇地判平成7年3月28日判時1547号22頁の匿名コ

行政主体と私人の二元論からすれば、私人間とは性質を異にする行政主体間の関係は、原則として、内部関係となるとする考え方がある[35]。前者については、公権力が本来一体であるとする実定法上の根拠は明確ではない。むしろ、行政主体が法人格を付与されている以上、それぞれが公権力を行使するとみるのが自然ではないかと思われる。後者については、行政主体と私人の二元論からすれば、行政主体間の関係が私人とのそれと同じではないとしても、これを内部関係とみる必然性はないように思われる。すでにみたように、田中二郎も、行政主体間の関係を私法上の関係とは異なる公法上の特殊な権利義務の関係としてとらえていたのである。

以上からすると、公権力の行使の特質を理由として「法律上の争訟」性を否定する考え方は、現時点ではあまり説得力がないように思われる。否定説に立つ小早川光郎も、「国自治体関係の行政内部関係としての性格ゆえにかくかくしかじかであるというような考え方はとるべきでない」[36]と指摘している。

メントにおいてすでに述べられており、そこでは田中・前掲注12) 15頁及び田中二郎「行政争訟の法理」(1949～51年) 同『行政争訟の法理〔有斐閣、1954年〕41頁が典拠として挙げられている。しかし、当該箇所では行政機関相互間の争訟が論じられているにすぎず、公権力が本来一体のものである等の見解は述べられていないし、このような見解が田中二郎の考え方に沿うものではないことは、先に述べたところから明らかである。阿部・前掲注7)「区と都の間の訴訟(特に住基ネット訴訟)は法律上の争訟に当たらないか(下)」21頁の指摘も参照。なお、石川・前掲注32) 92頁も参照。

35) 藤田宙靖の次の見解はこの趣旨ではないかと解される。「こうした場合、考えられる一つの道筋は、先の二元論の考え方の下では行政主体は本来私人とは性質を異にすると考えられて来た、ということに着目し、行政主体相互間の法関係は行政主体と私人の間の法関係とは性質が異なるのであって、そこには本来、行政の「外部関係」を規律する「法律による行政の原理」を始めとした様々の行政作用法理は適用されない、とするものである。言い方を変えると、行政主体相互間の法関係は、基本的に、行政主体内部の組織構造に関する法関係である、として位置付ける考え方である。そして、この考え方が、従来我国の学説判例が選択してきた基本的な道筋であったと言うことができよう」(藤田・前掲注10)「行政主体相互間の法関係について」61頁)。「以上見て来たように、少なくとも我国の現行法、とりわけ行政事件訴訟法を前提として考える限りは、法解釈論として、今日やはり、(それ自体には様々な問題が内蔵されているにしても)「行政主体と私人の二元論」「行政の内部関係と外部関係の二元論」を基本的な出発点とし、かつ、行政主体相互間の関係は、基本的には「行政の内部関係」に属するのだ、ということを出発点としながら、しかし、個別的には、必ずしもそうではなく、私人相互間と同じ、或いは行政主体と私人との関係と同じ性質のものとなることもあるのだ、という考え方をすべきである、ということになる」(同62頁以下)。藤田・前掲注10)『行政組織法』45頁以下も同旨。

36) 小早川・前掲注11) 67頁。

二　司法権の観念に着目するアプローチ

　司法権の観念に着目するアプローチとしては、④訴訟目的を根拠とする見解、⑤裁判を受ける権利を根拠とする見解、⑥日本国憲法における司法権の観念を根拠とする見解がある。

　④は、司法権行使の本来の対象である主観訴訟は国民の権利利益の保護を目的とするものであるところ、行政主体が公益保護を目的として提起する訴訟は客観訴訟にあたるから、個別法の根拠を要するという考え方である。宝塚判決が、「法規の適用の適正ないし一般公益の保護を目的とする」ことを理由に、法律上の争訟該当性を否定し、那覇市自衛隊基地情報非公開請求事件第1審判決[37]が、「抗告訴訟は、個人の権利利益の救済を目的とする主観訴訟であるから、原則として、行政主体が原告となって抗告訴訟を提起することは認められない」とするのは、このような考え方に基づくものと解しうる。しかし、訴訟目的は相対的であるから、法律上の争訟性をそれによって判断することは疑問であるし[38]、行政主体が財産権の主体として出訴する場合や、福間町公害防止協定事件のように行政契約に基づいて出訴する場合も、公益の保護を目的とする訴訟であると考えられるから、この見解は現在の判例とすら矛盾するように思われる[39]。

　⑤は、司法権行使は国民の裁判を受ける権利を前提とするから、この権利を憲法上保障されていない行政主体は原則として訴訟を提起できないという考え方である[40][41]。しかし、行政主体が財産権の主体として訴訟を提起する場合に

---

37)　那覇地判平成7年3月28日前掲注34)。
38)　村上裕章「越権訴訟の性質に関する理論的考察」(1989年) 同・前掲注7) 248頁以下。
39)　村上・前掲注31) 76頁。曽和・前掲注7) 170頁以下、人見・前掲注33) 54頁もこの点を指摘する。
40)　藤田宙靖の次の見解はこの趣旨ではないかと解される。「仮に憲法上の「地方自治の本旨」の保障に基づき地方公共団体が国に対する関係で一定の法的地位を保障され、またこの法的地位の実現のために何らかの裁判上の保障が行われるべきものである、という結論が導き出されたとしても、このような法的地位が、一般国民の権利と同様「法律による行政の原理」を中心とする一連の行政作用法理によって保護されるものであるか否か、またこのような裁判上の保護の必要が、国民の「裁判を受ける権利」(憲32条) と同じものであって、一般国民の場合と同一の争訟手段により実現されるべきものであるかどうか、という問題は、これとは別に存在し得るからである。この問題は、我が国憲法の下での普通地方公共団体の性格をどのように考えるか、という根本的な問題に関わり、ここで詳細を論ずることはできないが、基本的に言うならば、「地方自治の本旨」そして普

おいても、裁判を受ける権利を保障されているわけではないから、これは否定説の論拠とはなりえないように思われる[42]。

⑥は、日本国憲法における司法権は、本来私人間の争訟（あるいはそれと同視しうる争訟）のみを対象となしうるのであって、行政主体間の争訟は原則として対象とならないとする考え方である[43]。確かに、現行憲法の制定の際に、行政主体が自治権を主張する訴訟等を司法権に組み込むことが積極的に意図されていたわけではないかもしれない。しかし、だからといって、これを否定することが積極的に意図されたと解すべき根拠もない[44]。この問題は判例学説の創造的な解釈[45]に委ねられているとみるべきであって、現行憲法が定める地方自治の本旨に鑑みれば、肯定説をとることがむしろ憲法の趣旨にかなうと考えら

通地方公共団体の「固有の自治権」が、単なる事業主体の権利としてではなく、地域的な統治団体の「統治権」の一種として登場する限りにおいては、これが当然に主観法的な権利保護システムの下に置かれるとすることには、現行法上、いささか困難が伴うものというべきであろう」（藤田・前掲注 10）『行政組織法』52 頁）。藤田・前掲注 10）「行政主体相互間の法関係について」71 頁、同『行政組織法［初版］』［良書普及会、1994 年］175 頁なども同旨。杉並区住基ネット事件の第 1 審・東京地判平成 18 年 3 月 24 日前掲注 24）もこの点を挙げている。

41) 藤田説の根拠としては、行政主体間の関係は原則として内部関係であること（③）、行政主体には裁判を受ける権利が保障されていないこと（⑤）のほか、行政主体による抗告訴訟の提起を認めると、抗告訴訟が私人の権利を侵害するための手段として利用されることになり、主観訴訟としての性質に反することも挙げられている（藤田・前掲注 10）「行政主体相互間の法関係について」77 頁以下、同・前掲注 10）『行政組織法』55 頁注 15））。しかし、塩野宏が指摘しているように（塩野宏『行政法 III ［第 3 版］』［有斐閣、2006 年］227 頁注 2）、塩野・前掲注 4）「地方公共団体の出訴資格」379 頁）、これは裁定的関与などの場合に限られた問題であって、行政主体間の争訟に一般的に法律上の争訟性を否定する理由にはならないように思われる。

42) 村上・前掲注 7）65 頁、同・前掲注 31）77 頁。山本（隆）・前掲注 7）「行政組織における法人」864 頁以下、人見・前掲注 33）54 頁もこの点を指摘する。この批判に対しては、行政主体が財産権の主体として（あるいは私人と同様の法的立場において）出訴することは、憲法によってではなく、法律によって（黙示的に？）保障されている、という反論も考えられる。しかし、いかなる法律がその根拠となりうるかは定かでない。少なくとも、「固有の資格」について定める規定（行審 57 条 4 項、行手 4 条 1 項など）からこのような結論を導くことは困難ではないかと思われる。

43) 小早川光郎の見解がこれにあたる。「司法的権利保障（保護）」制度の枠を強調する雄川一郎の見解（雄川・前掲注 9）「地方公共団体の行政争訟」427 頁、「機関訴訟の法理」464 頁）も、この趣旨に理解できるかもしれない。

44) 塩野・前掲注 4）「地方自治体の出訴資格」371 頁以下は、「憲法制定当初の論議の過程ではこの問題〔＝自治体の出訴資格の問題〕は開かれたままで、後の解釈論に委ねられたということができよう」と指摘する（〔　〕内は引用者の補足）。

45) 行政上の義務の司法的執行に関してであるが、高木光・平成 14 年度重判解（2003 年）46 頁、曽和・前掲注 7）178 頁、186 頁は創造的解釈の必要を指摘する。

れる$^{46)47)}$。

　以上からすると、司法権の観念に着目するアプローチについても、必ずしも説得力があるとは解されない$^{48)49)}$。

V　おわりに

　宝塚判決によって、最高裁は否定説に立つことを明らかにしたとみる余地もある。しかし、本章で明らかにしたように、否定説の個別の論拠を詳細に検討すると、いずれも説得力があるとは考えられない。したがって、肯定説をとるべきであり、個別法に規定がない場合であっても、行政主体間の争訟を主観訴訟として提起することは可能と解すべきである。

---

46) 阿部・前掲注7)「区と都の間の訴訟（特に住基ネット訴訟）は法律上の争訟に当たらないか（下）」13頁。

47) 行政上の義務の司法的執行についても同様の問題があるが（小早川光郎「行政による裁判の作用」法学教室151号（1993年）106頁以下）、小早川光郎『行政法（上）』〔弘文堂、1999年〕243頁は、これを肯定する考え方が妥当であるとする。本章のテーマについても同様に解することが十分可能ではないかと思われる。

48) 否定説の根拠として、現行法において行政主体間の争訟を機関訴訟として位置付けている例があることが挙げられている（杉並区住基ネット事件の第1審である東京地判平成18年3月24日前掲注24））。しかし、主観訴訟として提起しうる事件を客観訴訟として制度化することは、それによって権利保護の水準が低下しない限り、憲法上は許容されうると考えられるので（村上裕章「憲法と行政訴訟」（1995年）同・前掲注7) 23頁注45))、行政主体間の争訟が機関訴訟とされている事実は、否定説の根拠とはなりえないと思われる。兼子＝阿部・前掲注22) 50頁〔棟居快行発言〕も同旨と解される。また、行政主体間の争訟が「法律上の争訟」にあたるとすれば、これを行政内部で終局的に解決する制度を設けることは憲法違反になるはずであるとの指摘もある（福井章代・最判解民平成14年度（上）（2005年）542頁）。しかし、そこで挙げられている内閣法7条及び旧地方自治法151条は行政機関相互間の争訟に関する規定であるし、現行地方自治法251条の2が調停とは別に出訴することを否定する趣旨とは必ずしも解されない。

49) 裁定的関与については別途検討の必要があるが、この問題については、村上・前掲注7) 66頁以下を参照。

第2章　日本における客観訴訟論の導入と定着

I　はじめに

　行政訴訟については、現在、訴訟目的によって区別し、権利保護を目的とする主観（的）訴訟と、適法性の確保を目的とする客観（的）訴訟に分ける考え方（以下「客観訴訟論」という）が一般的である[1]。本章は、日本において、客観訴訟論がいかにして導入され、定着するに至ったかを明らかにしようとするものである。

　筆者はフランスにおける客観訴訟論について研究したほか[2]、日本の現行法上の客観訴訟について憲法的観点から検討を加えたことがあるが[3]、日本における歴史的沿革については詳しく論じておらず[4]、本章はその欠を埋めるものである。

　本章においては、明治憲法（大日本帝国憲法）の下でいかにして客観訴訟論が導入されたかを明らかにし（I）、続いて現行憲法（日本国憲法）の下で客観訴訟論が定着した沿革をたどる（II）[5]。

II　明治憲法下における客観訴訟論の導入

　以下では、明治憲法下においていかなる種類の行政訴訟が存在したかを確認した上で（一）、当時盛んに議論されていた訴訟目的論を検討し（二）、客観訴訟論が導入された経緯を明らかにする（三）。

---

1) 田中二郎『新版行政法（上巻）〔全訂第2版〕』〔弘文堂、1974年〕295頁、芝池義一『行政救済法講義〔第3版〕』〔有斐閣、2006年〕14頁以下、塩野宏『行政法II〔第5版補訂版〕』〔有斐閣、2013年〕81頁、266頁以下、藤田宙靖『行政法総論』〔青林書院、2013年〕403頁以下など。
2) 村上裕章「越権訴訟の性質に関する理論的考察」（1989年）同『行政訴訟の基礎理論』〔有斐閣、2007年〕102頁。
3) 村上裕章「客観訴訟と憲法」行政法研究4号（2013年）11頁〔本書第3章〕。
4) 高橋滋ほか編『条解行政事件訴訟法〔第4版〕』〔弘文堂、2014年〕134頁以下〔村上裕章〕で概略を述べた。
5) 本章では引用に際し旧字体を新字体に改めた。引用文中の〔　〕は引用者による挿入である。

一 明治憲法下における行政訴訟

(1) 実定法上の行政訴訟　明治憲法61条は、「行政官庁ノ違法処分ニ由リ権利ヲ傷害セラレタリトスルノ訴訟ニシテ別ニ法律ヲ以テ定メタル行政裁判所ノ裁判ニ属スヘキモノハ司法裁判所ニ於テ受理スルノ限ニ在ラス」と規定していた。この条文については、行政裁判所の権限に属する訴訟以外は司法裁判所に出訴できると解する余地もあったが、公法私法二元論を背景として、公法上の訴訟は法が定める場合にのみ提起できるとする列記主義をとるものと解されていた[6]。そして、行政裁判法15条は、「行政裁判所ハ法律勅令ニ依リ行政裁判所ニ出訴ヲ許シタル事件ヲ審判ス」と規定していたことから、行政訴訟としていかなるものが存在するかについては、法律勅令を個別にみなければならないことになる。本章では、1929年に公刊された美濃部達吉の著書[7]により、当時の行政訴訟を概観するにとどめる。

美濃部は、行政訴訟を大きく「権利毀損に基づく抗告訴訟」と「其の他の訴訟」に分けている。「権利毀損に基づく抗告訴訟」については、一般法である「行政庁ノ違法処分ニ関スル行政裁判ノ件」（明治23年法律第106号）に定める事件（海関税ヲ除ク外租税及手数料ノ賦課ニ関スル事件、租税滞納処分ニ関スル事件、営業免許ノ拒否又ハ取消ニ関スル事件、水利及土木ニ関スル事件、土地ノ官民有区分ノ査定ニ関スル事件）のほか、特別法に定める訴訟を、①警察処分に関する件、②租税その他公法上の金銭給付義務の賦課及びその滞納処分に関する件、③土地または水に関する権利その他財産的権利の収用使用制限または設定変更剝奪に関する件、④工事その他労役の負担を命ずる処分に関する件、⑤官吏、公吏、議員、その他公務員の権利義務に関する件、⑥公共団体の監督に関する件、⑦行政上の処罰に関する件に分類している。他方、「其の他の訴訟」については、①訴願の裁決に対する不服の訴訟、②選挙に関する訴訟、③当事者訴訟、④機関争議、⑤先決問題の訴訟に分類している。もっとも、当時の実定法上、当事者訴訟は存在せず、先決問題の訴訟もわずかしかなかった。

本章との関係では、憲法上は行政訴訟が「権利」の「傷害」によって定義されていたにもかかわらず、実定法上はこれを前提としない選挙訴訟や機関争議

---

6) 塩野宏『公法と私法』〔有斐閣、1989年〕26頁以下（初出1970年）など参照。
7) 美濃部達吉『行政裁判法』〔千倉書房、1929年〕95頁以下。

が存在していたことが特に重要である。

(2) 行政訴訟法案等における行政訴訟

明治憲法下において、行政訴訟制度の改革が何度か試みられたが[8]、最も重要なのが 1928 年の行政裁判法改正綱領と 1931 年の行政訴訟法案である。

これらにおいて、行政訴訟は抗告訴訟、当事者訴訟、先決問題の訴訟の 3 類型とされていた。当時、ドイツ法の影響の下、行政訴訟を抗告訴訟と当事者訴訟に分ける考え方が一般的であり、上記の訴訟類型はこうした考え方、特に美濃部達吉の見解に沿ったものであった[9]。

二 訴訟目的論

明治憲法下においては、ドイツの学説[10]の影響を受けて、行政訴訟の目的をめぐる論争が盛んに行われた。当時の学説については、行政訴訟の目的は客観的法秩序の維持にあるとする法規維持説、個人の権利保護にあるとする権利保護説、いずれの場合もあるとする折衷説に分類するのが通例である[11]。

(1) **法規維持説**　法規維持説に立つ論者としては、穂積八束、市村光恵、野村淳治、美濃部達吉、田中二郎などを挙げることができる。

(a) **穂積八束**　穂積八束は、1889 年の講演「帝国憲法ノ法理」において、次のように述べている。

　　行政官廷ノ違法処分ト雖モ一個人ノ権利ヲ害セヌトキハ第三者カ之ニ向テ訴訟

---

8) 田中二郎「行政裁判制度の改正案及改正意見」(1941 年) 同『行政争訟の法理』〔有斐閣、1954 年〕389 頁参照。最近の法制史的研究として、小野博司「1920 年代における行政裁判制度改革構想の意義」法制史研究 58 号 (2008 年) 47 頁、同「昭和戦前期における行政裁判法改正作業」甲子園大学紀要 36 号 (2008 年) 75 頁、同「明治 30 年代の行政裁判法改正事業の意義」四天王寺大学紀要 51 号 (2011 年) 37 頁、同「明治 40 年代の行政裁判法改正事業」神戸法学雑誌 62 巻 1=2 号 (2012 年) 133 頁などがある。
9) 美濃部・前掲注 7) 7 頁以下。同書附録 15 頁以下も参照。
10) 雄川一郎『行政争訟法』〔有斐閣、1957 年〕29 頁以下、南博方『行政裁判制度』〔有斐閣、1960 年〕5 頁以下、原田尚彦『訴えの利益』〔弘文堂、1973 年〕250 頁以下(初出 1963 年) など参照。
11) 宮崎良夫『行政争訟と行政法学 [増補版]』〔弘文堂、2004 年〕21 頁以下(初出 1990 年)。法規維持説として穂積八束、権利保護説として上杉慎吉、織田万、佐佐木惣一、折衷説として美濃部達吉が挙げられている。これに対し、高柳信一「行政国家制より司法国家制へ」田中二郎先生古稀記念『公法の理論 (下 II)』〔有斐閣、1977 年〕2233 頁以下は、「個人的公権否認、行政裁判＝行政監督論」〔穂積八束〕、「個人的公権肯定、行政裁判＝行政監督論」〔美濃部達吉〕、「行政裁判＝権利救済制論」〔織田万及び佐佐木惣一〕に分けており、折衷説には言及していない。

ヲ起スコトヲエス其場合ニハ刑法又ハ懲戒ノ処分ヲ以テ上官ヨリ之ヲ正スコトナリ行政裁判ノ目的ハ行政ノ処分カ法律ニ拠ルト云フコトヲ専ラトシタル者ニシテ直接ニ一個人ノ利益ヲ保護スル為メニ設ケシ者ニアラス故ニ明文ヲ以テ明ニ訴訟ヲ許シタル場合ニ非レハ訴訟ヲ起スコトヲ得サルナリ[12]

同年の論文「行政訴訟」においても、次のように述べている。

行政訴訟ノ目的ハ専ラ法ヲ正スニ在リ行政官ノ処分ヲシテ法律ニ依ラシメムト欲スルニ主タルハ既ニ論セリ故ニ行政官ノ処分ヲ違法ナリトスルトキハ之ヲ取消シ又ハ改正ヲ求ムルコトヲ得損害ヲ要償スルコトヲ得ス何トナレハ行政裁判ノ目的ハ主トシテ法ノ執行ノ法ニ適セムコトヲ欲スルニシテ官府ト臣民トノ間ニ曲直ヲ判スルニアラサレハナリ例セハ司法裁判ニ上告シテ前裁判官ノ判決ヲ不法ナリトナシテ破毀スルモ之ニ対シテ損害弁償ヲ許サルレト同一ノ理ナリ上告ノ途アルモノハ裁判所ノ裁判ノ判決ノ適法ナラムコトヲ要スルノ主意ニシテ下等ノ裁判官ト敗訴人トノ法律上ノ争議ヲ判スルノ主意ニアラサレハナリ

行政裁判ハ裁判ニ非ストハ独逸法理家ノ往々主張スルトコロナリ寧ロ行政監督ノ一便法タリ然ルニ之ヲ以テ臣民ハ官ト権利義務ノ争訟ヲナシ主権ハ裁判所ノ判決ノ下ニ検束セラレ臣民ノ私権保護ノタメニ設ケタリトスルトキハ学理ヲ誤ルモノナリ只俗耳ニ入リ易キヲ以テ普ク世ニ行ハルヽノミ技術的ノ見解ニアラサルナリ[13]

このように、穂積が法規維持説に立っていることは明確であるが、その根拠は必ずしも明らかではない。この点については、1890年代前半に行われたと推測される講義にやや詳しい説明がある[14]。そこでは、行政裁判の性質に関する学説として、「行政裁判ハ民事裁判ト性質異ルコトナク私権ノ争ヲ裁断スルモノナリト云フ」第一説、「行政裁判ノ必要ハ三権分立ノ主義ニ本ツクト解釈

---

12) 穂積八束「帝国憲法ノ法理」(1889年) 穂積重威編『穂積八束博士論文集 [増補改版]』〔有斐閣、1943年、以下「論文集」という〕106頁以下。
13) 穂積八束「行政訴訟」(1889年) 論文集163頁。
14) 穂積八束『行政法論 (上)』144頁以下。これは東京大学総合図書館に所蔵されている手書きの講義録であるが、作成年は明記されていない。行政法学の方法論の箇所で「「オットー、マイエル」ノ仏行政法ノ著書」(O. Mayer, Theorie des Französischen Verwaltungsrechts, Karl J. Truber, 1886 と思われる) に言及するが (14頁)、『ドイツ行政法』(O. Mayer, Deutsches Verwaltungsrecht, 2 Bde, 1. Aufl., Duncker & Humblot, 1895-6) には触れていないことから、1889年2月の帰国から1895年頃までの講義録ではないかと推測される。なお、本文で述べたところは宮崎・前掲注11) 23頁で既に紹介されている。

スル」第二説、「行政法ト私法〔中略〕トノ法規其者ノ区別ヨリシテ民事ノ裁判ト行政裁判ノ区別ヲ生スルト見做ス」第三説を挙げ、第三説の一つとしてR. グナイストらの見解[15]を紹介した上で、次のように述べている。

> 以上ノスタインダナイス〔ママ〕等ノ説ノ外ニ猶特種ノ解釈トシテ見ルヘキハ行政裁判ハ行政管督〔ママ〕ノ方法ノーナリト云フ見解ナリ吾輩ハ此解釈ハ従来大家ノ説ク処トモ牴触セス又近来ノ行政裁判所制度ノ要領ヲ尽セリト信ス行政ハ一般ノ管督権ニヨリテ統一セラル其ノ管督ハ上級官府カ下級官府ニ対シテ行フヲ通則トス然レトモ其ノ変則トシテ不当若クハ不法ノ処分ニヨリ権利自由ヲ害サレタルモノニ之ヲ訴ヘ出テシムル道ヲ開キ其起訴ニヨリテ特ニ設ケタル行政裁判所ハ行政ノ処分ヲ管督スル也之ヲ審判シ判決スルハ監督〔ママ〕ノ形式ノータリ普通ニハ訴訟審判ノ形式ヲ用ヒス監督権ノ職権ニテ之ヲ行フ稍ヤ此ノ場合ニハ当事者ノ参与ヲ許シ訴訟審判ノ手続ニテ監督権ヲ使用スルナリ吾輩ハ行政裁判ハ行政監督ノーノ方法ナリトシ一般ノ監督権ノ性質ニヨリテ之ヲ説明ス特ニ司法裁判ト相対スル特別ノ裁判ニ非ラス元来裁判ト云フハ只形式ノ名称ナリ法律ノ解釈ヲ定ムルニ当事者カ権利トシテ参与シ其意見ヲ聴キテ之ヲ定ムルコトヲ裁判ト云フナリ故ニ裁判ナル形式ハ何等ノ目的ヲ〔ママ〕用キラル、カハ別問題ナリ茲ニハ行政監督ノ目的ニ用キラル、ナリ民事裁判所ニテハ個人ノ私権ヲ確定スル為メニ用キラル、ナリ普通裁判所ト行政裁判所ト裁判ト云フ手続カ同シキカ故ニ之ヲ同種類ニテ又特別ノ性質アリト見做シ強テ相似ト異ル所ヲ見出タサントカメタルハ吾輩ノ考ヘニテハ従来学者ノ誤ナリ相似タル所ハ裁判ト云フ形式ニ止マルナリ行政裁判ハ形式ニ於テハ裁判ナリ実質ニ於テハ行政管督〔ママ〕ナリ[16]

ここからは、穂積が、行政裁判の目的が行政監督にあるとの見解をとっていること、その際グナイストの法規維持説の影響を受けているが、必ずしも全く同じとは考えていないことが窺われる[17]。

---

15) グナイストの見解については、藤田宙靖『公権力の行使と私的権利主張』〔有斐閣、1978 年、初出 1966～7 年〕162 頁以下など参照。穂積はグナイストの見解を次のように要約している。「其説ニ依レハ民事ノ裁判ノ本質ハ私権ノ確定ニアリ私権ノ争ヲ裁判スルニアリ行政裁判ハ一個人ト行政官トノ間ニ於ケル私権ノ争ヲ裁判スルニ非ラス公ノ法則ヲ確定スルナリ誰ノ権利デ〔ママ〕アルカトウフコトヲ定ムル意思ニアラス何カ法ナルカト云フ法則ヲ確定スルナリ公ノ法則ノ疑ヒヨリシテ之ヲ審判シ確定スルコトヲ行政裁判ノ目的トス」（穂積・前掲注 14) 148 頁）。
16) 穂積・前掲注 14) 149 頁以下。
17) 穂積はグナイスト説について次のようにも述べている。「グナイストノ説ハ可ナリ行政法ハ何ナルカノ疑アルトキハ之ヲ確定スル為メノモノナリトノ説ナリ之レ尤ノ説ナリ行政官ノ誤リ為メニ権

なお、穂積は、公法と私法の区別[18]について、「私法ハ権利関係ヲ規定シ公法ハ権力関係ヲ規定ス」[19]と述べており、あたかも公法関係においては権利関係が成立しないかのようにも読める。そこで、高柳信一は、穂積の法規維持説の根拠付けは「実質的公権否認論であったとみることができ」るとし、穂積説を「個人的公権否認、行政裁判＝行政監督論」と特徴付けている[20]。上記の講義においても、穂積は上記第一説について次のように述べている。

　　第一説ハ之ヲ主張スル者少シ特ニ吾国法ニテ憲法ニ君主ト臣民トハ権利関係ニアラズ〔ママ〕故ニ行政裁判所ニ於テ権利義務ノ関係ヲ裁判スルナリト云フ能ハズ〔ママ〕故ニ現行ニ於テハ明カニ取ル可カラサル説ナリ[21]

　この記述からすると、穂積は公権否定説に立っており、それゆえに権利保護説を否定しているようにもみえる。しかし、穂積は君主の権力（大権）と行政を明確に区別し[22]、大権に対する訴訟の提起は否定する一方、行政に対する訴訟の提起は肯定しており、その際に「権利毀損」を要件としていることからして[23]、上記の記述が権利保護説を否定する根拠となりえているか疑問がある。また、穂積は公権の存在を前提とした記述を随所で行っているばかりでなく[24]、

利ヲ犯ストキハ之レ法律ノ適用ヲ誤リシ結果ナリ故ニ一個人ニ損害ヲ与ヘシトノ名ニテ訴ルニ非ラズ〔ママ〕適用ヲ誤リシトノ名目ニテ訴ルナリ」（穂積・前掲注14）151頁）。「行政裁判ハ管督権〔ママ〕ノ一ナリト云フモ管督トハ法律ヲ正スノ意ナレバ〔ママ〕此説ト余リ異ルモノニアラザ〔ママ〕ルナリ」（同）。
18) 穂積の公法私法論については、塩野・前掲注6) 13頁以下、藤田宙靖「行政法理論体系の成立とその論理構造」（1972年）同『行政法の思考形式［増補版］』〔木鐸社、2002年〕38頁以下などに詳しい。
19) 穂積八束「公法ハ権力関係ノ規定タルヲ説明ス」（1893年）論文集285頁。
20) 高柳・前掲注11) 2235頁以下。
21) 穂積・前掲注14) 150頁。
22) 穂積・前掲注14) 42頁以下。
23) 穂積・前掲注14) 153頁以下。
24) たとえば、穂積・前掲注12) 106頁では次のように述べている。「一個人カ官廷ノ違法処分ニ依リテ損害ヲ蒙ムル場合ニ二様ノ種類アリ単ニ一個人ノ利害ニ関スル場合ト法令ヲ以テ保護サレオル権利ヲ侵害スル場合ト是ナリ行政官廷ノ違法処分カ単ニ自己ノ利害ニ関スル場合ニハ之ヲ行政裁判所ニ訴ヘルコトヲ得スシテ訴願ヲナシウルナリ併シ行政官ノ処分カ法律又ハ命令ヲ以テ保護サレオル権利ヲ傷害スル場合ニハ始テ之ヲ裁判所ニ訴訟シウルナリ」。また、穂積八束『行政法大意』〔八尾商店、1896年〕では、第1編第2章第2節を「公法上ノ権利」と題し、公権の性質内容を詳しく論じている。同「法治行政」（1896年）論文集345頁以下では、「国権直接ノ行動」である立法と異なり、「行政行為ハ法律ノ秩序ノ下ニ於ケル官府ノ動作ニシテ之ニ対スル個人ノ服従カ法律ニ於テ其ノ程度ト分量トヲ定ラルル」ことから、個人は「官府ノ行政ニ対シテハ法律ニテ条件セラレ

22　第1部　法律上の争訟

公権について積極的な定義を試み[25]、さらにはドイツにおける公権否定説を紹介した上で、これをとらない旨を明言している[26]。穂積は、1904 年になって、私法を「平等（対等）関係」に関する法と定義するに至っているが[27]、これは公権否定説ととられることを避けるためではないかと推測される[28]。以上からすれば、穂積が公権否定説に立つがゆえに法規維持説をとったと解するのは、必ずしも妥当ではないように思われる。

　同じ問題について、1899 年頃の講義では次のように説明されている。
　　我行政法ニ於ケル行政裁判ノ主意ハ行政ノ働ヲ監督スルーノ方法タリ、普通ノ
　　監督ハ行政官ノ上下ノ階級ニ依リテ相互ニ監督ス、其外ニ便宜上、行政裁判ノ法

タル程度ニ於テ服従ス」とし、「官府ニ由リテ発動スル国権ノ動作及臣民共ニ同一ノ法律ノ拘束ヲ受ケ一方ノ違法ノ所為ハ対手ノ権利ヲ害スルノ状態トナレリ茲ニ於テ行政関係カ法理ノ問題トナリ其ノ法理ヲ貫徹セシムルノ制度ヲ法治行政ノ制ト称スルナリ」と述べている。家永三郎『日本近代憲法思想史研究』〔岩波書店、1967 年〕160 頁以下、R. H. マイニア（佐藤幸治ほか訳）『西洋法思想の継受』〔東京大学出版会、1971 年〕80 頁参照。

[25]　穂積八束「公権ハ人格権ナリ」（1894 年）論文集 287 頁以下では、公権を人格権（法によって保護された人格）として定義し、同「公権ハ人格権ナリ」（1894 年）論文集 305 頁以下（前論文と同名なので、以下では「公権ハ人格権ナリ（二）」と引用する）、穂積・前掲 14) 39 頁以下、穂積・前掲注 24) 行政法大意 19 頁以下などでこれを維持している。その後、同「公権利ノ観念」（1905 年）論文集 708 頁以下でこれを修正して、公権を「権力関係ヲ其直接ノ内容トスルノ権利」と定義し、同『憲法提要（上）』〔有斐閣、1910 年〕369 頁以下でこれを維持している。

[26]　穂積・前掲注 25)「公権ハ人格権ナリ（二）」308 頁、同・前掲注 25)「公権利ノ観念」711 頁以下。

[27]　穂積八束「公法ノ特質」（1904 年）論文集 601 頁以下。同 610 頁以下では、「権利トハ法ノ保護ニ依リ意志ヲ以テ主張スルコトヲ得ル利益ナリト解スルトキハ権利ハ対等者間ニ於テモ又非対等者間ニ於テモ共ニ存在シ得ルコト明カナリ随テ権力関係ト権利関係トハ互ニ相排斥スルモノニモ非ス又同一ナルモノニモ非ラス二者ハ別種ノ関係ナルコト明白ナラン」と述べる。同「公法ノ特質（其二）」（1905 年）論文集 684 頁においても、「権利義務ノ関係ハ権力者ト服従者トノ間ニモ又平等者間ニモ共ニ存在シ得ヘキ関係タリ」、「権力関係ノ反対現象ハ平等関係ニシテ権利義務ノ関係ニハアラサルナリ」と述べている。もっとも、穂積は、従前の論文においても、私法関係について、「権利関係」とほぼ互換的に「対等関係」という文言を用いていた。穂積八束「公法ハ権力関係ノ規定タルヲ論ス」（1890 年）論文集 179 頁以下、同・前掲注 19) 284 頁以下など。したがって、正確には、「権利関係」という言葉を用いなくなったということである。

[28]　美濃部達吉「穂積先生の『公法の特質』を読む」法政新誌 8 巻 2 号（1904 年）14 頁以下は、穂積が「公法は権力関係の規定なり、私法は権利関係の規定なり」と定義していることを前提として、権力関係において権利の存在を否定することになるのではないかと批判した。これに対し、穂積八束「「公法ノ特質」ニ付美濃部博士ノ駁論ニ答フ」（1904 年）論文集 623 頁以下は、穂積・前掲注 27)「公法の特質」が私法関係を権利関係ではなく、平等関係と定義していることを指摘し、自説を正解していないと反論している。この反論はあたっているが（塩野・前掲注 6) 40 頁注 63)、藤田・前掲注 18) 42 頁）、穂積の表現が曖昧だった点にも責任があるように思われる。

ヲ開キ、行政カ法律的ニ行ハルヽコトヲ監督スルナリ、大体ニ云ヘハ行政裁判トハ行政庁ノ処分ニ依リ権利ヲ毀損セラレタリトスルモノカ其処分ノ廃止変更ヲ請求スル訴ヲ裁判スルコトヲ云フ、而其裁判ノ方法ハ民事ノ訴訟ノ如ク法律ニテ定メタル一定ノ形式ヲ踏ムヘキモノニシテ、当事者ノ参与ニヨリテ裁判ノ執行セラル、普通ノ行政監督ニテハ監督官府自身ノ自由ノ職権ニテ審判スルモノニテ之ヲ訴フル本人カ審判ノ手続ニ参与スルコトヲ認メス、行政裁判トハ当事者カ参与スルニヨリテ、之レカ手続上ノ条件トナリテ判決セラレタルモノヲ云フナリ

　行政裁判ノ制度ノ精神ハ（1）一個人ノ権利ヲ保護スル為ニスルト云フ説アリ、又ハ（2）法ノ秩序ヲ正スコトヲ目的トナスト云フ説アリ、吾輩ノ説ク処ハ（3）行政ノ処分ヲ監督スルコトニアリト云フ、此等ノ説明ハ相異ルカ如シト雖モ帰スル所甚タシキ差異ナシ、例ヘハ行政裁判ハ行政権ト一個人トノ争ノ場合ニ一個人ノ権利ヲ保護スルモノナリト説クハ一種偏僻ナル解釈ナルヲ免レス、固ヨリ制度ノ欲スル所ハ一個人ノ権利ヲ保護スルニアリ、然レトモ行政権ヲモ保護セサルヘカラス、云ハヽ行政官及一個人ノ公平ナル保護トモ云フ可キ乎、必スシモ裁判所ハ政府ト一個人トノ争ニ付テ一個人ノ味方ヲナスト云フ如キ性質ノモノニアラス、故ニ行政裁判ハ行政権ニ対シ一個人ノ権利ヲ保護スルモノナリト云フ解釈ハ一方ニノミ偏シタル如キ語弊アリ、帰スル所行政官ノ働モ一個人ノ権利モ各国法ニ準拠スルコトヲ目的トスルニアリ、故ニ裁判所ハ公平ニ法ヲ採ルノ府ニシテ只一個人ノ権利ヲ保護スト云フノミヲ以テ目的トセス、法ヲ公平ニ維持スルハ即チ監督ノ働ナリ、一個人相互ノ間ノ民事関係ニテハ平等ナル関係ニシテ個人相互ノ間ニ公平ヲ維持スルコトカ裁判所ノ職務ニシテ一方ヲ監督スルト云フコトナシ、故ニ民事裁判所ハ人民ヲ監督スト云フコトハ云ヒ能ハス、然シ政府ト人民トノ関係ニ付テハ権力服従ノ関係タリ、人民ハ被治者、受方ニテ行政法ヲ解釈シ、執行スルモノハ行政官ナリ、故ニ行政官カ処分ヲナスニ当リテ法令ニ準拠スルト云フコトカ、国法ヲ正当ニ維持スル道ナリ、行政裁判所ハ行政官カ法ヲ正当ニ適用スルコトヲ監督スルニ依リテ其ノ目的ヲ達スルナリ、然シ普通ノ監督ニハ一個人カ之ヲ請求スルコトヲ認メス、行政裁判所ハ一個人ノ請求ニヨリテ、行政ノ処分ヲ審査スル所トス、民事ノ裁判ト主意ノ異ルヲ明ニスヘシ[29]

---

29) 穂積八束（窪田重式記）『行政法』〔主計会、1900年〕149頁以下。これは東北大学附属図書館に所蔵されている印刷された講義録であり、窪田のはしがきが明治32年10月付けとなっていることから、1899年頃の講義録ではないかと思われる。なお、「最近行政法学」と題する手書きの講義録が二種類あり、Aは九州大学附属図書館、Bは九州大学附属図書館及び京都大学附属図書館に所蔵されている。AB及び上記行政法は、一部表記が異なるものの、ほぼ同じ内容なので、同じ講義

ここからは、穂積が行政裁判を行政監督の一種とする見解を維持していること、依然としてグナイストの法規維持説とは必ずしも同じとは考えていないことが窺えるが、他方で権利保護説については「一種偏僻ナル解釈」、「一方ニノミ偏シタルカ如キ語弊アリ」との批判となっており、全面的な否定ではないことが注目される。
　いずれにしても、以上の検討からは、グナイストの影響を受けて、穂積が行政裁判を行政監督とみる見解をとっていたことを結論できる。
　　(b)　**市村光恵**　市村光恵は、1906年の著書においては、「行政訴訟ハ権利ヲ毀損スル処分ニ対スルモノナリ」という見出しの下、「理論トシテハ」法規維持説に与するとしながら、明治憲法61条を引いて、「故ニ現行法ノ解釈トシテハ吾人モ亦タ此見解ニ従ハサルヘカラス」と述べていた[30]。これに対し、1911年の著書では次のように述べている。

　　　行政訴訟ハ権利ヲ毀損スル処分ニ対スルモノノミニ依ラス行政訴訟ハ行政ノ上ニ於ケル司法ナリ司法トハ<u>法規ノ維持ヲ目的トスル国権ノ作用ナリ故ニ純理上ヨリ云ヘハ行政訴訟モ亦行政ニ関スル法規ノ維持ヲ目的トスルモノナリト謂ハサルヘカラス</u>然ルニ我憲法第六十一条及明治二十三年法律第百六号ハ行政訴訟ノ何タルカヲ言明シ違法ノ処分ニ由リテ権利ヲ毀損セラレタル場合ニ提起スル訴訟ナリト云ヘリ然ラハ現行法ノ解釈トシテハ吾人モ亦此見解ニ従ハサルヘカラサルカ
　　　司法作用ノ特徴ハ法規ノ維持ニ在ルモ必スシモ権利ノ救済ニアラサルコトハ一般ニ認メラル丶所ナリ民事訴訟ニ於テハ裁判ハ常ニ権利ノ救済ヲ目的トス然レトモ既ニ刑事ノ訴訟ニ至リテハ之ヲ以テ権利ノ救済ト云フ能ハス唯国家カ刑罰法規ヲ適用シテ犯人ヲ処罰スルニ過キス行政訴訟ニ至リテハ民事訴訟ト刑事訴訟トノ中間ニ在リテ或場合ニハ権利ノ侵害ヲ救済シ或場合ニ於テハ単ニ法規ノ維持ヲ目的トス而シテ権利ハ法ノ保護スル利益ニシテ権利ノ毀損ハ結局法規ノ侵害ナレハ行政裁判ヲ行政法規ノ維持ヲ目的トスル行為ナリト云フ以上当然ニ権利侵害ノ場合ヲモ其中ニ包含セシムルコトヲ得ヘシ故ニ余ハ理論トシテハ行政裁判ハ行政法規ノ維持ヲ目的トスル行為ナリト説明セムトス彼ノ自治体ノ機関相互ノ間ニ於ケル行政訴訟ノ如キハ機関トシテ人格ナキ者ノ間ノ争ニシテ其実質ハ全ク法規ノ争

　　（または直近の講義）の記録と推測される。Bには成立年を窺わせる記載がないが、Aには本文冒頭に「卅二年度講義」と記されており、1899年度の講義録であることが明らかである。
30)　市村光恵『行政法原理』〔宝文館、1906年〕240頁以下。「此見解」とは、文脈からして権利保護説と解される。

ニ関スルモノタルニ過キス若シ権利ノ侵害ヲ行政訴訟ノ要件トセハ此ノ如キ場合ニハ行政裁判ノ実質ナシト云ハサルヲ得サルニ至ラン若シ行政裁判ヲ広ク行政法規ノ侵害ニ対スル救済ナリトセハ此際何ノ問題モナキナリ論者或ハ曰ハム「行政訴訟ハ我国ノ立法上違法ノ処分ニ由リテ権利ヲ毀損セラレタル場合ノ救済ナリ故ニ此要件ヲ欠クモノハ仮令特別法令ニテ行政訴訟ヲ許サレタルニモセヨソハ唯行政裁判所カ之ヲ裁判スト云フニ過キスシテ実質上ハ行政訴訟タル性質ヲ有セサルモノト見テ可ナリ宛カモ司法裁判所ノ行使スル事務ト云ヘハ必シモ争訟事件ノミニ限ラサルト同シ故ニ行政訴訟ノ本質ヲ権利ノ毀損ニ対スル救済ト見ルモ敢テ不当ノ結果ヲ生セス」ト其言一理ナキニアラスト雖モ若シ此ノ如ク解スルトキハ真ニ行政訴訟ノ範囲ニ属スヘキモノハ甚タシク縮小セラレン是レ独リ事実ノ実際ニ適合セサルノミナラス又行政裁判ノ性質ヲ現行法ノ文字ニ求ムルニ汲々タルノ致セル誤ナリ我カ現行法（明治二十三年十月法律第百六号）ニモ「法律勅令ニ別段ノ規程アルモノヲ除ク外左ニ掲クル事件ニ付行政庁ノ違法処分ニ由リ権利ヲ毀損セラレ云々」ト云ヘリ其意蓋シ法律勅令ニ別段ノ規程アラハ仮令権利ノ毀損ト見ルヘキ場合ニアラサルモ猶ホ行政訴訟アリ得ルコトヲ明ニセルモノナリ而シテ此ノ特別ノ規程ハ各種法令ニ散在シ権利ノ毀損ニ非サルモノヲモ多ク包含ス然ラハ現行法ノ解釈トシテモ論者ノ説ハ狭キニ失スルナリ[31]

　このように、市村は明確に法規維持説をとっている。その理由として、①司法（行政訴訟もそれに含まれるとする）が一般に法規の維持を目的としていることに加え、②権利が法の保護する利益を意味することから、権利侵害の場合も法規維持に含まれること、③権利侵害を要件としない行政訴訟が存在することを挙げている。市村においては、行政訴訟一般が法規維持を目的とするものの、権利保護を目的とする訴訟も存在することが認められている点が注目される[32]。

　（c）**美濃部達吉**　　美濃部達吉については、法規維持説とする見方[33]と、折衷説とする見方[34]が対立している。そこで、まず、美濃部の考え方を明らか

31）　市村光恵『行政法原理［増訂改版］』〔東京宝文館、1911年〕233頁以下（下線原文傍点）。
32）　市村はドイツの学説を引用し、自らはグナイスト、C. ボルンハーク、G. マイヤーの見解に与すると述べているが、彼らは「行政訴訟ハ啻ニ権利侵害ノ救済ノミナラス又法規ノ維持ヲモ目的トストト論スル者」と紹介されている（市村・前掲注31）236頁、下線原文傍点）。もっとも、市村は公権否定説をとるわけではない（同28頁以下参照）。
33）　高柳・前掲注11）2239頁以下。
34）　宮崎・前掲注11）25頁以下。

にすることを試みたい。

　美濃部は、1909年の著書において、次のように述べている。

　　　従来ノ多数ノ学者ハ行政裁判ヲ以テ常ニ臣民ノ<u>権利ヲ保護スルカ為ニ存スルモノナリトシ</u>、民事事件ハ個人ノ私権カ他ノ個人ニ依リテ毀損セラレタル場合ニ於テ其ノ救済ヲ求ムルノ訴ナルニ対シテ、行政事件ハ臣民ノ公権カ行政行為ニ依リテ毀損セラレタル場合ニ於テ其ノ救済ヲ求ムルノ訴ナリト為セリ。我カ憲法第六十一条ニ於テ行政裁判ノコトヲ定メテ『行政官庁ノ違法処分ニ由リ権利ヲ傷害セラレタリトスルノ訴訟』云々ト日ヘルモ亦恐クハ此ノ思想ニ基キタルモノナルヘシ。然レトモ<u>個人ノ権利ヲ保護スルコトハ決シテ行政裁判制度ノ目的ノ全部ヲ為スモノニ非ス</u>。私法ニ在リテハ法ト権利トハ全ク其ノ範囲ヲ同シウシ凡テノ私法規定ハ皆個人ノ権利ヲ定ムルモノナラサルナキヲ以テ、私法ノ適用ヲ決定スルハ即チ私権ヲ決定スルモノニ外ナラス、随テ民事裁判ハ常ニ権利ノ裁判タルナリ。公法ニ在リテハ之ニ反シテ法ト権利トハ此ノ如ク全然相一致スルモノニ非ス、公法ハ主トシテ公益ヲ目的トスルモノニシテ、個人ノ権利ヲ認ムルハ唯個人ノ利益ヲ保護スルコトカ同時ニ公益ニ適合スル場合ニ限ル、公法ノ一大部分ハ権利ノ規定ニ非スシテ純然タル公益ノ規定ナリ、随テ公法ノ適用ヲ決定スルハ必スシモ常ニ公権ヲ保護スル所以ニ非ス。<u>行政裁判ハ公法ノ適用ヲ決定スルヲ目的トスルモノナリ</u>、<u>其ノ法規ニシテ若シ同時ニ個人ノ権利ヲ認ムルモノナルトキハ行政裁判ハ個人ノ権利ヲ保護スルモノナリト日フヲ得ヘシト雖モ、其ノ他ノ場合ニ於テハ個人ノ権利ヲ保護スルモノト日フヲ得ス</u>。我カ現行ノ法規ニ於テモ行政裁判所ノ権限ニ属スルモノカ必スシモ権利ノ傷害アリタリトスル訴訟ニノミ限ラレサルコトハ向後ニ述フヘキカ如シ[35]。

　この記述については、「個人ノ権利ヲ保護スルコトハ決シテ行政裁判制度ノ目的ノ全部ヲ為スモノニ非ス」、「其ノ法規ニシテ若シ同時ニ個人ノ権利ヲ認ムルモノナルトキハ行政裁判ハ個人ノ権利ヲ保護スルモノナリト日フヲ得ヘシト雖モ、其ノ他ノ場合ニ於テハ個人ノ権利ヲ保護スルモノト日フヲ得ス」などの部分に着目すると、行政訴訟には権利を保護するものとそうでないものがあるという趣旨であり、折衷説とみることができる。他方で、「行政裁判ハ公法ノ適用ヲ決定スルヲ目的トスルモノナリ」という部分に着目すると、法規維持説

---

35)　美濃部達吉『日本行政法（上）』〔有斐閣、1909年〕810頁以下（下線原文黒丸）。

とみることもできる[36]。自説の根拠としては、①公法が主として公益を目的としていること、②権利の傷害を前提としない訴訟が存在することを挙げている。

他方、1919年の著書では、次のように述べている。

<u>行政訴訟</u>ト<u>民事訴訟</u>トハ訴訟ノ目的ヲ異ニス。民事訴訟ハ私人相互ノ間ニ私権ノ争アル場合ニ於テ私権ノ保護ヲ求ムルガ為ニスルモノニシテ、其ノ裁判ハ私法々規ノ適用ヲ確認スルコトヲ目的トス。時トシテ国家又ハ公法人ト私人トノ間ニ於ケル権利ノ争ガ民事訴訟トシテ取扱ハルルコトアリト雖モ、是レ国家又ハ公法人ガ私人ト同一ノ地位ニ立ツニ因ルモノニシテ其ノ関係ハ私人相互ノ争ト同一視セラルルナリ。行政訴訟ハ之ニ反シテ、多クノ場合ニ於テハ国家又ハ公法人ノ行政上ノ作用ニ依リ臣民ノ公権ヲ毀損シタリトスル場合ニ於テ、公権ノ保護ヲ求ムルガ為ニシ、時トシテハ公権ノ毀損アルニ非ズシテ単ニ行政作用ノ法規ニ適合スルコトヲ要求スルガ為ニス、何レニシテモ其ノ裁判ハ常ニ行政法規ノ適用ヲ確認スルコトヲ目的トスルモノナリ。民事訴訟ト行政訴訟トガ一ハ常ニ権利ノ保護ノ為ニシ、一ハ必ズシモ常ニ権利ノ保護ノ為ニスルニ非ズシテ、場合ニ依リ単ニ法規ノ維持ノ為ニスルノ差異アル所以ハ、民事訴訟ハ私法々規ノ適用ニシテ、而シテ私法ハ常ニ権利ノ規定ナルニ反シテ、行政訴訟ハ公法々規ノ適用ニシテ、而シテ公法ハ必ズシモ常ニ権利ノ規定ニ非ズ、個人ノ権利ヲ認ムルノ外又純然タル公益規定ニ属スルモノ多キニ由ル[37]。

この文章のうち、「何レニシテモ其ノ裁判ハ常ニ行政法規ノ適用ヲ確認スルコトヲ目的トスルモノナリ」という箇所からは、行政訴訟の中には権利保護を目的とするものもあるが、行政訴訟一般は法規維持を目的とする、という趣旨と解することができる[38]。

さらに、1936年の著書では、次のように述べている。

---

36) 美濃部達吉「行政裁判制度改正問題（二・完）」法学協会雑誌41巻10号（1923年）1839頁以下、美濃部・前掲注7）14頁以下なども、いずれとも取れる記述である。

37) 美濃部達吉『日本行政法総論［改版］』〔有斐閣、1919年〕538頁以下（下線原文黒丸）。

38) 美濃部達吉『行政法撮要総論』〔有斐閣、1924年〕302頁では、「実質ノ意義ニ於ケル行政訴訟ハ行政法規ノ適用ヲ確認スルコトヲ目的トスル総テノ訴訟ヲ包含スルモノ」と、同『行政法撮要（上）［第2版］』〔有斐閣、1927年〕451頁以下では、「行政訴訟ハ常ニ行政法規ノ正当ナル適用ヲ確認シ法規ノ秩序ヲ維持スルコトヲ目的トス、其ノ法規ガ同時ニ個人ノ権利ヲ認ムルモノナルトキハ行政訴訟ハ権利ヲ保護スルモノナリト謂フコトヲ得ト雖モ、是レ必ズシモ其ノ要件ニ非ズ」とそれぞれ述べており、同旨と解される。『行政法撮要』の第3版〔有斐閣、1931年〕以降の記述は第2版とほぼ同じである。

行政訴訟が権利の保護を目的とするや又は法規の維持を目的とするやは、行政訴訟の種類に拠つて一様ではない。行政訴訟の制度の認めらるる主たる目的とする所は、恰も民事訴訟が各個人の私権の保護を目的とすると同様に、各個人の公権が行政庁の違法処分に依つて侵害せらるることを救済することに在るのであつて、憲法第六一条に『行政官庁ノ違法処分ニ由リ権利ヲ傷害セラレタリトスルノ訴訟』と曰つて居るのも、此の事を示して居るものであるが、併し総ての行政訴訟が権利の保護を目的とするものであると為すことは当を得たものではない。違法の行政行為に依つて自己の権利を傷害せられたりとすることは、行政訴訟の通常の要件であり、此の場合には行政訴訟は権利の侵害を除き、各人をして其の正当な権利を主張するを得べからしむることを目的とするもので、行政訴訟は権利の保護の為めに設けられた制度であると謂ふことが出来る。併し行政訴訟は必ずしも常に自己の権利を傷害せられたりとすることを其の提起の要件とするものではなく、訴願に付いて述べたと同様に、或は行政庁から提起し得ることが認められて居るものが有り、或は選挙人名簿又は選挙若くは当選の効力に関する訴訟のやうに、一般選挙人から提起し得べきものとせられて居るものが有る。此等の場合には、自己の権利を傷害せられたとすることが訴訟提起の理由を為すのではないから、権利の保護は固より問題となるべき余地なく、此の種の行政訴訟に在つては、専ら行政法規の正当なる適用を確認し、法規の秩序を維持することを目的とする。即ち行政訴訟は通常は権利の保護を目的とするものであつて、これを権利保護の行政訴訟（System des Schutzes der subjektiven Rechte）と称し得るが、時としては各個人の権利には直接の関係なく、唯客観的な法規の違反を矯正し、行政法規が正当に執行し適用せられることを確保することのみを目的とすることも有り得る。これを法規維持の行政訴訟（System der Wahrung des objektiven Rechts）と称し得べく、それは決して行政訴訟の性質に反するものではない[39]。

　ここでは、行政訴訟には権利保護を目的とするものと法規維持を目的とするものがあることが述べられており、折衷説をとっているようにみえる。

　以上からすると、美濃部の見解は前後矛盾しているか、少なくとも時期によって変遷しているようにもみえる[40]。しかし、彼の考え方を、行政訴訟一般は

39）　美濃部達吉『日本行政法（上）』〔有斐閣、1936年〕875頁以下。
40）　高柳・前掲注11）2247頁注4）は、「昭和期に至ると、この問題点についての美濃部説の叙述は、その重点の置き方、ニュアンスにおいて微妙な変異をみせる」として本文引用部分を引用し、「この叙述を文字どおりに解すれば、機関争議及び民衆的訴訟を除き、著者のいう通常の抗告訴訟の目的・本質に関する論議としては、著者は権利救済説をとっているといわざるをえないことになる。

法規の維持を目的とするが、そのうちの一部は権利保護をも目的としている、というものと理解するならば、彼の見解は当初から一貫したものと解することができるように思われる。確かに、1936 年の記述においては、権利保護を目的とするとされた訴訟が、同時に法規維持を目的とすると明言されているわけではないが、それを否定しているとも解されない。

　このような理解が正しいとして、次に、美濃部の見解を法規維持説と折衷説のいずれと呼ぶべきかが問題となるが、これは定義次第ではないかと思われる。すなわち、折衷説を、行政訴訟に権利保護を目的とするものと法規維持を目的とするものがあるとする考え方と定義するならば、美濃部は折衷説をとるものといえるが、権利保護のみを目的とするものと法規維持のみを目的とするものがあるとする考え方と定義するならば、美濃部は法規維持説をとるものといえる。そして、現在においても、主観訴訟とされる抗告訴訟・当事者訴訟について、副次的にせよ、行政の適法性維持をも目的とするものと解されていること[41]を考えると、そもそも二つの定義の違いにはあまり意味がないように思われる。

　これは訴訟目的論の相対性に起因するのではないかと考えられる。

　(d)　野村淳治　　野村淳治の見解は必ずしも明確ではない。1930 年の著書において、彼は一方において次のように述べており、権利保護説に立つようにもみえる。

　　　行政訴訟なるものは、行政官庁の違法処分に由り人の権利の侵害ありたる場合に於て、その事件に関係を有する当事者に参加の機会を与へ、口頭弁論の手続を経て確定力を有するの処分をなし、それに因つて行政法規の適用を定め、人の具体的権利義務の存否を確定することである[42]。

　　　かくの如くに行政庁の違法処分に因る権利侵害の事件に対して裁判をするものが真正の（根元的）行政訴訟である。併し乍ら多くの国はその外に、尚付随的（伝来的）行政訴訟又は準行政訴訟なるものを認め、時としては行政庁の不当処

　　しかし、著者のほぼ同時期の他の著述、――例えば行政法撮要第 4 版（1933（昭和 8）年）同第 5 版（1936（昭和 11）年）等――の本主題に関する論旨は、大局的には、本文引用のそれとことならない」と指摘している。
41)　村上・前掲注 2) 249 頁参照。
42)　野村淳治『行政法総論』〔日本評論社、1930 年〕699 頁。

分（違法処分にあらず）に対して裁判を為すことを以て行政裁判所の権限に属せしめ又時としては行政上の単純なる争議（例へば、市制第五条又は町村制第四条に所謂市町の境界に関する争議）に対して裁判をなすことを行政裁判所の権限に属せしめ、これ等の事件に対して裁判することをも尚行政訴訟なるが如くに認めてゐる。私の見る願〔ママ〕に依るに、それ等の事件に対する裁判は真正の行政訴訟ではなくして、それは寧ろ付随的（伝来的）行政訴訟又は<u>準行政訴訟である</u>[43]。

しかし、他方で彼は、上記の行政訴訟の定義の部分で O. マイヤーを引いている上[44]、行政訴訟を「行政に対する監督」の箇所で論じているので[45]、法規維持説に立つとみることもできる。

さらに、彼が訴訟目的を明示していないことからすると、行政訴訟を訴訟目的ではなく、権利侵害によって定義する立場をとるとも解しうるように思われる。

(e) **田中二郎** 田中二郎は、1934 年の法律学辞典の解説において次のように述べている。

> 行政裁判の性質並に特殊性を明かにせんとするに当つては、先づ行政裁判の目的が那辺に在るかを考察する必要がある。此の点に付ては、主観的裁判説（juridiction subjective）と客観的裁判説（juridiction objective）とを分つことが出来る。前者は、民事裁判が私権の救済制度なるに対し、行政裁判を以て公権救済制度なりとするものであり、後者は、行政裁判は必ずしも公権救済を目的とせず、行政法規の維持実現を目的とする裁判なりとするのである。惟ふに行政裁判制度は、沿革的には公権の保護を主たる目的として発達したものと言ひ得ないではない。其の意味に於て、此の種の裁判を根元的意味の行政訴訟と呼ぶことも強ち不当ではない。併し行政訴訟に於て、個人の公権と関係なく、別に、或は行政庁に出訴権を認め、或は民衆的訴訟（Popularklage, action populaire）を認めて居るのは、専ら行政法規の正当なる適用を確保するの目的に出づるものであることを否定し得ない。私の考では、行政裁判の制度は元来行政法規の実効性を保障することを目

---

43) 野村（淳）・前掲注 42) 699 頁以下（下線原文白丸）。
44) 野村（淳）・前掲注 42) 699 頁。「<u>オットー、マイヤー、行政法、第一巻、一三八頁以下及一六二頁以下参照</u>」とされており、O. Mayer, Deutsches Verwaltungsrecht, 3. Aufl., Bd. 1, Duncker & Humblot, 1924, SS. 138ff., 162ff. を指すものと思われる。
45) 野村（淳）・前掲注 42) 666 頁以下。浅井清『日本行政法総論』〔厳松堂書店、1932 年〕318 頁注 4) は、この点に着目して、野村（淳）が行政訴訟を行政監督とみていると評している。

的とする、唯此の目的の為めには行政上他の手段もあり、其の唯一の手段でない為めに、必ずしもあらゆる法規違反に付て訴訟の提起を認める必要もなく、従来主として其の同時に違法の権利侵害の問題を生じた限度に於てのみ行政訴訟を認めるのを通常としたのである。即ち何を行政訴訟の目的とするかは、各国の立法政策上の問題で、行政処分による違法の権利侵害を生ずる場合は裁判的手続によるのが合目的的とせられたのであるが、権利侵害を生ぜざる場合に於ても、行政法規の実効性を保障する目的の下に、裁判によるを合理的とする場合に於て、行政訴訟を認めることは固より可能であり、かかる場合が行政訴訟の性質に矛盾せざるは勿論、これを其の第二次的付随的目的と見ることも正当ではない。立法上何を行政事件とすべきかは、専ら合目的的見地より決せらるべきものである[46]。

このように、田中は明確に法規維持説をとっており、その理由として権利侵害を前提としない訴訟が存在することを挙げている。この点で美濃部の見解とほぼ同旨とみることができる。また、田中において、訴訟の目的論と、いかなる場合に訴訟の提起を認めるかが、別次元の問題と捉えられていることも注目される。なお、上記引用文中、「目的」という言葉が何度か用いられているが、「何を行政訴訟の目的とするかは」という部分では、ほかと異なり、制度目的ではなく、訴訟の対象を意味しているように思われる。

　法規維持説に立つその他の論者として、山田準次郎がある[47]。

　(2)　権利保護説　権利保護説に立つ論者としては、織田万、佐佐木惣一などを挙げることができる。

　　(a)　織田万　織田万は、1895年の著書において次のように述べていた。
<u>行政裁判トハ行政法上ノ権利ヲ保護シ又ハ行政法規ノ実行ヲ強制スルカ為メニ行政処分ノ取消又ハ変更ヲ請求スル訴訟ニ対シテ為ス所ノ裁判ナリ</u>[48]

　　行政裁判ハ行政法上ノ権利ヲ保護シ又ハ行政法規ノ実行ヲ強制スルカ為ニス即チ行政裁判ノ<u>目的</u>ニ二アリ権利ノ保護及法規ノ実行是ナリ権利ノ保護トハ一個人又ハ公私ノ法人ニ対スル行政官庁ノ行為ニ関シ若クハ一個人ト公私ノ法人トノ

[46)]　田中二郎「行政裁判」末弘厳太郎＝田中耕太郎責任編集『法律学辞典（第1巻）』〔岩波書店、1934年〕414頁。田中二郎『行政法講義案 (4)』(1938年) 111頁以下も同旨。「根元的」「附随的」等は野村淳治の見解を意識した表現と解される。

[47)]　山田準次郎『日本行政法（総論）〔改訂14版〕』〔警眼社、1939年〕373頁以下。

[48)]　織田万『日本行政法論』〔六石書房、1895年〕828頁（下線原文白丸）。

間又ハ公法人相互ノ間ニ行政法規ニ関シテ起レル争訟ニ於テ其ノ各権利者ノ権利ヲ侵害セシメサルヲ謂ヒ法規ノ実行トハ或ル特定ナル権利ノ保護ヲ為スニ非スシテ唯公共ノ利益ノ為メニ行政法規ノ遵由ヲ鞏固ナラシムルヲ謂フ[49]

　ここでは、行政裁判には権利を保護するものと、行政法規の実行を強制するためのものがあるとみているようであり、折衷説に立つようにみえる。
　これに対し、1910年の著書では次のように述べられている。

　　行政裁判カ公権ノ救済ヲ目的トシ私権ヲ救済スル司法裁判ト相対立スルモノナリトスルハ一般ノ通説ナレトモ或ハ公権ノ存在ヲ否認スルノ結果又ハ其他ノ理由ニ本ツキ行政裁判カ単ニ法規ヲ維持シ公ノ秩序ヲ保護スルニ止マリ敢テ権利ヲ救済スルモノニ非スト論スル人ナキニ非ス然レトモ我憲法及二十三年法律第百六号ノ明文ニ『行政庁ノ違法処分ニ依リ権利ヲ毀損セラレタリトスル者』トアル以上ハ我国法上行政裁判カ権利ヲ救済スルカ為メニ存スルコトハ疑ヲ容レス而シテ其権利カ私権ニ非スシテ公権タルコトハ前ニ論シタル所ニ観テ明ナリ且若シ行政裁判カ単ニ法規ヲ維持シ又ハ公ノ秩序ヲ保護スルニ止ラハ何人ト雖モ之ヲ請求シテ差支ナカルヘク畢竟裁判所ヲシテ或ル行政官庁カ法令ニ違反シタルノ事実ヲ知ラシムレハ足ルノ理ナリ然ルニ法律ハ特定ノ人即チ権利ヲ侵害セラレタリトスル者ニ限リ行政裁判ヲ請求セシムルコトヲ原則トスル以上ハ其単ニ法規ヲ維持シ又ハ公ノ秩序ヲ保護スルノ方法トシテ存スルニ非サルコトヲ知ルヘシ但広ク我国法上行政裁判ノ行ハルル場合ヲ見ルニ公権ノ救済トハ関係ナク単ニ法規維持ノ目的ノ為メニノミ行ハルルコトナキニ非ス故ニ行政裁判ノ何タルコトヲ明ニスルニハ独リ公権救済ノ目的ニ限ルコトヲ得ス乃チ此見地ヨリスレハ行政裁判トハ公権ヲ救済シ若クハ法規ヲ維持スルカ為メ違法行政処分ノ取消又ハ変更ヲ請求スル訴訟ニ対シテ為ス所ノ裁判ナリト謂フヘキナリ[50]

　ここでは、行政裁判は権利保護を目的とするのが「原則」とされ、その根拠として、①憲法及び法律の文言、②原告適格が限定されていることが挙げられている。他方で、例外として、法規維持を目的とする訴訟も存在するとされている。
　1918年の論文では次のように述べられている。

49）織田・前掲注48）829頁（下線原文傍点）。
50）織田万『行政法講義』〔有斐閣書房＝宝文館、1910年〕280頁以下。同『行政法講義［再版］』〔有斐閣書房＝宝文館、1912年〕以降もほぼ同じ内容である。

且夫レ行政裁判カ単ニ法規ヲ維持スルニ止ラス寧ロ原則トシテ私人ノ国家ニ対スル権利ヲ確保スルモノナルコト換言スレハ其主観的裁判タルニ重キヲ置クコトハ啻ニ我憲法及明治二十三年法律第百六号ノ明文ニ於テ炳然タルモノアルノミナラス法治国家ノ特色トシテ自ラ然ラサルヲ得ス蓋シ法治国家ニ於テハ国家カ私人ト同シク法規ノ拘束ヲ受クルヲ以テ主義トスルカ故ニ国家カ私人ニ対シテ権利ヲ有スルト均シク私人モ亦国家ニ対シテ権利ヲ有セサルヘカラス既ニ私人ノ国家ニ対スル権利アルコトヲ是認セハ私人カ国家機関ノ行為ニ依リ其権利ヲ侵害セラレタル場合ニ之ヲ救済スルノ手段ヲ講セシムルハ固ヨリ当然ノ事トス行政裁判ハ即チ此目的ノ為メニ存スルモノニシテ我国法カ之ヲ明言シタルハ洵ニ理アリト謂フヘシ[51]

　内容は1910年の著書とほぼ同じであるが、権利保護説をとる根拠として、①憲法及び法律の文言、②私人が国家に対して権利を有すること（それを保護することが法治国家において求められていること）が述べられており[52]、原告適格には言及されていない。1936年の著書においてもほぼ同内容が述べられている[53]。
　以上からすると、織田は、憲法及び法律の規定及び公権の存在等を理由として、行政裁判の目的は「原則」として権利を保護することにあるとしつつ、例外として法規維持を目的とする訴訟も存在することを認めているといえる。
　(b)　佐佐木惣一　　1921年の著書において、佐佐木惣一はより明確に権利保護説を主張している。

　　国家カ行政裁判ノ制度ヲ設クルハ行政関係ニ於テ私人ノ権利保護ヲ為スヲ目的トス。即チ私人ノ利益ヲ保護セントスルモノニシテ、法ヲ維持セントスルモノニ非ス。行政訴訟カ権利ノ侵害アラスシテ単純ナル利益ノ侵害アル場合ニ於テ為サルル場合モ亦然リ。私人ノ利益ノ侵害カ違法ノ行政処分ニ依テ生スル場合ニ行政裁判行ハルルカ故ニ、行政裁判ニ在テハ法ノ違反アルヤ否ヤカ問題トナリ従テ行政裁判ハ行政関係ニ於ケル違法ノ状態ヲ排除スルモノト云フヘシ。而モ是ノ故ニ行政裁判ノ制度ヲ以テ法ノ維持其ノモノヲ目的トストスヘカラス。蓋シ行政裁判制度ノ目的ナルモノハ之ヲ行政裁判ノ性質ト混同スヘカラス。行政裁判ハ其ノ性質ヨリセハ裁判ナルカ故ニ法ノ宣言ナリ。各箇ノ場合ニ何カ法ナルカヲ宣言ス。

---

51)　織田万「行政裁判ノ観念」京都法学会雑誌13巻6号（1918年）6頁。
52)　織田は早くから公権否定説を批判していた。織田・前掲注50)『行政法講義』264頁以下など。
53)　織田万『日本行政法原理』〔有斐閣、1934年〕640頁以下。

私人カ法ニ依ラスシテ利益ヲ侵害セラレタリトスル場合ニ其ノ利益ノ回復ヲ計ルモノナルカ故ニ、法ノ如何ヲ知ルハ先ツ前提ナリ。而モ之ヲ為スハ之ニ依テ私人ヲ救済スルノ手段ヲ求ムルカ為メニス。然レハ行政裁判法上ノ性質ヲ法ノ宣言ナリト云フハ正シ。然レトモ行政裁判ノ制度ノ目的ヲ以テ法ノ維持ニ在リト云フハ中ラサルナリ。但利益モ畢竟法ニ依テ存在ヲ許サレタルモノナレハ、利益ノ救済ハ法ノ維持ナリト云ハハ其ノ意味ニ於テハ可ナリ。而モ之ヲ以テ行政裁判制度ノ目的ト云フハ正確ナラサルナリ[54]。

　このように、佐佐木は制度の「性質」と「目的」を区別し、「目的」はあくまで権利保護にあるとする点に特色がある。佐佐木も権利保護を目的としない訴訟が存在することを認めるが、これは「形式上ノ行政訴訟」に過ぎないとする。

　　形式上ノ行政訴訟トハ行政訴訟ノ性質ヲ有セサルモ国法上行政訴訟トシテ取扱ハルルモノヲ謂フ。是レ形式上ノ訴願ト同シク我国法上存スルモノナリ。蓋シ其ノ手続及ヒ審理ニ付テ行政訴訟ニ関スル規定ヲ適用セシメントスルモノナリ。即チ形式上ノ行政訴訟ナル概念ヲ立ツルノ意味ハ行政訴訟ト同様ノ取扱ヲ受クルコトニ存ス[55]。

　こうして、佐佐木は、「形式上ノ行政訴訟」という概念を設けることにより、権利保護説の徹底を果たしたといえる。もっとも、「形式上ノ行政訴訟」も「行政訴訟ト同様ノ取扱ヲ受クル」とすれば、あえてこうした概念を設ける実益は乏しいとも考えられる。

　そのほか、権利保護説をとる論者として、野村信孝、渡辺宗太郎などを挙げることができる[56]。

　(3) 折衷説　　折衷説をとると解される者としては、上杉慎吉、清水澄な

---

54) 佐佐木惣一『日本行政法論総論』〔有斐閣、1921年〕741頁以下。同『日本行政法論総論〔改版〕』〔有斐閣、1924年〕603頁以下もほぼ同じ内容である。
55) 佐佐木・前掲注54)『日本行政法論総論』742頁。
56) 野村信孝『行政法大綱』〔厳松堂書店、1930年〕196頁、渡辺宗太郎『日本行政法（上）』〔弘文堂書房、1935年〕383頁以下。副島義一『行政法学総論』〔敬文堂書店、1926年〕831頁以下は、行政訴訟の定義に権利侵害の要素を挙げ、権利侵害を前提としないものを「擬制の行政訴訟」と呼んでいるので、権利保護説をとるとみることもできるが、「行政訴訟の目的」については、「純理より考ふるときは権利説を以て妥当とすべきであるが」、「制度上の行政訴訟の目的は法規の維持と権利の保護とに在りと謂ふべきである」と述べているので、折衷説をとるようでもある。

どを挙げることができる。
　(a)　**上杉慎吉**　　1904 年の著書において、上杉慎吉は次のように述べている。

　　行政裁判ハ法ノ適用ナリ然カレトモ其ハ常ニ権利ノ保護カ相伴フト為スコト能ハス其ノ初メ行政裁判ノ発達スルニ至リシハ臣民ノ公法上ノ権利ニ救済ノ方法ヲ与ヘテ之レヲ保障シ依テ以テ国家ノ行動ノ規律ヲ維持センコトヲ期スルニ在リ之レヲ以テ行政裁判ハ公法上ノ権利ノ救済ノ方法ナリ訴権ナケレハ権利ナシ公法上ノ権利ヲシテ権利タルノ所以ヲ完タカラシムルノ方法タリサレハ行政裁判ハ権利ノ保護ヲ以テ其ノ目的ト為スヘキモノタリト為スモノ甚タ汎ク行ハレタル学説タリ吾輩モ亦タ其ノ然カルヲ信セントス彼ノ公法上ニハ権利ナシ従テ其ノ保護ヲ目的トスル裁判ナシト云フカ如キハ採ルヘカラサルハ固トヨリ仮令之レアリトスルモ行政裁判ニ於テ臣民ヲシテ出訴スルコトヲ得セシムルハ行政法維持ノ手段ヲ与フルニ過キサル便宜ノ方法ニシテ常ニ権利アルカ故ニ訴権アリトスルニ非スト為スノ極端論ノ誤マレルハ深ク論スル迄モナシ行政裁判ノ目的タル法ニ於テ認メラレタル権利保護ニ在ルヤ云フ迄モナシ法ノ維持ト権利ノ保護トハ理論上相一致ス法アルトコロニ権利アリ権利ヲ認メサルハ法ニ非ス若シ法ノ発達ノ程度ノ完成セル有様ヲ想像シ権利ノ保護トハ何ソヤト云ハヽ法ノ維持ニ外ナラス然カレトモ此ノ時ニモ尚ホ行政裁判ノ目的トハ何ソヤト云ハヽ権利ノ保護ナリト答ヘサルヘカラス何トナレハ行政裁判ノ制度ノ発達セルハ行政官庁ノ処分ヲ以テシテハ臣民ニ権利享有ノ安堵アルコト能ハサルヲ救フニ在レハ権利ノ保護カ其ノ目的ニ非スト云ハヽ其ノ本領初メヨリ没セントスサレハ吾輩ハ行政裁判ノ目的ハ権利ノ保護ニ在リ其ノ範囲ハ権利ノ保護ニ在リト為ス然カレトモ同時ニ法ノ維持カ其ノ目的タルコトヲ忘ルヘカラス純理ヨリスレハ法ノ維持トハ即ハチ之レニ由ル権利ノ保護ナレハ其ノ範囲ヲ同シウスレハナリ行政裁判ハ法ノ維持ナリ権利ノ保護ノ手段ニ非スト云フハ吾輩ノ採ラサルトコロニシテ之レカ為メニ付会ノ説ヲ為シ公法ノ区域ニ於テハ法ハ常ニ公益ノ為メニ維持セラレサルヘカラス私人ニ権利アルト否トヲ問ハスト云フカ如キ恰モ法ト権利ト相交渉セサルカ如キ説明ヲ為サンコトヲ欲セス然カレトモ権利ノ保護ハ同時ニ法ノ維持ナリト云フハ法ノ完全ナル有様ニ於テノミ之レヲ云フコトヲ得ルモノタルハ之レヲ忘ルヘカラス今日ノ有様ニ在テ公法ハ未タ此ノ域ニ達セス之レ吾輩カ行政裁判ハ権利ノ保護タルコトヲ信シツヽモ常ニ権利ノ保護ニ非スト初メニ云ヘル所以ナリ行政法ノ発達ハ未タ極メテ幼稚ニシテ権利ノ発生カ常ニ其ノ効果タルコト能ハス未タ権利ト称スヘカラサル

利益ノ関係ヲ生スルニ止マルコト屢々之レアリ唯トリ権利ノ保護カ行政裁判ノ目的タリト云ハントスルトキハ法ノ維持ハ至ラヌ隈ナキコトヲ得ス之レヲ至ラヌ隈ナカラシメントスレハ権利ニ非サルモノヲ強テ権利ト呼ハサルヘカラサルニ至ラントスサレハ現実ノ有様ニ於テハ法ノ維持ト云フト権利ノ保護ト云フトハ意義ト範囲異ナレリ而カモ尚ホ強テ行政裁判ハ権利ノ保護ナリト云フニ及ハス法ノ維持カ其ノ目的タリト云フヘシ唯タ其ノ主タル場合ハ同時ニ権利ノ保護タリ其ノ相一致スルニ至テ法ハ完全ニ発達シタリト為スコトハ之レヲ忘ルヘカラス[57]

　論旨は必ずしも明快ではないが、「行政裁判ハ権利ノ保護ヲ以テ其ノ目的ト為スヘキモノタリト為ス」学説について、「吾輩モ亦タ其ノ然カルヲ信セントス」と述べ、法規維持説を痛烈に批判していることからすれば、権利保護説をとるようにもみえる。しかし、「行政法ノ発達ハ未タ極メテ幼稚」であり、「法ノ維持ト云フト権利ノ保護ト云フトハ意義ト範囲異ナ」る現状では、「常ニ権利ノ保護カ相伴フト為スコト能ハス」と述べ、法規維持を目的とする訴訟が存在することを認めている点からすれば、折衷説をとるのではないかと解される。

　(b)　清水澄　　1910 年の著書において、清水澄は、行政訴訟の目的は「行政訴訟提起ノ要件ヲ定ムルニモ行政訴訟ノ手段ヲ定ムルニモ大関係ヲ有スル」[58]とした上で、行政訴訟と行政監督の相違（対象が行政処分に限定されていること、法令が定める場合に限って提起できること、裁判の形式を用いること）を指摘し、次のように述べる。

　　右ノ三点ニ於テ普通ノ監督方法ト行政訴訟ト異ルニ依リ行政訴訟ハ単ニ行政法規ノ維持ノミヲ以テ目的ト為スモノニアラスシテ（行政法規ノ維持ヲ監督ノ目的ノ一ト為スコトハ多言ヲ要セス）人民ノ権利救済ヲモ併セテ目的ト為スモノナルコトヲ推知スルコトヲ得蓋シ人民ノ権利救済ヲ目的ト為ササルトキハ訴訟ノ範囲ヲ制限スルノ（第一、第二ノ点）必要ナキノミナラス特ニ其判定ノ公平ナルコトヲ保障（第三）スルノ必要ナキヲ以テナリ故ニ何レノ国ニ於テモ行政訴訟提起ノ要件中ニ権利ノ侵害ヲ受ケタルコトヲ加ヘ又我帝国憲法第六十一条ニ於テモ之ヲ明記セリ然ルニ我国ニ於テモ独逸国ニ於テモ権利ノ侵害ヲ行政訴訟提起ノ要件ト為サ

---

57)　上杉慎吉『行政法原論』〔有斐閣書房、1904 年〕491 頁以下。ここでの批判の対象は穂積説と思われるが、上杉の初期の見解については、長尾龍一「上杉慎吉伝」(1971 年) 同『日本法思想史研究』〔創文社、1981 年〕234 頁以下参照。
58)　清水澄『国法学第二編行政篇（上巻上）』〔清水書店、1910 年〕1423 頁。

サル場合ナキニアラス例ヘハ選挙ノ効力ニ関スル訴訟ノ如シ此場合ニハ行政訴訟ノ目的ハ単ニ法規ノ維持ニアルコト疑ナシト雖モ之ハ一ノ例外ノ場合ニシテ公益上人民ニモ行政訴訟ノ提起ヲ許スヲ必要ナリト認メタルニ外ナラス従テ之ヲ以テ一般ニ行政訴訟ノ目的ヲ論定スルコトヲ得サルナリ[59]

このように、清水は、主として手続に着目して、行政裁判の目的が権利救済にあるとしつつ、例外的に法規の維持を目的とする訴訟も存在することを認めている。したがって、織田万の権利保護説に近いということもできる。

清水はまた、美濃部の所説を法規維持説（法規説）として引用した上で、次のようにこれを批判している。

此論一理ナキニアラスト雖モ行政訴訟制度ノ発生シタル起因ハ人民ノ権利救済ニアリタルコト明白ニシテ行政訴訟ノ最初ノ目的ハ単純ニ行政法規ノ適用ヲ確定スルニアラサリシハ疑ヲ容レス然ルニ漸次法規説ノ勢ヲ得ントスルノ傾向アルハ公法ノ区域内ニ於テハ権利ノ観念不明ニシテ従来権利ト認メタルモノモ権利ニアラスヤトノ疑生シタルカ為権利保護ヲ以テ行政訴訟全体ヲ説明スルコト困難ニ至リタルカ為ニ外ナラサルナリ要スルニ予輩ハ前ニモ述ヘタル如ク行政訴訟ノ目的ハ法規ノ維持ト権利ノ保護トニアリト考フルナリ[60]

そのほか折衷説をとると解される論者として、坂千秋、浅井清、杉村章三郎などがある[61]。

(4) 小括 このように、明治憲法下においては、行政訴訟の目的をめぐって論争が盛んに行われたが、学説間の相違はかなり相対的なものにとどまり、また、論争の実益も乏しかったように思われる。

すなわち、法規維持説をとる論者にあっても、市村や美濃部は権利保護を（も）目的とする訴訟の存在を明確に認めていた。なお、彼ら（及び折衷説をとる論者）にとって、明治憲法 61 条の「権利傷害」要件との関係が問題となったが、憲法による訴訟の定義は「狭キニ失スル[62]」、「普通ノ場合」の要件を示すにとどまる[63]、「甚だ拙劣」なのでこれを抗告訴訟の定義と解する[64]などと説

---

59) 清水・前掲注 58) 1424 頁以下。
60) 清水・前掲注 58) 1483 頁以下。
61) 坂千秋『日本行政法講義』〔良書普及会、1929 年〕221 頁、浅井・前掲注 45) 319 頁以下、杉村章三郎『日本行政法講義要綱（上巻）〔第 4 版〕』〔有斐閣、1939 年〕350 頁。
62) 美濃部・前掲注 38)『行政法撮要（上）〔第 2 版〕』451 頁。

明されていた。

　他方、権利保護説をとる論者にとっては、これを徹底すると、選挙訴訟や機関争議の説明が困難となる。彼らは、これらが例外に属する（織田）、「形式上ノ行政訴訟」（佐々木）ないし「擬制の行政訴訟」[65]である、行政救済ではなく「行政上の監督権を発動せしめるための誘導的手段」である[66]などと説明していたが、これらの訴訟の存在を否定していたわけではなかった。

　このように、行政訴訟の目的をめぐる議論はさしたる実益を伴うわけではなく、これは論争が実定法を前提として行われていたことに加え、訴訟目的論の相対性に由来するものではないかと思われる。いずれにしても、行政訴訟に権利保護を（も）目的とするものと法規維持を目的とするものが存在することそれ自体は、共通の理解となっていたとみることができる。もっとも、田中二郎や野村淳治においては、訴訟の対象（いかなる場合に訴訟の提起が認められるか）と訴訟目的を切り離して考える発想がみられる点も注目される。

三　客観訴訟論の導入

　(1)　以上のような状況を背景として、織田万がフランスの L. デュギーの影響下に客観訴訟論を導入し、有力な若手の論者によって採用された。

　　(a)　織田万　　日本において客観訴訟論に初めて明確に言及したのは[67]、1918 年の織田万の論文だと思われる。そこでは次のように述べられている。

　　凡ソ裁判カ法規ヲ維持スルノ目的ヲ以テ行ハルル国家作用タルコトハ現今一般ニ認ムル所ニシテ固ヨリ疑ヲ容ルルノ余地ナシト雖モ（語源ヨリ考フルモ此意明ナリ Jurisdictio ハ jus dicere ヨリ出テ法ヲ言フノ義ナリ）広ク法規ノ維持ト云フ中ニハ

---

63)　清水・前掲注 58) 1485 頁。
64)　浅井・前掲注 45) 320 頁。
65)　副島・前掲注 56) 835 頁。
66)　渡辺・前掲注 56) 308 頁。
67)　織田は、1910 年の前掲注 50)『行政法講義』284 頁において、「行政裁判ニシテ公権侵害ノ有無ニ対スルトキハ公権ノ存否ヲ確認スヘク単ニ法規ノ維持ニ止マルトキハ係争問題タル行政処分カ法規ノ定ムル所ニ適合スルヤ否ヤヲ決定スヘキナリ」と述べており、明示されていないが、これはデュギーの見解ではないかと思われる。デュギーは 1906 年の論文（L. Duguit, L'acte administratif et l'acte juridictionnel, R. D. P., 1906, p. 413）で既に客観訴訟論を主張していたので、織田はこれを読んでいたのかもしれない。

主観的観念ト客観的観念トヲ区別スルノ要アリ蓋シ裁判ハ皆其根柢ニ於テ法規ヲ維持スルノ目的ナキハナシト雖モ更ニ之ヲ分類スルトキハ単ニ法規ヲ維持スルニ止マルモノト権利ノ存在ヲ確保シ之ニ依リ兼ネテ法規維持ノ目的ヲ達スルモノトアリ刑事裁判ハ前者ノ最モ顕著ナルモノニシテ民事裁判ハ後者ノ最モ顕著ナルモノナリ其ノ権利ノ存在ヲ確保スルヲ以テ直接ノ目的トスルモノハ主観的裁判ニ属シ其単ニ法規ヲ維持スルニ止マルモノハ客観的裁判ニ属ス[68]主観的裁判ニ於テ解決スヘキハ或ル特定ノ権利ノ存否並ニ其範囲如何ノ問題ニシテ乃チ此場合ニ在テハ裁判所ハ先ツ法規カ特定ノ権利ヲ認ムルヤ否ヤヲ考察シ之ヲ肯定シ得ルトキハ次ニ問題ト為レル事実ニ就テ其権利ノ存在スルヤ否ヤヲ審明シ其存在確実ナルトキハ其如何ナル範囲ニ於テ存在スルカヲ査定シ然ル後一定ノ制裁ヲ以テ其効果ノ実現ヲ命スヘキモノトス故ニ此種ノ裁判ハ原則トシテ特定ノ権利ニ付キ争アル場合ニ行ハル客観ノ裁判ニ於テ解決スヘキハ或ル法規ノ存在及其効力ニ関スル問題ニシテ乃チ此場合ニ在テハ特定ノ作為又ハ不作為カ法規ニ遵由シテ為サレタルカ若クハ違反シタルカノ問題ニ付テ考察シ前示ト同様ノ方法ニ依リ其違反カ査明セラレタルトキハ違反行為ニ対シテ或ハ之ヲ禁遏シ或ハ之ヲ取消シ必要ノ場合ニハ強制力ヲ以テ法規ノ実行ヲ維持スヘキモノトス故ニ此種ノ裁判ハ原則トシテ特定ノ権利ノ存否ト相関セス唯法規違反ノ有無ヲ明ニスルノ必要アル場合ニ行ハル[69]

引用文の前半部分では、「単ニ法規ヲ維持スルニ止マルモノト権利ノ存在ヲ確保シ之ニ依リ兼ネテ法規維持ノ目的ヲ達スルモノ」という表現からわかるとおり、訴訟目的が問題されているようにみえる。これに対し、後半部分では、裁判において解決すべき問題が、「或ル特定ノ権利ノ存否並ニ其範囲如何ノ問題」か、「或ル法規ノ存在及其効力ニ関スル問題」かが基準とされており、訴訟目的というより、本案審理の対象が論じられているようにみえる。織田はさらに次のように述べている。

行政裁判モ亦其裁判タルノ性質トシテハ固ヨリ以上述ヘタル所ヲ出ツルコトナシ只其主観的裁判ナルカ将タ客観的裁判ナルカハ議論ノ存スル所ニシテ独逸ノ学者中ニハ往々行政裁判カ専ラ法規維持ノ目的ヲ以テ行ハルルコトヲ説キ甚シキハ

---

68) ここで織田は、「裁判ヲ区別シテ主観的裁判 Juridiction subjective 客観的裁判 Juridiction objective ノ二種トスルハ Duguit 前掲一巻二六三頁以下ニ依ル」と注記している（織田・前掲注51）4頁注3））。「前掲」は注1）の「Duguit, Traité de droit const.」を指しており、L. Duguit, Traité de droit constitutionnel, tome I, 1ère ed., Fontemoing & C, 1911 を意味すると思われる。

69) 織田・前掲注51) 3頁以下。織田・前掲注53) 638頁以下も同旨。

行政庁ノ行為ヲ監督スルノ一方法ニ過キストスル為者スラアリ蓋シ行政裁判カ行政
　　ノ瑕疵ヲ匡正スルノ結果トシテ其行政庁ヲ監督スルノ趣旨ニ協フモノアルコトハ
　　固ヨリ論ナシ然レトモ是レ其実際ノ結果ヨリ観テ云フノミ之カ為メニ其裁判タル
　　ノ性質ヲ阻却スルコトナシ且此ノ如キノ結果ハ独リ行政裁判ニ限ラス司法裁判ニ
　　於テモ均シク之ヲ見ルコトアリ司法裁判事件ニシテ行政庁ノ不法事実ト相関連ス
　　ルモノナルトキハ間接ニ行政監督ノ趣旨ニ協フモノナルコト行政裁判ト異ナルコ
　　トナシ故ニ行政裁判ヲ以テ行政監督ノ目的ノ為メニ存スルモノトシ以テ其性質ヲ
　　説了セリト思惟スルハ誤マレリ[70]

　織田はこれに続けて権利保護説を主張しているが（二 (2) (a) 参照)、ここでは専ら訴訟目的が論じられている。
　しかし、織田が典拠として挙げている著書において、デュギーは次のように述べている。

　　また、裁判を行う作用は、依然として裁判作用にとどまりつつも、二つの異なった場合において行使されることがわかる。まず、その作用は、主観的法的地位〔中略〕の存在または範囲について問題が生じた場合に行われる。裁判官は、法的及び事実的要素により、この地位の存在または不存在を確認する。その存在を認めたときは、その範囲を確定し、その確認の論理的な結果である決定を行い、強制の直接または間接のサンクションの下に、当該地位の実現を命じる。この第一の場合には、主観的裁判（juridiction subjective）が存在するということができる。
　　第二に、裁判作用は、ある法的地位を創設する目的でなされた公的または私的な行為によって、もしくは法的でない事実によって、客観法、すなわち法律が侵犯されたか否かという問題が生じた場合にも行われる。当該機関〔＝裁判官〕が侵犯ありと確認したときは、そこから論理的な結論を導き出す。当該機関は決定を行うが、それは場合によって、取消し、損害賠償または処罰であり、その執行は、必要に応じ、強制力の使用によって更に保障されることになる。この第二の場合には、客観的裁判（juridiction objective）が存在するということができる。
　　さらに、客観的裁判が存在するのは、特定人のために法律上のまたは客観的な地位を創設する条件となっている事実または行為がなされたか否かという問題が裁判官に提起され、裁判官の役割がその者にこの法律上の地位を認めるか、認め

---

70) 織田・前掲注51) 5頁以下。織田・前掲注53) 640頁以下も同旨。

ることを拒否するかに存する場合である。要するに、すべての身分に関する問題（toutes les questions d'état）については、客観的裁判が存在する[71]。

このように、デュギーは専ら裁判官が解決すべき問題（本案審理の対象）を基準として訴訟の分類を行っており、訴訟目的には言及していない[72]。そうすると、織田は、デュギーの議論から示唆を受けて客観訴訟論を導入したが、その際にこれを従来から論じられていた訴訟目的論に引きつけて理解したのではないかと考えられる。

（b）　田中二郎　　田中二郎は、既にみたように、1934年の解説において、juridiction subjective と juridiction objective を「主観的裁判説」と「客観的裁判説」と訳していたが（二（1）（e）参照）、他方で次のようにも述べている。

　行政裁判の第二の特色は、権利に関する争以外に、法規維持を目的とする所謂客観的行政訴訟を認め、且つ此の種の裁判を合理的に行はしめる為めに、形式上には常に争の当事者を対立せしめて居ることに在り、其の結果として訴訟に種々の特色を帯びさせて居る〔中略〕[73]。

　行政法規の正当な適用を確保する為めの所謂客観的裁判の認められる限度に於ては、権利の毀損を要件としない[74]。

これらの箇所においては、「客観的行政訴訟」または「客観的裁判」が、法規の維持を目的とする訴訟（裁判）の意味で用いられていることが明らかである。

（c）　宮沢俊義　　宮沢俊義は、1936年の著書において次のように述べている。

　主観争訟と客観争訟　争訟の結論に対して直接かつ特別な利害関係を有する者に対してのみ提訴権が与へられてゐる争訟を主観争訟といひ、それ以外の者に対しても提訴権が与へられてゐる争訟を客観争訟といふ。前者は専ら私人の利益の保護を目的とするものであり、後者は専ら一般公共の利益の保護を目的とするものであるから、あるひはこれをそれぞれ救済争訟および公益争訟と呼ぶことがで

---

71)　Duguit, op. cit. (note 68), p. 264 et s.
72)　デュギーが専ら法的問題の観点に立っていることについては、村上・前掲注2）126頁以下参照。
73)　田中・前掲注46）「行政裁判」415頁。田中・前掲注46）『行政法講義案（4）』114頁以下、137頁以下も同旨。
74)　田中・前掲注46）「行政裁判」419頁。田中・前掲注46）『行政法講義案（4）』129頁も同旨。

きる。民事訴訟は前者の例であり、刑事訴訟は後者の例である。公益争訟にあつては、公益の代表者と考へられる官公庁——刑事訴訟についていへば検察官——が提訴権を与へられるのが普通であるが、場合によつてはひろく一般人に対して提訴権が与へられる。この最後の場合、これを特に民衆争訟といふ。わが国法における選挙に関する争訟はこれに属する。フランス法における権力超過の訴え（le recours pour excès de pouvoir）も実際にはこれに属するといつてよからう[75]。

ここでも訴訟目的を基準として主観争訟と客観争訟という言葉が用いられているが、特に原告適格に着目している点が注目される。

(d) 田上穣治 田上穣治は、1942年の著書において、行政訴訟では原則として自己の権利を毀損されたことを主張しなければならないとしつつ、次のように述べている。

> 併しながら行政裁判の目的が主観的裁判（juridiction subjective）すなはち公権の救済にありとするは沿革的・合目的的たるに止まり、特別の法律に基づき行政監督殊に行政法規の維持実現を目的とする客観的裁判（juridiction objective）たるを得べきはいふまでもない[76]。

ここでも訴訟目的によって主観的裁判と客観的裁判が区別されている。

(2) 小括 以上のように、行政訴訟を主観（的）裁判（訴訟）と客観（的）裁判（訴訟）に分類する考え方（本章にいう客観訴訟論）は、明治憲法下において、フランス法の影響を受けた織田萬によって導入され、若干の有力な若手の学者によって取り入れられた。その際、フランスにおける議論の文脈[77]を離れ、従来から行われてきた訴訟目的論の影響からか、ほとんどの場合訴訟目的を基準とする分類と考えられていた。上述したように、訴訟目的論における見解の対立にもかかわらず、権利保護を目的とする訴訟と法規維持を目的とする訴訟が存在することは一般的なコンセンサスとなっていたことから（二 (4) 参照）、客観訴訟論が受け入れられる素地が存在していたとみることができる。

しかし、列記主義がとられていた当時、このような訴訟分類は理論的な意義

---

75) 宮沢俊義『行政争訟法』〔日本評論社、1936年〕9頁以下。
76) 田上穣治『行政法概論』〔有斐閣、1942年〕412頁。
77) もっとも、フランスにおいて、裁判官の解決すべき法律問題の観点と、訴訟目的の観点が明確に区別されていなかったことについては、村上・前掲注2) 213頁以下参照。

を有するにとどまっていた[78]。もっとも、明治憲法 61 条が行政訴訟を「権利」の「傷害」によって定義していたこともあり、行政訴訟が認められるのは原則として権利侵害がある場合であるとの考え方は広く存在していた[79]。

III　現行憲法下における客観訴訟論の定着

以下では、現行憲法制定直後の状況を検討した上で（一）、行政事件訴訟法の制定をきっかけとして客観訴訟論が定着した経緯を明らかにする（二）。

一　現行憲法制定直後の状況

（1）**行政事件訴訟特例法の制定**　現行憲法の施行にともなって行政裁判法が廃止され、行政事件についても司法裁判所が管轄を有することになった。さしあたり 1947 年の「日本国憲法の施行に伴う民事訴訟法の応急的措置に関する法律」により出訴期間の規定がおかれたが、平野事件を契機として、1948 年に行政事件訴訟特例法が制定された[80]。

同法は、訴訟類型として、「行政庁の違法な処分の取消又は変更に係る訴訟」と「その他公法上の権利関係に関する訴訟」を設けた（1条）。前者は抗告訴訟に、後者は当事者訴訟にほぼ対応するものと思われ、この点において明治憲法下の議論、特に行政訴訟法案等を踏襲したものと解することができる（I －（2）参照）。もっとも、無効確認訴訟、機関訴訟、民衆訴訟等がいずれに属するか

---

78) 雄川一郎「機関争訟の法理」（1974 年）同『行政争訟の法理』〔有斐閣、1986 年〕459 頁は、「当時の行政裁判制度においては、出訴事項について列記主義が採られていたから、機関であろうと公私の権利主体であろうと行政訴訟を提起するためには法律勅令に定めのあることが必要であり、またそのような規定があれば出訴し得ることに原則的な問題はなかった。従って、行政訴訟としての機関訴訟の概念や本質を問題にする必要は実際上においてはなかったわけであって、学者の説くところもおおむね実定法規の説明に止まっていたのである」と指摘する。
79) 既にみたように、美濃部は権利傷害が「行政訴訟の通常の要件」であるとし（二（1）（c））、織田は権利保護を目的とするのが「原則」と述べていた（二（2）（a））。穂積も、個人が官廷の違法処分によって損害を被った場合、単に自己の利害に関する場合には出訴できず、権利が傷害される場合に初めて出訴できると述べていた（前注 12）参照）。
80) この間の経緯については、佐藤竺「行政事件訴訟特例法の立法過程」鵜飼信成編『行政手続の研究』〔有信堂、1961 年〕239 頁、東京大学社会科学研究所編『戦後改革 4 司法改革』〔東京大学出版会、1975 年〕291 頁以下〔高柳信一〕、高柳信一「戦後初期の行政訴訟法制改革論」社会科学研究 31 巻 1 号（1979 年）1 頁など参照。

については、不明確な点が残されていた。また、この段階では客観訴訟論は議論の中で現れていない。

(2) 客観訴訟論と「法律上の争訟」の結び付け

(a) 田中二郎　　現行憲法は裁判を受ける権利（32条）を保障していることから、行政事件についても概括主義を採用するものと解されることになった。そうすると、憲法上いかなる訴訟の提起が認められるべきかが問題となる。この点について、1948年の論文において、田中二郎は次のように述べている。

> 新憲法にいう司法権は、〔中略〕民事刑事の裁判のみならず、行政に関する裁判を包含するものと解しなくてはならぬ。併し、行政に関する一切の事件が司法権に服するわけではない。権力分立主義の原則からいつても、司法権は、行政権に対する一般的監督権を有するものではなく、単に、当事者間における具体的な法適用の保障的権能を認められているに過ぎないからである。従つて、司法権が行政に関して有する権限も、決して行政に関する一切の事件に及ぶものではなく、当事者間における権利義務に関する争ある場合に、具体的な法の適用を保障すること、いいかえれば、「法律上の争訟」についての裁判権に限られると解すべきであろう。裁判所法第三条に「裁判所は、…一切の法律上の争訟を裁判し」とあるのも、この意を示したもので、裁判所は、「その他法律において特に定める権限を有する」けれども、これは、本来の司法権に属するものでなく、裁判所の公正な判断に信頼して、特に法律によりその権限に属せしめたものに外ならない[81]。

> ここで法律上の争訟というためには、当事者間における具体的な権利義務に関する争があり、具体的な法律の適用が問題になつていることを要する。具体的な法律の適用が問題となつているときでも、原則としては、訴訟を提起すべき法律上の利益を有する者でなければ、裁判所に出訴することは許されない。例えば、選挙又は当選無効の訴の如き、一般選挙人としては、当然には、訴を提起しうるのではなく、特に法律上、一般選挙人の出訴を認めていることによつて、はじめて出訴しうるものと解すべきであり（民衆訴訟を認めることは立法政策の現われである）、又、機関相互の間の権限の争の如きも、その一方より、当然に、訴を提起しうべきものではなく、特に法律の規定を俟つて、はじめて出訴しうるものと解すべきである[82]。

---

81) 田中二郎「行政争訟の法理」（1948～50年）同・前掲注8) 25頁以下。同書の初出年表示は誤りではないかと思われる。
82) 田中・前掲注81) 26頁以下。

このように、憲法上当然に司法権に属するのは「法律上の争訟」であるとされ、選挙訴訟等はその例外とされる。他方で、原告適格との関係で次のように述べている。

　　又、行政事件訴訟においては、先に述べたように、行政法規の正当な適用を確保する見地から、いわゆる権利保護の利益を有しない行政庁又は一般選挙人若しくは住民等に出訴の権能を認めている場合もある（これを客観的訴訟と呼ぶことができる。その例については、後述する）[83]。

　　客観的訴訟の原告　右に述べた外に、行政法規の正当な適用を確保し、公共の利益を確保するために、権利主体でない者に出訴を認めていることがある。この場合には、性質上当然に、権利の毀損を要件としない。これは客観的訴訟ともいうべきもので、この種の訴訟は、法律の明文の規定が存する場合に限つて提起しうるに止まる[84]。

　このように、田中は、必ずしもストレートにではないが、結論として、戦前に行っていた訴訟目的による主観的訴訟と客観的訴訟の分類を、「法律上の争訟」と結びつけて理解している[85]。したがって、主観的訴訟は憲法上当然に提起が認められるのに対し、客観的訴訟は法律に特別の規定がある場合にのみ提起できることになる。

　次に、訴訟類型について、田中は、当初、従来の抗告訴訟と当事者訴訟の二分論をとった上[86]、機関訴訟・民衆訴訟を抗告訴訟の一種として位置付けており[87]、主観訴訟・客観訴訟の分類と抗告訴訟・当事者訴訟の分類とは別次元のものと理解していたようである[88]。しかし、1953年の著書においては、行政事件訴訟の種類として、抗告訴訟・当事者訴訟・選挙訴訟・機関訴訟・民衆訴訟を並列している[89]。

---

83)　田中・前掲注81) 73頁。
84)　田中・前掲注81) 74頁以下。
85)　同時期における同様の記述として、田中二郎『行政法講義案（上巻）』第2分冊〔有斐閣、1949年〕165頁以下、185頁、同『行政法（上）』〔有斐閣、1953年〕347頁以下、同『要説行政法』〔弘文堂、1960年〕291頁、305頁以下など。
86)　田中・前掲注81) 27頁以下。
87)　田中・前掲注81) 28頁。
88)　田中・前掲注85)『行政法講義案（上巻）』第2分冊132頁以下、同・前掲注85)『要説行政法』290頁以下。

(b) 雄川一郎　雄川一郎は、1957年の著書において、次のように述べ、主観的争訟と客観的争訟を区別する見解をとっている。

　主観的争訟と客観的争訟　個人的な権利又は利益の保護を目的とする争訟が主観的争訟であり、これに対し、法規の適用の客観的適正又は一般公共の利益の保護を目的とする争訟が客観的争訟である〔中略〕。前者は、争訟を提起することにつき個人的な権利又は利益を有する者のみがこれを提起することができるが、後者はこれに限られず、直接の利害関係を有する者でなくても、広く一般民衆又は選挙人などに争訟を提起することが法律上認められている場合がある。これを民衆争訟というが、客観的争訟は論理上当然に民衆争訟になる訳ではない（逆に民衆争訟は当然客観的争訟の性質を有する）。また、主観的争訟の裁断について認められる確定力は原則として当事者の間にのみ生ずるが、客観的争訟の場合は反対に原則としていわゆる対世的効力を有するものと考えられている[90]。

他方で雄川は、「裁判所の裁判の対象となりうるのは、法律上の争訟でなければならない」[91]とした上で、法律上の争訟の意義について次のように述べる。

　当事者の具体的な権利義務に関する紛争であることを要する。従って、法令その他の国家行為の抽象的な効力を争う訴訟やそれらの解釈問題のみに関する争は法律上の争訟ではないし、又当事者が自己の具体的な権利義務に直接関係しない問題について提起する訴訟も法律上の争訟ではない。いわゆる民衆訴訟も機関訴訟も、この見地から、法律上の争訟としての性質を有しない[92]

また、彼は、日本においても客観的訴訟が存在することを認める。

　更に、行政事件訴訟には、当事者の権利の保護ではなく、行政法規の正当な適用の確保を目的として、立法政策的に認められた特殊の客観的訴訟がある[93]。

---

89)　田中・前掲注85)『行政法（上巻）』317頁以下。
90)　雄川・前掲注10) 10頁以下。雄川は、同12頁注2) において、「この主観的争訟・客観的争訟の概念は、デューギーによって説かれて以来〔中略〕、フランスの行政訴訟理論に広く用いられた」と述べる。また、宮沢俊義の見解（Ⅱ三 (1)(c)）について、「そこでは、第一次的には、提訴権者の範囲が概念の中核となっているが、私は、本文に述べたように、むしろ争訟の対象の性質によって区別すべきで、その目的に適するように提訴権者の範囲が定められると考えるのが論理的であろうと考える」と批判している。もっとも、雄川は、本文において、「争訟の対象の性質」というより、訴訟目的に着目しているようにみえる。
91)　雄川・前掲注10) 48頁。
92)　雄川・前掲注10) 49頁。
93)　雄川・前掲注10) 51頁。

右に述べた所から、行政事件訴訟の種別は、これを行政行為ないし行政権の発動に関係のある訴訟と、これと直接の関係のない訴訟に分けるのが理論的であると考えられる。即ち、行政事件訴訟は、これを大別すれば抗告争訟たる訴訟と、当事者争訟たる訴訟の二個の体系となる。前者を抗告訴訟と呼び、後者を当事者訴訟と呼ぶ。而して、この外に特殊な客観的訴訟を考えることができる[94]。

　そして、ここにいう「特殊な客観的訴訟」として、民衆訴訟と機関訴訟を挙げている[95]。

　以上からすると、雄川もまた、田中二郎と同様に、必ずしもストレートにではないが、主観（的）訴訟と客観（的）訴訟を訴訟目的によって区別した上で、前者のみが「法律上の争訟」にあたるとする考え方をとっていたことがわかる。

　行政訴訟の類型については、「行政争訟の性質による分類」の箇所では、抗告争訟と当事者争訟、主観的争訟と客観的争訟を別次元の分類として挙げている[96]。これに対し、「行政事件訴訟の理論的種別」の部分では、抗告訴訟、公法上の当事者訴訟、民衆訴訟、機関訴訟、先決問題の訴訟を並列している[97]。

　(3) 小括　明治憲法下においては、客観訴訟論は理論的な意義を有するにとどまっていたが（Ⅱ三(2)）、以上のように、現行憲法下の早い時点において、田中二郎及び雄川一郎という戦後の通説を形成した論者によって、それが「法律上の争訟」概念と結び付けられた[98]。また、こうした理解を背景として、抗告訴訟・当事者訴訟と機関訴訟・民衆訴訟を並列的にとらえる考え方が示さ

---

94) 雄川・前掲注10) 51頁。
95) 雄川・前掲注10) 54頁。
96) 雄川・前掲注10) 9頁以下。
97) 雄川・前掲注10) 51頁以下。
98) 同旨を述べるものとして、田上穣治『行政法総論』〔春秋社、1950年〕48頁以下、同「基本的人権の実質と保障」法曹時報2巻12号（1950年）552頁、浅賀栄『行政訴訟の諸問題』〔酒井書店、1954年〕22頁以下などがある。磯崎辰五郎『行政法（総論）』〔青林書院、1955年〕は、佐佐木惣一（Ⅱ二(2)(b)参照）にならい、行政救済たる行政争訟（実質上の行政争訟）とそれ以外の行政争訟（形式上の行政争訟）を分けた上、「行政救済たる行政争訟を主観的行政争訟、行政救済以外の行政争訟を客観的行政争訟ということができる」（148頁以下）とし、「形式上の行政訴訟は、実質上の行政訴訟と異なり、法の特別の規定ある場合にこれを提起することができる」（181頁）と述べているので、「法律上の争訟」には言及していないものの、実質的同旨とみることができる。磯崎は2年前の『行政法総論』〔世界思想社、1953年〕362頁以下では「主観的行政争訟」「客観的行政争訟」という言葉を用いていなかったので、この間に客観訴訟論が普及したことが窺われる。

れている[99]。

　しかし、「法律上の争訟」は訴訟の対象に関わる問題であるのに対し、客観訴訟論は訴訟目的に関わる問題であるから、両者を直結させることには論理的に問題があるように思われる。両者の論述が必ずしもストレートではないのは、この点の逡巡によるものかもしれない。実際、既に述べたように、明治憲法下において、田中二郎や野村淳治には、訴訟目的と訴訟の対象を別次元の問題として捉える発想もみられた（Ⅱ二（4）参照）。しかし、この点には十分な検討が加えられないまま、戦前の議論を引き継ぐ形で、現行憲法下の通説が形成されたのではないかと思われる。

　もっとも、この時点においては、田中・雄川らの見解は学説の一つにとどまっていた。この状況は行政事件訴訟法の制定によって大きく変わることになる。

二　行政事件訴訟法の制定

　(1)　**制定の経緯**　　行政事件訴訟法の制定作業は、1955年3月、法務大臣が法制審議会に諮問したことによって開始された。同審議会は行政訴訟部会及び小委員会を設置し、具体的な検討は小委員会において行われた。ここでは機関訴訟・民衆訴訟の扱いをめぐる経緯を概観する。

　同年5月19日付けの「行政事件訴訟特例法改正の問題点（行政局案）」[100]では機関訴訟・民衆訴訟に言及されていなかったが、同月25日付けの「行政訴訟に関する法令改正の問題点――行政事件訴訟特例法を中心として――」[101]では、行政事件訴訟特例法に定める「その他公法上の権利関係に関する訴訟」の具体例として、選挙訴訟と当選訴訟、納税者訴訟、機関訴訟などが挙げられていた。しかし、同年6月20日付の「問題点の所在（一）」[102]では、機関訴訟・民衆訴訟に触れられていなかった。

　同年7月8日の第一回小委員会において、委員である田中二郎から、「凡そ

---

99)　もっとも、機関訴訟・民衆訴訟等を抗告訴訟・当事者訴訟と並列的に論じるものはそれ以前にもあった。美濃部達吉「新憲法に於ける行政争訟」法律タイムズ9号（1948年）11頁以下、熊野啓五郎『新しい行政訴訟』〔法律文化社、1948年〕19頁以下など。
100)　塩野宏編『日本立法資料全集37 行政事件訴訟法（3）』〔信山社出版、1994年〕148頁。
101)　塩野編・前掲注100) 151頁。
102)　塩野編・前掲注100) 201頁。

行政事件訴訟の中に選挙争訟のようなものまでを含めて、全般に対する争訟手続法を定めてゆくのか、それとも現在の規定で差し当って支障のあるようなところだけ考慮して、それの一部改正の形でゆくのか、その点最初に定めて頂きたい」[103]という問題提起がなされた。

そこで、同年8月20日付けの「問題点の所在（二）」[104]においては、裁判所の権限の限界（司法作用の性格・類型――司法救済と行政における法適用の保障）の箇所で、機関訴訟・民衆訴訟が挙げられ、また、「行政事件の種類」のうちの「特殊訴訟」として、職務執行命令訴訟、機関訴訟、納税者訴訟、選挙に関する訴訟、国民審査に関する訴訟、市町村の境界の裁定または決定に対する不服訴訟が挙げられた。

その後、1956年8月25日付けの「行政事件訴訟特例法改正要綱草案」[105]及び同年9月20日付けの「行政事件訴訟特例法改正要綱試案（第一次案）」[106]では、行政事件の種類として機関訴訟が挙げられていたが、民衆訴訟については言及がなかった。これは、民衆訴訟は抗告訴訟の一種と解され、その規定で足りると解されていたためである[107]。また、B案として、機関訴訟に関する規定を削除する案も併記されていた。

これらの案については、同年10月5日の第16回小委員会で検討が行われたが、田中二郎は、民衆訴訟についても規定を設けることを主張した[108]。また、1958年2月7日の第31回小委員会で機関訴訟について詳細な検討が行われたが、そこでも田中二郎が民衆訴訟についても明文規定を設けることを強く主張し、その結果、機関訴訟及び民衆訴訟について規定を設けることとされた[109]。

---

103) 塩野宏編『日本立法資料全集5 行政事件訴訟法（1）』〔信山社出版、1992年〕40頁以下。
104) 塩野編・前掲注100) 336頁。
105) 塩野宏編『日本立法資料全集38 行政事件訴訟法（4）』〔信山社出版、1994年〕123頁。
106) 塩野編・前掲注105) 138頁。
107) 塩野編・前掲注103) 462頁［杉本良吉発言］。
108) 塩野編・前掲注103) 462頁以下。
109) 塩野宏編『日本立法資料全集6 行政事件訴訟法（2）』〔信山社出版、1992年〕932頁以下。幹事の杉本良吉は、「たしかに主観訴訟と客観訴訟とに分けて民衆訴訟と機関訴訟などはいわゆる行政の適正を図る訴訟であるという見方をするならば、やはり機関訴訟だけでなくて民衆訴訟もこの特例法中に取り入れていいんじゃないかという考え方も成り立つと思います」と述べている（同936頁）。また、同じく幹事の雄川一郎は、「ただ機関訴訟にしろ民衆訴訟にしろ一般の権利保護の訴訟ではない、いわゆる客観的な訴訟であるという面が抗告訴訟に関する規定だけでは賄えないし、

これを受けて、同年2月28日付けの「行政事件訴訟特例法改正要綱試案（第二次案）」[110]が作成され、行政訴訟の種類として、民衆訴訟及び機関訴訟が挙げられた。これによってほぼ骨格が固まり、同年3月7日の第32回小委員会[111]、同年5月12日付けの「行政事件訴訟特例法改正要綱試案（第三次案）」[112]、同年9月5日の第36回小委員会[113]、1959年5月13日付けの「行政事件訴訟特例法改正要綱試案（第三次案の整理案）」[114]、1960年4月15日付けの「行政事件訴訟特例法改正要綱試案（第四次案）」[115]、同年7月1日付けの「行政事件訴訟特例法改正要綱試案（小委員会案）」[116]、1961年3月3日付けの「行政事件訴訟特例法改正要綱」[117]で若干の文言の修正が行われ、それが法案化され、そのままの形で現行法となった。

　(2)　**客観訴訟論の公定化**　　以上、現行行政事件訴訟法に機関訴訟・民衆訴訟に関する規定が設けられるに至った経緯を概観したが、そこでは田中二郎が強いリーダーシップを発揮したことが確認できる。そして、現行法には明確な文言は見あたらないものの、戦前からの抗告訴訟と当事者訴訟の二分論ではなく、抗告訴訟・当事者訴訟・機関訴訟・民衆訴訟を並列する考え方（一(3)参照）が採用されている点[118]、機関訴訟及び民衆訴訟は「法律に定める場合にお

　　また当事者訴訟に関する規定だけでも賄えないという点が残って来る。規定するとすれば、そういう客観的な性質に適合した規定を若干つけ加えるということが或は考えられるのじゃないかと思います」と述べている（同944頁）。
110)　塩野編・前掲注105) 161頁。
111)　塩野編・前掲注109) 996頁以下、1010頁以下。
112)　塩野編・前掲注105) 172頁。
113)　塩野編・前掲注109) 1175頁以下。
114)　塩野編・前掲注105) 209頁。
115)　塩野編・前掲注105) 277頁。
116)　塩野編・前掲注105) 335頁。
117)　塩野編・前掲注105) 470頁。
118)　もっとも、雄川は、第31回小委員会（1958年2月7日）において、民衆訴訟の法定に消極的な見解を述べていた（塩野編・前掲注109) 935頁）。他方、その直後の公法学会（同年4月9日）においては、「客観訴訟に関する問題」として、次のように述べている。「いわゆる民衆訴訟や機関訴訟については、個別的に立法で認められているものが存するが、その定めは、往々にして不備であって、審理裁判の手続について疑義の生ずることがある。そこで、いかなる場合に出訴し得るかということは、個別立法に譲るとしても、審理裁判に関する通則的或いは補充的規定を設けることが考慮されるべきであろう。その場合、権利保護を目的としない客観的訴訟の性格に照らして、一般の主観的訴訟とどこまで異なった定めをなすべきか（例えば、執行停止の要件を別個に考えると

いて、法律に定める者に限り、提起することができる」(42条) と規定している点に、田中及び雄川の客観訴訟論の影響を窺うことができるように思われる。

傍証ではあるが、小委員会案について行われた研究会において、小委員会で幹事を務めた杉本良吉は次のように発言している。

> いわゆる客観的訴訟といわれます自己の権利または利益が害されたがゆえに訴を提起するのではなくて、行政の公正を確保するというといった趣旨から、特に法律が訴の提起を許している、いわゆる民衆訴訟とか機関訴訟、こういったものに分けて定義を与え、そうして行政事件訴訟を現行法よりもより一そう類型別に細分して規定して、それぞれの適用なり準用関係を明らかにしております[119]。

また、杉本は、同法2条の解説においても次のように述べている。

> 本条は、行政事件訴訟として四種の訴訟を掲げる。そのうち、抗告訴訟、当事者訴訟と民衆訴訟、機関訴訟とは性格を異にし、前二者はいわゆる主観的訴訟、すなわち個人的な権利利益の保護救済を目的とするものであり、これに対し後二者は、客観的訴訟、すなわち、法規の適用の適正または一般公共の利益の保護を目的とする特殊の訴訟である[120]。

このようにして、客観訴訟論は法律によって「公定化」[121]されるに至ったということができる[122]。そして、本章の冒頭で述べたように、これが現在の通説となっている[123]。

か、判決の効力について対世的効力を認めるとかが問題となろう)を検討すべきであろう」(雄川一郎「行政争訟制度の改革に関する諸問題」(1958年) 同・前掲注78) 116頁)。
119) 市原昌三郎ほか「研究会・行政事件訴訟特例法改正要綱試案 (小委員会案) をめぐる諸問題 (上)」ジュリスト209号 (1960年) 36頁。同じ研究会において、田中二郎は、検討の経緯について次のように述べている。「そもそも民衆訴訟とか機関訴訟に関する規定などを一々規定しなくてもいいのじゃないか。これは個々の法律の規定にまかしておけばいいのじゃないかという意見も当初はあったのですが、しかしこれにもいろんな形のものが考えられるし、一応訴訟の形態としてはここに書いておいた方があるいは便宜であろう。理解に役立つだろうというような配慮からだったと思います」(同43頁)。
120) 杉本良吉『行政事件訴訟法の解説』〔法曹会、1963年〕7頁。
121) 学説の立法による「公定化」については、塩野宏「行政訴訟改革の動向」(2004年) 同『行政法概念の諸相』〔有斐閣、2011年〕242頁、同「改正行政事件訴訟法の課題と展望」(2004年) 同書278頁以下参照。
122) 塩野・前掲注1) 81頁。
123) 藤田・前掲注1) 404頁注2) は、訴訟目的に基づく訴訟分類論に対する筆者の批判について、「そのような指摘も可能であろうが、ただ、理論的な可能性と、我が国の実定法がどのような思考

IV おわりに

　本章の結論を要約すれば、客観訴訟論はフランスから輸入されたものであるが、ドイツの訴訟目的論の影響によって変容され、現行憲法下における概括主義の採用によって新たな意義を与えられた後、現行行政事件訴訟法の制定によって公定化されたということができる。その結果、比較法的に類例をみない独自の訴訟体系が生まれたわけである。

　客観訴訟論の評価については既に論じたことがあるので、次の二点のみを指摘しておきたい。第一に、仮に主観訴訟と客観訴訟の分類を行うとしても、訴訟目的による分類は相対的であることから、端的に、「法律上の争訟」にあたるか否かによって区別すべきではないかと思われる[124]。第二に、客観訴訟論に基づく行政事件訴訟の規定については、訴訟類型と適用条文を明確化した点に意義があるものの、主観訴訟とされた抗告訴訟及び公法上の当事者訴訟を過度に主観化し、客観訴訟とされた機関訴訟及び民衆訴訟の利用を過度に限定することになったという弊害も否定できない[125]。この点については立法論的な再検討も必要ではないかと思われる。

　　枠組みによって構成されているかの問題は、一応区別して考えなければならない」とコメントしているが、現行法が客観訴訟論に基づくことを前提としていると解される。
124)　村上・前掲注2) 249頁、同・前掲注3) 12頁〔本書53頁〕注1)。現行法が客観訴訟論を前提としているとしても、それが明文に現れているわけではないから、別途の解釈をすることは十分可能ではないかと思われる。なお、宝塚市パチンコ店建築中止命令事件上告審判決（最判平成14年7月9日民集56巻6号1134頁）は、行政主体が「専ら行政権の主体として国民に対して行政上の義務の履行を求める訴訟は、法規の適用ないし一般公益の保護を目的とするものであって、自己の権利利益の保護救済を目的とするものということはできないから」、法律上の争訟にあたらないと判示している。ここでは訴訟目的を理由として訴訟の可否が判断されているようである。仮にそうであれば、訴訟目的の相対性からして疑問があり、訴訟目的論がもたらした弊害の一例ということができる。もっとも、その後の福間町公害防止協定事件上告審判決（最判平成21年7月10日判時2058号53頁）では、公害防止協定に基づいて産業廃棄物処分場の使用差止めを求める訴訟が適法とされている。この訴訟は、むしろ、「一般公益の保護を目的とする」ものではないかと解され、両判決の間には矛盾があるようにもみえる。あるいは、宝塚市パチンコ店建築中止命令事件上告審判決における訴訟目的への言及は、あまり重要ではないのかもしれない。以上については、村上裕章「司法制度改革後における行政法判例の展開」公法研究77号（2015年）30頁〔本書284頁〕参照。
125)　高橋ほか編・前掲注4) 135頁以下［村上裕章］参照。

第 3 章　客観訴訟と憲法

I　はじめに

　わが国では、民衆訴訟（行政事件訴訟法 5 条）と機関訴訟（同 6 条）をあわせて客観訴訟[1]と呼ぶのが通例となっている。客観訴訟には、住民訴訟や選挙訴訟のように、大いに活用されているものがあり、立法論としても客観訴訟の創設が提唱されている[2]。具体的には、国民訴訟[3]、環境団体訴訟[4]、消費者団体訴

---

1) 客観訴訟については、公益の保護を目的とする訴訟と定義し、個人の権利利益の保護を目的とする主観訴訟と対比するのが一般的な見解である。しかし、訴訟目的は相対的であるから（主観訴訟とされる抗告訴訟等も行政の適法性確保を目的としている）、このような定義には疑問がある。したがって、主観訴訟は「法律上の争訟」（裁判所法 3 条 1 項）にあたるもの、客観訴訟はこれにあたらないもの、と定義するのが妥当と考える（村上裕章『行政訴訟の基礎理論』〔有斐閣、2007 年〕248 頁以下参照）。もっとも、後述するように、実定法上客観訴訟とされているものの中には、本来「法律上の争訟」にあたり、主観訴訟として提起できるはずであるが、立法によって客観訴訟とされているものもある。そこで、より正確にいえば、主観訴訟は「法律上の争訟」にあたることを前提として提起される訴訟、客観訴訟はこれにあたることを前提とせず提起される訴訟と定義すべきであろう。
2) 曽和俊文「行政訴訟制度の憲法的基礎」ジュリスト 1219 号（2002 年）60 頁以下は、行政訴訟制度の目的として行政の適法性確保を正面から肯定し、そのために客観訴訟を活用すべき旨を主張する。宍戸常寿「司法のプラグマティク」法学教室 322 号（2007 年）28 頁も、司法の使命・本質の標準を専ら民事事件の裁判に求める理解には問題があり、「司法権の中間部分については、法的統制機能の強化のために、立法と裁判所の運用によって形成されるべき余地が憲法上開かれていると解すべき」とする。村上・前掲注 1) 17 頁以下も参照。
3) 日本弁護士連合会編『使える行政訴訟へ「是正訴訟」の提案』〔日本評論社、2003 年〕149 頁以下。そこには団体訴訟の提案も含まれている。日弁連は、その後、「環境及び文化財保護のための団体による訴訟等に関する法律案（略称「環境団体訴訟法案」）」（2012 年 6 月 15 日）も公表しており、後に紹介する。なお、日弁連の「行政事件訴訟法第二次改正法案」（2012 年 6 月 15 日）には、国民訴訟の規定は含まれていない。この法案には「命令訴訟」と「計画訴訟」が盛り込まれているが、これらは主観訴訟と解されているようである。
4) 環境団体訴訟に関する文献は多数に上るが、最近のものとして、大久保規子「ドイツ環境法における団体訴訟」塩野宏先生古稀記念『行政法の発展と変革（下）』〔有斐閣、2001 年〕47 頁、同「団体訴訟」自由と正義 57 巻 3 号（2006 年）31 頁、同「ドイツにおける環境・法的救済法の成立（1）（2）」阪大法学 57 巻 2 号（2007 年）203 頁、58 巻 2 号（2008 年）279 頁、同「ドイツの環境損害法と団体訴訟」阪大法学 58 巻 1 号（2008 年）1 頁、同「欧州における環境行政訴訟の展開」阿部泰隆先生古稀記念『行政法学の未来に向けて』〔有斐閣、2012 年〕459 頁、同「オーフス条約と環境公益訴訟」環境法政策学会誌 15 号（2012 年）133 頁、同「環境民主主義と司法アクセス権の

訟[5]、条例の無効確認訴訟[6]などである。

　しかし、他方で、後に詳しく検討するように、客観訴訟については、その憲法上の許容性や限界をめぐって議論があり、この点が立法による客観訴訟の創設に否定的な影響を与えているのではないかと思われる。

　そこで、本章では、客観訴訟と憲法の関係を検討し、憲法上の制約についていかに考えるべきかを明らかにしたい。以下では、まず、議論の前提として客観訴訟の具体例を概観した上で（II）、客観訴訟は憲法上いかに位置付けられるかという問題（III）と、客観訴訟には憲法上いかなる限界があるかという問題（IV）を検討する。

II　客観訴訟の具体例

　ここでは、客観訴訟の具体例（立法論として提案されているものも含む）を、請求の趣旨、原告及び被告に着目して概観する。

保障」淡路剛久ほか編『公害環境訴訟の新たな展開　権利救済から政策形成へ』〔日本評論社、2012年〕91頁、同「混迷するドイツの環境団体訴訟――環境・法的救済法2013年改正をめぐって」新世代法政策学研究20号（2013年）227頁、大塚直「環境訴訟における保護法益の主観性と公共性・序説」法律時報82巻11号（2010年）116頁、同「公害・環境分野での民事差止訴訟と団体訴訟――フランス法の動向と日本法の検討」加藤一郎先生追悼『変動する日本社会と法』〔有斐閣、2011年〕623頁、小澤久仁男「ドイツ連邦自然保護法上の団体訴訟　自然保護団体の協働権からの分析」立教大学大学院法学研究39号（2009年）1頁、同「団体訴訟の新たな傾向　ドイツ環境法典参事官草案を素材にして」立教大学大学院法学研究40号（2009年）1頁、越智敏裕「行政訴訟改革としての団体訴訟制度の導入　環境保全・消費者保護分野における公益代表訴訟の意義と可能性」自由と正義53巻8号（2002年）36頁、同「団体訴訟の制度設計」環境法政策学会誌15号（2012年）168頁、島村健「環境団体訴訟の正統性について」前掲『行政法学の未来に向けて』477頁、桑原勇進「環境団体訴訟の法的正当性」環境法政策学会誌15号（2012年）158頁、土田伸也「ドイツ環境法における団体訴訟の近年の動向（1）（2）」比較法雑誌35巻1号（2001年）105頁、2号（2001年）89頁、畠山武道「公益訴訟（論点整理とコメント）」環境法政策学会誌15号（2012年）184頁、松本和彦「環境団体訴訟の憲法学的位置づけ」環境法政策学会誌15号（2012年）148頁、山本和彦「環境団体訴訟の可能性」福永有利先生古稀記念『企業紛争と民事手続法理論』〔商事法務、2005年〕175頁など。

5)　越智・前掲注4)自由と正義46頁、原田大樹「集団的消費者利益の実現と行政法の役割　不法行為法との役割分担を中心として」現代消費者法12号（2011年）17頁など。

6)　地方分権推進委員会事務局編『地方分権推進委員会第3次・第4次勧告　分権型社会の創造』〔ぎょうせい、1997年〕92頁以下。この提案は後に紹介する。

一　民衆訴訟

　民衆訴訟は、大きく、選挙に関する訴訟、選挙以外の投票に関する訴訟、その他の訴訟に分けることができる。

（1）　**選挙に関する訴訟**[7]

　　[1]　**選挙人名簿に関する訴訟**[8]

　選挙人[9]は、選挙人名簿の登録に関し不服があるときは、市町村選挙管理委員会に異議を申し出ることができる（公職選挙法24条1項）。選挙管理委員会は、異議の申出を正当であると決定したときは、当該異議の申出に係る者を直ちに選挙人名簿に登録し、または選挙人名簿から抹消し、その旨を異議申出人及び関係人に通知し、あわせて告示しなければならず、異議の申出を正当でないと決定したときは、直ちにその旨を異議申出人に通知しなければならない（同条2項）。選挙管理委員会の決定に不服がある異議申出人または関係人は、当該選挙管理委員会を被告として出訴することができる（同25条1項）。

　請求の趣旨は明示されていないが、選挙管理委員会の決定の取消しと解される[10]。訴訟を提起できるのは、決定に不服がある異議申出人または関係人、すなわち、登録に関し不服の対象とされた者である[11]。被告は市町村選挙管理委員会である。

---

7)　農業委員会等に関する法律11条は農業委員会の委員の選挙につき、漁業法94条は海区漁業調整委員会の委員の選挙につき、それぞれ公職選挙法の規定を準用しており、次の[1][2][3]と同様の訴訟が認められている。

8)　在外選挙人名簿の登録にも準用されている（公職選挙法30条の8・30条の9）。

9)　ここで選挙人とは、選挙区に関係なく、広く選挙権を有する者または有すると主張する者をいうと解されている。田中真次『選挙関係争訟の研究』〔日本評論社、1966年〕29頁以下、江見弘武「選挙関係訴訟の諸問題」『新・実務民事訴訟講座10 行政訴訟Ⅱ』〔日本評論社、1982年〕195頁、南博方＝高橋滋編『条解行政事件訴訟法〔第3版補訂版〕』〔弘文堂、2009年〕729頁〔山本隆司〕、安田充＝荒川敦編『逐条解説公職選挙法　全2巻セット（上）〔第4版〕』〔ぎょうせい、2010年〕193頁。

10)　江見・前掲注9）197頁、安田＝荒川編・前掲注9）201頁。これに対し、佐賀地判昭和31年9月1日行集7巻9号2104頁、田中・前掲注9）22頁、34頁以下は、決定の取消しに加え、登録・抹消も請求できると解している。

11)　最判昭和29年2月23日民集8巻2号550頁、安田＝荒川編・前掲注9）199頁以下。田中・前掲注9）32頁以下は、自己の氏名が脱漏していると主張して本人が異議を申し出、これを認容する決定があった場合、何人も訴訟を提起することができないから、立法論的には疑問であると指摘する。江見・前掲注9）197頁注2は、アンバランスの感は否めないが、やむを得ないとする。南＝高橋編・前掲注9）729頁〔山本〕は、「関係人」に選挙人も含むと解する。

[2] 地方公共団体の議会の議員及び長の選挙及び当選の効力に関する訴訟

　地方公共団体の議会の議員及び長の選挙については、選挙の効力を争う訴訟（選挙訴訟）と、当選の効力を争う訴訟（当選訴訟）がある。

　地方公共団体の議会の議員及び長の選挙において、その選挙の効力に関し不服がある選挙人[12]または公職の候補者は、当該選挙に関する事務を管理する選挙管理委員会に異議を申し出ることができる（公職選挙法202条1項）。市町村の選挙管理委員会に異議を申し出た場合、その決定に不服がある者は、都道府県の選挙管理委員会に審査を申し立てることができる（同202条2項）。都道府県選挙管理委員会の決定または裁決に不服がある者は、当該選挙管理委員会を被告として、高等裁判所に訴訟を提起することができる（同203条1項）。この訴訟は、都道府県選挙管理委員会の決定または裁決に対してのみ提起することができる（同条2項）。

　地方公共団体の議会の議員または長の選挙においてその当選の効力に関し不服がある選挙人または公職の候補者は、当該選挙に関する事務を管理する選挙管理委員会に異議を申し出ることができる（同206条1項）。市町村選挙管理委員会に異議を申し出た場合において、その決定に不服がある者は、当該都道府県の選挙管理委員会に審査を申し立てることができる（同条2項）。都道府県選挙管理委員会の決定または裁決に不服がある者は、当該選挙管理委員会を被告として、高等裁判所に訴訟を提起することができる（同207条1項）。この訴訟は、都道府県選挙管理委員会の決定または裁決に対してのみ提起することができる（同条2項・203条2項）。

　これらの訴訟の請求の趣旨は、選挙または当選を有効とした決定または裁決を争う場合には、決定等の取消しと選挙等を無効とすること、選挙等を無効とした決定等を争う場合には、決定等の取消しと解されている[13]。訴訟を提起で

---

12) ここで選挙人とは、選挙区選挙については、当該選挙区の選挙人をいうと解されている。最判昭和39年2月26日民集18巻2号353頁、田中・前掲注9) 190頁以下、江見・前掲注9) 199頁、南＝高橋編・前掲注9) 731頁［山本］、安田充＝荒川敦編『逐条解説公職選挙法（下）［第4版］』〔ぎょうせい、2010年〕1556頁以下。

13) 田中・前掲注9) 179頁以下、195頁、222頁、江見・前掲注9) 202頁以下、213頁、安田＝荒川編・前掲注12) 1602頁以下、1616頁、1670頁。もっとも、裁決または決定の取消しを求める意味は乏しいように思われる。形式的当事者訴訟についても類似の問題がある（村上裕章・行政判例

きるのは、都道府県選挙管理委員会の決定等に不服がある者、すなわち、公職の候補者、異議申出人、審査申立人のほか、選挙人一般である[14]。被告は都道府県選挙管理委員会である。

[3] **国会議員の選挙及び当選の効力に関する訴訟**

国会議員の選挙についても、選挙訴訟と当選訴訟がある。

衆議院議員または参議院議員の選挙において、その選挙の効力に関し異議がある選挙人または公職の候補者（政党等も含む）は、小選挙区または選挙区選出議員の選挙にあっては当該都道府県の選挙管理委員会を、比例代表選出議員の選挙にあっては中央選挙管理会を被告として、高等裁判所に訴訟を提起することができる（同 204 条、以下 [3a] という）。請求の趣旨は明示されていないが、選挙を無効とすることと解され[15]、訴訟を提起できるのは選挙の効力に関し異議がある選挙人または候補者等、被告は都道府県選挙管理委員会または中央選挙管理会である。

衆議院議員または参議院議員の選挙において、当選をしなかった者（政党等も含む）で当選の効力に関し不服がある者は、小選挙区または選挙区選出議員の選挙にあっては当該都道府県の選挙管理委員会を、比例代表選出議員の選挙にあっては中央選挙管理会を被告として、高等裁判所に訴訟を提起することができる（同 208 条 1 項本文、以下 [3b] という）。請求の趣旨は明示されていないが、当選に関する決定を無効とすることと解され[16]、訴訟を提起できるのは、当選をしなかった者等で当選の効力に関して不服がある者、被告は [3a] と同じである。選挙人の出訴が認められていないことから、これを民衆訴訟ではないとする見解もある[17]。原告の制限については、立法論的に疑問との指摘もある[18]。

百選 II［第 6 版］（2012 年）444 頁以下参照）。
14) 田中・前掲注 9）190 頁、安田＝荒川編・前掲注 12）1599 頁以下。
15) 江見・前掲注 9）202 頁、安田＝荒川編・前掲注 12）1624 頁。
16) 江見・前掲注 9）213 頁。
17) 田中・前掲注 9）8 頁以下、安田＝荒川編・前掲注 12）1673 頁以下参照。最判昭和 23 年 6 月 15 日民集 2 巻 7 号 134 頁は、落選者にのみ出訴を認めていた衆議院議員の当選に関する訴訟（当時の衆議院議員選挙法 83 条 1 項本文）について、「当選を失うた者の権利の主張」を目的としており、地方公共団体の議会の議員及び長の当選の効力に関する訴訟（当時の地方自治法 66 条 4 項）とはその性質を異にすると述べていた。山村恒年＝阿部泰隆編『判例コンメンタール行政事件訴訟法』〔三省堂、1984 年〕61 頁［木佐茂男］は、「形式的民衆訴訟」であるとする。山岸敬子『客観訴訟

被告は都道府県選挙管理委員会または中央選挙管理会である。

[4] 連座制による当選無効に関する訴訟

選挙運動総括主宰者、出納責任者及び地域主宰者が一定の選挙犯罪により刑に処せられた場合には、これらの者に係る当選人が裁判所からこれらの者の処刑の通知を受けたときは、当該当選人は、検察官を被告とし、高等裁判所に、これらの者が選挙運動総括主宰者等に該当しないこと等を理由とし、当該当選人の当選が無効とならないこと等の確認を求める訴訟を提起することができる（同法210条1項本文、以下[4a]という）。請求の趣旨は当選が無効でないこと等の確認、訴訟を提起できるのは上記の当選人、被告は検察官である。[3b]と同様、原告が限られているので、主観訴訟と解する余地もある。

[4a]に該当する場合を除くほか、連座制の適用により当選人の当選が無効であり、立候補制限がかかると認める検察官は、当該当選人を被告として、高等裁判所に訴訟を提起しなければならない（同法211条1項本文）。請求の趣旨は当選を無効とすること、訴訟を提起できるのは検察官、被告は当選人である。検察官が提起するものであるから、民衆訴訟（客観訴訟）にあたるかは疑問である[19]。

(2) 選挙以外の投票に関する訴訟

[5] 直接請求の投票に関する訴訟[20]

普通地方公共団体の議会の解散請求に係る投票（地方自治法76条3項）、議員の解職請求に係る投票（同80条3項）、長の解職請求に係る投票（同81条2項）については、公職選挙法の普通地方公共団体の選挙に関する規定が準用されている（地方自治法85条1項）。投票の効力に関する訴訟（公職選挙法202条・203条の準用）と、投票の結果の効力に関する訴訟（同法206条・207条の準用）がある[21]。

の法理』〔頸草書房、2004年〕123頁も民衆訴訟性に疑問があるとする。
18) 田中・前掲注9) 9頁注1、山本悟＝鈴木博『公職選挙法逐条解説［改訂新版］』〔政経書院、1967年〕1142頁、南＝高橋編・前掲注9) 733頁［山本］。
19) 田中・前掲注9) 10頁以下、241頁以下、南＝高橋編・前掲注9) 734頁［山本］。
20) 地方自治特別法の住民投票（地方自治法262条1項）、農業委員会の委員の解任の請求に係る投票（農業委員会等に関する法律14条6項）、海区漁業調整委員会の委員の解任の請求に係る投票（漁港法99条5項、94条）、合併協議会設置協議に係る投票（市町村の合併の特例に関する法律5条32項）にも公職選挙法の規定が準用されており、直接請求の投票に関する訴訟とほぼ同様の手続となる。

議会の解散の投票の効力に関する訴訟を例にとると、投票の効力に関し不服がある選挙人または当該普通地方公共団体の議会もしくは請求代表者は、当該投票に関する事務を管理する選挙管理委員会に異議を申し出ることができる。市町村の選挙管理委員会に異議を申し出た場合において、その決定に不服がある者は、都道府県の選挙管理委員会に審査を申し立てることができる。都道府県選挙管理委員会の決定または裁決に不服がある者は、高等裁判所に訴訟を提起することができる。この訴訟は都道府県選挙管理委員会の決定または裁決に対してのみ提起することができる（地方自治法85条1項、公職選挙法202条・203条、地方自治法施行令108条・109条）。

請求の趣旨は明示されていないが、[2]と同様に解するならば、投票（の結果）を有効とした裁決または決定を争う場合は、裁決または決定の取消しと投票（の結果）を無効とすること、無効とした裁決または決定を争う場合には、裁決または決定の取消しとなる[22]。訴訟を提起できるのは、都道府県選挙管理委員会の決定または裁決に不服がある者、すなわち、請求代表者、解散・解職請求の対象となった議会、議員または長ならびに選挙人である。被告は都道府県選挙管理委員会である。

[6] 最高裁判所裁判官国民審査の審査無効の訴訟

最高裁判所裁判官の国民審査（憲法79条2項・3項）について、最高裁判所裁判官国民審査法は、審査無効の訴訟と罷免無効の訴訟を定めている。

審査の効力に関し異議があるときは、審査人または罷免を可とされた裁判官は、中央選挙管理会を被告として、東京高等裁判所に訴えを提起することができる（同法36条、以下[6a]という）。請求の趣旨は明示されていないが、審査を無効とすることと解される（同法37条1項参照）。訴訟を提起できるのは審査人及び罷免を可とされた裁判官、被告は中央選挙管理会である。

審査の結果罷免を可とされた裁判官は、その罷免の効力に関し異議があるときは、中央選挙管理会を被告として、東京高等裁判所に訴えを提起することができる（同法38条、以下[6b]という）。請求の趣旨は明示されていないが、罷免を無効とすることと解される[23]。訴訟を提起できるのは罷免を可とされた裁判

---

21) 松本英昭『新版逐条地方自治法［第7次改訂版］』［学陽書房、2013年］325頁以下参照。
22) [2]と同じく、投票（の結果）を無効とすることと解する余地もある。

官、被告は中央選挙会である。[3b] 及び [4a] と同様、この訴訟は主観訴訟とみることも可能であろう[24]。

　　[7]　憲法改正に係る国民投票無効の訴訟

　日本国憲法の改正に係る国民投票（憲法 96 条 1 項）について、日本国憲法の改正手続に関する法律は、国民投票に関し異議がある投票人は、中央選挙管理会を被告として、東京高等裁判所に訴訟を提起することができる旨を定める（同法 127 条）。

　請求の趣旨は明示されていないが、国民投票を無効とすることと解される（同法 128 条 1 項参照）。この訴訟を提起できるのは投票人、すなわち日本国民で年齢満 18 年以上の者（同法 3 条）、被告は中央選挙管理会である。

　(3)　その他の民衆訴訟

　　[8]　住民訴訟

　普通地方公共団体の住民は、当該普通地方公共団体の長もしくは委員会もしくは委員または当該普通地方公共団体の職員について、違法な公金の支出、財産の取得、管理もしくは処分、契約の締結もしくは履行もしくは債務その他の義務の負担があると認めるとき、または、違法に公金の賦課もしくは徴収もしくは財産の管理を怠る事実（以下「怠る事実」という）があると認めるときは、監査委員に対する住民監査請求（地方自治法 242 条）を経て、裁判所に対し、訴えをもって、①当該執行機関または職員に対する当該行為の全部または一部の差止めの請求、②行政行為たる当該行為の取消しまたは無効確認の請求、③当該執行機関または職員に対する当該怠る事実の違法確認の請求、④当該職員または当該行為もしくは怠る事実に係る相手方に損害賠償または不当利得返還の請求をすることを当該普通地方公共団体の執行機関または職員に対して求める請求をすることができる（同法 242 条 1 項）。

　請求の趣旨は上記の①ないし④である。訴訟を提起できるのは当該普通地方

---

23)　兼子一＝竹下守夫『裁判法［第 4 版］』〔有斐閣、1999 年〕245 頁。
24)　園部逸夫編『注解行政事件訴訟法』〔有斐閣、1989 年〕532 頁［園部］は主観的訴訟に近い訴訟であるとし、山岸・前掲注 17) 124 頁以下は民衆訴訟性に疑問があるとし、室井力ほか編『コンメンタール行政法 II 行政事件訴訟法・国家賠償法［第 2 版］』〔日本評論社、2006 年〕447 頁［白藤博行］、南野森「司法権の概念」安西文雄ほか『憲法学の現代的論点［第 2 版］』〔有斐閣、2009 年〕176 頁注 15 は、主観訴訟であるとする。

公共団体の住民である。被告は、①③④については執行機関または職員、②については当該行政行為を行った行政庁が所属する地方公共団体である（行政事件訴訟法43条1項・2項・38条1項・11条1項）。

[9] **直接請求に係る署名の効力に関する訴訟**[25]

直接請求に係る署名の効力に関する訴訟は、選挙人名簿に関する訴訟（[1]）や直接請求の投票に関する訴訟（[5]）と類似するが、選挙または投票に関する訴訟ではないので、ここで取り上げる。条例の制定・改廃の請求に関する規定がその他の直接請求にも準用されているので（地方自治法75条5項・76条4項・80条4項・81条2項・86条4項）、以下では条例の制定・改廃の請求を例にとって説明する。

条例の制定・改廃の請求者の代表者は、請求者の署名簿を市町村の選挙管理委員会に提出して、署名者が選挙人名簿に登録された者であることの証明を求めなければならず、選挙管理委員会は、審査を行い、署名の効力を決定し、その旨を証明し、署名簿を関係人の縦覧に供さなければならない（地方自治法74条の2第1項・2項）。署名簿の署名に関し異議があるときは、関係人は、選挙管理委員会に異議を申し出ることができる（同条4項）。選挙管理委員会は、申出を正当であると決定したときは、直ちに証明を修正し、その旨を申出人及び関係人に通知し、あわせてこれを告示し、申出を正当でないと決定したときは、直ちにその旨を申出人に通知しなければならない（同条5項）。市町村の条例の制定・改廃の場合、この決定に不服がある者は地方裁判所に出訴することができ、その判決に不服がある者は、控訴することはできないが、最高裁判所に上告することができる（同条8項）。都道府県の条例の制定・改廃の場合、市町村選挙管理委員会の決定に不服がある者は、都道府県選挙管理委員会に審査を申し立てることができ、その裁決に不服がある者は、高等裁判所に出訴することができる（同条7項・9項）。

請求の趣旨は明示されていないが、[1]と同様に解するならば、決定または裁決の取消しとなる[26]。訴訟を提起できるのは決定または裁決に不服がある者

---

25) 合併協議会設置の請求に係る署名についても、市町村の条例の制定・改廃の請求に関する規定が準用されている（市町村の合併の特例に関する法律5条30項）。
26) やはり、証明の修正まで求めうると解する余地もあろう。

であり、請求者及びその代表者並びに異議申出人のほか、当該市町村または都道府県の選挙人一般がこれにあたると解される。被告は、市町村選挙管理委員会または都道府県選挙管理委員会である。

[10]　団体訴訟（立法論）

団体訴訟については様々な議論があるが、ここでは日弁連の「環境及び文化財保護のための団体による訴訟等に関する法律案（略称「環境団体訴訟法案」）」（2012年6月15日）を取り上げる[27]。なお、団体訴訟については、実体法上の請求権を法律によって付与することも考えられ、その場合は主観訴訟の性質をもつことになるが[28]、日弁連案では客観訴訟とされている。

環境保護活動等または文化財保護活動等を目的とし（2条2項）、内閣総理大臣の認定（9条）を受けた団体（適格環境団体）は、当該団体の目的に関連する場合において、行政事件訴訟法3条に定める抗告訴訟を提起することができる（5条1項・2項）。

請求の趣旨は、抗告訴訟にあたるもの、すなわち、処分または裁決の取消しもしくは無効等の確認、不作為の違法確認、義務付け、差止め等である。訴訟を提起できるのは適格環境団体である。被告は、抗告訴訟と同様、原則として、当該処分等を行った行政庁が帰属する国または公共団体と解される（行政事件訴訟法11条）。

[11]　国民訴訟（立法論）

日弁連は、2003年に公表した行政訴訟法案において、住民訴訟の全国版としての国民訴訟を提案している[29]。

それによると、会計検査院法に基づき会計検査院に対して公金検査請求をした者が、検査結果等または検査請求に係るその行政機関の措置に不服がある場合には、裁判所に対し会計検査院法に規定する訴訟を提起することができると

---

27)　この提案には適格環境団体が提起する民事訴訟等に関する規定も含まれているが、ここでは言及しない。越智・前掲注4)「団体訴訟の制度設計」において、日弁連案に関する詳細な検討がなされている。

28)　消費者契約法に基づく消費者団体訴訟は、消費者団体に実体法上の差止請求権を付与するものであり、主観訴訟の性質を有すると考えられる。松本恒夫＝上原敏夫『Ｑ＆Ａ消費者団体訴訟制度』〔三省堂、2007年〕28頁など参照。

29)　日本弁護士連合会編・前掲注3) 186頁以下。

される（66条）。

　訴訟を提起できるのは、すべての国民であるが、事前に会計検査院に対する公金検査請求を経る必要がある。被告及び請求の趣旨については、会計検査院法に規定することが予定されているが、その詳細は明らかではない[30]。

二　機関訴訟

　機関訴訟は、国等と地方公共団体間の訴訟、地方公共団体相互間の訴訟、地方公共団体の機関相互間の訴訟に分けることができる。

（1）　国等と地方公共団体間の訴訟

　　［12］　国等の関与に関する訴訟[31]

　国の関与を争う訴訟と、都道府県の関与を争う訴訟がある。

　普通地方公共団体の長その他の執行機関は、その担任する事務に関する国の関与のうち是正の要求、許可の拒否その他の処分その他公権力の行使にあたるものに不服があるとき、または、国の不作為に不服があるときは、国地方係争処理委員会に対する審査の申出（地方自治法250条の13第1項・第2項）を経た上で、高等裁判所に対し、当該審査の申出の相手方となった国の行政庁を被告として、訴えをもって当該審査の申出に係る違法な国の関与の取消しまたは当該審査の申出に係る国の不作為の違法の確認を求めることができる（同法251条の5第1項本文）。

　市町村その他の市町村の執行機関は、その担任する事務に関する都道府県の関与のうち是正の要求、許可の拒否その他の処分その他公権力の行使にあたるものに不服があるとき、または、都道府県の不作為に不服があるときは、自治紛争処理委員の審査に付することを求める旨の申出（同法251条の3第1項・2項）を経た上で、高等裁判所に対し、当該申出の相手方となった都道府県の行政庁を被告として、訴えをもって当該申出に係る違法な都道府県の関与の取消しまたは当該申出に係る都道府県の不作為の違法の確認を求めることができる（同法251条の6第1項本文）。

---

30)　住民訴訟にならった制度とすることが想定されているようである。日本弁護士連合会編・前注3) 134頁以下［水野武夫発言］参照。

31)　制度の概要については、さしあたり、村上・前掲注1) 82頁以下参照。

これらの訴訟の請求の趣旨は、当該申出に係る違法な国または都道府県の関与の取消しまたは不作為の違法の確認である。訴訟を提起できるのは、普通地方公共団体の長その他の執行機関、被告は当該申出の相手方となった国または都道府県の行政庁である。

[13] 代執行訴訟

各大臣は、その所管する法律もしくはこれに基づく政令に係る都道府県知事の法定受託事務の管理もしくは執行が法令の規定もしくは当該大臣の処分に違反するものがある場合または当該法定受託事務の管理もしくは執行を怠るものがある場合において、他の方法によってその是正を図ることが困難であり、かつ、それを放置することにより著しく公益を害することが明らかであるときは、当該違反を是正し、または当該怠る法定受託事務の管理もしくは執行を改めるべきことを勧告し（地方自治法245条の8第1項）、当該事項を行うべきことを指示した（同条第2項）上で、高等裁判所に対し、訴えをもって、当該事項を行うべきことを命ずる旨の裁判を請求することができる（同条第3項）。高等裁判所は、大臣の請求に理由があると認めるときは、当該都道府県知事に対し、期限を定めて、当該事項を行うべきことを命ずる旨の裁判をしなければならない（同条第6項）。大臣は、都道府県知事が期限までになお当該事項を行わないときは、当該都道府県知事に代わって当該事項を行うことができる（同条第8項前段）。同様に、市町村長の法定受託事務の管理もしくは執行については、都道府県知事が訴訟を提起して代執行を行うことができる（同条第12項）。

請求の趣旨は、当該事項（法定受託事務の違法な管理もしくは執行を是正し、怠る管理もしくは執行を改めること）を行うべきことを命ずることである。訴訟を提起できるのは各大臣及び都道府県知事、被告は明示されていないが、都道府県知事または市町村長と解される[32]。

[14] 国等による不作為の違法確認訴訟

この訴訟は2012（平成24）年の地方自治法改正によって新たに設けられたものであり[33]、大臣が提起するものと、都道府県知事が提起するものがある。

---

32) 松本・前掲注21) 1103頁参照。
33) 地方分権推進委員会の第4次勧告は、国からの国地方係争処理委員会への審査申出も認めていたが（地方分権推進委員会事務局編・前掲注6) 52頁以下参照）、地方公共団体が審査申出を怠っ

各大臣は、その担任または所管する事務に関し、普通地方公共団体に対して、是正の要求（地方自治法245条の5第1項・4項）または是正の指示（同法245条の7第1項・4項）を行った場合、当該普通地方公共団体の長その他の執行機関が審査の申出（同法250条の13第1項）をせず、かつ、当該是正の要求に応じた措置または指示に係る措置を講じないなど、一定の要件が満たされたときは、高等裁判所に対し、当該是正の要求または指示を受けた普通地方公共団体の不作為に係る普通地方公共団体の行政庁を被告として、訴えをもって当該普通地方公共団体の不作為の違法の確認を求めることができる（同法251条の7第1項）。

　市町村の自治事務については、各大臣が、都道府県の執行機関に対し、是正の要求を行うよう指示した（同法245条の5第2項）場合、当該大臣は、当該都道府県の執行機関に対し、当該是正の要求を受けた市町村の不作為に係る市町村の行政庁を被告として、訴えをもって当該市町村の不作為の違法の確認を高等裁判所に求めるよう指示をすることができ（同法252条1項）、都道府県の執行機関はこの訴えを提起しなければならない（同条2項）[34]。市町村の法定受託事務については、都道府県の執行機関が是正を指示した（同法245条の7第2項）場合、当該執行機関は、高等裁判所に対し、当該指示を受けた市町村の不作為に係る市町村の行政庁を被告として、訴えをもって当該市町村の不作為の違法の確認を求めることができる（同法252条3項）。

　請求の趣旨は、普通地方公共団体の不作為（是正の要求または指示を受けた当該普通地方公共団体の行政庁が相当の期間内に是正の要求に応じた措置または指示に係る措置を講じなければならないにもかかわらず、これを講じないこと）の違法確認である。訴えを提起できるのは各大臣または都道府県の執行機関、被告は普通地方公共団体の行政庁である。

　　た場合、関与の違法性が確定するから、国の申出を認める必要はない等の理由で、法案作成段階で削除された（差し当たり、村上・前掲注1) 88頁参照）。その後、国の関与に従わない事案が実際に生じ、上記のような説明にも疑問が呈されたことから、今回の改正に至った。阿部泰隆「国家監督の実効性確保のために国から地方公共団体を訴える法制度の導入について（一）（二・完）」自治研究88巻6号（2012年）3頁、7号（2012年）3頁、久本喜造「地方自治法における違法確認訴訟制度の創設について（一）（二・完）」自治研究88巻11号（2012年）3頁、12号（2012年）3頁など参照。

[34]　条例により市町村が処理することとされた事務については、各大臣の指示がなくとも、都道府県知事は訴訟を提起することができる（地方自治法252条の17の4第3項）。

[15] 条例の無効確認訴訟（立法論）

第一次地方分権改革の審議過程で、地方分権推進委員会が条例の無効確認訴訟を提案したが、「この種の抽象的規範統制訴訟を導入することはわが国の訴訟制度に適合しないのではないかとする法務省を介した司法当局の消極的見解」[35]などから導入が断念された。この案は第4次勧告に「試案」として添付されており[36]、以下ではその概略を紹介する。

国の行政機関の長は、地方公共団体の条例または規則が文言上明白に法令の規定に違反すると認めるときは、当該地方公共団体の長または行政委員会を相手方として、国地方係争処理委員会に対し、当該条例等の規定が違法であることの判定の申立てをすることができる。国地方係争処理委員会は、申立てに理由があると認めるときは、判定において当該条例等の規定が違法であることを宣言し、理由がないと認めるときは判定において当該申立てを棄却する[37]。判定において条例等の規定が違法である旨宣言されたときは、内閣総理大臣は、判定の相手方である地方公共団体の長等に対し、期限を定めて当該条例等の規定の改廃の措置を求めることができる（以下「改廃措置要求」という）。この場合において、当該地方公共団体の長等は、内閣総理大臣を相手方として、改廃措置要求の取消しの訴えを提起することができる（以下[15a]という）。他方、改廃措置要求が確定した場合において、定められた期限までに当該条例等の規定が改廃されないときは、内閣総理大臣は、当該地方公共団体の長等を相手方として、当該条例等の規定の違法確認の訴えを提起することができる（以下[15b]という）。

[15a]の請求の趣旨は改廃措置要求の取消し、訴訟を提起できるのは地方公

---

35) 西尾勝『地方分権改革』〔東京大学出版会、2007年〕76頁。
36) 地方分権推進委員会事務局編・前掲注6) 92頁以下参照。試案では二つの案が示されているが、ここではその2を紹介する。条例の無効確認訴訟の必要性・許容性については、塩野宏『法治主義の諸相』〔有斐閣、2001年〕439頁以下に詳しい。
37) 申立てが棄却された場合、判定に不服のある国の行政機関の長は、その旨を内閣総理大臣に申し出ることができる。内閣総理大臣は、閣議にかけて、申出に理由があると決定したときは、当該判定を取り消し、具体的な理由を示して国地方係争処理委員会に改めて判定をするよう命じなければならない。この場合、国地方係争処理委員会は、内閣総理大臣から示された具体的な理由の趣旨に従い、改めて申立てに対する判定をしなければならない。再度の判定については争訟手続が設けられていないので、内閣総理大臣等が訴訟を提起することは想定されていないものと解される。

共団体の長等、被告は内閣総理大臣である。[15b] の請求の趣旨は当該条例等の規定の違法確認、訴訟を提起できるのは内閣総理大臣、被告は地方公共団体の長等である[38]。[15b] においては条例・規則という一般的抽象的規範の適法性が争われ、[15a] においても実質的にみれば同様である点が注目される。

(2) 地方公共団体相互間の訴訟

[16] 境界確定訴訟

地方自治法は、市町村[39]の境界確定について、いくつかの訴訟を規定している。

市町村の境界に関し争論があるときは、都道府県知事は、関係市町村の申請に基づき、これを調停（地方自治法251条の2）に付すことができる（同法9条1項）。調停により市町村の境界が確定しないとき、またはすべての関係市町村から裁定を求める旨の申請があるときは、都道府県知事が境界について裁定することができる（同条2項）。裁定に不服があるときは、関係市町村は裁判所に出訴することができる（同条8項）。

市町村の境界に関し争論がある場合において、関係市町村からの申請があったにもかかわらず、都道府県知事が調停または裁定に適しないと認めてその旨を通知したときは、関係市町村は、裁判所に市町村の境界の確定の訴えを提起することができる（同条9項前段）。調停または裁定の申請をした日から90日以内に調停に付されないとき、調停により市町村の境界が確定しないとき、または裁定がないときにも、同様の訴えを提起することができる（同項後段）。

市町村の境界が判明でない場合において、その境界に関し争論がないときは、都道府県知事は、関係市町村の意見を聴いてこれを決定することができる（同法9条の2第1項）。都道府県知事の決定に不服があるときは、関係市町村は裁判所に出訴することができる（同条4項）。

公有水面のみに係る市町村の境界に関し争論があるときは、都道府県知事は、

---

38) 取消しの訴えについては、通常の処分取消訴訟に準ずることとされ、違法確認の訴えについては、当該条例等の規定が文言上明白に法令の規定に違反するときは、判決において当該条例等の規定が違法であることを宣言することとされている。

39) 市町村の境界が都道府県の境界である場合は、関係都道府県知事の協議によってその事件を管理すべき都道府県知事を定め、協議が整わないときは、総務大臣が管理すべき都道府県知事を定め、または都道府県知事に代わってその権限を行使することができる（地方自治法253条）。

職権によりこれを調停（同法251条の2）に付し、当該調停により市町村の境界が確定しないとき、もしくはすべての関係市町村の裁定することについての同意があるときは、これを裁定することができる（同法9条の3第3項）。裁定に不服があるときは、関係市町村は裁判所に出訴することができる（同条第6項・9条8項）。都道府県知事が調停または裁定に適しないとしてその旨を通知したときは、関係市町村は、裁判所に境界確定の訴えを提起することができる（同法9条の3第6項・9条9項前段）。

以上からわかるように、境界確定訴訟については、境界の確定に係る裁定または決定に不服がある場合に裁判所に出訴することができるとされている場合（以下［16a］という）と、境界の確定の訴えを提起することができるとされている場合（以下［16b］という）がある。［16a］の請求の趣旨は明示されていないが、都道府県知事（または総務大臣）の裁定または決定の取消しと解され[40]、訴訟を提起できるのは関係市町村、被告も明示されていないが、都道府県知事が帰属する都道府県（または総務大臣が帰属する国）と解される[41]（行政事件訴訟法43条1項、11条1項）。［16b］の請求の趣旨は境界の確定、訴訟を提起できるのは関係市町村、被告は明示されていないが、他の関係市町村と解される[42]。［16a］は機関訴訟と解されるが、［16b］は公法上の当事者訴訟と解されている[43]。

［17］　住所の認定に関する訴訟

市町村長は、住民の住所の認定について他の市町村長と意見を異にし、その協議が整わないときは、都道府県知事（関係市町村が2以上の都道府県の区域内の市町村である場合には主務大臣）に対し、その決定を求める旨を申し出なければならない（住民基本台帳法33条1項）。都道府県知事（または主務大臣）の決定に不服があるときは、関係市町村長は裁判所に出訴することができる（同条4項）。

40）　塩野宏『国と地方公共団体』〔有斐閣、1990年〕306頁。松本・前掲注21) 123頁は、「裁定の手続に違法があり、あるいは裁定すべきでないものと裁定した場合等においては裁判所は裁定の有効無効を判定するのみであって、改めて境界の確定の判決を行うことはできないと解すべきである」と述べており、裁定の無効確認と解しているようである。裁定内容に違法がある場合については触れられていない。［16b］と同様、端的に境界の確定を求めると解する余地もあろう。
41）　松本・前掲注21) 123頁、126頁。
42）　塩野・前掲注40) 306頁。
43）　塩野・前掲注40) 306頁、宇賀克也『地方自治法概説［第5版］』〔有斐閣、2013年〕16頁。

請求の趣旨は明示されていないが、[**16a**] と同様に考えれば、都道府県知事（または主務大臣）の決定の取消しとなる。訴訟を提起できるのは関係市町村長である。被告も明示されていないが、都道府県知事が帰属する都道府県（または主務大臣が帰属する国）と解される。

[**18**] **課税権の帰属等に関する訴訟**[44]

地方団体の長は、課税権の帰属その他地方税法の規定の適用について他の地方団体の長と意見を異にし、その協議が整わない場合においては、住民基本台帳法33条の規定の適用がある場合（[**17**]）を除き、総務大臣（関係地方団体が一の道府県の区域内の市町村である場合においては道府県知事）に対し、その決定を求める旨を申し出なければならない（地方税法8条1項）。道府県知事の決定に不服がある市町村長は、総務大臣に裁決を求める旨を申し出ることができる（同条4項）。総務大臣の決定または裁決について違法があると認める関係地方団体の長は、裁判所に出訴することができる（同条10項）。

請求の趣旨は明示されていないが、[**16a**] と同様に考えれば、総務大臣の決定または裁決の取消しとなる。訴訟を提起できるのは関係地方団体の長である。被告は明示されていないが、総務大臣が帰属する国と解される。

(3) **地方公共団体の機関相互間の訴訟**

[**19**] **地方公共団体の議会における選挙の投票の効力に関する訴訟**[45]

法律またはこれに基づく政令により普通地方公共団体の議会において行う選挙の投票の効力[46]に関し異議があるときは、議会がこれを決定する（地方自治法118条1項後段）。決定に不服がある者は、都道府県にあっては総務大臣、市町村にあっては都道府県知事に審査を申し立て、その裁決に不服がある者は、裁判所に出訴することができる（同条5項）。

請求の趣旨は明示されていないが、[**16a**] と同様に考えれば、総務大臣また

---

44) 市町村の廃置分合があった場合（地方税法8条の2第2項・第3項）、市町村の境界変更等があった場合（同法8条の3第2項）、都道府県の境界変更があった場合（同法8条の4第2項）についても準用されている。

45) 普通地方公共団体の役員について解職請求があった場合の議会の議決（地方自治法87条2項）、普通地方公共団体の議会の議員の資格決定（同法127条4項）にも準用されている。

46) 松本・前掲注21) 450頁は、「投票の効力」に関する異議は、選挙の効力と当選の効力の双方に関する異議を指すと解している。

は都道府県知事の裁決の取消しとなる。訴訟を提起できるのは「裁決に不服がある者」であるが、選挙については、当該議会の議員（被選挙人を含む[47]）、資格決定については、失職する議員[48]、解職請求については、被解職請求者、解職請求代表者、当該議決に参与した議会の議員及び当該普通地方公共団体の長[49]と解されている。被告は明示されていないが、総務大臣または都道府県知事が帰属する国または都道府県と解される[50]。

　［20］　地方公共団体の長と議会の紛争に関する訴訟

　普通地方公共団体の議会の議決または選挙がその権限を超えまたは法令もしくは会議規則に違反すると認めるときは、当該普通地方公共団体の長は、理由を付してこれを再議に付しまたは再選挙を行わせなければならない（地方自治法176条4項）。議会の再度の議決または選挙がなおその権限を超えまたは法令もしくは会議規則に違反すると認めるときは、都道府県知事にあっては総務大臣、市町村長にあっては都道府県知事に対し、審査を申し立てることができる（同条5項）。総務大臣または都道府県知事は、審査の結果、議会の議決または選挙がその権限を超えまたは法令もしくは会議規則に違反すると認めるときは、当該議決または選挙を取り消す旨の裁定をすることができる（同条6項）。裁定に不服があるときは、普通地方公共団体の議会または長は、裁判所に出訴することができる（同条7項）。この訴えのうち議会の再度の議決または選挙の取消しを求めるものは、当該議会を被告として提起しなければならない（同条8項）。

　請求の趣旨は明示されていないが、地方自治法176条8項の規定からは、総務大臣または都道府県知事の裁定の取消し（以下［20a］という）と議決または選挙の取消し（以下［20b］という）のいずれも可能と解される[51]。議決には条例の議決を含むと一般に解されているので、その限りで、一般的抽象的行為を争う

---

47)　松本・前掲注21) 451頁、468頁以下。
48)　最判昭和56年5月14日民集35巻4号717頁。松本・前掲注21) 468頁以下は、決定を取り消す裁決に対しては、議員はすべて出訴しうると解する。南＝高橋編・前掲注9) 745頁以下［山本］は、全議員に出訴を認めるのは困難だが、議会（に代表される地方公共団体）に認めることはできるように思われるとする。
49)　松本・前掲注21) 334頁。
50)　松本・前掲注21) 451頁は、裁決が原処分を容認して不服申立てを斥けた場合は、国等に加え、処分をした議会の所属する地方公共団体を被告とすることもできると解する。
51)　松本・前掲注21) 592頁。

ことが実質的に認められている[52]。訴訟を提起できるのは、普通地方公共団体の議会及び長である。被告は、[20a] については総務大臣または都道府県知事が帰属する国または都道府県[53]、[20b] については当該議会である。

三　小　括

以上の検討結果をまとめると本章末尾の別表の通りである。ここではいくつかの点を指摘しておく。

（1）　**請求の趣旨**　客観訴訟の中には、何らかの紛争が生じた場合に、直ちに出訴できるとするもの（[3] [6] [7] など）と、何らかの決定等が前置されているものがある。そして、後者については、決定等の取消しを求める必要があるのか（[2] [5] [16a] [17] [18] [19] など）、決定等の取消し以外の請求を行いうるのか（[1] [9] など）、必ずしも明確ではない場合がある。両方が可能と明示するものもある（[20]）。境界確定訴訟（[16]）については、紛争の実質は大差がないにもかかわらず、裁定等が前置されている場合は客観訴訟（機関訴訟）、前置されていない場合は主観訴訟（公法上の当事者訴訟）と解されている。

次に、紛争の実質をみると、多くは個別具体的な行為をめぐる争いであるが、地方公共団体の長と議会の紛争に関する訴訟（[20]）には、条例をめぐる紛争も含まれている。また、立法論ではあるが、条例の無効確認訴訟（[15]）においては、一般的抽象的規範が正面から争われることになる。

（2）　**原告適格**　民衆訴訟には、国会議員の当選の効力に関する訴訟（[3b]）、連座制による当選無効に関する訴訟（[4a]）、最高裁判所裁判官国民審査の罷免無効訴訟（[6b]）のように、そもそも利害関係者（「法律上の利益」を有すると考えられる者）しか提起できないものがあり、これらはむしろ主観訴訟とも解しうる。

また、地方公共団体の議会の議員及び長の選挙及び当選の効力に関する訴訟（[2]）、国会議員の選挙の効力に関する訴訟（[3a]）、直接請求の投票に関する訴訟（[5]）、最高裁判所裁判官国民審査の審査無効の訴訟（[6a]）のように、利害関係者が原告の中に含まれている場合もある。

---

52) 塩野・前掲注36) 442頁参照。
53) 松本・前掲注21) 592頁。

これらの場合については、裁判を受ける権利（憲法32条）との関係が問題となりうるが、客観訴訟の提起を強制したとしても、権利保護の水準が低下しない限りにおいては、必ずしも違憲とはいえないであろう[54]。

　それ以外の民衆訴訟については、法律上の利益が認められないとしても、少なくとも現行法上は、選挙人や住民のように、何らかの利害関係を有する者が原告とされている。他方で、選挙人名簿に関する訴訟（[1]）、参議院比例代表選出議員の選挙訴訟（[3a]）、最高裁判所裁判官国民審査の審査無効の訴訟（[6a]）、憲法改正に係る国民投票無効の訴訟（[7]）のように、実質的に全国民が提起できる場合があることも注目される。

　機関訴訟についても、国等と地方公共団体間の訴訟及び地方公共団体相互間の訴訟（(2)(a)(b)）に関しては、「法律上の争訟」の解釈[55]によっては、そもそも主観訴訟とも解しうる[56]。地方公共団体の機関相互間の訴訟（(2)(c)）については、法主体間の争訟とは言えないものの、機関相互間で実質的な紛争が存在し、解決の必要があることは明らかである。

　(3)　被告適格　　上記（1）と関連して、実質的な紛争の利害関係者が被告となる場合と、決定等の主体が被告となる場合がある。

　また、行政事件訴訟法の改正により、原則として行政主体が被告となることで統一が図られたが、客観訴訟に関しては、行政機関が被告となる場合がむしろ多く、中には請求によって異なる場合もある（[8][20]）。

---

54)　村上・前掲注1) 36頁参照。

55)　この問題については、村上・前掲注1) 52頁以下、同「国・自治体間等訴訟」山下竜一＝榊原秀訓編『現代行政法講座4 自治体争訟・情報公開争訟』〔日本評論社、近刊〕〔本書第1章〕など参照。

56)　塩野宏『行政法II［第5版補訂版］』〔有斐閣、2013年〕277頁は、上記[16]及び[18]を機関訴訟として挙げるものの、「これらは、性質上は主観訴訟に属するものではあるが、制定法上特に規定されたものとみることができる」とする。芝池義一『行政救済法講義［第3版］』〔有斐閣、2006年〕26頁、室井ほか編・前掲注24) 449頁〔白藤〕は、[13]を機関訴訟にはあたらないと解する。雄川一郎『行政争訟法』〔有斐閣、1957年〕119頁注1、南博方編『注釈行政事件訴訟法』〔有斐閣、1972年〕74頁［広岡隆］は、[18]は形式上一種の機関訴訟ではあるが、その実質は抗告訴訟であるとする。

III　客観訴訟の憲法上の位置付け

　以下では、まず、客観訴訟が憲法上どのように位置付けられるべきかを検討する。この点は、司法権と法律上の争訟（裁判所法3条1項）の関係をどのように理解するか、という問題と密接に関係している。

一　学　説

　司法権と法律上の争訟の関係に関する学説としては、大別すると、憲法上の司法権が法律上の争訟以外にも及びうるとする見解（A説）、憲法上の司法権は法律上の争訟（または具体的事件）にしか及ばないとする見解（B説）、憲法上の司法権は法律上の争訟とは関係なく定義できるとする見解（C説）がある。

　(1)　**A説**　　通説によれば、憲法上の司法権は、法律上の争訟については当然に行使できるほか、法律によって付与されたそれ以外の権限も行使することができ（司法権＝法律上の争訟＋α）、客観訴訟はそれ以外の権限に属するとされる[57]。

　通説とはやや異なるが、憲法上の司法権の外延を「事件性」によって画しつつ、「事件性」を「法律上の争訟」より広く解し、客観訴訟は「事件性」の要件を満たすとする渋谷秀樹の見解[58]、「司法権の中核概念としての事件性」と、「司法権の外延を画するための基準としての事件性」を区別し、客観訴訟は後者の要件を満たすがゆえに合憲とする曽和俊文の見解[59]も、理論構造としては通説と同様であるといえる。

　(2)　**B説**　　これは、憲法上の司法権は「法律上の争訟」または「具体的事件」のみに及ぶとする見解であり、アメリカ合衆国において一般的な考え方である[60]（司法権＝法律上の争訟または具体的事件）。

---

57)　たとえば、芦部信喜（高橋和之補訂）『憲法［第5版］』〔岩波書店、2011年〕328頁以下、佐藤幸治『日本国憲法論』〔成文堂、2011年〕584頁以下など。
58)　渋谷秀樹「司法の概念についての覚書き」立教法務研究3号（2010年）51頁以下、同『憲法［第2版］』〔有斐閣、2013年〕638頁。
59)　曽和・前掲注2) 64頁。
60)　たとえば、中川丈久「行政訴訟に関する外国法制調査　アメリカ（上）」ジュリスト1240号（2003年）92頁以下参照。

日本においてこの見解を明確に主張するのが中川丈久である。中川は、憲法上の司法権と「法律上の争訟」を等号でつなぎつつ、「法律上の争訟」概念を超える事案は司法権の概念を超え、裁判をすることができないとする。もっとも、「法律上の争訟」をコア部分とフリンジ部分に分け、フリンジ部分は法律や裁判所自身の考慮によって抑制しうるとし、客観訴訟はフリンジ部分に属するとする[61]。

野坂泰司は、「司法とは、やはり、「具体的な争いにおいて法を解釈・適用して、これを解決する国家の作用」として――即ち、「事件性」を概念要素として――捉えられるべきである。ただし、ここにいう「具体的な争い」は、「法律上の争訟」を中核としつつ、それ以外の争い（たとえば、個人の権利義務に直接関わらない権限争議の如きものまで）をも含むと解するのである。したがって、「事件性」は「法律上の争訟」よりも広い概念として再定義されることになる」[62]と述べ、現行法上の客観訴訟はここで理解された司法権そのものに含まれるとする[63]。野坂は、一方で、「「具体的な争い」である限り、特に法律の規定が存在しなくても、それは司法権が扱いうる事項である」[64]と述べていることから、B説をとるようにみえる[65]。しかし、他方で、客観訴訟のような「訴訟類型を法律で裁判所の権限に委ねることも憲法上全く問題なく認められる」[66]と述べており、これは上記A説のようにみえる[67]。

野中俊彦は、客観訴訟における違憲審査が抽象的違憲審査にあたらないと主張するが、その際に、現行法上の客観訴訟において争われているのはあくまで「具体的な行為」であるから、具体的違憲審査であると述べている[68]。その趣

---

61) 中川丈久「国・地方公共団体が提起する訴訟」法学教室375号（2011年）107頁。この見解は、同「行政事件訴訟法の改正　その前提となる公法学的営為」公法研究63号（2001年）127頁以下、中川・前掲注60）94頁において既に述べられている。
62) 野坂泰司「憲法と司法権　憲法上の司法権の捉え方をめぐって」法学教室246号（2001年）47頁。
63) 野坂・前掲注62）47頁。野坂泰司『憲法基本判例を読み直す』〔有斐閣、2011年〕22頁以下も同旨。
64) 野坂・前掲注62）48頁。
65) 佐藤・前掲注57）587頁はそのように解しているようである。
66) 野坂・前掲注62）47頁。
67) 渋谷・前掲注58）51頁注35）はそのように解しているようである。
68) 野中俊彦『憲法訴訟の原理と技術』〔有斐閣、1995年〕26頁。

旨が、客観訴訟は具体的な行為を争うから法律上の争訟にあたり、したがって司法権の対象となりうる、ということであれば、ここでいうB説に位置付けられることになるが、この点は明確ではない[69]。

松井茂記はA説をとるものと思われる[70]。もっとも、一方で、「事実上の損害」があれば憲法上原告適格が認められるとし[71]、他方で、国民訴訟（[11]）を批判する中で、原告が全く事実上の損害を被っていない場合に出訴を認めることは憲法上許されないと述べており[72]、B説に立っているようにもみえる[73]。

---

69) 野中俊彦「司法の観念についての覚書き」杉原泰雄先生古稀記念『21世紀の立憲主義』〔勁草書房、2000年〕では、「現行の客観訴訟はどれも実質的に事件性・争訟性を満たしていると理論構成できる（あるいは、出来るはずだと考える）」（438頁）などと述べられており、明示されているわけではないが、B説をとるようにもみえる。野中俊彦「憲法上の「司法」観念とその展開」樋口陽一先生古稀記念『憲法論集』〔創文社、2004年〕では、客観訴訟においては事件性の要件が満たされており司法審査といって差し支えないとする見解（A説）と、事件性がなく司法とはいえないとしても法律によって司法裁判所に付与することができる性質のものと捉える見解（B説）が対比され、「私はあえていえばA説とB説の間をさまよって」いると述べられている（218頁以下、222頁注19）。ここにいうA説とB説は、本稿にいうB説とA説に対応するようにもみえるが、この点は必ずしも定かではない。野中・前掲注62) 48頁注15は、野中について、「それが「法律上の争訟」を拡充して客観訴訟を主観訴訟的に理解するというのか、それとも「事件性」を「法律上の争訟」より広義に把握しようという趣旨であるのか必ずしも明確ではない。もし後者であるとすれば、その限りでは後述する私見と同旨の司法権観に立脚するものということになる」と指摘している。野坂・前掲注63) 26頁注15) も参照。

70) 松井茂記『裁判を受ける権利』〔日本評論社、1993年〕173頁注52では、「憲法上の事件・訴訟性〔ママ〕の要件を場合によっては立法によって緩和し、訴訟の提起を認めることも、その訴訟が事件・争訟性を満たしているものとして擬制しうるようなものである限り許されるであろう」と述べており、佐藤幸治説とほぼ同旨と解される。同『日本国憲法［第3版］』〔有斐閣、2007年〕244頁も同旨。

71) 松井・前掲注70)『裁判を受ける権利』184頁では、「憲法76条の「司法権」行使に不可欠な憲法上の原告適格要件は、アメリカと同様、「事実上の損害」で足りると考えるべきではないかと思う」、「行政事件訴訟法9条を合憲だというためには、同条にいう「法律上の利益」は「事実上の損害」の意味であると合憲解釈するほかないのではなかろうか」と述べている。

72) 松井茂記「「国民訴訟」の可能性について」高田敏先生古稀記念『法治国家の展開と現代的構成』〔法律文化社、2007年〕392頁では、「事件性の要件はやはり司法権の内実に関わるものとして、司法権行使の要件というべきである。原告適格要件は、そのひとつの要件である。それゆえ、司法権行使の要件から、原告適格の要件をはずし、原告が何ら個人的な利害関係を示せなくても司法権行使を求めうると考える立場は妥当ではないと思う」とした上で、「しかし、そうであれば、この原告適格の要件は、この目的を達成する限度で要求されれば足りることになる。そうだとすれば、アメリカ同様、原告に「事実上の損害」があれば、それで憲法上の原告適格の要件は満たされ、国民は訴訟の提起が認められると考えるべきではなかろうか」と述べている。そして、同396頁で、「原告個人がまったく事実上の損害を被っていないような場合など、憲法上の司法権行使の要件の

(3) C 説　これは、司法権は法律上の争訟とは無関係に定義されるとする説である（司法権≠法律上の争訟）。高橋和之は、司法の観念をその法的性格に着目して捉え、司法作用の及ぶ対象はひとまず括弧に入れるべきであるとして、司法の観念から「具体的事件」や「法律上の争訟」の要件を除き[74]、「適法な提訴を待って、法律の解釈・適用に関する争いを、適切な手続の下に、終局的に裁定する作用」と定義している[75]。そこで、後述するように、客観訴訟の創設は立法政策に委ねられることになる。

二　検　討

私見では A 説が妥当と考える。ここでは、B 説及び C 説の問題点を指摘した上で、A 説に対する批判の当否を検討する。

(1) B 説の問題点　B 説によれば、客観訴訟は法律上の争訟（ないし具体的事件）の要件を満たす限りで司法権の対象とすることができるが、他方で、法律上の争訟の要件が満たされる場合は、法律に規定がなくとも訴訟が許されることになる。

しかし、日本の客観訴訟については、法律に特別の規定がなければ提起できないとされている（行政事件訴訟法 42 条）。そうすると、B 説によれば、行政事件訴訟法 42 条は違憲となるか、あるいは、客観訴訟は司法権の要件を満たさず違憲となるか、いずれかにならざるを得ないように思われる[76]。このように、B 説は、少なくとも現行法とは矛盾する考え方ではないかと解される[77]。アメ

ミニマムさえ満たしていないような原告に訴訟提起を法律で認めることは、やはり憲法 76 条の侵害となり、許されないと考えるべきではなかろうか」と述べている。
73)　もっとも、松井・前掲注 72) 395 頁では、「裁判所法 3 条の規定は、司法権行使の憲法上の要件を満たす「一切の法律上の争訟」と、それに擬制することができるような範囲で「その他法律において特に定める権限」の付与を認めたにすぎず、法律によってであればどのような権限をも裁判所に付与できるという趣旨ではないと考えるべきであろう」と述べており、「事実上の損害」がある場合は憲法上当然に出訴可能だが、「事実上の損害」を「擬制することができる」場合は法律により出訴を認めうる、という趣旨であれば、A 説に立つといえるであろう。
74)　高橋和之『現代立憲主義の制度構想』〔有斐閣、2006 年〕151 頁。
75)　高橋・前掲注 74) 150 頁以下。
76)　佐藤・前掲注 57) 588 頁は、野坂説について、おそらく上記 B 説と理解した上で、「それによれば裁判所法が憲法上の司法権を縮減しているということになり、何よりもそのこと自体が憲法上許されないことと解すべきではないかと思われる」と指摘している。

リカ合衆国においては、憲法上、司法権行使の対象が「事件・争訟」に限られているが、日本国憲法においてはこのような事情がないから、同様に解する必要もないと考えられる[78]。

(2) C説の問題点　C説によれば、司法権は法律上の争訟とは無関係に定義されることになるが、これに対しては、日本国憲法が前提とする司法権観念に合致しないとの批判がある[79]。

また、この説によると、法律上の争訟にあたらない訴訟を法律で認めることには全く制限がないことになるが、そのように解するのが妥当かが問題である（この点はⅣにおいて検討する）。

なお、この説によれば、裁判を受ける権利（憲法32条）が認められる場合には、司法権の行使が必要とされるので[80]、その限りでは司法権の行使が保障される。他方で、国や地方公共団体等が訴訟を提起する場合、現在の判例によれば、少なくとも財産権の主体等として出訴する場合は、法律上の争訟にあたると解されている[81]。しかし、これら行政主体には裁判を受ける権利が保障されていないので、高橋説によれば、法律の規定がない限りこのような訴訟も提起できないことになってしまう。

(3) A説に対する批判について　A説に対しては、司法権を法律上の争訟によって定義するにもかかわらず、法律によってそれ以外の権限を付与しうるとするのはおかしい、との批判がある[82]。

---

77) 中川・前掲注60) 96頁注24) は、この点につき、「日本では、司法権の中間領域について、"裁判所の関与を、あらかじめ全面禁止したうえで、例外的に提訴を認める"という立法政策があると考える」と述べる。巧妙な説明であるが、本文で述べるように、日本国憲法についてアメリカ合衆国憲法と異なった解釈をすることも、必ずしも不合理ではないと考える。

78) 高橋・前掲注74) 152頁もこの点を指摘する。

79) 野坂・前掲注62) 46頁以下、同・前掲注63) 23頁、高見勝利『芦部憲法学を読む　統治機構論』〔有斐閣、2004年〕268頁以下など参照。

80) 高橋・前掲注74) 155頁。

81) 最判平成14年7月9日民集56巻6号1134頁、最判平成21年7月10日判時2058号53頁。これらの判例については、村上・前掲注55)〔本書第1章〕参照。

82) 佐藤幸治『憲法訴訟と司法権』〔日本評論社、1984年〕17頁以下は、「本来の『司法権』に根ざすものでないとすれば、『客観訴訟』は性質上行政作用ということにならないか。もしそうだとすれば、裁判所がこのような行政作用を行うことは憲法上問題とならないか」と指摘していた。野坂・前掲注62) 43頁も、「憲法上の司法権の内容が裁判所法上の「法律上の争訟」の裁判と同義であるとすれば、同じ裁判所法3条1項後段にいう「その他法律において特に定める権限」とは何か

しかし、憲法は法律上の争訟にあたる場合には司法権の行使を義務付けているが、法律によってそれを拡大することも許容している、と解すれば足りるのではないだろうか。この点については、土井真一が次のように指摘しており、適切な解釈ではないかと思われる。「憲法76条1項にいう司法権は、憲法上当然に裁判所に帰属すべき権限を定めたものと解し、その争訟の範囲は「法律上の争訟」の概念を以って画することが適切である。他方、裁判所は、憲法76条1項により直接付与された「司法権」以外の権限を、法律により付与されて行使することが憲法上許されるが、それにも憲法上の限界があり、その限界は憲法76条の趣旨及び憲法の他の条項に照らして画定される必要がある。裁判所により行使することが憲法上許される権限の総体を広義の「司法権」と呼ぶことは差し支えないが、この意味での「司法権」と憲法76条1項が直接定める「司法権」は区別されなければならないと解される。」[83]

以上の通り、結論としては、A説が妥当ではないかと考えられる。

IV 客観訴訟の憲法上の限界

続いて、客観訴訟の憲法上の限界に関する学説を検討した上で、この点に関する試論を述べる。

一 学 説

この点については様々な見解が主張されているが、大きく分けると、①「裁判所の法原理的決定の形態になじみやすいもの」に限るとする説（甲説）、②具体的な紛争（具体的行為に関する紛争）を要するとする説（乙説）、③事実上の損害を要するとする説（丙説）、④立法裁量を広く認める見解（丁説）、⑤憲法上の限界はないとする説（戊説）があるように思われる。

　（1）　**甲説**　　佐藤幸治は、本来の司法権ならざる作用を法律で裁判所に付

が問題となる。それは、必然的に、憲法が前提とする司法権には含まれない権限ということになるはずである。」「しかし、そうだとすると、本来司法権を行使すべき裁判所に、かかる特別の権限を、法律をもって付与しうるとすることの根拠が問われてしかるべきであろう。この点が、通説においては、全く検討されておらず、それどころか問題そのものもほとんど自覚されていないように思われる」と指摘する。

83）　土井真一「法律上の争訟と行政事件訴訟の類型」法学教室371号（2011年）85頁。

与することが可能としても、「付与される作用は裁判による法原理的決定[84]の形態になじみやすいものでなければならず、その決定には終局性が保障されるものでなければならない」と述べている[85]。別の箇所では、「いわゆる客観訴訟は、日本国憲法上、無条件に認めうるわけではなく、法原理機関の権限とするにふさわしい、具体的な事件・争訟性を擬するだけの実質を備えていなければならない」[86]と述べている。これは、事件・争訟が原則であるが、法律によって若干広げることは許される、とする趣旨と思われる。もっとも、どこまで広げることが可能かは明示されていない。

(2) 乙説　渋谷秀樹は、司法について憲法が設けている外延を画するのが事件性の要件であるとし、「ここでいう事件性の要件は、「法律上の争訟」よりも広いもの、すなわち「具体的な法的紛争」の存在を要求するものである」とし、「現行の客観訴訟は、主観的な権利侵害と必ずしも構成できないものではないが、仮にそのように構成できないとしても、具体的な法的紛争の存在は明らかと思われるものが各法律の中におかれている」[87]と述べている。また、現行法上の客観訴訟は事件性の要件を満たしているとし、「なぜなら、まさにこれは政府機関の具体的な活動に関する法的紛争であるからである」[88]と述べている。そうすると、上記の「具体的な法的紛争」は「具体的な活動に関する法的紛争」を意味するようである。

曽和俊文は、司法権発動の外延を画するための基準としての事件性について、

---

84) 「法原理的決定」については、次のように説明されている。司法権の「独自性とは、結論的にいえば、公平な第三者（裁判官）が、関係当事者の立証と推論に基づく弁論とに依拠して決定するという、純理性の特に強く求められる特殊な参加と決定過程たるところにあると解される。これに最もなじみやすいのは、具体的紛争の当事者がそれぞれ自己の権利・義務をめぐって理をつくして真剣に争うということを前提に、公平な裁判所がそれに依拠して行う法原理的決定に当事者が拘束されるという構造である。立法権・行政権の担当機関が「政治部門」と呼ばれることとの対比でいえば、司法権の担当機関は「法原理部門」と呼ぶべき性質のものである」（佐藤・前掲注82）6頁以下）。
85) 佐藤・前掲注82）19頁。佐藤幸治『現代国家と司法権』〔有斐閣、1998年〕126頁、佐藤・前掲注57) 587頁も同旨。
86) 佐藤・前掲注57) 623頁以下（傍点原文）。
87) 渋谷・前掲注58)「司法の観念についての覚書」51頁以下。同・前掲注 (58)『憲法』638頁も同旨。
88) 渋谷・前掲注58)「司法の観念についての覚書」52頁。

①紛争の具体性、②相対立する当事者の存在、③適法・違法の判断が可能な法的基準の存在、④判決の終局性を挙げている[89]。そして、別稿において、「国民訴訟、環境市民訴訟が、個別の具体的な法執行の適法性を争点として、具体的対立性を持つ形で提起される限り、原告となる者の主観的権利・利益の侵害がなくても、これらの訴訟は違憲とはいえないように思われる」[90]と述べている。そうすると、「紛争の具体性」とは、「個別の具体的な法執行」を争うことを意味すると解しているようである。

野坂泰司は、上記のように、司法は事件性（具体的な争い）を概念要素として捉えられるべきであるとするが、「少なくとも現行の客観訴訟のような訴訟類型は、そこに具体的な公権力の行為があり、それをめぐって争いが生じていることからして、司法権ならざる権限ではなく、ここで理解された司法権そのものに含まれる」[91]と述べており、「具体的な争い」とは、「具体的な行為」をめぐる紛争と理解しているようである。

野中俊彦も、「客観訴訟における違憲審査は、公権力の具体的な行為をあくまで前提とし、これをめぐる紛争の解決に必要な限りでのみ行われるのである。そこでは直接に法律の違憲・合憲が争われるのではなく、直接争われるのはやはり具体的な行為なのである」、「もし何らかの具体的国家行為も媒介とせずに直接法律の違憲を争う訴訟を法定したとすれば、それは違憲と解さざるをえないが、現行の客観訴訟はそこまでいっていない」[92]と述べており、やはり「具体的な行為」を争うことが必要と解している。

以上の見解は、ニュアンスの違いはあるが、具体的な紛争（具体的な行為に関する紛争）を憲法上の要件とするものと解される。

これらの見解とやや異なるのが土井真一の見解である。土井は、法律上の争訟の概念を分析し、判例のいう「当事者間の具体的な権利義務ないし法律関係の存否に関する紛争」[93]は、①「法律上の争訟は、権利・義務ないし法律関係

---

89) 曽和・前掲注2) 64頁。
90) 曽和俊文「行政と司法」磯部力ほか編『行政法の新構想I』〔有斐閣、2011年〕334頁。
91) 野坂・前掲注62) 47頁。野坂・前掲注63) 26頁も同旨。
92) 野中・前掲注68) 26頁（傍点原文）。野中・前掲注69)「司法の観念についての覚書き」442頁も同旨。
93) 最判昭和56年4月7日民集35巻3号443頁。

に関する争訟でなければなら」ず、「当該権利・義務ないし法律関係と一定の関係を有する者が訴訟当事者でなければならない」こと（争訟の主観性）、②「法律上の争訟は、具体的事実関係を基礎とする成熟した争訟でなければならない」こと（具体的成熟性）という２つの要件からなるとする[94]。その上で、争訟の主観性及び具体的成熟性のいずれも欠く場合、政治的争訟との区別が困難な場合が多く、また司法制度・手続がその裁定に適合的であるかについても疑問があり、憲法上重大な疑義があると述べている[95]。

　(3)　**丙説**　松井茂記は、司法権行使の要件から原告適格の要件を外すのは妥当でないとしつつ、原告に「事実上の損害」があれば憲法上の原告適格の要件を満たすと述べている[96]ことから、「事実上の損害」を欠く（あるいはそれを擬制できない）にもかかわらず出訴を認めることは、憲法に違反すると解するようである。

　(4)　**丁説**　以上の説は多かれ少なかれ司法権の限界を狭く解するものと考えられるが、これに対し、立法裁量をかなり広く認めると解される見解もある。

　小早川光郎は、憲法76条及び裁判所法３条にいう「司法権」ないし「法律上の争訟の裁判」の範疇に属さないような訴訟手続を定め、それについての裁判の権限を裁判所に与えることが、憲法に違反しないかについて、「この点については、法律でそのような定めをすることは、それが行政機関の——さらには立法機関の——活動を過度に裁判所の統制に服せしめ、三権分立原理を侵害することとなるような極端な場合を除けば、原則として許容されると解すべきであろう」[97]と述べている。

---

94) 土井・前掲注83) 81頁。
95) 土井・前掲注83) 86頁。既に、土井真一「法の支配と司法権　自由と自律的秩序形成のトポス」佐藤幸治ほか編『憲法五十年の展望II 自由と秩序』〔有斐閣、1998年〕123頁において、「具体的な事実関係に基づいて経験的な司法判断が可能な条件が存在しているのであれば、法律により、司法審査の範囲を拡張することも許される場合があるように思われる」が、「主観的権利性も認められず、かつ事実関係の具体性も存在しない争訟に対する裁判権を司法権に認め、違憲審査を行使させることは、憲法上、重大な疑義がある。この領域において、司法的法形成システムは固有の正統性を有さないし、また司法権をして政治のただ中に陥らせることになる」と述べられていた。
96) 松井・前掲注72) 参照。
97) 小早川光郎「非主観的訴訟と司法権」法学教室158号（1993年）100頁。

斎藤誠は、「マクロの視点でみれば、私人の権利保護以外の任務を裁判所が過剰に引き受けることによって、本来的任務に支障をきたすこともまた、私人の裁判を受ける権利との関係や三権分立の問題などの憲法問題たり得る」[98]と述べている。

長谷部恭男は、「司法権の限界が「法律上の争訟」という概念から機械的に導かれるものでないとすれば、国会が、行政機関の行為の適法性のコントロールというそれ自体としては公共財の供給にあたる権能を民衆訴訟や機関訴訟の解決権という形で裁判所に授権することも、裁判所の本来の機能の行使を大きく阻害するものでない限り、憲法に違背するとはいえないであろう」[99]と述べている。

(5) 戊説　高橋和之は、上記の司法権観念（本章Ⅲ－(3)参照）を基礎として、次のように述べている。「行政とは法律の執行であり、その及ぶ対象は法律の内容に依存する。行政の対象は法律と独立には決まらないのである。したがって、公金支出の争いを決済する権限が、法律以前に行政に属しているわけではない。したがって、法律によりその権限を司法に与えても、憲法上の行政権を侵害することにはならないのである。換言すれば、個々の国民が実体的権利をもつわけではない法的争いの裁定を司法権に与えるのかどうかは、まったく立法政策の問題なのである。憲法上の司法権や行政権の観念からの制約はない。憲法上の他の規定に反しない限り、法律で自由に定めうるのである。」[100]

---

98)　斎藤誠『現代地方自治の法的基層』〔有斐閣、2012年〕130頁。
99)　長谷部恭男『憲法［第5版］』〔新世社、2011年〕397頁。同「司法権の概念──「事件性」に関する覚書」ジュリスト1400号（2010年）10頁では、事件性の概念が果たしてきた機能として、①裁判所による適切な法的裁定・紛争解決及び救済を可能とする（現実の具体的対立関係にある）当事者を選別する役割、②社会全体の利益という観点からの政治部門における解決が相応しい紛争を除外し、裁判所による法的裁定に相応しい事案を選別する役割、③行政をコントロールする議会の責務を議会が納税者訴訟等を通じて裁判所へ過剰に委譲することを阻止する役割を挙げた上で、「法律上の争訟」を超える事案の解決を国会が裁判所に委ねた場合、それが憲法上の限界を踏み越えていないかは、事件性の概念が果たしてきた1つひとつの機能に即して、個別に（場合によっては個別の事案ごとに）判断していかざるを得ない」と述べている。
100)　高橋・前掲注74) 156頁以下。もっとも、別の論文においては、国会が「本来自らが行うべきコントロールを実際上放棄してしまう意味をもつような制度や、裁判所によるコントロールにふさわしくない問題につき、あるいは、ふさわしくない態様で、裁判所を利用することは、裁量の範囲

二　検　討

　以上のうちでは、丁説が基本的に妥当ではないかと考える。ここでは、それ以外の説の問題点を検討する。

　(1)　**甲説・乙説の問題点**　甲説と乙説は、事件性（事件・争訟性）の立法による緩和を認めるか、事件性の概念そのものを広く解するかという点に違いはあるが、司法権の限界を比較的狭く捉える点では共通するように思われる。これらの見解に対しては次のような疑問が考えられる。

　第1に、これらの見解は司法権の対象として民事訴訟を原型とみているように思われるが、司法権の理解として狭すぎるのではないかとの疑問がある。この点については、芦部信喜が、佐藤幸治の見解について、「少しく事件性を前提とする私的紛争解決型の司法観に偏しすぎる感を覚える」[101]と述べていたことが参考になる。最近では、宍戸常寿も、「佐藤説では厳密な2当事者対立構造という民事訴訟をモデルに形成された「法律上の争訟」の観念が、そのまま行政訴訟に覆い被さっている」[102]と指摘している。

　第2に、争いの対象を具体的行為に限定する乙説に対しては、まず、抽象的な行為を争う訴訟を一概に違憲と断じることが適切か、という疑問がある。

　仮に法律の無効確認訴訟が許されないとしても、条例の無効確認訴訟（[15]）についても全く同様に解さなければならないのであろうか[103]。

　第3に、同じく乙説に対しては、具体的行為を争う形をとれば、憲法上の問題は全く生じないのか、という疑問もある。上記の条例の無効確認についていえば、条例制定の議決に関する裁定の取消し（[20]）等の形をとれば、それで問題はなくなるのであろうか[104]。また、国民訴訟（[11]）についても、それが

を超えて違憲となろう」（同・前掲注74) 137頁）と述べており、憲法上の限界があると解しているようにもみえる。高橋和之『立憲主義と日本国憲法[第3版]』〔有斐閣、2013年〕390頁も参照。
101) 芦部信喜『人権と憲法訴訟』〔有斐閣、1994年〕158頁。
102) 宍戸常寿「司法権の概念」小山剛 = 駒村圭吾編『論点探求憲法』〔弘文堂、2005年〕309頁。前注2) も参照。
103) 野中・前掲注69)「司法の観念についての覚書き」440頁は、「実質的に「典型的な」抽象的違憲審査までもが混入されるおそれもなくはない」場合として、「たとえば架空の例であるが、国が自治体の条例制定につき「法令の範囲」を超えるとして提訴する訴訟のようなもの」を挙げている。
104) 塩野・前掲注36) 442頁は、条例の違法確認訴訟について、[20]のように具体的な行為を争う機関訴訟の形式として法定すれば、違憲論争を回避できるのではないかと指摘する。これに対し、

具体的な行為を争うこととすれば、憲法上全く問題がないのであろうか[105]。

　第4に、原告適格を拡大する方法としては、客観訴訟の創設という方法のほか、情報公開法による開示請求権の創設のように、実体法上の権利を創設する方法がある[106]。甲説・乙説による場合、後者の方法には憲法上の限界がないことになりうるように思われるが、それでよいのか、という疑問がある。

　(2) 丙説の問題点　丙説は、「事実上の損害」を欠く者に訴訟の提起を認めることは、司法権の観念から許されないとする。しかし、なぜそのようにいえるのか、アメリカ合衆国でそのように解されているという以上に、十分な根拠付けを欠くように思われる[107]。また、機関訴訟に関しては、機関が「事実上の損害」を受けていると解しうるか、疑問がある。

　(3) 戊説の問題点　戊説は、司法にいかなる権限を付与するかについては専ら立法政策に委ねられており、憲法上の限界は全くないとする。しかし、客観訴訟の制度設計次第では、日本国憲法の定める権力分立制度を損なうことも想定されるから、このように解することには疑問がある。

三　客観訴訟の憲法上の限界

　以上の検討からすれば、基本的に丁説が妥当ではないかと考えられる。しかし、この説に立つとしても、「三権分立原理を侵害するような極端な場合」、裁判所の「本来的任務に支障を来す」場合、「裁判所の本来の機能の行使を大きく阻害する」場合など、抽象的な基準が述べられているにとどまり、具体的にいかなる憲法上の限界があるかは必ずしも明確ではない。この点については今後の検討に待ちたいが、さしあたり以下の点を挙げることができるように思われる。

　　土井・前掲注95) 141頁注147) は、[20] について、「地方自治体レベルであれ、抽象的規範統制あるいは機関争訟を認めたものと解しうる制度である。この制度について、今後憲法論の観点から考察する必要がある」と述べている。
105)　駒村圭吾「非司法作用と裁判所──「事件性の擬制」というマジノ線」法学教室326号（2007年）47頁参照。
106)　宇賀克也『行政法概説Ⅱ行政救済法［第4版］』〔有斐閣、2013年〕123頁は、情報公開訴訟は実質的には民衆訴訟的色彩を有するとする。団体訴訟については、本稿Ⅱ─(3)[10] を参照。
107)　曽和・前掲注90) 334頁は、アメリカでも事実上の損害を要件とする判例には批判が多いところであり、それをあえてわが国に導入する必要はないと述べる。

(1)　**客観訴訟の必要性**　　客観訴訟を創設することは、司法権が及ぶ範囲を拡大し、その限りで三権の間のバランスに一定の影響を与えることになる[108]。そうであれば、客観訴訟を創設するためには、まず、それなりの十分な理由が必要ではないかと思われる[109]。とりわけ、主観訴訟が十分に機能している場合に、重ねて客観訴訟を設ける必要は乏しい。これに対し、現実に紛争が存在しているにもかかわらず、主観訴訟によってその解決を図ることが困難である場合には、客観訴訟を設けることが正当化されると考えられる。

　現行法上の客観訴訟の多くは、この点で正当化が可能であると解される。また、新たに客観訴訟を設ける際にも、このような観点からの検討が必要であろう。近時、環境団体訴訟の正当（統）性が議論されているが[110]、このような検討として位置付けられるのではないかと思われる。

　(2)　**三権分立との関係**　　法律上の争訟にあたらない場合について、立法によって司法権の行使を認めることは許容されるとしても、そこには自ずから限界があり、現行憲法の定める三権分立を実質的に損なう場合には、もはや立法裁量を逸脱し、違憲となると解される。具体的にいかなる場合がこれにあたるかは想定しにくいが、たとえば、国民訴訟（[11]）についてみれば、制度設計次第では、司法と行政のバランスを損なう可能性もある[111]。もっとも、逆に言えば、制度設計によっては、国民訴訟についても、合憲となる余地があるようにも思われる。既に述べたように（本稿Ⅱ三(2)）、現行法上も、実質的にす

---

108)　高橋和之は、「法律による提訴権の付与が司法の作用する領域を拡大する意味をもつ」（高橋・前掲注74）155頁）、「裁判所がその権限を発動しうる場合を、具体的な権利の侵害の場合を越えて拡張すれば、国家や内閣との関係で裁判所の権限を強化することになり、憲法が想定した均衡を壊しかねない」（同176頁）と指摘している。

109)　戸波江二『憲法［新版］』〔ぎょうせい、1998年〕428頁は、「事件性の要件は、事件性の要件を満たさない訴えを裁判所が拒否するための正当化理由となるが、逆に、裁判所が事件性を欠く訴えについて個別的に審理・判断したり、法律が事件性の要件を欠く訴訟を定めたりしたとしても、それらの事件を裁判所が審理・担当すべき十分な理由がある場合には、「司法」権を裁判所に帰属せしめた憲法76条に反することにはならないと解される」と述べている。桑原・前掲注4）161頁も同旨。

110)　桑原・前掲注4）158頁以下、島村・前掲注4）509頁以下。

111)　抽象的違憲審査制についても、争いの対象が一般的・抽象的な行為であるかよりも、むしろ、それによって立法と司法のバランスが大きく変化することから、現行憲法がこれを許容しているかどうか、という観点から検討すべきではないかと思われる。高橋・前掲注74）161頁、184頁、同・前掲注100）410頁以下はこのような方向での解釈と思われる。

べての国民が提起しうる訴訟が存在する。

　(3)　**裁判所の機能との関係**　客観訴訟を創設することにより、裁判所がその処理に忙殺され、本来の役割である国民の権利保護という任務を果たせなくなるような場合にも、憲法上の問題が生じると考えられる[112]。たとえば、国民訴訟についてはこの点で問題が生じる余地もあり、制度設計において考慮することが必要であろう。

　(4)　**訴訟当事者**　裁判が訴訟当事者の主張・立証に基づいて判断を下すことを基本とする制度であることからすると、客観訴訟を設ける際にも、適切な主張・立証を行いうる者を訴訟当事者とすることが必要ではないかと思われる[113]。民事訴訟の場合、既判力は訴訟当事者にしか及ばないので、この点はあまり重視する必要がないかもしれない。しかし、客観訴訟の場合、既判力をどのように定めるかは別としても、公益に関わり、判決の事実上の影響も大きいことが多いことから、制度設計において重要な問題となるのではないかと思われる。もっとも、この点については、裁判所による職権で補うこと等も可能なので、ある程度の立法裁量が認められるのではないかと考えられる。

　上記の通り（Ⅱ二 (2) 及び (3)）、現行法上の客観訴訟のうち、紛争の実質的な利害関係者が訴訟当事者とされている場合はこの点で問題がない。これに対し、国等の機関等による決定等を前提とし、当該機関や国等を被告として争わせる場合もかなりある。当該機関や国等が積極的な主張・立証を行うことが前提とされているようであり、その前提が満たされている場合は問題がないが、そうでなければ制度設計としては必ずしも適切ではないことにもなりうる[114]。

　(5)　**判断基準**　裁判所は法的判断を行う機関であるから、判断の対象についても基本的に法的に判断が可能な問題とされるべきである[115]。もっとも、非訟事件のように、この点については例外も存在するので、ある程度の立法裁量は認められるであろう。しかし、例外を認めることには慎重さが求められ、たとえば法的な基準が全くない政治的な判断を裁判所に求める制度を設けるこ

---

112)　上記の斎藤誠及び長谷部恭男の見解（本章Ⅳ－(4)）を参照。桑原・前掲注4) 161 頁も同旨。
113)　曽和・前掲注2) 64 頁にいう「相対立する当事者の存在」の要件である。
114)　この点で選挙人名簿に関する訴訟に問題があることについては、前注11) を参照。
115)　曽和・前掲注2) 64 頁にいう「適法・違法の判断が可能な法的基準の存在」の要件である。

とは適切ではないと考えられる。

　先に検討した客観訴訟の多くは、現行法上のものであれ、立法論として主張されているものであれ、この点ではほとんど問題がない。もっとも、境界確定訴訟（[16]）、住所の認定に関する訴訟（[17]）、課税権の帰属等に関する訴訟（[18]）などは、法的な判断が困難となる場合もありうる[116]。しかし、具体的な事実認定に基づいて判断する点においては、裁判所の判断とすることが不合理とまではいえないであろう。

　(6) 判断の終局性　最後に、裁判所の判断には終局性が認められなければならず、他の機関がこれを覆すことは三権分立の観点から許されないと考えられる[117]。この点で、内閣総理大臣の異議（行政事件訴訟法27条）の合憲性が争われていることは周知のところであるが[118]、客観訴訟についてもこの点は留意されるべきである。

V　おわりに

　本章の結論をまとめると次の通りである。まず、客観訴訟の憲法上の位置付けについては、憲法は法律上の争訟にあたらない訴訟を立法によって設けることを許容しており、客観訴訟はそのような訴訟として位置付けられる（上記A説）。次に、客観訴訟の憲法上の限界については、事件性、紛争の具体性、事実上の損害等の点で制限はなく、立法者の広い裁量が認められるが、憲法上一定の限界があるといえる（上記丁説）。

　もとより、以上は暫定的な見解であり、今後さらに検討を深める必要がある。特に、憲法上の限界については、本章ではおおざっぱな目安を示したに過ぎず、いっそうの具体化を要する。さらに、立法論として考えられる客観訴訟（国民

---

116)　塩野・前掲注40) 301頁は、境界確定のための公権的行為は、確認というより、むしろ創設的処分として理解すべきであると指摘する。
117)　曽和・前掲注2) 64頁にいう「判決の終局性」の要件である。この点は、早くから佐藤幸治が強調していたところである（佐藤・前掲注82) 19頁、佐藤・前掲注85) 126頁、同・前掲注57) 587頁）。上記の通り、高橋和之も、司法権の定義に「終局的に裁定する作用」であることを含めている（高橋・前掲注74) 150頁など）。
118)　差し当たり、村上裕章「執行停止と内閣総理大臣の異議」行政法の争点（2004年）123頁、村上・前掲注1) 39頁参照。

訴訟、団体訴訟、条例の無効確認訴訟など）については、上記のような憲法上の限界を考慮しつつ、具体的な制度設計を詰める必要がある。これらの点については今後の課題としたい。

別表

	名称（根拠条文）	請求の趣旨	原告	被告
1	選挙人名簿に関する訴訟（公職選挙法25条）	市町村選挙管理委員会の決定の取消し	市町村選挙管理委員会の決定に不服がある異議申立人または関係人	市町村選挙管理委員会
2	地方公共団体の議会の議員及び長の選挙及び当選の効力に関する訴訟（公職選挙法203条、207条）	都道府県選挙管理委員会の決定または裁決の取消し（及び選挙または当選を無効とすること）	都道府県選挙管理委員会の裁決または決定に不服がある者	都道府県選挙管理委員会
3	国会議員の選挙及び当選の効力に関する訴訟（公職選挙法204条、208条）	[a] 選挙を無効とすること	選挙の効力に異議がある選挙人または候補者	都道府県選挙管理委員会または中央選挙管理会
		[b] 当選に関する決定を無効とすること	当選しなかった者	
4	連座制による当選無効に関する訴訟（公職選挙法210条、211条）	[a] 当選が無効でないこと等の確認	当選人	検察官
		[b] 当選を無効とすること	検察官	当選人
5	直接請求の投票に関する訴訟（地方自治法85条1項）	都道府県選挙管理委員会の裁決または決定の取消し（及び投票または投票結果を無効とすること）	都道府県選挙管理委員会の決定または裁決に不服がある者	都道府県選挙管理委員会
6	最高裁判所裁判官国民審査の審査無効の訴訟（最高裁判所裁判官国民審査法36条、38条）	[a] 審査を無効とすること	審査人または罷免を可とされた裁判官	中央選挙管理会
		[b] 罷免を無効とすること	罷免を可とされた裁判官	
7	憲法改正に係る国民投票無効の訴訟（日本国憲法の改正手続に関する法律127条）	国民投票を無効とすること	投票人	中央選挙管理会
8	住民訴訟（地方自治法242条1項）	①行為の差止め、②行為の取消しまたは無効確認、③怠る事実の違法確認、④損害賠償または不当利得返還の請求をすること	住民	①③④執行機関または職員、②地方公共団体

9	直接請求に係る署名の効力に関する訴訟（地方自治法74条の2第8項、第9項等）	選挙管理委員会の決定または裁決の取消し	決定または裁決に不服がある者	市町村または都道府県の選挙管理委員会
10	団体訴訟（立法論）	処分等の取消し、無効等の確認、不作為の違法確認、義務付け、差止め	適格環境団体	国または公共団体
11	国民訴訟（立法論）	不明	国民	不明
12	国等の関与に関する訴訟（地方自治法251条の5第1項、251条の6第1項）	国または都道府県の関与の取消しまたは不作為の違法の確認	普通地方公共団体の長その他の執行機関	国または都道府県の行政庁
13	代執行訴訟（地方自治法245条の8第3項、第12項）	違法な管理・執行の是正もしくは怠る管理・執行を改めることの命令	各大臣または都道府県知事	都道府県知事または市町村長
14	国等による不作為の違法確認訴訟（地方自治法251条の7第1項、252条1項ないし3項）	普通地方公共団体の不作為の違法確認	各大臣または都道府県の執行機関	普通地方公共団体の行政庁
15	条例の無効確認訴訟（立法論）	[a] 改廃措置要求の取消し	地方公共団体の長等	内閣総理大臣
		[b] 条例の違法確認	内閣総理大臣	地方公共団体の長等
16	境界確定訴訟（地方自治法9条8項、9項、9条の2第4項、9条の3第6項）	[a] 都道府県知事（または総務大臣）の裁定または決定の取消し	関係市町村	都道府県（または国）
		[b] 境界の確定	関係市町村	他の関係市町村
17	住所の認定に関する訴訟（住民基本台帳法33条4項）	都道府県知事（または主務大臣）の決定の取消し	関係市町村長	都道府県（または国）
18	課税権の帰属等に関する訴訟（地方税法8条10項）	総務大臣の決定または裁決の取消し	関係地方団体の長	国
19	地方公共団体の議会における選挙の投票の効力に関する訴訟（地方自治法118条5項）	総務大臣または都道府県知事の裁決の取消し	裁決に不服がある者	国または都道府県

| 20 | 地方公共団体の長と議会の紛争に関する訴訟（地方自治法176条7項） | [a] 総務大臣または都道府県知事の裁定の取消し | 普通地方公共団体の議会及び長 | 国または都道府県 |
| | | [b] 議決または選挙の取消し | | 当該議会 |

第2部　訴訟類型と訴訟要件

第4章　多様な訴訟類型の活用と課題

I　はじめに

　2004（平成16）年の行政事件訴訟法（以下「法」という）改正により、新たに義務付け訴訟及び差止訴訟が法定され、また、公法上の確認訴訟の活用が示唆された。本章は、同法施行から約5年を経過した現時点において、これらの訴訟類型に関する判例の大まかな状況を明らかにするとともに、今後の課題を探ろうとするものである。以下では、申請型義務付け訴訟（一）、非申請型義務付け訴訟（二）、差止訴訟（三）、公法上の確認訴訟（四）の順に検討を加える。すでに多くの裁判例が現れており、紙幅の制約もあることから、本章では主要な論点のみを取り上げること、取消訴訟等と共通する問題は原則として取り上げないこと、文献等の引用も網羅的ではないことを、予めお断りしておきたい。

一　申請型義務付け訴訟

　申請型義務付け訴訟（法3条6項2号）は、訴訟要件が比較的緩やかであることもあって、実際にかなり活用されており、認容例も多い[1]。

---

1) 最も多いのは情報公開関係であり、認容例として、さいたま地判平成18年4月26日判自303号46頁、名古屋地判平成18年10月5日判タ1266号207頁及び名古屋高判平成19年11月15日裁判所HP、大阪地判平成19年1月30日裁判所HP（大阪高判平成19年10月19日裁判所HPにより取消し）、名古屋地判平成18年10月5日判タ1266号207頁、東京地判平成19年9月28日裁判所HP及び東京高判平成21年9月30日裁判所HP、東京高判平成20年7月17日判時2054号9頁（最判平成21年12月17日判時2068号28頁により破棄）などがある。その他の認容例として、個人情報開示決定に関する名古屋地判平成20年1月31日判時2011号108頁（控訴審名古屋高判平成20年7月16日裁判所HPにより取消し）、水戸地判平成20年2月26日裁判所HP（東京高判平成21年3月19日裁判所HPにより取消し）、都市計画法施行規則60条書面の交付に関する岡山

申請型義務付け訴訟については、「法令に基づく申請」がなされたことが訴訟要件となっている（法3条6項2号）。外国人に対する在留特別許可（入管50条1項）の義務付けが求められた事案で、第一審がこれを申請型とみて、請求を認容する判決を下した[2]のに対し、控訴審は、非申請型にあたるとした上で、訴えを却下している[3][4]。

　申請型義務付け訴訟については、取消訴訟等の併合提起が義務付けられているが（法37条の3第3項）、併合提起された訴訟に理由があることが義務付け訴訟の訴訟要件か、本案勝訴要件かは、条文からは明確でない[5]。この点については、訴訟要件説に立つもの[6]が多いが、本案勝訴要件説に立つもの[7]もある。

　地判平成18年4月19日判タ1230号108頁、保育園入園承諾に関する東京地判平成18年10月25日判時1956号162頁、在留特別許可に関する東京地判平成20年2月29日判時2013号61頁（東京高判平成21年3月5日裁判所HPにより取消し）、被爆者健康手帳の交付に関する長崎地判平成20年11月10日判時2058号42頁、水路使用許可に関する新潟地判平成20年11月14日判自317号49頁、温泉掘削許可に関する金沢地判平成20年11月28日判タ1311号104頁及び名古屋高金沢支判平成21年8月19日判タ1311号95頁、旅客運賃・料金の変更認可に関する大阪地判平成21年9月25日判時2071号20頁、労災遺族補償に関する高松地判平成21年2月9日労判990号174頁などがある。

2)　東京地判平成20年2月29日前掲注1)。
3)　東京高判平成21年3月5日前掲注1)。東京地判平成17年11月25日裁判所HP、東京地判平成19年5月25日裁判所HP及び東京高判平成19年10月17日裁判所HP、東京地判平成19年12月13日裁判所HP及び東京高判平成20年5月21日裁判所HPも非申請型とする。
4)　定年退職した地方公務員が再雇用等の義務付けを求めた事案について、東京地判平成21年1月19日判時2056号148頁及び東京高判平成21年10月15日判時2063号147頁は、申請権なしとして訴えを却下している。しかし、申請権がなければ非申請型義務付け訴訟となるに過ぎないから、このような取扱いには疑問がある。
5)　「当該処分又は裁決が取り消されるべきであり」（法37条の3第1項）等の規定からすると訴訟要件のようであるが、「同項各号に定める訴えに係る請求に理由があると認められ」（同条第5項）という規定からすると本案勝訴要件のようにもみえる。
6)　大阪高判平成17年7月28日裁判所HP、大阪地判平成18年3月23日判自288号74頁、札幌地判平成18年11月16日判タ1239号129頁、広島地判平成19年7月6日裁判所HP、東京地判平成19年7月20日裁判所HP及び東京高判平成20年4月23日裁判所HP（上告審最決平成21年8月12日裁判所HPはこの点に触れず上告棄却）、大阪地判平成19年8月30日訟月55巻4号1875頁、東京地判平成19年9月28日及び東京高判平成21年9月30日前掲注1)、大阪地判平成19年10月18日判タ1273号159頁及び大阪高判平成21年4月14日裁判所HP、大阪高判平成19年10月19日裁判所HP、東京地判平成19年12月21日判時2054号14頁及び最判平成21年12月17日判時2068号28頁、大阪地判平成20年1月16日判タ1271号90頁、熊本地判平成20年1月25日裁判所HP、名古屋地判平成20年1月31日前掲注1) 及び名古屋高判平成20年7月16日前掲注1)、東京地判平成20年2月29日判時2013号61頁、名古屋地判平成20年3月12日判タ

訴訟要件とすると、仮の義務付けが申し立てられた場合、本案訴訟の適法な係属を審査するために、併合提起された取消訴訟等に理由があるか否かを判断しなければならなくなる[8]。このことは仮の救済手段にふさわしくないと考えられるので、本案勝訴要件とみるべきではないかと思われる。

審理の状況その他の事情を考慮して、併合提起された訴えについてのみ終局判決をすることがより迅速な争訟の解決に資すると認めるときは、当該訴えについてのみ終局判決をすることができる（法37条の3第6項）。この規定を適用したものとして、旅客運賃・料金の変更認可拒否処分の取消と認可の義務付けが求められた事案で拒否処分は違法であるが、義務付け請求について十分な主張立証が尽くされていないとして、取消判決にとどめた例[9]、原子爆弾被害者援護法に基づく健康管理手当の支給却下処分の取消と支給決定の義務付けが求められた事案で、行政庁が支給要件該当性について判断をしておらず、現段階の証拠関係からも判断が困難であるとして、取消判決にとどめた例[10]がある[11]。

1282号67頁、東京高判平成21年3月19日前掲注1)、東京地判平成21年3月25日裁判所HP、横浜地判平成21年7月15日裁判所HP、大阪地判平成21年9月25日前掲注1)。学説として、市村陽典「行政事件訴訟法の改正と訴訟実務」法律のひろば57巻10号（2004年）27頁、小早川光郎編『改正行政事件訴訟法研究』〔有斐閣、2005年〕136頁〔村田斉志発言〕、室井力ほか編『コンメンタール行政法Ⅱ［第2版］』〔日本評論社、2006年〕406頁〔深澤龍一郎〕、行政事件訴訟実務研究会編『行政訴訟の実務』〔ぎょうせい、2007年〕99頁、南博方＝高橋滋編『条解行政事件訴訟法［第3版補正版］』〔弘文堂、2009年〕655頁〔間史恵〕、西川知一郎編著『行政関係訴訟』〔青林書院、2009年〕167頁〔和久一彦〕。
7)　東京高判平成17年12月26日裁判所HP、東京高判平成18年6月28日裁判所HP（民集63巻2号351頁）、さいたま地判平成19年4月25日裁判所HP、水戸地判平成20年2月26日前掲注1)。学説として、橋本博之『解説改正行政事件訴訟法』〔弘文堂、2004年〕72頁、小早川光郎＝高橋滋編『詳解改正行政事件訴訟法』〔第一法規、2004年〕54頁〔橋本之〕、宇賀克也『行政法概説Ⅱ行政救済法［第2版］』〔有斐閣、2009年〕315頁、櫻井敬子＝橋本博之『行政法［第2版］』〔弘文堂、2009年〕345頁以下、稲葉馨ほか『行政法』〔有斐閣、2007年〕234頁〔村上裕章〕。
8)　大阪地決平成19年8月10日裁判所HPは実際にこのような判断を行っている。
9)　大阪地判平成19年3月14日判タ1252号198頁。その後再度の拒否処分がなされたため、同処分の取消訴訟等が併合提起され、大阪地判平成21年9月25日前掲注1)は、同処分を取り消すとともに、義務付け請求を認容した。
10)　長崎地判平成20年11月10日前掲注1)。
11)　東京地判平成19年12月26日判時1990号10頁及び岐阜地判平成19年10月11日裁判所HPは、併合提起された訴えに理由があるとしながら、係争処分をすべき義務があるか明らかでないとして、義務付け請求を棄却しているが、この場合は法37条の3第6項を適用すべきではないかと

二　非申請型義務付け訴訟

　非申請型義務付け訴訟の訴訟要件はかなり厳しいためか、請求認容例はほとんどなく[12]、訴えが適法とされた例もわずかである[13]。

　重大な損害の要件（法37条の2第1項）については裁判例が蓄積されつつある。建築基準法や都市計画法に基づく是正命令に関しては、違法建築等を原因とする火災等により生命・身体の危険があるとして要件該当性が肯定された例[14]がある一方、そのような危険がないなどとして否定された例[15]もある。住民票の作成に関する事案においては、住民票がないことにより様々な支障が生じうるとして要件該当性を肯定した第一審[16]と、住民票がなくとも実務上同様の扱いがされているとしてこれを否定した控訴審[17]が対立している。在留特別許可について、原告が日本人と婚姻関係にあることを理由に要件該当性を肯定した例[18]がある一方、定住者の在留資格の付与につき、負傷した原告らの子を帰国させたとしても成長過程に甚大な影響を及ぼすそれがないとして否定した例[19]もある。具体的事案によるところが大きいので、概括的な論評は差し控えるが、過度に厳格な運用によって活用が困難となれば、要件改正の検討が必要となるであろう[20]。

思われる。
12)　住民票作成の義務付けが求められた東京地判平成19年5月31日判時1981号9頁だけのようである。この判決は東京高判平成19年11月5日判タ1277号133頁によって重大な損害なしとして取り消され、最判平成21年4月17日民集63巻4号638頁は、義務付け訴訟に触れることなく、住民票作成行為に処分性なしとしている。
13)　在留特別許可に関する東京地判平成17年11月25日前掲注3)、建築基準法に基づく是正命令に関する東京地判平成19年9月7日裁判所HP及び東京高判平成20年7月9日裁判所HP、東京地判平成20年2月1日裁判所HP及び東京高判平成20年8月28日裁判所HP、入管法49条1項による裁決撤回に関する東京地判平成20年8月22日裁判所HP、生活保護決定に関する京都地判平成21年12月14日裁判所HP（2件）。
14)　東京地判平成19年9月7日及び東京高判平成20年7月9日前掲注13)。
15)　東京地判平成17年12月16日裁判所HP及び東京高判平成18年5月11日裁判所HP、東京地判平成19年1月31日裁判所HP及び東京高判平成19年6月13日裁判所HP、大阪地判平成19年2月15日判タ1253号134頁、京都地判平成19年11月7日判タ1282号75頁。
16)　東京地判平成19年5月31日前掲注12)。
17)　東京高判平成19年11月5日前掲注12)。
18)　東京地判平成17年11月25日前掲注3)。
19)　東京地判平成19年2月23日裁判所HP。
20)　この要件に批判的な見解として、阿部泰隆『行政法解釈学II』〔有斐閣、2009年〕297頁。

補充性について定める「他に適当な方法がないとき」（法37条の2第1項）の趣旨は必ずしも明確ではない。立案関係者は、①損害を避けるための方法が個別法の中で特別に法定されている場合、②不利益処分について取消しを求めることによってより適切に損害を避けることができる場合などがこれにあたるとする[21]。固定資産税課税台帳の登録[22]や減額更正[23]の義務付け訴訟が不適法とされた例は①に、国民健康保険料賦課処分[24]や仮換地指定の変更[25]の義務付け訴訟が不適法とされた例は②にあたるといえよう[26]。

訴えの利益の消滅例として、義務付け請求に係る処分がなされた場合[27]や、建築工事中止命令の義務付け訴訟係属中に当該工事が完了した場合[28]がある。

三　差止訴訟

差止訴訟の訴訟要件も厳格であるが、認容例[29]や訴えが適法とされた例[30]は

---

21) 小林久起『行政事件訴訟法』〔商事法務、2004年〕162頁以下。
22) 横浜地判平成18年7月19日裁判所HP及び東京高判平成18年11月15日裁判所HP、神戸地判平成19年3月16日判自303号27頁。
23) 広島地判平成19年10月26日訟月55巻7号2661頁及び広島高判平成20年6月20日訟月55巻7号2642頁。
24) 神戸地判平成20年7月31日判自320号56頁。
25) 名古屋地判平成21年1月29日判自320号62頁。
26) 京都地判平成21年12月14日（2件）前掲注13）は、生活保護決定の義務付けについて、保護変更決定の取消判決によっては目的を達し得ないとして、訴えを適法としている。また、在留特別許可の義務付けについては、裁決取消訴訟によるべきとするもの東京地判平成19年5月25日及び東京高判平成19年10月17日前掲注3）、東京高判平成21年3月5日前掲注1））と、裁決後に新たな事情が生じた場合もあるとして訴えを適法としたもの（東京地判平成17年11月25日前掲注3））がある。処分後の事情を理由に処分撤回を求める義務付け訴訟は補充性要件を満たすと考えられる（小早川光郎『行政法講義（下Ⅲ）』〔弘文堂、2007年〕313頁）ことからすると、後者のように解する余地があるかもしれない。もっとも、東京地判平成20年8月22日前掲注13）は、裁決の撤回を求める義務付け訴訟をあわせて提起する必要があるとする。
27) 大津地判平成18年6月12日判自284号33頁。この事案では、建築基準法及び自然公園法に基づく措置命令の義務付けも求められていたが、河川法に基づく監督処分がなされているから、これらの請求についても訴えの利益はないとされた。
28) 東京高判平成20年7月9日前掲注13）。
29) 国歌斉唱拒否等を理由とする懲戒処分に関する東京地判平成18年9月21日判時1952号44頁、公有水面埋立法に基づく埋立免許に関する広島地判平成21年10月1日判時2060号3頁（鞆の浦訴訟）。
30) 性同一性障害を有する受刑者に対する男性としての調髪に関する名古屋地判平成18年8月10日判タ1240号203頁、一般労働者派遣事業許可取消しに関する東京地判平成18年10月20日裁判

若干存在する。

　差止めの対象となるのは、「一定の処分又は裁決」（法3条7項）である。この要件は、①差止めを求められているのが処分または裁決にあたる行為であること（処分性）、②それが「一定の」ものであること（一定性）、③当該処分等が「されようとしている」こと（蓋然性）に分けられる。

　処分性はここでは取り上げないが、権力的事実行為も含むと解される。差止訴訟の性質上、「継続的性質を有するもの」（行審2条1項）である必要はないと考えられ[31]、受刑者に対する調髪の差止請求を容認した例がある[32]。

　一定性については、線増連続立体交差化事業により建設される鉄道線路に鉄道事業者が「鉄道を複々線で走行させることを許す一切の処分」の差止めが求められた事案で、複数の行為が対象となりうるし、その範囲も不明確であるとして、要件該当性が否定されている[33]。また、仮の差止めの事案ではあるが、市議会解散請求に基づいて行われる解散の投票のための一切の投票事務の執行の差止めが求められた事案で、処分性とともに一定性も欠くとされている[34]。

　蓋然性については、一般労働者派遣事業許可取消しについて、原告が罰金判決を受けて上告中であり、処分庁が判決が確定すれば当該許可を取り消す旨を明言している事案で、処分の蓋然性はあるから、訴えの利益が認められるとした例がある[35]。否定例として、仮の差止めの事案ではあるが、保育所廃止処分（条例）の差止めが求められた事案で、控訴審係属中に条例制定が中止された場合[36]などがある。これに対し、差止めが求められた処分がなされた場合[37]は、むしろ訴えの利益が消滅したと解すべきであろう[38]。

　　　所HP、保険医療機関指定取消し及び保険医登録取消しに関する大阪地判平成20年1月31日判タ1268号152頁。
31）　村上裕章『行政訴訟の基礎理論』〔有斐閣、2007年〕318頁参照。
32）　名古屋地判平成18年8月10日前掲注30）。
33）　東京地判平成20年1月19日判時2000号27頁。
34）　水戸地決平成19年2月27日判タ1224号233頁。
35）　東京地判平成18年10月20日前掲注30）。
36）　大阪高決平成19年3月27日裁判所HP。原決定である神戸地決平成19年2月27日賃社1442号57頁は、仮の差止めを容認していた。
37）　大阪高判平成21年3月6日裁判所HP。
38）　この場合は取消訴訟への訴えの変更が可能と解される。阿部・前掲注20）309頁、南＝高橋編・前掲注6）666頁［山﨑栄太郎］。

重大な損害の要件（法37条の4第1項本文）については、性同一性障害を有する受刑者に対する男性としての調髪[39]、国歌斉唱拒否等を理由とする懲戒処分[40]、一般労働者派遣事業許可取消し[41]、保険医療機関指定取消し[42]、公有水面埋立免許[43]などについては該当性が認められている。他方、廃棄物処分業許可[44]、退去強制令書の執行[45]、タクシー運転手に対する免許停止[46]については、要件該当性が否定されている。なお、仮の差止めの事案ではあるが、本案訴訟の適法な係属を審査する中で、重大な損害の要件について判断し、積極に解したものとして、住民票消除処分に関する事例[47]があり、消極に解したものとして、都市公園法に基づく除去命令[48]、保険医登録取消し[49]等の事案がある。

重大な損害の要件については、立案関係者により、司法と行政の役割分担の在り方を踏まえ、裁判所が行政の違法性の判断を事前にしなければならないだけの必要性がある場合に限る趣旨であり、係争処分等の取消訴訟を提起して執行停止を受けることにより容易に救済を受けられるような性質の損害である場合は、差止めの訴えによる救済の必要性を判断するにあたって考慮される損害にはあたらないと説明されている[50][51]。執行停止等との関係を考慮する必要があることは確かであるが、この点は条文からはわかりにくい。また、この条文が差止訴訟に関する従来の判例[52]の要件を緩和したものと解される[53]ことから

---

[39] 名古屋地判平成18年8月10日前掲注30)。
[40] 東京地判平成18年9月21日前掲注29)。
[41] 東京地判平成18年10月20日前掲注30)。
[42] 大阪地判平成20年1月31日前掲注30)。
[43] 広島地判平成21年10月1日前掲注29)。
[44] 大阪地判平成18年2月22日判タ1221号238頁。
[45] 東京地判平成19年2月23日前掲注19)。退去強制令書発布後、原告らのうちの子が重傷を負ったため、治療の必要を理由として執行差止めが求められた事案である。
[46] 大阪地判平成19年11月28日判自315号73頁。
[47] 大阪地決平成19年2月20日裁判所HP、大阪地決平成19年3月28日判タ1278号80頁。
[48] 大阪地決平成18年1月13日判タ1221号256頁。
[49] 大阪地決平成18年5月22日判タ1216号115頁。
[50] 小林・前掲注21) 188頁以下。批判的なものとして、園部逸夫＝芝池義一編『改正行政事件訴訟法の理論と実務』〔ぎょうせい、2006年〕201頁以下［高安秀明］、阿部・前掲注20) 308頁。
[51] この趣旨を述べるものとして、大阪地決平成18年1月13日前掲注48)、大阪地判平成18年2月22日前掲注44)、大阪地決平成18年5月22日前掲注49)、大阪地決平成19年2月20日前掲注47)、大阪地決平成19年3月28日前掲注47)、大阪地判平成19年11月28日前掲注46)、大阪地判平成20年1月31日前掲注30) などがある。

すると、この点を厳格に解しすぎることには疑問がある[54]。

補充性要件（法37条の4第1項ただし書）に関しては、仮の差止めの事案ではあるが、住民票消除処分の差止めについて、公職選挙法29条2項による調査請求は修正請求権まで認めているわけではなく、同法202条及び203条による異議申立てや選挙訴訟は事後の救済手段であるから、いずれも適当な方法とはいえないとしたものがある[55]。

処分について行政手続が定められている場合に、差止（義務付け）判決をできるかが議論されている[56]。この問題に関連して、電波法施行規則に基づく型式指定等の差止めが求められた事案について、裁決主義や実質的証拠法則等が認められている趣旨からすると、差止訴訟は許されないとした裁判例がある[57]。本格的な検討は他日を期したいが、上記の場合に一切不適法とすると差止訴訟の適用範囲が限られてしまうこと、行政事件訴訟法改正時に特段の手当がなされていないことからすると、このような解釈には疑問がある。

四　公法上の確認訴訟

公法上の確認訴訟については、すでに多くの訴訟が提起され[58]、請求が認容された例[59]、訴えが適法とされた例[60]もかなりある。

---

52) 最判昭和47年11月30日民集26巻9号1746号頁（長野勤評事件）、最判平成元年7月4日判時1336号86頁（横川川事件）
53) 村上・前掲注31) 319頁参照。阿部・前掲注20) 308頁は、「長野勤評判決はもう妥当しない」と指摘する。東京地判平成18年9月21日前掲注29) は、重大な損害の要件を長野勤評事件の判旨と同旨のものであるとするが、これには疑問がある。
54) たとえば、保険医登録取消しについて、大阪地判平成20年1月31日前掲注30) が重大な損害要件該当性を肯定しているのに対し、大阪地決平成18年5月22日前掲注49) は否定している。原告が前者では開業医、後者では勤務医という相違はあるが、勤務医であっても処分によって被る不利益は大きいと考えられるので、後者には疑問がある。
55) 大阪地決平成19年2月20日前掲注47)。
56) 小早川編・前掲注6) 145頁以下、南＝高橋編・前掲注6) 669頁以下［山﨑栄一郎］など参照。
57) 東京地判平成19年5月25日訟月53巻8号2424頁及び東京高判平成19年12月5日裁判所HP。
58) 判例の詳細については、碓井光明「公法上の当事者訴訟の動向（一）（二・完）」自治研究85巻3号（2009年）17頁、4号（2009年）3頁参照。
59) 在外国民選挙権訴訟に関する最大判平成17年9月14日民集59巻7号2087頁、中小企業基盤人材確保助成金の支給を受けられる地位確認に関する東京地判平成18年9月12日裁判所HP、混合診療につき療養の給付を求める権利の確認に関する東京地判平成19年11月7日判時1996号3

民事上の確認訴訟については、①紛争解決にとって確認訴訟という手段が有効・適切であるか（方法選択の適否）、②確認対象が紛争解決にとって有効・適切か（対象選択の適否）、③確認訴訟によって即時に解決しなければならないほど切迫、成熟したものか（即時解決の必要性）が問題になるとされる[61]。公法上の確認訴訟についても、基本的には同様に解することができるであろう。

　方法選択の適否については、とくに他の訴訟手段との関係が問題となる。抗告訴訟等で争うことが可能な場合は、基本的に確認の利益を欠くことになろう[62]。抗告訴訟との関係で、処分はそもそも確認訴訟の対象となり得ないとの

頁（ただし控訴審東京高判平成21年9月29日判タ1310号66頁は訴えの適法性を前提として請求棄却）、国籍確認に関する最大判平成20年6月4日民集62巻6号1367頁。なお、東京地判平成18年9月21日前掲注29）は、国旗に向かって起立する義務のないこと等の確認請求を認容しているが、訴えを法定外抗告訴訟または差止訴訟と解し、当事者訴訟とはとらえていないようである。

60）　特定の産業廃棄物処理施設につき廃掃法により許可を要しない地位にあることの確認が求められた千葉地判平成18年9月29日裁判所HP（控訴審東京高判平成19年4月25日裁判所HPは訴えを不適法としたが、控訴棄却）、潮受堤防の開門調査義務の確認が求められた福岡地判平成18年12月19日判タ1241号66頁、退去強制令書の執行を受けない地位の確認が求められた東京地判平成19年2月23日前掲注19）、再雇用職員たる地位の確認が求められた東京地判平成19年6月20日判時2001号136頁、風営法28条1項の規定等が適用されないことの確認が求められた東京地判平成19年12月26日裁判所HP及び東京高判平成21年1月28日裁判所HP、教員に関する「評価・育成システム実施要領」に基づく自己申告票提出義務の不存在確認が求められた大阪地判平成20年12月25日判タ1302号116頁、特定の販売機につき条例に基づく届出なしに一定の図書類を販売することができる公法上の法律関係等の確認を求められた名古屋地判平成21年2月19日判タ1313号148頁及び名古屋高判平成21年10月23日裁判所HP、国旗に向かって起立して斉唱する義務の不存在確認に関する横浜地判平成21年7月16日裁判所HP、タクシー運転手が提起した違反点数がないことの確認に関する大阪地判平成21年10月2日裁判所HP、条例所定の収集袋によらないゴミの収集義務の確認に関する横浜地判平成21年10月14日裁判所HP、東京高判平成21年9月29日前掲注59）、医薬品のインターネット販売をする地位確認に関する東京地判平成22年3月30日裁判所HP。

61）　新堂幸司『新民事訴訟法［第4版］』〔弘文堂、2008年〕259頁以下など。

62）　情報公開請求に対して開示決定がなされなかったため、開示しないことの違法確認が求められた事案で、義務付け訴訟というより直接で適切な手段があるとした大阪地判平成19年8月30日訟月55巻4号1875頁、区画道路の位置の定めが違法であることの確認が求められた事案で、土地区画整理組合設立認可等の取消訴訟で争うべきものとした名古屋地判平成21年1月29日判自320号62頁がある。他方、東京地判平成19年2月23日前掲注19）は、退去強制令書の執行を受けない地位の確認が求められた事案について、当該執行の差止訴訟も考えられるが、主任審査官は令書の前提となる裁決に従って執行する義務があることから、当該裁決の効力を排除しなければならないが、裁決取消訴訟では事後の事情を主張することができず、また、職権による裁決の取消しまたは撤回の義務付けという方法には疑義がないではないから、補充性を理由として訴えの利益がないと解することは相当でないとする。

考え方もあるが[63]、総務大臣の NHK に対する国際放送実施要請等の無効確認（抗告訴訟または公法上の当事者訴訟）が求められた事案で、処分であっても確認の利益が認められれば確認訴訟が許されるとした例がある[64]。

　対象選択の適否については、原告が選択した確認対象が適切かが問題となる。この点については、法律関係の確認を求めうることは問題ないが、法律上の地位や行為が確認の対象となりうるかが争われている[65]。法律上の地位については、確認の対象となりうることを認めた例が多い[66]。これに対し、行為が確認対象となりうることを明確に認めた例はあまり見あたらない[67]。

　即時解決の必要性については、考え方が分かれているように思われる。第一に、民事訴訟と同様に、「現に、原告の有する権利または法律的地位に危険または不安が存在し、これを除去するため被告に対し確認判決を得ることが必要かつ適切な場合」[68]に、広く確認の利益を認めるものがある[69]。第二に、差止（予防）訴訟に関する改正前の判例[70]を援用し、将来の不利益処分を争ったのでは回復しがたい重大な損害を被るおそれがある等の特段の事情があることを要するとするものがある[71]。第三に、中間的な見解として、差止訴訟等の訴訟要

---

63)　村上・前掲注 31) 321 頁以下参照。
64)　大阪地判平成 21 年 3 月 31 日判時 2054 号 19 頁及び大阪高判平成 22 年 1 月 29 日裁判所 HP。
65)　村上・前掲注 31) 322 頁参照。
66)　東京地判平成 18 年 9 月 12 日前掲注 59)、千葉地判平成 18 年 9 月 29 日前掲注 60)、東京地判平成 19 年 2 月 23 日前掲注 19)、東京地判平成 19 年 12 月 26 日及び東京高判平成 21 年 1 月 28 日前掲注 60)、名古屋地判平成 21 年 2 月 19 日及び名古屋高判平成 21 年 10 月 23 日前掲注 60)、横浜地判平成 21 年 7 月 16 日前掲注 60)、東京地判平成 22 年 3 月 30 日前掲注 60) などがその例である。
67)　大阪地判平成 21 年 10 月 2 日前掲注 60) は、点数付加がないことの確認訴訟を適法としているが、これは地位の確認としても構成できるであろう。大阪地判平成 21 年 3 月 31 日前掲注 64) は、行政処分の無効確認を可能とする趣旨とも読める。都市計画決定等の違法確認が求められた事案について、東京地判平成 20 年 12 月 19 日裁判所 HP は、過去の法律関係の確認を求める訴えであること等を理由に、訴えを不適法としている。
68)　最判昭和 30 年 12 月 26 日民集 9 巻 14 号 2082 頁。
69)　東京地判平成 19 年 1 月 12 日訟月 54 巻 12 号 3069 頁及び東京高判平成 19 年 7 月 26 日訟月 54 巻 12 号 3044 頁、名古屋地判平成 19 年 3 月 23 日判時 1997 号 93 頁、東京地判平成 20 年 12 月 19 日前掲注 67)、名古屋地判平成 21 年 2 月 19 日前掲注 60)、大阪地判平成 21 年 3 月 31 日前掲注 64) 及び大阪高判平成 22 年 1 月 29 日前掲注 64)、大阪地判平成 21 年 10 月 2 日前掲注 60)、横浜地判平成 21 年 10 月 14 日前掲注 60)、東京地判平成 22 年 3 月 30 日前掲注 60) など。
70)　前注 52) 参照。
71)　東京地判平成 14 年 2 月 14 日判時 1808 号 31 頁及び東京高判平成 17 年 12 月 19 日判時 1927 号 27 頁、東京高判平成 19 年 4 月 25 日前掲注 60)。最後の判決は、刑事訴訟で争う可能性があるから

件を参考にして、重大な損害が生ずるおそれがあり、他に適当な方法がないことを要件とするものもある[72)73)]。仮に差止訴訟等との均衡を考慮するとしても、差止訴訟の訴訟要件が改正前の判例よりも緩和された形で規定された[74)]ことからすると、少なくとも同判例の基準を持ち出すことは不適切ではないかと思われる[75)]。

II おわりに

本章で取り上げた様々な訴訟類型については、申請型義務付け訴訟のようにかなり活用されているものもあれば、非申請型義務付け訴訟や差止訴訟のように、多くが訴訟要件ではねられているものもある。公法上の確認訴訟については、なお不明確な点が多く残されている。理論的な問題については今後検討を深める必要があるが、条文が不明確な点や、要件が厳格にすぎる点については、再度の改正を検討する必要があるといえる。

　確認の利益がないとするが、これは改正前の判例に照らしても疑問がある。なお前注53）も参照。
72)　大阪地判平成19年8月10日判タ1261号164頁。園部＝芝池編・前掲注50）51頁〔市村陽典〕もこの趣旨か。批判的な見解として、小早川・前掲注26）342頁、塩野宏『行政法II［第5版］』〔有斐閣、2010年〕265頁注2）。
73)　その他、大阪地判平成20年12月25日前掲注60）及び横浜地判平成21年7月16日前掲注60）は、原告の有する権利または法的地位に対する危険・不安が現に存在することに加え、事後的に争うより現在確認を得ることが紛争の抜本的解決にとって有効・適切であることを要件とする。判タ1302号117頁のコメントは、これを中川丈久「行政訴訟としての「確認訴訟」の可能性」民商法雑誌130巻6号（2004年）16頁の見解に沿ったものと指摘している。
74)　前注53）参照。
75)　中川・前掲注73）22頁も結論同旨。最大判平成17年9月14日前掲注59）は確認の利益について判示しているが、先例は挙げておらず、先例と同じ趣旨なのか、異なる趣旨なのか、事案が異なると解しているのか、定かではない。杉原則彦・最判解民平成17年度（下）（2008年）671頁注30)もこの点は明言していないように思われる。

第5章 「申請権」概念の生成と展開

I はじめに

　現行法上、「法令に基づく申請」の概念は、行政争訟法及び行政手続法において重要な役割を果たしている。すなわち、行政争訟法においては、不作為の違法確認訴訟（行政事件訴訟法3条5項）、申請型義務付け訴訟（同3条6項2号・37条の3第1項2号）、不作為に対する審査請求（行政不服審査法3条・43条1項7号8号・46条2項）に係る規定のなかでこの概念が用いられている。また、行政手続法においては、法令に基づく「申請」（行政手続法2条3号）が、申請に対する処分の範囲を画する概念となっている。

　そして、「法令に基づく申請」が認められるかについては、一般に、私人に「申請権」があるか（行政庁に「応答義務」があるか）が判断基準とされている[1]。拒否処分取消訴訟についても、明文規定はないが、「申請権」の有無が処分性や原告適格の判断基準とされている[2]。

　このように、「申請権」は、行政法上の重要概念となっており、現在、この概念を用いることに対する疑問や批判はほとんどみられない。しかし、この概念が出現した経緯は必ずしも明らかではない。また、「申請権」概念を前提とした現行法上の義務付け訴訟については、様々な問題も指摘されているところである[3]。

---

1) 　代表的な教科書のみを挙げれば、田中二郎『新版行政法（上巻）［全訂第2版］』〔弘文堂、1974年〕357頁以下、塩野宏『行政法Ⅰ　行政法総論［第6版］』〔有斐閣、2015年〕317頁以下、同『行政法Ⅱ　行政救済法［第5版補訂版］』〔有斐閣、2013年〕230頁、原田尚彦『行政法要論［全訂第7版補訂2版］』〔学陽書房、2012年〕371頁、藤田宙靖『行政法総論』〔青林書院、2013年〕392頁以下、阿部泰隆『行政法解釈学Ⅱ』〔有斐閣、2009年〕291頁以下、芝池義一『行政法総論講義［第4版補訂版］』〔有斐閣、2006年〕142頁以下、同『行政救済法講義［第3版］』〔有斐閣、2006年〕132頁以下、小早川光郎『行政法（上）』〔弘文堂、1999年〕220頁、227頁以下、同『行政法講義（下Ⅰ）』〔弘文堂、2002年〕41頁以下、同『行政法講義（下Ⅲ）』〔弘文堂、2007年〕267頁以下、宇賀克也『行政法概説Ⅱ　行政救済法［第5版］』〔有斐閣、2015年〕327頁以下。
2) 　さしあたり、村上裕章・判例評論695号（2017年）2頁［本書第6章］参照。
3) 　さしあたり、村上裕章「改正行訴法に関する解釈論上の諸問題」（2005年）『行政訴訟の基礎理論』〔有斐閣、2007年〕305頁以下参照。

そこで本章では、解釈論上及び立法論上の示唆を得るために、「申請権」概念が生成し (II)、判例通説に取り入れられ (III)、行政手続法における「申請に対する処分」の法定 (IV) と、行政事件訴訟法改正における義務付け訴訟の明文化 (V) により、実定法上確固として地位を占めるに至った経緯を、学説史的に検証したい。なお、引用に際しては、旧字体を新字体に改めた。

II 生成——拒否処分取消訴訟の理論的説明

一 問題の背景

「申請権」の概念は、拒否処分取消訴訟が適法に提起できることを理論的に説明するために、1953 (昭和28) 年頃、実務家によって案出されたものと思われる。

1890 (明治23) 年の「行政庁ノ違法処分ニ関スル行政裁判ノ件」(法律第106号) が、「営業免許ノ拒否又ハ取消ニ関スル事件」について、行政裁判所への出訴を明文で認めていたことからもわかるとおり、大日本帝国憲法の下においても、拒否処分取消訴訟は認められていた。しかし、当時は列記主義がとられていたことから、この種の訴訟が適法に提起できることを理論的に説明する必要はなかった。

これに対し、日本国憲法の下で概括主義がとられ、「法律上の争訟」(裁判所法3条1項) について裁判所が原則的に管轄をもつと解されるようになると、状況が大きく変化した[4]。すなわち、申請に対して拒否処分がなされても、原告の権利利益に変動が生じないと解されるため、拒否処分取消訴訟が「法律上の争訟」にあたることを説明する必要が生じたのである。そのために考え出されたのが「申請権」の概念であった。

二 皇居前広場使用不許可事件をめぐる議論

拒否処分取消訴訟の問題が認識されるきっかけとなったのが、一連の皇居前広場使用不許可事件である[5]。この事件については、1952 (昭和27) 年から1954

---

[4] 小早川光郎「抗告訴訟の本質と体系」雄川一郎ほか編『現代行政法大系4 行政訴訟 I』〔有斐閣、1983年〕146頁など参照。
[5] この事件に先立ち、1951 (昭和26) 年9月に開催された行政事件担当裁判官会同において、自作

(昭和29)年の不許可処分が争われた（以下それぞれ「第一次訴訟」などという）。

第一次訴訟に係る1952（昭和27）年の判決により、東京地裁民事第二部（新村義広、入山実、石沢健）は不許可処分を取り消したが、その際、訴えの適法性について次のように判示している。

「さて裁判所は憲法に特別の定めのある場合を除いて一切の法律上の争訟を裁判する権限を有し、行政庁の違法な処分の取消又は変更に係る訴訟その他公法上の権利関係に関する訴訟について裁判することができるのである（裁判所法第3条、行政事件訴訟特例法第1条）。もつとも裁判所の性格や訴訟手続の機能から考えて、裁判所において適否の判断をすることが不可能な事項もあるであろう。しかし、被告厚生大臣が国民公園の管理者としてした本件不許可処分のごときは、別に政治上の機微に属する事項を裁量して決しなければならないものでなく、裁判所の判断に苦しむような技術的裁量を要するものでもないから、その法律上の効力について争いが生じたときに、これに対して判断を与えることは、当然裁判所の権限に属することである、としなければならない。いわんや本件不許可処分のように、それが憲法の保障する基本的人権に関係するものであるときは、単にそれを国民に特別の利益を与えることを拒んだ行為に過ぎないとして、裁判所の適法違法の判断の限界外にあるとする見解のごときは、とうてい採ることができない」[6]。

本判決は訴えの適法性を肯定しているが、その理由として、裁判所の判断が

農創設特別措置法6条の2の規定に基づき遡及買収の申請が却下された場合に抗告訴訟を提起できるかという問題について、白石健三（最高裁行政局第一課長）は、「申立権」や「挨拶をする義務」の有無を論じており（最高裁判所事務総局行政局編『行政事件担当裁判官会同概要〔昭和26年9月12・13日〕〔行政裁判資料12号〕』〔出版者及び出版年不明〕46頁以下）、これらは後の「申請権」や「応答義務」とほぼ同じ内容を指すのではないかと思われる。白石は、翌年の会同において、上記の発言を引用しているが、その際には「申請権（者）」という言葉を用いている（最高裁判所事務総局行政局編『行政事件担当裁判官会同概要〔昭和27年10月28・29日〕〔行政裁判資料14号〕』〔出版者及び出版年不明〕40頁以下）。もっとも、ここでは「申立権」ないし「申請権」が手続的権利であることは明示されていない。また、当該処分が羈束裁量であることが前提となっている点で、後の「申請権」とは大きく異なっている。

6) 東京地判昭和27年4月28日行集3巻3号634頁。控訴審である東京高判昭和27年11月15日行集3巻11号2366頁は、期日が経過したことを理由に訴えの利益を否定しており、最大判昭和28年12月23日民集7巻13号1561頁はこれを是認しているが、いずれも拒否処分取消訴訟の問題には触れていない。

可能であること（法規裁量であること？[7]）と、基本的人権に関係することを挙げている。ここにはなお、「申請権」の考え方をうかがうことができない。

翌年の第二次訴訟について、東京地裁民事第三部（毛利野富治郎、岡部行男、山田尚）は、不許可処分の違法性を認めつつ、次のように述べて訴えを却下した。

「元来違法な行政処分取消を求めるものは、その取消を求める利益を有することを要するものであるところ、右利益の有無は本件の場合において広場の使用不許可処分によつて原告が権利を侵害せられて居るか否かにより定まるので、この点について考へる。皇居外苑が公共福祉用財産たることは、国会の議決を経たものであるからその用途廃止の議決がない限り管理者はその議決に従い、公共福祉用財産として管理すべき義務があり、従つて皇居外苑を直接公共の用に供しなければならないのではあるが、右義務は、行政上右の如く処置すべき義務たるに止まり、直接公共の用に供せられた結果皇居外苑を利用する各人（法人、その他の団体を含む）のために当然に使用権が設定されることを意味するものではない。各人の外苑使用は管理者たる被告が前示義務履行として直接公共の用に供した結果の反射的利益にすぎないものと解するを相当とし、規則第4条の許可に因つて始めて使用権が設定されるとする見解は正当となさざるを得ない。

して見れば違法な不許可処分によつて、原告が皇居外苑についての何等かの使用権原（具体的権利に止まらず、抽象的な権能をも含む）を侵害されるということはあり得ないものと言はなくてはならない。又本件不許可処分は中央メーデー式典の挙行という集会そのものを対象とするものではないから、憲法第21条、第28条に違反して集会の自由、団体行動権を侵害するものでもあり得ない。

右に述べた如く、本件不許可処分の違法が原告の法令上の権利を侵害するものでない以上、原告は本訴請求をなすにつき法律上の利益を有しないものと言う外はない」[8]。

---

[7] 本判決に関与した入山裁判官は、自由裁量と法規裁量の峻別に疑問を示しつつ、「一応それ［＝本件不許可処分］を自由裁量でない（或いは裁量権の限界をこえた）と解したものとされて差支ないであろう」（入山実「皇居外苑使用不許可処分取消判決について」判タ19号（1952年）51頁）と述べている。

[8] 東京地判昭和28年4月27日行集4巻4号952頁。控訴審では国家賠償訴訟に訴えが変更され、東京高判昭和29年3月18日行集5巻3号655頁は訴えの変更を認め、不許可処分を違法としたも

このように、本判決は、不許可処分によって原告の権利が侵害されているわけではないとして、法律上の利益を否定している。憲法への言及は、第一次訴訟第一審判決への批判として述べられたものと解される[9]。

この判決について、当時法務省訟務局第六課長であった杉本良吉が評釈を書いている。そこでは、同判決が訴えの利益を否定した点について、「賛成できない人がたくさんあるようである。その意見の要旨を照会［ママ］しよう」として、次のように述べている。

「本件について訴の利益なしとする判決の結論には賛成できない。なぜならば、もし本件不許可処分が違法であるとして裁判所が取り消し、その判決が確定すれば、本件の関係行政庁である管理者厚生大臣は、最早その判決の内容に矛盾するような処分をすることができず（行政事件訴訟特例法第12条参照）、申請権者（総評）の使用許可申請に対し、何等かの処分をしなければならないという法律上の効果を生ずる。従って原告は、本件取消判決を求めるについて法律上の利益を有することは疑のないところである。もし判決のように解するとすると、不許可処分が違法であつても大抵の場合、訴の利益がないことになつて、裁判所による救済が認められないことになり、不都合である」[10]。

ここでは、拒否処分取消判決の拘束力が挙げられ、訴えの利益が否定されると「不都合である」[11]と述べられているのみであって、上記判決に対する正面からの批判とはなっていないように思われる[12]。

のの、過失なしとして請求を棄却したが、拒否処分取消訴訟の問題には触れていない。なお、第三次訴訟について、東京地判昭和29年4月27日行集5巻4号922頁（桑原正憲、鉅鹿義明、鈴木重信）は第二次訴訟第一審とほぼ同旨を述べているが、使用許可によって与えられるのも反射的利益であるとしており、この点で微妙に異なる。控訴審の東京高判昭和30年1月28日行集6巻1号181頁は第二次訴訟控訴審とほぼ同旨である。

9) 反射的利益への言及は、第一次訴訟第一審判決に対する兼子一の批判（兼子一「メーデー皇居前広場使用不許可の取消判決について」季刊労働法5号（1952年）105頁）に示唆を得たものかもしれない。もっとも、兼子は使用関係を契約関係と解しており、この点は第二次訴訟第一審判決と異なる。

10) 杉本良吉「皇居前広場使用不許可事件の判決について」法律のひろば6巻8号（1953年）27頁（傍点原文）。

11) その意味は定かでないが、違法な不許可処分を争えないとすれば、許可制度を定めた法令の解釈として合理性を欠く、という趣旨かもしれない。そうであれば、次に紹介する新村義広の見解と同旨ともいえよう。村上・前掲注2) 4頁〔本書151頁以下〕参照。

12) この判決に対し、山田準次郎「法の両面的拘束力について——皇居外苑使用不許可処分に対す

三　手続的権利としての「申請権」概念の生成

　このようななか、同じ 1953（昭和 28）年に、「行政事件訴訟をめぐる諸問題」と題する実務家の座談会が行われた[13]。そこでは、労働組合法 27 条（当時）に基づく労働委員会に対する申立てを却下する処分について、権利が毀損されていないとして訴訟を認めない学説[14]が紹介され、これに対して、皇居前広場使用不許可事件第一次訴訟第一審の裁判長であった新村義広が、次のように述べている。

　「言葉尻をつかまえますが、権利を毀損されたかどうかということが、行政処分の違法性を決める決めどころとなるというふうに考える考え方、これは、権利という言葉にこだわるわけではないが、少し検討して見なければならないと思いますね」。

　「その場合に、労働者が別にもつている権利を毀損されたということでなくても、法の全体の体系から見て、却下命令を争つて行けるようなしくみになつておれば、やはりそれを一つの行政処分としてつかまえて争つて行つてよいのではないか。また別の場合を考えましょう。人民の自由に委されている事項に制限を加えられた場合、その制限処分を攻撃して行くことを肯定するのに、なにも固有の意味の権利を害されたからその処分は違法であるというふうにいう必要はないと思いますがね」[15]。

　ここでは、訴訟を提起するために権利毀損が必要ないとしている点、「法の全体の体系」の「しくみ」に着眼する点が注目されるが、「人民の自由」が侵

る抗告訴訟の東京地裁の判決に関連して」法律論叢 27 巻 1=2 号（1953 年）4 頁以下及び和田英夫「行政処分における自由裁量と法規裁量の区分」自治研究 31 巻 2 号（1955 年）84 頁以下は、違法な不許可処分によって「許可を受ける権利」ないし皇居外苑が「利用に供されることを要求する権利」が侵害されると批判している。しかし、このような権利が存在するとしても、拒否処分によってそれが侵害されたとはいえない（拒否処分の前と状況は変わらない）から、必ずしも適切な批判とはなっていないように思われる。

13)　柳川真佐夫ほか「座談会・行政事件訴訟をめぐる諸問題〈第 3 回〉（完）」判タ 33 号（1953 年）1 頁。

14)　そこでは明示されていないが、小沢文雄＝豊水道祐「戦後の行政訴訟の一般問題に関する判例の研究」民訴雑誌 2 号（1955 年）182 頁は、菊池勇夫＝林迪広『労働組合法』〔日本評論社、1954 年〕292 頁を挙げている。なお、座談会では、訴えを適法と認めた判例として、東京地判昭和 28 年 7 月 3 日労民 4 巻 4 号 281 頁が紹介されている。

15)　柳川ほか・前掲注 13) 8 頁。

害されることが前提となっており、第一次訴訟第一審判決の延長線上にあるということができるであろう。これに続いて、杉本良吉（当時法務省訟務局第六課長）が次のように発言している。

「私もそう思うのです。宮城前広場の今度の判決を拝見して、特にそういう感じが強いのですが、やはり申請をして不許可になつたのですが、その処分を争えば、もしも裁判所が違法であるという宣言をして、その処分を取り消し、その判決が確定すれば、その判決と矛盾するような処分をすることができない（行政事件訴訟特例法第12条）、当該申請に対して行政庁としては何等かの処分をしなければならないのだという関係になれば、それでもつて訴の利益がないというのはおかしいと思うのです。処分によつて権利が侵害されていないから訴の利益がないというのなら、大抵の不許可処分は、訴の利益がないということになつてしもう［ママ］。もしもそうであるとすれば、申請権者が法律によつて認められた申請権に基いて申請したという行為が、全然無意味に帰するので、あの場合は、少くとも訴の利益があつてよいという感じを深くしたのですが……」[16]。

ここでは「申請権（者）」が明示されているが、内容は先ほどの評釈とあまり変わらないように思われる。これに対し、当時司法研修所教官であった小沢文雄は、次のように発言している。

「行政法規を実体的な公法的法律関係を規律する法規と、実体的な法律関係を形成するための手続法規と二つに分けて考えると、実体的法律関係の変動を生ずる行政処分が訴訟の対象となることについては問題はあるまいが、実体的法律関係を形成する為の手続法規、それについては、一貫して手続法上の法律関係というものがあるのではないかと思うのです。申請の却下ということは、このような手続法上の法律関係に変動を生ずる処分であるという意味で訴訟の対象になる行政処分であるということがいえるのではないですかね。訴の利益も実体的な法律関係だけを考えると、ちよつとないように見えるが、むしろ、実体的法律関係を形成させるための手続法の一つの体系があつて、それに乗つて行こうとしたらそれを拒否されたのだから、手続体系の中では、それは訴訟

---

16) 柳川ほか・前掲注13) 8頁。

の対象となり得る法律関係であるというように考えて行けないでしようか。そうすれば却下した処分でも当然抗告訴訟の対象になる」[17]。

ここには、手続的権利としての「申請権」の概念がかなり明確に示されているように思われる。杉本も次のように述べている。

「申請権のない場合は別であると思いますが、申請権が与えられておつて、実体関係を形成してくれといつて申請したにもかかわらず、不許可になつた又は却下になつたという場合には、それに対して司法上の救済が求められないというのは、おかしいと思う」[18]。

このように、新村及び杉本は拒否処分取消訴訟を適法と解していたが、その根拠が必ずしも明確ではなかったのに対し、小沢が手続的権利としての「申請権」の概念を明確に定式化したものと解することができる[19]。

---

17) 柳川ほか・前掲注13) 8頁。
18) 柳川ほか・前掲注13) 9頁。
19) 小沢は、雄川一郎ほか『行政事件訴訟特例法逐条研究』〔有斐閣、1957年〕16頁以下（初出1954年）において、次のように述べている。「原告には行政庁に行為を求める請求権はない、ただ行政庁が、原告に対して負担する対人的義務としてではなくて、国に対し、国民全体に対しその行為をする職責を持っている場合がむしろ問題になるのじゃないでしょうか。たとえば俸給請求権なんかは対人的のもので、原告は政府を相手におそらく確認でも給付でも訴ができると思うのです。それがたとい公共上の性質を持っているとしても。ところが旅券発給という場合には申請者に一体そういう請求権があるのかどうか。ああいう場合に給付判決あるいは確認判決ができないという考え方は、原告に個人としてそういう請求権がないということを前提にしているのじゃないでしょうか。当然、国として行政庁として職責はある、しかしそれはあくまで行政上の職責であって、それを義務といってもいいけれども、それはあくまで原告に対する義務ではなくて、国民に対する義務ですが」。この記述は、申請に応答する義務は申請者に対する義務ではないとして、申請拒否処分に対する出訴を否定する趣旨にも読める。しかし、文中でも言及されているように、むしろ義務付け訴訟を否定する趣旨にとどまるように思われる。旅券発給義務確認訴訟について、東京地判昭和28年9月9日行集4巻9号2171頁（毛利野富治郎、桑原正憲、山田尚）は、「行政上一定の要件を具備した申請の存する時には一定の行為をなさなければならない義務と言うのは、申請者の事情が如何なる法規上の要件に合致するか、そしてその要件の存する場合には法規上如何なる行為をなすべきことが要求せられて居るかと言う一般的・抽象的な法規上の義務でしかあり得ない。かかる個人的義務そのものを離れた行政上の義務の存在することの確認が、個人的権利義務そのものについての紛争についてのみ権限を有するにすぎない裁判所の権限に属せざることは明らかであると言わなくてはならない」と判示しており、小沢はこの判決を念頭においているようである。小沢＝豊水・前掲注14) 142頁は、この判決をコメント抜きで引用している。新村義広「行政事件訴訟の序論」判時27号（1954年）2頁も参照。

四 田中真次調査官の問題提起

当時最高裁調査官であった田中真次は、1955（昭和30）年の「拒否処分に対する抗告訴訟について」と題する論文において、「抗告訴訟の目的が違法な処分の結果としての権利義務の変動を否定するためであるとすれば、拒否処分の場合は、否定すべき権利変動は何もない」として、拒否処分に対する抗告訴訟はどのような意味をもつのかを問うている[20]。そして、これに対する回答として小沢の上記見解を引用し、これを、「拒否処分は、行政手続法上の法律関係の変動を生ずる処分であるというので抗告訴訟の対象になるものと考えているようである」[21]と理解している。

これに対して田中（真）は、不許可処分の取消訴訟については、自由権が積極的な請求権として現れているものと理解し、また、法律が国民に行政処分請求権を付与している場合もあるとして、「国民の行政庁に対する行政処分の請求権が認められる場合に、申請を拒否した処分に対する抗告訴訟は、その請求に処分をする義務の確認を求める趣旨が含まれているといないにかかわらず、その根拠は処分の請求権にあり、実質的にはこれに対応する義務の確認を求める趣旨であると思う」[22]と主張する。

もっとも、行政庁が申請を不適法却下した場合、手続規定に違反した場合、裁量権が認められる場合については、実体的な請求権ではなく、「行政手続法上の権利」ないし「申請を正当に取り扱うことの請求権」を主張するにとどまり、取消判決は破棄差戻し以上の意味を持ちえないとする[23]。

そのほか、拒否処分に対する抗告訴訟については、執行停止が無意味であって、立法的な対応が必要であること[24]、違法判断の基準時についても、取消訴訟一般とは異なり、弁論終結時と解すべきことを主張している[25]。

このような田中（真）の見解は、拒否処分については、本来、義務付け訴訟で争うべきとの発想に基づくものではないかと思われ[26]、ドイツ法の影響がう

---

20) 田中真次「拒否処分に対する抗告訴訟について」法曹時報7巻11号（1955年）2頁。
21) 田中（真）・前掲注20）3頁。
22) 田中（真）・前掲注20）7頁以下。
23) 田中（真）・前掲注20）11頁以下。
24) 田中（真）・前掲注20）13頁以下。
25) 田中（真）・前掲注20）14頁以下。

かがえるところである[27]。

五 小 括

　以上のように、皇居前広場使用不許可事件をきっかけとして、不許可処分の取消訴訟を適法とみることができるかという問題が浮上し、1953（昭和 28）年の実務家による座談会において、手続的権利としての「申請権」というアイディアが提示された。

　このような考え方が実務家によって示された理由は定かではないが、民事訴訟においては、訴えが不適法である場合や、請求に理由がない場合でも、これに対して判決を下すのが当然と考えられていたことから、申請が不適法である場合や、理由がない場合であっても、これを争いうるのは当然である、という感覚があったのかもしれない。また、小沢の手続的発想の背景も不明確であるが、ドイツにおける「無瑕疵裁量行使請求権」などの考え方が影響を及ぼした可能性もある[28]。

---

26)　田中（真）が義務付け訴訟肯定説に立つことについては、同・前掲注 20) 8 頁のほか、田中真次『行政法』〔法文社、1954 年〕176 頁以下など参照。

27)　当時の（西）ドイツにおける議論については、横田明美『義務付け訴訟の機能』〔弘文堂、2017 年〕95 頁以下参照。田中（真）の見解について、雄川一郎『行政争訟法』〔有斐閣、1957 年〕73 頁注(12)は次のように評している。「この見解は拒否処分に対する抗告訴訟の実質的な狙いを明かにし、またその立場から執行停止や違法判断の基準時などについて一般の抗告訴訟と異なった取扱をすべきことを主張される点で、示唆に富む見解であるが、理論上、具体的な拒否処分の違法性の問題と行政庁の処分義務の存否の問題とは別個の問題であって、拒否処分に対する不服の訴訟については、この後者の点まで訴訟の目的としこれを義務づけ訴訟或は一般的な公法上の義務確認訴訟の形式で争わしめることは、上述したように理論的には可能であるが、わが国法上は前者の点につき抗告訴訟を以て争わしめているに止まると解する外はないであろう。またその場合に、拒否処分によっては既存の権利義務の変動は一般的には生じないけれども……、行政行為によって申請を拒否されたこと自体申請者の法律上の地位に法律的影響をもたらすことを意味するのであって、その限りで抗告訴訟で保護されるべき法律上の利益が存すると言いうるのではないかと思われる」。もっとも、「申請者の法律上の地位」については、ここでは詳しい説明がみられない。

28)　小沢はドイツの文献を明示的に引用しているわけではないが、田中真次や白石健三など当時の実務家の論文等においては、無瑕疵裁量行使請求権の「主唱者」（小早川光郎『行政訴訟の構造分析』〔東京大学出版会、1983 年〕177 頁〔初出 1973 年〕とされる O. バッホフなど、ドイツの学説が頻繁に引用されている。やや時代が下がるが、白石健三「ドイツの行政裁判について」法曹時報 9 巻 11 号（1957 年）9 頁は、「裁量権の瑕疵のない行使を求める形式的権利」に言及している。雄川・前掲注 27、65 頁注 5) は、白石の学説がバッホフのそれに近いことを指摘する。なお、「申請権」と無瑕疵裁量行使請求権の関係については、小早川・前掲 300 頁（初出 1974 年）を参照。

他方、田中（真）の問題提起が示唆しているように、拒否処分については、本来、義務付け訴訟の提起を認める方が素直ではないかとも思われる。そうすると、「申請権」は、拒否処分を取消訴訟で争うことを前提としたために必要となった概念であるとの見方もできるであろう。いずれにしても、この時点では、「申請権」概念は理論上のものにすぎなかった。

III 確立――行政事件訴訟法における不作為の違法確認訴訟の規定

一 問題の背景

実務家によって考案された「申請権」概念は、行政事件訴訟法によって不作為の違法確認訴訟が規定される過程で、なかば実定法上の概念となり、判例通説に取り入れられた。

許認可の申請に対して、拒否処分がなされた場合は、取消訴訟を提起することが可能であったが、これに対し、何ら処分がされない場合（いわゆる「握りつぶし」）については、行政事件訴訟法制定に至るまで、救済手段が存在しなかった。

この問題は大日本帝国憲法下においても意識されていた。有力な学説は、法律が一定期間内に処分をすべきことを命じているときは、当該期間が経過しても何ら処分がなされない場合、拒否処分があったものとみなして訴訟を提起しうると主張していたが[29]、判例はこれを否定していた[30)31)]。

裁判を受ける権利を保障している日本国憲法の下では、この問題に対処する

---

29) 美濃部達吉『行政裁判法』〔千倉書房、1929年〕137頁、宮沢俊義『行政争訟法』〔日本評論社、1940年〕123頁注1)。戦後の見解として、田中二郎「行政争訟の法理」(1949年) 同『行政争訟の法理』〔有斐閣、1954年〕87頁。
30) 異議申立てに係る行判大正4年7月28日行録26輯958頁（傍論）及び行判昭和2年2月15日行録38輯293頁、県令の変更申出に係る行判昭和9年9月21日行録45輯792頁。雄川・前掲注27) 97頁注1) も、「一般的に処分の拒否があったとみなすのは、その旨を明示する規定がない場合は困難なのではないかと思う」と述べている。
31) 1928 (昭和3) 年の改正訴願法案は、訴願の裁決を原則6か月以内になすべきとし (32条1項)、この期間を徒過した場合は拒否裁決があったものとみなして行政訴訟を提起できると定めていた (33条1項・2項)。宮沢・前掲注29) 83頁、田中二郎「訴願法の改正に就て」(1935年) 同・前掲注29) 510頁、516頁以下参照。戦後、行政事件訴訟特例法2条ただし書により、訴願の提起から3か月を経過したときは、訴願前置主義にかかわらず、出訴できるとされたが（雄川・前掲注27) 97頁注1) 参照）、そもそも申請に対して何ら処分がなされない場合については問題が残っていた。

必要が高まった[32)33)]。行政事件訴訟法の制定に際してこの点が取り上げられ、不作為の違法確認訴訟が法定されることとなった。

二　当初案

行政事件訴訟特例法の改正については、1955（昭和30）年3月、法制審議会に諮問され、行政訴訟部会及び同小委員会が設置された。当時法務省訟務局第六課長であった杉本良吉が、幹事のひとりを務めている。

主たる争点の1つは義務付け訴訟の許否であったが、仮にこれが認められれば不作為に対する救済も可能となる関係にあった。不作為の違法確認訴訟の原型が現れたのは、1956（昭和31）年8月25日付けの「行政事件訴訟特例法改正要綱草案」[34)]においてであり、次の2案が挙げられている。

A案　「申請を要する行政庁の処分について、行政庁が十分な理由がなくて相当の期間内に処分をしないときは、その不作為を拒否とみなし、その取消を求める訴訟（以下この訴を不作為の訴という。）

第8（原告適格）の第4項を次のとおり定めること。

---

32) 最高裁判所事務総局編『行政事件訴訟年鑑 昭和29年度』〔最高裁判所事務総局、1955年〕25頁以下においても、「かような行政庁の義務懈怠に対してなんらの救済が得られない結果となることに対しては、深い反省を必要とすると思われる」と述べられている。

33) 雄川・前掲注27) 97頁は、「行政権が何等の行為（拒否等行政行為をしないという行為をも含めて）をもしない場合に、その不作為自体を違法として攻撃する訴訟」を「不作為訴訟」と呼び、「このような純粋の不行為の訴訟は、行政権に対して抽象的な作為義務（何等かの行政行為──拒否行為でもよい──をなすべき義務）を確定するに止まるものであり、また通常の取消訴訟とパラレルに考えれば不行為の取消を訴求するものと言えるから、一般の取消訴訟と同じように、この種の訴訟の存在を認めても、司法権の範囲を超えることにはならないであろう」とする。もっとも、技術的には、この種の訴訟を可能にするためには、一定の期間内に申請に係る行政行為をしないときには拒否とみなす規定を置き、その擬制された拒否行為に対する抗告訴訟として構成するか、不行為訴訟としての特別の訴訟形態が実定法上認められていることを必要とすると考えられるから、「現行法上は、この種の訴訟を一般的には提起することができないことになる」と結論する。これに対し、行政事件訴訟法施行前に、申請に対して何らかの処分をなすべき義務の確認を求める訴えを適法とし、請求を認容した裁判例として、東京地判昭和36年8月24日行集12巻8号1589頁、東京地判昭和37年6月20日行集13巻6号1031頁、大分地判昭和37年9月21日行集13巻9号1603頁がある。浜秀和「行政事件訴訟法施行後における行政裁判例の傾向（5・完）」判例評論120号（1969年）12頁はこれに賛成する。最高裁判所事務総局編『行政事件担当裁判官会同要録（昭和36年11月開催）（行政裁判資料27号）』〔法曹会、1963年〕26頁以下の議論も参照。

34) 塩野宏編『日本立法資料全集38　行政事件訴訟法（4）』〔信山社、1994年〕123頁。

不作為の取消の訴は、申請にかかる処分がなさるべきことを求める権利がある者にかぎり、これを提起することができるものとすること」。

B案 「申請があれば処分をなすべき場合において、行政庁が十分な理由がなくて相当の期間内に処分をしないときは、その不作為を、申請を斥ける旨の処分があつたものとみなし、その取消を求める訴

第 8（原告適格）の第 4 項は A 案と同じ」。

第 16 回小委員会（1956〔昭和 31〕年 10 月 5 日）で、杉本幹事は、「義務付訴訟、行政庁の不作為に対して直接的に作為を請求する訴訟というものは理論的にはいわゆる権限を争う訴訟、つまり抗告訴訟と考えられるのでありますが、この案では、こういうものはそのままの形では許容すべきものではないとして除いて行政庁の不作為に対する取消訴訟という程度で認めることにしたのであります」[35]と説明している。義務付け訴訟を認めない方向が固まったため、その代わりに提案されたものと解される。

A 案と B 案の違いは必ずしも明瞭ではないが、第 16 回小委員会における議論をみると、A 案においては、何ら処分をしないことが取り消されるので、行政庁は何らかの処分をすべきことになるのに対し、B 案においては、拒否処分があったものとみなされるので、取消判決があった場合は、拘束力により、一定の処分を義務付けられることになるとの趣旨のようである[36]。そうすると、A 案は現在の不作為の違法確認訴訟に近いものである[37]のに対し、B 案は従前のみなし拒否処分案[38]に近いものであるといえよう。

また、原告適格に関する規定では、「申請にかかる処分がなさるべきことを求める権利」とされているが、これは実体的な権利を指しているように読める。したがって、この時点では「申請権」が手続的権利であることが十分認識されていなかったとも解される。

---

35) 塩野宏編『日本立法資料全集 5　行政事件訴訟法（1）』〔信山社、1992 年〕461 頁。これに対し、田中真次委員は、「考え方として義務付訴訟まで認めなくては意味がない」（同 478 頁）と批判している。
36) 塩野編・前掲注 35) 476 頁以下。第 17 回小委員会（1956〔昭和 31〕年 11 月 9 日）における議論（同書 486 頁以下）も同旨。
37) 前掲 33) に引用した雄川説に近いと思われる。雄川・前掲注 27) 52 頁も参照。
38) 雄川ほか・前掲注 19) 18 頁における三ヶ月章及び兼子一の見解も同旨か。

もっとも、第16回小委員会においては、田中二郎委員が次のような発言をしている。

「これは解釈からきているが、警察許可や営業免許的なものは権利があると解釈されるが、公企業の特許的なものでは権利がないというのでしょうが、これだと非常に不徹底になります。応答せよというだけなら、どっちの場合でも一応認めてよいではないかという議論が出てきます。つまり申請権があるかないかの判断です。警察許可だって、た ゞ行政庁の許可を受けなければならないとなっていて権利というものは一体どこから出てくるのか、警察上の必要がなければ免許しなければならない、反面から云えば片方に権利があるという解釈を学説的にはしているのですが、それと公企業の特許とどこか違うのでしょうか」[39]。

必ずしも明確ではないが、自然の自由を背景とした警察許可と、そうではない公企業の特許について、手続的権利としての「申請権」（行政庁の「応答義務」）があるとの趣旨ではないかと解され、非常に注目される[40]。

三　手続的権利としての「申請権」への純化

その後、何度か案文の修正が行われているが、1958（昭和33）年5月12日付けの「行政事件訴訟特例法改正要綱試案（第三次）」[41]では次のような文言となった。

---

39) 塩野編・前掲注35) 479頁。
40) 田中二郎「行政庁の不作為の違法性と不当性」（1960年）同『司法権の限界』〔弘文堂、1976年〕245頁以下の次の記述も、基本的に同旨と思われる。「ここで最も普通の例として想起されるのは、一定の要件を具えた者から許可・特許・承認等の申請をした場合には——それが客観的な基準に適合することを条件として——許可・特許・承認等をしなければならない旨の法律の明文の定めがある場合である。最近の立法は、営業免許のような警察許可の性質をもつものだけでなく、いわゆる公企業の特許の性質をもつものについても、これを行政庁の自由裁量に委ねることなく、法律によって覊束する例が多い。このような立法の趣旨からすれば、許可・特許等の申請があった場合に、それが一定の要件を具えた者の申請であり、しかも、法律の定める客観的な基準に合するものである以上、その申請を握りつぶし、何らの処分をしないということは、明らかに違法である。このような場合には、行政庁の不作為が違法性を有するといってもよい。この場合に、常に、申請者の権利を侵害するといえるかどうかについては、若干問題の余地があるとしても、それが、申請者の利益を侵害するものであることは、恐らく異論のないところであろう」。
41) 塩野編・前掲注34) 172頁。

第3の4号「不作為の取消の訴　処分又は裁決についての申請に対し、行政庁が十分な理由がないにもかかわらず相当の期間を経過しても、なお、なんらの処分又は裁決をしない場合に、その不作為の取消を求める訴訟をいう」。

第10の2項「不作為の取消の訴は、申請に対しなんらかの処分又は裁決がされるべきことを求める権利がある者に限り、提起することができるものとすること」。

第3の4号においては、これまでのA案が採用され、また、「不作為を拒否とみなし」という文言が削除された[42]。第10の2項については、従前の「申請にかかる処分がなさるべきことを求める権利」が、「申請に対しなんらかの処分又は裁決がされるべきことを求める権利」とされており、手続的権利であることが明確化されたものと解される[43]。

その後、1959（昭和34）年5月13日付けの「行政事件訴訟特例法改正要綱試案（第三次案の整理案）」[44]において、「不作為の取消」が「不作為の違法の確認」となり、1961（昭和36）年3月3日付けの「行政事件訴訟特例法改正要綱」[45]において、「申請に基づく処分」という文言が付加されるなどして、法案となった。

---

[42]　第33回小委員会（1958〔昭和33〕年5月30日）において、杉本幹事はこの間の経緯を次のように説明している。「4号の不作為の取消の訴でありますが、これは第二次案におきましては、本案のほかに別案がありまして、要するに不作為を拒否とみなすのかそれとも棄却とみなすのかという点で両案が対立していたわけであります。ところで幹事会においては少数の反対説がありましたけれども多数の意見としましては、行政庁に対して、ある特定の内容をもった行政処分をすべし、又はすべき義務があることを確認するというような判決は現在の司法権としては少くとも適当ではない。ただ適法な申請があったなら処分をする義務があるということを確認するという程度であれば、これは法律問題として司法権の性格に合うというのでありまして、結局、第二次案の本案の方の不作為を拒否とみなすという思想に替〔賛〕成する者が多かったように思います。しかしその不作為を拒否とみなすという表現をとりますと各種の特別法で不作為を拒否とみなしている場合にだけ本条が適用になるのかというような疑問が生じます。のみならず前に申し上げました事実行為の取消訴訟というように取消という観念を相当広く認めるというならば拒否というような熟さない言葉を使うよりは、端的に不作為の取消を求める訴訟という表現でよいのではなかろうかということになりまして、第三次案では、以上のような考え方を条文化することにしたのであります」（塩野宏編『日本立法資料全集6　行政事件訴訟法（2）』〔信山社、1992年〕1020頁以下、〔　〕は原文）。

[43]　第36回小委員会（1958〔昭和33〕年9月5日）においては、「申請手続」と「職権の発動」を対比した議論が行われている（塩野編・前掲注42）1180頁以下）。

[44]　塩野編・前掲注34）209頁。

[45]　塩野編・前掲注34）470頁。塩野編・前掲注42）1470頁以下参照。

国会審議に向けて作成された「行政事件訴訟法案逐条説明」[46]（作成年月日不明）においては、不作為の違法確認訴訟を提起できるのは、「法令に基づく申請権がある場合に限られる」との記述がある。同法案は、1962（昭和37）年1月、国会に提出され、同年5月、原案どおり可決成立し、公布され、同年10月から施行された。

四　「申請権」概念の確立

　行政事件訴訟法については、小委員会で幹事を務めた杉本良吉（当時法務省訟務局参事官）が解説を書いているが、不作為の違法確認訴訟については次のように説明している。

　「この訴えは、行政庁が法令に基づく国民の申請、たとえば許可、認可、免許、特許等の申請があった場合には、これに対し、相当の期間内に認容、却下、棄却等なんらかの処分または裁決をなすべき応答義務があり、これをしないときには、それは、法律上の争いとして違法の問題を生ずることを前提とする」。

　「さらにまた、この訴えは、法令に基づき国民に申請権が認められ、かつ、その者がその権利を行使した場合にのみ許されるものであるから、行政庁が単に処分又は裁決をすべき公の義務を負うているにすぎないときは、この訴えによることができない」[47]。

　こうして、行政事件訴訟法にいう「法令に基づく申請」については、原告が「申請権」を有すること（行政庁が「応答義務」を有すること）が前提となっていることが示され、「申請権」概念は実務上確立したものとなっていった[48]。

---

46)　塩野宏編『日本立法資料全集39　行政事件訴訟法（5）』〔信山社、1994年〕42頁。
47)　杉本良吉『行政事件訴訟法の解説』〔法曹会、1963年〕16頁以下。
48)　最大判昭和40年7月14日民集19巻5号1198頁、最判昭和47年11月16日民集26巻9号1573頁など。法律案の国会提出に先立ち、1961（昭和36）年11月に開催された行政事件担当裁判官会同において、緒方節郎（行政局課長）は、「申請権（応答義務）」による説明を行っている（最高裁判所事務総局編・前掲注33）31頁以下）。雄川一郎ほか「研究会・行政事件訴訟法第2回」ジュリスト260号（1962年）20頁以下においても、同様の前提で議論が行われている。そのほか、実務家による説明として、加藤泰守「行政庁の不作為に対する救済」田中二郎ほか編『行政法講座3　行政救済』〔有斐閣、1965年〕135頁、山田二郎「不作為の違法確認の訴えにおける原告適格及び訴えの利益」鈴木忠一＝三ヶ月章監修『実務民事訴訟講座8　行政訴訟I』〔日本評論社、1970年〕137頁注2）、最高裁判所事務総局編『続行政事件訴訟十年史』〔法曹会、1972年〕87頁以下、同『続々行政事件訴訟十年史（上）』〔法曹会、1981年〕61頁以下、越山安久「抗告訴訟の対象」

これに対し、山村恒年は、拒否処分の取消訴訟が「申請権の侵害というように公権論的にとらえられているようである」とし、「行政訴訟の権利救済という目的が、このような厳格な枠にはめられた公権だけに向けられることに疑問を持つ」[49]と述べる。

また、小早川光郎は、拒否処分取消訴訟の「申請権」による説明について、「処分性の概念と訴の利益のそれとが区別されていないのではないかという印象を受ける」とし、「ただ、ここに概念上の混乱があるとすれば、その原因は積極的処分の取消訴訟における諸概念ないし諸制度をそのまま拒否処分取消訴訟に持ちこんだことに存すると考えられるのであり、ことは拒否処分取消訴訟の制度の基本的構造をいかに理解するかに関わる」[50]と指摘する。

その趣旨はややわかりにくいが、拒否処分について、義務付け訴訟ではなく、取消訴訟を利用することから、「申請権」概念が必要になったとの指摘とも解される。このことはすでに田中（真）によっても示唆されていたところである（Ⅰ四参照）。たしかに、許認可等の申請に対して拒否処分がなされた場合や、何らの処分もなされない場合、当該許認可の義務付けを求めるのが直截な救済手段ではないかと思われる[51]。そうすると、「申請権」は、義務付け訴訟否定論を前提とした概念ということができるであろう。

しかし、学説においても「申請権」概念は一般に受容され、これに対する疑問はその後表立ってはみられなくなった[52]。

鈴木忠一＝三ヶ月章監修『新・実務民事訴訟講座9 行政訴訟Ⅰ』〔日本評論社、1983年〕47頁、石川正「不作為違法確認の訴え」同書89頁以下、司法研修所編『改訂行政事件訴訟の一般的問題に関する実務的研究』〔法曹会、2000年〕136頁以下など。
49) 山村恒年「抗告訴訟の対象となる行政処分（六）」民商法雑誌59巻4号（1969年）572頁。同「行政処分概念の再検討」判タ205号（1967年）42頁も参照。
50) 小早川光郎・判例評論169号（1973年）120頁。この評釈や、小早川・前掲注28）299頁以下（初出1974年）、同「公務員の採用拒否と司法救済」ジュリスト773号（1982年）64頁などにおいては、申請権「という概念を用いるとして」、「申請権なるもの」、「ときに『申請権』と呼ばれるもの」といった具合に、「申請権」概念に対して懐疑的とも解される記述が散見される。
51) 塩野宏「無名抗告訴訟の問題点」（1983年）同『行政過程とその統制』〔有斐閣、1989年〕320頁は、「取消訴訟は、一方的侵害処分についての救済方法として最もよく機能するが、申請応答的処分にかかる紛争に関しては、もともと直接的救済手段ではない」と指摘する。
52) 前注1）参照。

五　小　括

　拒否処分取消訴訟を説明するため従前から用いられていた「申請権」概念は、行政事件訴訟が制定される過程において、不作為の違法確認訴訟を裏付ける概念として援用され、判例通説に取り入れられていった。

　他方で、行政事件訴訟法の制定経緯からうかがわれるとおり、また、田中真次や小早川光郎が示唆するように、「申請権」は義務付け訴訟否定論を前提とする概念である点にも注意が必要である。

IV　展開その1――行政手続法による「申請に対する処分」の法定

一　問題の背景

　前節でみたように、行政事件訴訟法によって不作為の違法確認訴訟が法定され、これを裏打ちする概念として「申請権」が判例通説によって承認されるに至った。「申請権」は、申請に対して適法な応答を求める点で、手続的な権利であることから、行政手続上の概念としても有用であることは明らかである。

　この点にいち早く着目したのは今村成和である。今村は、1966（昭和41）年に刊行された教科書において、行政主体に対する個人の権利を「実体法上の権利」と「手続法上の権利」に分類し、後者について、「行政聴聞の当事者となる権利」、「行政不服申立および訴訟を提起する権利」、「申請の権利」の3種類を挙げる。そして、「申請の権利」について、「法令の規定により、個人が、行政機関に対し、何らかの行為をなすべきことを申請することができるものとされている場合に認められる権利である」として、「実体法上の権利の有無にかかわらず、国民は、適法な申請によって、行政庁に対し、適法な応答を求める権利を有している」とする。具体的には、申請は、行政庁に対し、①適法な申請であればこれを受理すべきこと、②受理した申請に対しては、相当の期間内に応答すべきこと、③応答は、法に定める手続に従い、かつ、法に適合した内容のものであるべきことを求める意思表示であり、行政庁はこれに対応する義務を負うとしている。そして、不作為の違法確認訴訟（行政事件訴訟法3条5項）は②について出訴を認めたものであり、皇居前広場使用拒否処分取消訴訟（最大判昭和28年12月23日民集7巻13号1561頁）は③の請求を認める趣旨と解してよいとする[53]。

やや時代が下るが、1983（昭和58）年に刊行された教科書において、兼子仁は、「利益的行政処分の申請」と「不利益行政処分の同意」を区別した上で、前者の申請手続について、「国民から行政処分の「申請」をなしうるのは、行政庁に行政処分の決定義務があるだけでなく、現行法制上申請制度が採られ国民に申請権が保障されている場合である」とし、「行政措置を求める国民の法益は、実体法的・特殊法的には多様であるが、それが相当程度に強いものであるときには、行政処分の申請権という行政法的・手続法的な保障があるものと条理解釈してよいであろう。この申請権の保障は、たんなる請願や苦情申出や陳情とちがい、行政庁が申請に対し、公正な処理と「相当の期間内」における処分決定とを義務づけられるという制度的しくみに示される」[54]と述べている。

そこで、行政手続法を制定するにあたっては、手続的な権利としての「申請権」を具体化することが重要な課題となった。以下では、申請に関する手続に焦点を当て、行政手続法制定以前の諸提案を概観した上で、同法の制定過程を検討する。

二 行政手続法制定以前の提案

（1）国家行政運営法案　1952（昭和27）年に国会に提出された「国家行政運営法案」[55]は、行政機関が「その所掌する行政事務を適切に運営するために必要な基準を定める」（1条）という目的からもわかるとおり、行政運営的な目的で作成されたものであって、行政手続法とは観点を異にする。

もっとも、「許可等の処理」に関する規定（9条）があり、そこでは、許可等の申請があったときは、「行政機関は、関係者の利害関係を十分尊重し、公平且つ速やかに処理しなければならない」こと（1項）、法律の定めるところにより、一定期間内に何らの措置がなされなかったときは、許可等があったものとみなすこと（2項）、この場合、関係者から申請があったときは、処分行政機関は許可等があったことを証明しなければならないこと（3項）、許可等の更新に

---

53) 今村成和『行政法入門』〔有斐閣、1966年〕133頁以下。
54) 兼子仁『行政法総論』〔筑摩書房、1983年〕125頁以下。同「処分手続・規制的行政指導手続の問題点」公法研究47号（1985年）214頁以下も参照。
55) 塩野宏＝高木光『条解行政手続法』〔弘文堂、2000年〕381頁以下に収録されている。

つき処分行政機関の定める期間内に申請があった場合、更新の処分が確定するまで、従前の許可等がなおその効力を有すること（5項）等が定められていた。

　(2)　**行政手続法草案**　1964（昭和39）年に公表された臨時行政調査会（第一臨調）第三専門部会第二分科会の「行政手続法草案」[56]は、総則（第1章）、手続（第2章）、苦情処理手続（第3章）からなる。

　総則（第1章）には、法令に基づく申請が適法であるときは、行政庁は、当該申請を受理した上、受理証を交付しなければならないこと（11条）、申請が不適法であって補正できるときは、行政庁は、相当の期間を定めて、補正をさせた後、受理しなければならないこと（12条）、行政庁は、申請を受理した場合において、何らかの処分をしなければならないときは、当該申請を受理した日から一定期間（法律に定めがあるときはその期間、ないときは3か月）以内に何らかの処分をし、申請人に通知しなければならないこと（16条）、当該期間内に通知しなかったときは、原則として当該申請に対する容認があったものとみなすこと（18条）、行政庁が法令に基づき許可等をしようとするときは、あらかじめ許可等の申請の手続、許可基準その他法令の施行のため必要な事項を定め、公表しなければならないこと（21条）、継続的性質を有する許可等について更新の申請が適法になされたときは、有効期間満了後も、行政庁が当該申請を拒否するまでは、なおその効力を有すること（22条）などが定められていた。「受理」概念が用いられているとともに、申請が不適法である場合や、申請に理由がない場合に、行政庁が応答をしなければならないか、必ずしも明確ではないように思われる。

　手続（第2章）には聴聞手続（第2節）と弁明手続（第3節）が含まれているが、適用対象は個別法で定められることとされており、現在の申請に対する処分もこれに含まれる可能性があった。そこでは、聴聞手続及び弁明手続に基づく処分についてのみ、理由付記を義務付ける規定があった（100条1項3号、109条）。

　(3)　**行政手続法研究会（第一次）報告**　1983（昭和58）年に公表された「行政手続法研究会（第一次）報告」[57]（以下「第一次研究会報告」という）は、総則規定（一）、処分手続規定（二）、命令制定手続規定（三）、特別手続規定（四）の四

---

56)　橋本公亘『行政手続法草案』〔有斐閣、1974年〕の巻末に収録されている。
57)　ジュリスト810号（1984年）44頁以下に掲載されている。

部分から構成される。このうち、処分手続規定は、申請（第五）、告知、聴聞等（第六）、処分基準（第七）、文書閲覧（第八）、処分の理由付記（第九）からなる。行政手続法草案と異なり、これらの規定は原則としてすべての処分に適用される。

　申請に関する規定（第五）においては、法令に基づく申請は、法令の定める官署に到達したときにその効力を生ずること（0501条）、行政庁が申請を受けたときは、遅滞なく当該申請が適法であるかどうかを審査し、適法であるときは、直ちに当該申請の内容について、審査をしなければならないこと[58]（0502条）、申請が不適法であって補正することができるものであるときは、行政庁は、相当の期間を定めて、その補正を命ずることができること（0503条）、行政庁は、申請が不適法で補正できないとき、または申請人が補正命令に従わないときは、当該申請を却下すること（0504条）、申請の内容またはこれに関連する事項について、申請人に対し、作為または不作為を要請するときは、文書によってしなければならないこと（0505条）などが定められている[59]。ここでは「受理」概念は用いられておらず、申請が法令の定める官署に到達した場合、行政庁が何らかの処分をすべき旨が明確化されている。

　告知、聴聞等に関する規定（第六）は一応すべての処分に適用される。もっとも、告知が行われるのは、侵害処分（「特定の者に対して義務を課し、又は権利を侵害する効果をもつ処分」）がなされるとき（0601条）のほか、法令に基づく申請に対する何らかの処分をしようとする場合において、当該申請が認容されないことについて法律上の利益を有する者があることを行政庁が知ったとき（0603条）、競願事案（法令に基づいて2以上の申請がなされ、いずれかの申請が認容されれば他の申請が認容されえない関係がある場合）について何らかの処分をしようとするとき（0604条）に限られる。聴聞手続が求められるのも、不利益処分（0608条1項）のほか、競願事案に限られ（同条2項）、それ以外の処分には意見陳述（0606条）と公聴会（0607条）の規定のみが適用される。これに対し、処分基準[60]

---

58)　「これは、いわゆる申請後受理前の行政指導を否定する趣旨である」と注記されている。
59)　第五の末尾に、「処理期間の法定、みなし拒否等の規定をおくことの要否について、なお、検討の余地がある」と注記されている。
60)　処分基準の規定が適用される「「処分」には、授益処分及び不利益処分を含む」と注記されている。

（0701条）と理由附記[61]（0901条）の規定は、原則としてすべての処分に適用される。

（4）　神奈川県自治総合研究センター「行政手続と住民参加に関する研究」　国における行政手続法の検討と並行して、1986（昭和61）年に神奈川県自治総合研究センターの「行政手続と住民参加に関する研究」（以下「神奈川県研究」という）が公表された[62]。この研究については、本章の観点からは、次の2点が特に注目される。

第一に、行政処分手続の類型論が提示されている点である。「II　自治体行政手続の類型と法的整備の可能性」［兼子仁］において、「地方自治レベルにおいても一般行政手続法制の整備をめざそうとするときは、自治体行政の過程をなるべく全体的にとらえ、一般行政手続の視点から分類整理するという、新しい作業が必要である」[63]として、「職権処分関係手続」[64]と「申請等処理手続」という分類が示され、研究全体もこの分類に基づいて構成されている。後にみるとおり、行政手続法の構成は本研究から示唆を受けているようである。

第二に、三面関係を重視している点である。このことは研究の表題からも明らかであるが、「I　序論」［成田頼明］においては、「この研究の主要なねらいは、法的な仕組みとしての行政手続の整備・充実を図る中で住民参加の要請をいかにしてその中に組込むかということにある」[65]と明示されている。特に、「IV　申請等処理手続」の「3　申請等手続と第三者の関与」［大橋洋一］においては、第三者の関与の諸形態が詳細に検討されている[66]。

（5）　行政手続法研究会（第二次）中間報告　行政手続法の制定にあたって直

---

61)　「理由附記の対象を不利益処分のみに限定することも考えられるが、本案では行政処分一般に広く理由附記義務を課するとともに、比較的ゆるやかに除外例を認めることとしている」と注記されている。
62)　神奈川県自治総合研究センター「行政手続と住民参加に関する研究」（1986年3月）。執筆者のうち、成田頼明、磯部力及び小早川光郎は、第一次研究会及び第二次研究会のメンバーでもある。また、成田及び小早川は、次に述べる公正・透明な行政手続部会のメンバーでもある。
63)　神奈川県自治総合研究センター・前掲注62) 12頁。
64)　「職権処分」としては、「行政の職権に基づく相手方住民に不利益な行政処分」（神奈川県自治総合研究センター・前掲注62) 13頁）などの記述からわかるとおり、職権でなされる不利益処分が念頭におかれている。
65)　神奈川県自治総合研究センター・前掲注62) 2頁。
66)　神奈川県自治総合研究センター・前掲注62) 45頁以下。同39頁以下［小早川光郎］も参照。

接の検討対象とされたのは、1989（平成元）年に公表された「行政手続法研究会（第二次）中間報告」[67]（以下「第二次研究会中間報告」という）である。その内容は第一次研究会報告とほぼ同様であるが、次のような違いもある。

第一に、総則規定（第1章）、処分手続規定（第2章）、行政指導手続規定（第3章）の三部構成となっており、命令制定手続規定と特別手続規定が削除されるとともに、処分手続規定から行政指導に関する規定が除かれている。

第二に、処分手続規定中に申請（第三）がおかれている点は変わらないが、その内容として、申請人に対する教示（0301条）、申請人への援助（0306条）、処理期間（0307条）、届出等の扱い（0308条）の規定が新たに設けられている。

第三に、告知、弁明、聴聞等（第四）に関する規定は、侵害処分（「特定の者を名宛人としてこれに義務を課し、又は権利を制限する処分」）に対してのみ適用することとされている（0401条参照）。これは二面関係を重視する方向に転換したものとみることもできよう[68]。処分基準（第五）の規定が原則としてすべての処分に適用される点は変わっていないが、理由付記（第七）の規定は、侵害処分及び申請を拒否する処分にのみ適用されることとなっている。

三　行政手続法の制定

(1)　概観　1990（平成2）年10月に発足した臨時行政改革推進審議会（第三次行革審）は、1991（平成3）年1月、公正・透明な行政手続部会（以下「部会」という）を設置し、行政手続法の制定作業が開始された。

部会は、改正の方向性を審議決定した上で、小委員会を設置して具体的な検討を行わせた。小委員会は、同年6月7日、「行政手続法（仮称）要綱案（小委員会案）」（以下「小委員会案」という）を部会に報告した。部会では、関係機関のヒアリング等を経て、同年7月26日、「行政手続法要綱案（第一次部会案）」（以下「第一次部会案」という）を作成した。部会では、これをパブリック・コメント等に付した上で、同年11月29日、「行政手続法要綱案」を含む「公平・透明

---

67)　総務庁行政管理局編『行政手続法の制定にむけて――新しい行政スタイルの確立』〔ぎょうせい、1990年〕に収録されている。

68)　当時第二次研究会がおかれていた状況については、仲正『行政手続法のすべて』〔良書普及会、1995年〕153頁以下参照。

な行政手続部会報告」を第三次行革審に提出した。同審議会は、同年 12 月 12 日、同報告を修正することなく答申として政府に提出した。

　政府では、行政手続法要綱案に沿って立案作業を進め、1993（平成 5）年 5 月 24 日、行政手続法案等を国会に提出した。同法案は、衆議院解散に伴って廃案となったが、国会に再提出され、同年 11 月可決成立し、1994（平成 6 年）10 月から施行された。以下では、処分に関して「申請に対する処分」と「不利益処分」を二つの柱とする考え方（以下「二本立て構想」という）が採用された経緯と、申請に対する審査・応答義務に関する規定が形成された経緯を検討する。

　(2)　**二本立て構想の採用**　　先にみたように、第二次研究会中間報告においては、「処分手続規定」の中に申請に関する規定がおかれていた。部会では同報告が検討の基礎とされ、当初の章立てもほぼそれに沿ったものとなっていた[69]。

　これに対し、1991（平成 3）年 2 月 26 日の第 6 回部会[70]及び同年 3 月 5 日の第 7 回部会[71]のフリー・トーキングにおいて、申請に関する手続を整備すべきであるとの意見が強く主張された。上記の通り、第二次研究会中間報告においても、申請に関する条文がかなり設けられていたが、部会の委員からは、侵害処分中心の案と受け止められたようである。

　上のような議論を受けて、同年 4 月 19 日の第 13 回部会において、「当面具体化を進める手続に関する検討の基本的方向について（案）」[72]が示された。そこでは、申請に係る処分の手続（一）、侵害処分の手続（二）、行政指導手続（三）という構成になっており、処分については二本立て構想が採用されてい

---

69)　たとえば、1991（平成 3）年 2 月 21 日付けの「参考メモ：行政手続法制の統一的な整備のための検討事項」においては、「2　行政手続法により手続を整備する範囲」として、「①処分手続」、「②行政指導手続」、「③命令制定手続、計画作成手続、その他の手続」が挙げられ、①は、「ア　申請手続に関する規定の在り方」、「イ　処分一般に関する手続の在り方」、「ウ　侵害処分に関する手続の在り方」から構成されている。塩野宏＝小早川光郎編『日本立法資料全集 106　行政手続法制定資料（4）』〔信山社、2012 年〕104 頁。
70)　塩野宏＝小早川光郎編『日本立法資料全集 103　行政手続法制定資料（1）』〔信山社、2012 年〕128 頁以下。塩野＝小早川編・前掲注 69) 107 頁の「部会の討議で示された意見等」も参照。
71)　塩野＝小早川編・前掲注 69) 131 頁以下。
72)　塩野＝小早川編・前掲注 69) 142 頁。

る。こうした構想が提案された背景には、事務局となった総務庁において、上記の神奈川県報告から示唆を受けて、「申請に基づく処分」と「職権に基づく処分」という分類に基づき、事前に各省庁に対するアンケート調査を行っていたという事情があったとのことである[73]。

第13回部会では、冒頭、「3つの手続（申請に係る処分の手続、侵害処分手続、行政指導手続）を検討し、その後で地方公共団体を含め適用に関する問題を検討することとしたい」[74]との説明があり、特に異論は述べられなかった。

これを受けて開催された同年5月10日の第1回小委員会では、事務方の作成になる「行政手続法（案）」[75]（以下「事務局案」という）が配布された。この案においても、処分については、「申請に対する処分の手続」（第2章）と「侵害処分手続」（第3章）の二本立てとなっている。

同年6月27日付けの「行政手続法要綱案（総則、補則）」[76]において、「侵害処分」が「不利益処分」と改称されたが、二本立て構想はそのまま維持され、現行法となった。

(3) **申請に対する審査・応答義務**　上記の通り、行政手続法草案においては、申請の「受理」に関する規定がおかれ、また、申請が不適法な場合や、理由がない場合に処分をする必要があるかが必ずしも明確ではなかった。これに対し、第一次研究会報告では、「受理」概念は用いられておらず、また、申請が法令の定める官署に到達したときには、行政庁は当該申請の審査をする義務があるとする趣旨が明確に示されていた。第二次研究会中間報告も、文言に若干の違いはあったが、同様である。

第一回小委員会で示された事務局案には、申請の効力の発生（5条）、手続上の要件の審査（6条）、不適法な申請の処理（7条）、申請内容の審査（8条）、補正命令（9条）、却下（10条）に関する規定がおかれていた。審査を手続上のものと実体上のものに分け、不適法な申請の処理を明示している点が異なるが、実質的には第二次研究会報告と同内容といえる。

---

73)　塩野＝小早川編・前掲注70) 45頁以下［仲正］参照。同書93頁以下［北島周作］も参照。
74)　塩野＝小早川編・前掲注70) 176頁。
75)　塩野＝小早川編・前掲注69) 179頁。
76)　塩野＝小早川編・前掲注69) 307頁。

第一回小委員会においては、角田禮次郎部会長が、事務局案が「受理」という言葉を使わずに書かれている点が重要であり、これは法令に定める官署に申請が到達した以上、遅滞なく審査をすべきであるとする趣旨であって、そうであれば申請の効力に関する規定は不要ではないかという意見を述べた[77]。

　これに対し、第一次研究会報告及び第二次研究会中間報告に関与した塩野宏部会長代理と小早川光郎委員は、申請の効力に関する規定が設けられたのは、申請の効力を明示し、受理概念を否定するためであり、その趣旨が明確になるのであれば、この規定を削除しても差し支えないとの趣旨の発言をした[78]。

　こうした議論[79]を受けて、小委員会案においては、「申請に対する審査義務」（第四）、「不適法な申請に対する応答」（第五）というシンプルな規定となった。第一次部会案及び行政手続法要綱案も、文言の細かな修正を除き、ほぼ同様である。その後、法案化に際し、第四と第五を統合する形で第7条となり、これが現行法となった。

　なお、第一回小委員会では、「申請の効力に関する検討」と「申請に対する応答義務に関する判例」という資料が配布されており[80]、行政事件訴訟法3条5項との関係が意識されていることがわかる。この点については特に議論はみられなかった。

四　小　括

　以上のように、行政手続法は、「申請権」の有無により、処分を「申請に対する処分」と「不利益処分」を区分する二本立て構想を採用した。また、法令に定める官署に申請が到達した以上、行政庁は当該申請の審査義務を負い、不受理等の対応をしてはならないことが明確化された。こうして、行政手続法は、「申請権」概念を基礎として行政手続を体系化するとともに、その内容を具体化したということができる。その結果、この概念は、行政争訟法と行政手続法

---

77)　塩野＝小早川編・前掲注70) 199頁以下。
78)　塩野＝小早川編・前掲注70) 201頁以下。
79)　仲・前掲注68) 181頁は、「ここでの議論の最大のポイントは、従来、準法律行為的行政行為の一類型として説明されてきたいわゆる「受理」概念を排するという姿勢が鮮明に打ち出されたことである」と指摘する。
80)　塩野＝小早川編・前掲注69) 257頁、262頁。

を貫く基本概念となった。

このことを明確に示しているのが、1999（平成 11）年に公刊された小早川光郎の教科書である。小早川は、当初、「申請権」概念に懐疑的ともみえる記述を行っていた（III 四参照）。しかし、本書においては、「申請が適正に取り扱われるべきこと」を「申請権」の内容とし、「一方では、申請の処理、すなわち申請についての審査および申請に対する応答としての何らかの処置が、遅滞なく行われるべきこと（行手法 7 条、行審法 2 条 2 項、行訴法 5 条等をみよ）、他方では、行政機関において違法な仕方で申請を拒否してはならないことを、意味する」[81]と述べるほか、随所で「申請権」概念を援用している[82]。

V　展開その 2 ── 行政事件訴訟法改正による義務付け訴訟の明文化

一　問題の背景

義務付け訴訟を認めるか否かは戦後早くからの懸案となっていたが、2004（平成 16）年の行政事件訴訟法改正により、ようやく明文化されるに至った。その過程で、「申請権」概念が義務付け訴訟の類型化のために用いられるとともに、訴訟要件を定めるにあたっても重要な役割を果たし、この概念は実定法上さらに確固とした地位を占めるに至った。

他方で、現行法上の義務付け訴訟については、申請型について取消訴訟等の併合提起を義務付けている点（以下「併合提訴要件」という）や、非申請型について「重大な損害」を要求している点（以下「重損要件」という）などについて、疑問も提起されているところである[83]。

以下では、「申請権」概念が果たした役割に着目しつつ、行政事件訴訟法改正までの議論を概観した上で、同法改正の経過を検討することにしたい。

---

81)　小早川・前掲・注 1) 行政法上 220 頁。
82)　小早川・前掲注 1) 行政法上 227 頁以下、318 頁以下など。小早川・前掲注 1)『行政法講義（下 I)』41 頁以下も同様。塩野＝小早川編・前掲注 70) 95 頁 [北島] は、二本立て構想について、「行政法学に新たな分析視角を与え、大きな理論的発展をもたらしている」とした上で、「概説書レベルで、この視角による理論的体系化にもっとも成功していると思われるのは、手続部会・小委員会の委員であった小早川である」と評している。そこではまた、二本立て構想が定着したことを示す事例として、行政事件訴訟法改正における義務付け訴訟の類型化が挙げられている。
83)　さしあたり、村上・前掲注 3) 305 頁以下参照。

二 行政事件訴訟法改正までの議論

(1) 概観　既にみたように（本章Ⅲ）、行政事件訴訟法の制定にあたっては、義務付け訴訟を認めることができるかについて見解の対立があり、明文で規定されるには至らなかった。しかし、立案関係者は、義務付け訴訟が法定外抗告訴訟（無名抗告訴訟）として認められる余地は残しており、この点はその後の判例学説の展開に委ねられることになった[84]。

行政事件訴訟法制定後においては、周知の通り、義務付け訴訟について、全面否定説、補充説、独立説が対立し、このうち補充説が判例通説とみられていた。

本章では、行政事件訴訟法改正によって明文化された義務付け訴訟との関連で重要と思われる、義務付け訴訟の類型論、補充説の根拠付け、「請求権」概念について検討する。

(2) 義務付け訴訟の類型論　現行法上の義務付け訴訟は、法令に基づく申請を前提とする申請型（行政事件訴訟法3条6項2号）と、これを前提としない非申請型（同項1号）に分けて規定されている。このような分類は、既に改正前の学説によって主張されていた。

まず、原田尚彦は、1972（昭和47）年の論文において、「許認可申請の不作為ないし拒否処分に対する救済」が求められる場合と、「第三者に対する警察介入請求権」ないし「規制権限発動請求権」が主張される場合を分けて論じていた[85]。

阿部泰隆も、1977（昭和52）年の論文において、「授益的行政行為の発給を求める場合」と、「第三者に対する侵益的行政行為の発給を求める場合」を分けて論じていた[86]。

もっとも、これらの論者においては、類型化の基準が「申請権」の有無にあるのか、原告の利害状況にあるのか、必ずしも明確ではなかった。

この点に洗練を加えたのが塩野宏である。塩野は、1983（昭和58）年の論文

---

[84]　杉本・前掲注47）10頁など参照。
[85]　原田尚彦「行政上の予防訴訟と義務づけ訴訟」（1972年）同『訴えの利益』〔弘文堂、1973年〕78頁以下。
[86]　阿部泰隆「義務づけ訴訟論」（1977年）同『行政訴訟改革論』〔有斐閣、1993年〕232頁以下。

において、申請権の有無を基準とする「申請満足型義務づけ訴訟」と「直接型義務づけ訴訟」の分類と、「原告たる私人の側の利益状況」に基づく「利益享受型」と「妨害排除型」の分類を立て、両者は分類の観点が異なることを明らかにした[87]。現行法上の分類は、このうち前者に基づくものである。

(3) **補充説の根拠付け**　補充説の代表的な論者である原田尚彦は、「行政庁の第一次的判断権の専属の理論」について、「無名抗告訴訟を論ずるに際しきわめて重要であり、従来の三権分立論のドグマのたんなる焼き直しとみるべきものではない」として、「司法審査はやはり事後審査を原則とするとみるのが正当」[88]であるとする。もっとも、「事前的な司法介入を要求する必要が顕著であり、しかもそれが行政の責任体制に支障を及ぼすおそれのない場合にまで、事前的司法介入を排斥するものではない」[89]とし、「無名抗告訴訟としての義務づけ訴訟等の利用が許されるのは、法定抗告訴訟によってはどうしても救済の実効が得られない場合、すなわち他に適切な救済手段が存しない場合に厳に限られるべきである」[90]とする。

その上で、「許認可申請の不作為ないし拒否処分に対する救済は、法定の抗告訴訟によっても、いちおう達成可能である」としつつ、申請が部分的に拒否された場合については救済が困難であるとして義務付け訴訟の提起を認めている[91]。このように、申請権が認められる場合については、取消訴訟中心主義により、補充的にのみ義務付け訴訟の提起を認めているといえる。

他方、「新しい公権」である「第三者に対する警察介入請求権」ないし「規制権限発動請求権」については、「国民に行政権限発動請求権が実体法上承認されるならば、これを貫徹するための訴訟手続が用意さるべきことはもはや誰の目にも明らかである」[92]としている。この場合については、上記のような「請求権」が実体法上認められるならば、補充性は要件とならないとも読める。

同じく補充説に立つ塩野宏は、「問題は、原告の救済と行政の遂行の便宜の

---

87) 塩野・前掲注51) 308頁以下。
88) 原田・前掲注85) 72頁。
89) 原田・前掲注85) 72頁。
90) 原田・前掲注85) 76頁。
91) 原田・前掲注85) 77頁以下。
92) 原田・前掲注85) 84頁。

バランスをいかに確保するかについて、立法権に裁量の余地があるかどうか、もしあるとすれば、それはどのようなものであるか、という点にある」とし、行政事件訴訟法は法定外抗告訴訟について、「取消訴訟中心主義という、一つの解答を示したとみるのが、実定法の認識としては素直であると思われる」[93]とする。立法政策の問題と捉える点が原田とは異なる。

そこで、「申請満足型義務づけ訴訟は、原則として許されず、現行法上は、申請拒否処分の取消訴訟の途をとるべしという形の交通整理が行われているとみることができよう」としつつ、「取消訴訟を中心とする法定抗告訴訟の途をとることによって、原告に非合理的な負担を負わせる場合には、申請満足型義務づけ訴訟が認められるべきである」として、申請が部分的に認容された場合と、申請に対して何ら処分が行われない場合に限って、義務付け訴訟が認められるとする[94]。

他方、行政過程において私人の申請─行政処分というシステムがとられていない場合について、取消訴訟・不作為の違法確認訴訟は働く余地がなく、「私人に、実体法上の請求権がある限り、直接型義務づけ訴訟を利用できる」が、「問題は、いかなる場合に私人が公権力の発動を求める実体法上の請求権があるか、である」とする[95]。そして、「いわゆる裁量のゼロへの収縮がさらに進んで、私人の当該行為の発動に対する実体法上の請求権へと昇華する要件」について、「単に実体法のみならず、訴訟法上のシステムにも目を配らなければならない」とし、日本では「取消訴訟中心主義が採用され、公権力の行使にかかる実体法上の請求権との対応関係に着目したシステムは、少なくとも明示的にはとられていない」として、「その趣旨が、申請満足型義務づけ訴訟では、取消訴訟に対する補充訴訟として現れたところであるが、実体法上の場面においては、これが請求権の成立における補充性として整理できるように思われる」とする。そして、「かかる観点からすれば、紛争の実体が私人間のものであるとき……には、私人間の民事訴訟が適切に機能する限り、これによらしめるのが法の趣旨とするところであって、制定法上特段の指示がないときに、ド

---

93) 塩野・前掲注51) 320頁。
94) 塩野・前掲注51) 320頁以下。
95) 塩野・前掲注51) 322頁。

グマーティッシュに、公権力の発動を求める私人の請求権を構成するのは、わが国の場合には、無理のように解される」とし、「公権力の発動を裁判上訴求する以外に、他に妨害排除の適切な訴訟的方法がなく、かつ被害者に金銭上の塡補は別として、受忍を要求することが被害の性格上許されない場合には、請求権の成立の可能性があると解される」とする[96]。

以上の通り、塩野は、立法政策としての取消訴訟中心主義によって補充説を根拠付けている。もっとも、申請満足型についてはともかく、直接型について、民事訴訟との関係での補充性を要求している点については、「行訴法が義務づけ訴訟について明定しなかったということから、民事訴訟と義務づけ訴訟の関係まで定めたと解するのは飛躍というものではなかろうか」[97]という有力な批判がある。このように、非申請型（直接型）については、補充性の根拠が必ずしも明確ではなかったように思われる[98]。

(4) 「請求権」概念　原田尚彦は、「国民の許認可請求権の保護の達成」が問題となる場合については、義務付け訴訟は補充的にのみ認められるとする[99]。また、上記の通り、「第三者に対する警察介入請求権」ないし「規制権限発動請求権」が実体法上承認される場合にも、義務付け訴訟は認められるとしている。このように、義務付け訴訟を提起するためには、「請求権」が必要との前提に立つようである。

塩野宏は、申請満足型義務付け訴訟については、取消訴訟中心主義を理由として、例外的にのみ提起を認めるが、その際「請求権」には特に言及していない[100]。他方、直接型については、実体法上の請求権がある限り提起できるとしている[101]。申請満足型については定かではないが、直接型についてはやはり実体法上の請求権が必要と解しているようである。

阿部泰隆も、「義務づけ訴訟が認容されるのは国民が行政行為発給請求権を

---

96) 塩野・前掲注51) 323頁以下。
97) 阿部泰隆「義務づけ訴訟論再考」(1985年) 同・前掲注86) 333頁。
98) 小早川・前掲注4) 160頁以下も、取消訴訟中心主義を根拠として義務付け訴訟の補充性を主張するが、現在の非申請型（直接型）に関する言及はみられない。
99) 原田・前掲注85) 77頁。
100) 塩野・前掲注51) 320頁以下。
101) 塩野・前掲注51) 322頁以下。

有する場合であるから」[102]などと述べており、同様の前提に立つようである。もっとも、次のように指摘している点が注目される。「実体法上の請求権の要否については、行政庁が実体行政法により覊束されており、この点を争う「法律上の利益」を有する者がいれば、それでその者は行政の権限発動請求権を有するのである。義務づけ訴訟の場合には特に実体法上の請求権が必要だなどと、取消訴訟と異なる見方をする必要はない。」[103]

　(5)　**まとめ**　このように、行政事件訴訟法改正前の時点においては、申請型（申請満足型）と非申請型（直接型）の分類は既に提示されていたものの、義務付け訴訟に関する制度設計を含めた立法論はほとんど検討されていなかった。また、当時は補充説が判例通説だったが、非申請型については、「行政の第一次的判断権の法理」や「原告の救済と行政の遂行の便宜のバランス」が一般的に挙げられていたものの、その根拠が必ずしも明らかではなかった。さらに、義務付け訴訟については実体法上の「請求権」が一般に前提とされていたが、その意味についても不明確な点が残されていた。

三　行政事件訴訟法の改正

　(1)　**概観**　2001（平成13）年6月、司法制度改革審議会が意見書を提出し、「司法の行政に対するチェック機能の強化」として、義務付け訴訟の明文化を含む行政事件訴訟法の改正を提言した。同年12月、内閣に司法制度改革推進本部が設置され、同本部におかれた行政訴訟検討部会において具体的な検討が行われた。同部会は2004（平成16）年1月に「行政訴訟制度の見直しのための考え方」を公表し、これを具体化する形で行政事件訴訟法の改正が行われた。

　本章の問題関心に基づき、以下では、併合提訴要件及び重損要件の成立過程に着目して検討を加える。

　(2)　**併合提訴要件**　上記の通り、行政事件訴訟法改正前の段階では、義務付け訴訟の制度設計はほとんど論じられていなかったが[104]、検討会の議論に

---

102)　阿部・前掲注86) 279頁。
103)　阿部・前掲注97) 346頁。阿部・前掲注1) 62頁、296頁も参照。
104)　横田・前掲注27) 186頁は、行政事件訴訟法改正前の段階では、義務付け訴訟と取消訴訟等とを結び付ける考え方は、表立っては想定されていなかったと指摘する。

おいては、早くから、申請型義務付け訴訟を取消訴訟や不作為の違法確認訴訟の延長線上に位置付ける考え方が表明されていた。2002（平成14）年3月19日の第2回検討会で、小早川光郎委員は、「取消判決に付随して、こういう理由で取り消した場合には、行政庁としてこういうことをすべきなんですよという説示を、訴訟法的にどういうことになるのか問題はあるかもしれませんが、裁判所が行政庁に対してするという方式があってもいいのではないか」と述べている[105]。

なお、同年11月21日の第10回検討会や、2003（平成15）年3月26日の第15回検討会等においては、行政の「第一次（的）判断権」を援用して、取消判決にとどめるのが原則であり、義務付け判決は例外的とする市村陽典委員と、紛争の一回的解決の観点から、取消判決が原則とする水野武夫委員との間に意見の対立があった[106]。

同年4月25日の第16回検討会では、芝池義一委員が、「拒否処分については取消訴訟の延長で義務付け判決を考える、それから不作為については不作為の違法確認訴訟の延長において義務付け判決を出しうる場合には義務付け判決を出すという仕組みが考えられます。つまり取消訴訟プラス義務付け訴訟、それから不作為の違法確認訴訟プラス義務付け訴訟という感じの制度にするのが一つの制度作りのあり方ではないか」と述べている。同年5月23日の第17回検討会で配布された「行政の作為・不作為の給付を求める訴え、確認の訴えの主な論点（補充）」においては、法令に基づく申請がなされた場合と、第三者に対する処分を求める場合を挙げた上で、前者について不作為の違法確認訴訟及び拒否処分取消訴訟との関係を検討する必要がある旨が記載されている。

第17回検討会では、小早川委員が、「原告の方で義務付けまで求めたい、しかし場合によっては取消しでもいいよ、というときに、裁判所が事案を審理してこの事件は取消し止まりの方がよかろうと思ったらそこで切る、原告の意に反してはいけないのですけれども、どこまで裁判をすればいいのかということを裁判所が、裁量かもしれませんけれども自分で土俵を設定して、その上で、

---

105) 興津征雄『違法是正と判決効——行政訴訟の機能と構造』〔弘文堂、2010年〕264頁は、「現行法の採用した仕組みの原型がここに見られるといっても過言ではない」と評している。
106) 興津・前掲注105) 265頁以下の分析を参照。

判決に熟したらそこで判決してしまうというやり方ができないのか。そこは今までの訴訟の常識からすると違うのかもしれませんが、行政訴訟の場合には、どれだけを行政に差し戻すのかという、役割分担の問題がありますので、そういうことが考えられるのではないかという感じがいたします」と述べている。

　この問題については、同年11月7日の第25回検討会において本格的に議論された。市村委員が、「申請の拒否処分が既にあっている場合、これは、まず理屈の問題として拒否処分があるのですから、その拒否処分、今までだったら取消訴訟でそれをなくしていくというプロセスがあります。そのパターンの処分を義務付けるということになるときにも、やはり思考の順序としては取消事由があって、まず取り消されるべきなのか。そして、その次に正しい処分は何だったのだろうと、こういう順番になると思うのです」と発言している。

　その後、小早川委員が、「義務付けの申立てだけれども処分の取消判決で応えると言うことを訴訟手続上出来るようにしておく。裁判所の判断でそれが出来るように、もし出来ればその方がいいのかなという気はするのです。」「それと、義務付け訴訟の枠の中で、原告の申立てに拠るか拠らないかはともかく、取消判決で行政庁へ戻すという場合にも、それで訴訟が終結することになるのか。それとも、それは中間判決みたいなことで、義務付け訴訟がまだ残っているということで、行政庁に対して、脅しではないですけれども、そういう土俵はちゃんと残しておくということにするのか。私はどっちということはないのですが、両方あり得るのかなと」と述べている。

　これに応える形で、深山卓也委員が、「論理的には、申請拒否処分があった場合の義務付けは民事訴訟的に考えれば、訴訟物は二つあるという話で、まず取り消して、取消しの判断の基準時は処分時で、義務付けは口頭弁論終結時で義務付けをするのだから、普通なら併合が強制されるか、あるいは包含されているということになると思うのです。……いずれにせよ、一部認容と同じような意味で、取消しにとどめる場合を許容すべきだと思うのです。ただ、それは一般論に委ねると駄目なので、規定を設けざるを得ないと思いますし、……実質的な一部認容である取消判決が出来るときの要件を、義務付けを求めているのに、取消しでサービスを十分だと裁判所が認めることが出来る類型というものを……要件を課して、設けるという必要があるのではないかと思います」と

述べている。

　こうした議論を受けて、同年 11 月 28 日の第 26 回検討会で配布された「義務付け訴訟の法定（検討参考資料・補充）」において、「申請に対する処分を求める場合の義務付け訴訟の要件の特例を適用するためには、救済の必要性に関する要件……の存在を訴訟上明らかにする観点から、その訴えにおける義務付けの請求は、申請拒否処分の無効確認若しくは取消しの請求又は不作為の違法確認の請求とともにしなければならないこととしてはどうか」とされた。この点について特に異論は述べられず、同年 12 月 22 日の第 27 回検討会で配布された「行政訴訟制度の見直しのための考え方」に併合提訴要件が取り入れられ、現行法となった。

　以上の通り、併合提訴要件が採用された主たる理由は、①義務付け訴訟について（拒否処分の取消しや不作為の違法確認など）柔軟な解決を可能とすること、②救済の必要性（申請を行ったが拒否処分を受け、または何らの処分もなされなかったこと）を明らかにすること、③（拒否処分を取り消すことにより）法律関係を明確化することなどにあったと解される[107]。また、行政の第一次的判断権の法理を背景として、取消判決が原則であり、義務付け判決は例外であるとの発想が影響を及ぼした可能性もある。

　(3) 重損要件　申請型に比べ、非申請型については、議論がやや遅く始まった。2003（平成 15）年 5 月 23 日の第 17 回検討会で配布された「行政の作為・

---

107) 改正行政事件訴訟法の解説等では、①は明示されず、②と③が挙げられている。たとえば、小林久起『行政事件訴訟法』〔商事法務、2004 年〕12 頁は、「申請又は審査請求に係る処分又は裁決についての不作為の違法確認の訴え、取消訴訟又は無効等確認の訴えに係る請求に理由があることが、義務付け訴訟による救済の必要性を根拠付ける事実となり、義務付け判決の要件ともされていることから、これを訴訟上明らかにして判断の矛盾を防ぐためである」と説明している。同書 170 頁以下も同旨。塩野・前掲注 1)『行政法 II』241 頁は、拒否処分取消訴訟等は「ある特定の行政過程における行政庁の行為義務違反に対する私人の不服を共有するものであるので、裁判所の判断の矛盾を防止するとともに、紛争の合理的解決を図るという意味で適切な立法的対応とみることができる」と説明しているが、これは③にあたるように思われる。塩野宏「改正行政事件訴訟法の諸問題」（2005 年）同『行政法概念の諸相』〔有斐閣、2011 年〕313 頁もほぼ同旨。小早川・前掲注 1)『行政法講義（下）III』307 頁も、「この併合提起方式によれば、裁判所の義務付け判決は、必ず、先行する行政庁の拒否処分の取消し等（取消または無効・不存在確認）によるその効力の明示的な否定と併せて行われることになり、このことは、法律関係の明確性の確保に役立ちうる」と説明しており、これも同旨と解される。

不作為の給付を求める訴え、確認の訴えの主な論点（補充）」では、第三者に対する処分を求める場合について、「どのような範囲で行政の作為の給付を求める訴えが認められるのかについては、実体法上作為の給付を求める請求権が認められるかどうかの問題に尽きるのか、それとも、実体法上の請求権の存否の問題に加えて、訴訟法上の問題としても何らかの考慮が必要なのか、などについて検討する必要がある」と記載されている。これは上記の塩野説（二(3)）を踏まえたものと解される。

第17回検討会において、小早川委員は、規制権限発動型についても、第三者からの申立ての仕組みをできるだけ立法で作るべきだとした上で、こうした対応がない段階では、「今のようなきちんとあらかじめ設計された裁判所と行政庁との役割分担ということができませんので、本当に必要な場合には、裁判所が直に登場せざるを得ないだろう。その場合には、おそらく、著しい損害が生ずるおそれがあるということで義務付け訴訟を認めてもいいのではないか」と発言している[108]。

同年11月7日の第25回検討会で配布された「義務付け訴訟の法定（検討参考資料）」においては、「法令上申請権を有しない者がその処分又は裁決を求めることは、当該行政実体法が予定していないのではないか。それにもかかわらず、義務付け訴訟を認めることにより申請権を認めたのと同じ結果となることを認めるには、その処分又は裁決がされないことにより生ずる損害が著しく大きい場合など原告の不利益の程度が極めて大きく、そのため義務付け訴訟による救済の必要性が高い場合に限られるべきではないか」と記載されている。

第25回検討会においては、水野武夫委員と福井秀夫委員が、一義性の要件

---

[108] ほぼ同時期に執筆されたと思われる小早川光郎「行政庁の第一次的判断権・覚え書き」原田尚彦先生古稀記念『法治国家と行政訴訟』〔有斐閣、2004年〕244頁注51）では、「処分についての直接型義務付け訴訟の認められる範囲は、処分についての取消訴訟の原告適格ないし法律上の利益の範囲と一致する」という命題（二(4)で引用した阿部説は「ほぼその趣旨である」とする）を挙げた上で、「ここで直接型義務付け訴訟によって求められる処分（たとえば一定の施設についての是正命令）と、それと比較対照されるべき、相手方以外の者によって取消訴訟……で争われる処分（たとえば一定の施設についての許可処分）とは、比喩的に言えば裏返しの関係にあるとしても、いずれにせよ、互いに異なる種類の処分であり、原告となる者がそれぞれの処分に対してもつ関係もそれぞれ別個の特徴を具えているのであるから、ただちに上記命題のように言うことはできず、直接型義務付け訴訟の法的構造のさらなる検討が必要である」と述べられている。

がある以上、上記のような限定をする必要があるのか、という趣旨の問題提起を行った。

これに対し、塩野宏座長は、「第三者に対して公権力の発動を求める、それも申請権のない者というのは、これは法治国原理から言うとかなり例外な場合になります。そういったときの侵害の程度というものも全然考慮しなくて、ただ一義性で判断していいかどうか」と述べている。

続いて小早川委員は、「だからこれは、個別実体法、行政作用法で申請権を与えるか与えないかによって違ってくる」、「そういう仕組みを作っているかいないかで、行政と司法の役割分担がそれで規定されてくるところがあるのではないか」としつつ、「ただ、そうではあるにしても、特定の第三者に対する関係で、やはり行政庁としては何らかの配慮義務を負っているわけなので、申請権が立法で認められていないにしても、第三者に対していかにもこの仕打ちはひどいねというようなことであれば、規制権限の不行使が権限の消極的濫用になるとか何かそういうような話になる。それが、座長の言葉で言えばその場合には請求権が成立するということなんでしょうけれども、義務付け訴訟の要件としても、そういう場合にはこれは認めてもいい」と述べている。

同年11月28日の第26回検討会においても、水野委員と塩野座長の間で同様の議論となり、水野委員が重損要件は「いかにも書きぶりが重いと思います」と述べたのに対し、深山委員が「第三者が救済処分をしろという話ですから、重いに決まっているのです」と発言している。これに続けて、小早川委員が、「第二の方〔申請型〕は、立法者がある人に一定の権利を与えようという判断をしているわけなんです。第一の方〔非申請型〕は、その判断が立法上余りないということなので、ですから、それを塩野先生は請求権が確実に生じていないと言われたのだと思いますけれども、そうなると、やはり第一の方は、立法がいかにあるべきかということを考えながら裁判所が非常的な救済に乗り出すという話なのかなと私は考えます」と述べている（〔　〕内は引用者による補足）。

同年12月22日の第27回検討会で配布された「行政訴訟制度の見直しのための考え方」においては、「救済の必要性に関する要件」として、「処分が行われないことにより重大な損害を生ずるおそれがあり、かつ、その重大な損害を避けるために他に適切な方法がないこと」と記載されている。第27回検討会

において、水野・福井両委員は重損要件に反対する意見を述べたが、原案通りとされ、現行法となった。両委員は、2004（平成16）年1月6日に公表された「行政訴訟制度の見直しのための考え方」において、重損要件に反対する個別意見を述べている。

　以上のように、重損要件を設ける主な根拠は、非申請型については「申請権」が認められていないことにあるが[109]、「司法と行政の役割分担」も挙げられており[110]、さらには、「行政庁の第一次的判断権の法理」の影響もうかがえるところである。

四　小　括

（1）　**まとめ**　以上みたとおり、2004（平成16）年の行政事件訴訟法改正によって義務付け訴訟が法定されたが、その際に、「申請権」の有無によって類型化が行われた。また、申請型については併合提訴要件が設けられ、非申請型については、「申請権」の不存在を理由として重損要件が設けられた。このようにして、「申請権」概念は実定法上さらに定着したということができる。

　もっとも、既に指摘したように（Ⅱ四、Ⅲ四）、「申請権」概念は義務付け訴訟の否定を前提として構成されたものであって、義務付け訴訟を正面から認める以上、その射程については再検討を要するのではないかと考えられる。以下では、このような観点から、併合提訴要件及び重損要件について若干の検討を加えたい。

（2）　**併合提訴要件**　既にみたように、拒否処分取消訴訟や不作為の違法確認訴訟は、義務付け訴訟が認められないための次善の策として認められたものと考えられる。義務付け訴訟により、原告は「一定の処分」を求めているのであって、本来、拒否処分の取消しや不作為の違法確認を求めているわけではな

---

109) この趣旨の説明として、小早川光郎「行政訴訟の課題と展望――行政訴訟改革をめぐって」司法研修所論集111号（2003年）58頁、小林・前掲注107）156頁、161頁以下、福井秀夫ほか『新行政事件訴訟法』〔新日本法規、2004年〕22頁〔村田斉志〕、138頁以下（同）、小早川光郎編『改正行政事件訴訟法研究』〔有斐閣、2005年〕115頁〔村田斉志発言〕、阿部泰隆＝斎藤浩編『行政訴訟第2次改革の論点』〔信山社、2013年〕255頁以下〔小早川光郎発言〕など。
110) この趣旨の説明として、小林・前掲注107）161頁、福井ほか・前掲注109）139頁〔村田〕など。

い。訴訟において問題となるのも、行政庁が「一定の処分」をなす義務を負っているかどうかであって、拒否処分が（処分時に）違法であったか、あるいは、不作為が違法であるかは、二次的な問題にすぎない。そうであれば、申請型義務付け訴訟について、取消訴訟や不作為の違法確認訴訟の併合提起を強制する必要は乏しいように思われる。

　上記の通り、併合提訴要件が設けられた理由は、①義務付け訴訟について柔軟な解決を可能とすること、②救済の必要性を明らかにすること、③法律関係を明確化することなどにあった。しかし、①については、非申請型義務付け訴訟にも同様の問題があり、裁判所の見解に従って処分をするよう求める判決（ドイツ法にいう「指令判決（Bescheidungsurteil）」[111]）によって対処することが本筋ではないかと考えられる[112]。②については、申請型義務付け訴訟について、あらかじめ法令に基づく申請を行ったことを要件とすれば足りるのではないかと思われる。③については、拒否処分や不作為が残るとしても、特に問題はないように思われる[113]。

---

[111] Bescheidungsurteil の訳語については争いがあるが（横田・前掲注27）91頁以下参照）、ここでは立ち入らない。

[112] 指令判決の許容性については議論があるが（村上・前掲注3）311頁以下など参照）、これを肯定すべきと考える。肯定説として、橋本博之『解説改正行政事件訴訟法』〔弘文堂、2004年〕58頁以下、67頁以下、山本隆司「義務付け訴訟と仮の義務付け・差止めの活用のために（上）——ドイツ法の視点から」自治研究81巻4号（2005年）78頁以下、興津・前掲注105）284頁、291頁以下、越智敏裕「行政訴訟の審理と紛争の解決」現代行政法講座編集委員会ほか編『現代行政法講座II　行政手続と行政救済』〔日本評論社、2015年〕201頁以下、阿部泰隆『行政法再入門（下）〔第2版〕』〔信山社、2016年〕58頁など。塩野座長は、第26回検討会において、市村判決（東京地判平成13年12月4日判時1791号3頁）を「否定するような法律は絶対に作ってはいけないという前提で事務局にお願いをしてあります」と述べ、第27回検討会においても、市村判決を否定していないというのは、何度も繰り返しています」と発言している。第25回検討会において、塩野座長が、市村判決は義務付け判決の中に入るのか尋ねたのに対し、市村委員は、「私の意識としては、やはり義務付けの系列の中の、必要限度ぎりぎりのものとしてここの系列に入るものだと思っていますけれども」と答えている。上記のように、深山委員が「一部認容」に言及している点も参考になる。

[113] 小早川・前掲注1)『行政法講義（下III）』307頁は、「さらに遡って考えると、取消訴訟の排他性とそこでの出訴期間制限等の、いわゆる"公定力に基づく権利主張制限"……の仕組みは、申請拒否処分の場合にも適用されるものであるところ、仮に、義務付け訴訟により義務付けを求めることが、拒否処分取消訴訟について設けられた出訴期間やあるいは個別法による不服審査前置の要件と無関係にひろく可能だとすると、上記の権利主張制限の意味は大きく揺らいでしまうことになろう。それに対し、併合提起方式の採用は、義務付け訴訟の形での権利主張にまで"公定力にもと

現行制度については、拒否処分の時点では処分をなす義務はなかった（したがって拒否処分は違法ではない）が、判決時（口頭弁論終結時）に処分をなす義務がある場合、取消訴訟について処分時説をとる限り、義務付け判決ができないという問題がある[114]。原告が再申請を行い、改めて取消訴訟と義務付け訴訟を提起する方法も考えられるが、このような迂路を強いる合理性があるかは疑問である[115]。

　以上の通り、併合提訴要件には十分な根拠がなく、立法論としては廃止することが望ましいのではないかと考えられる[116]。

　(3) 重損要件　先に見たとおり、行政事件訴訟法改正前の時点においては、非申請型義務付け訴訟について補充性の要件を課す根拠が不明確だった。民事訴訟との関係での補充性については疑問があるし、少なくとも現行法がこのような考え方をとらないことは明らかである[117]。

づく権利主張制限"の効果が確実に及ぶようにするという意味をも有する」と述べている。しかし、これは公定力・不可争力を実体化しているように思われる。不可争力については、不許可処分がなされてから義務付け訴訟を提起するまでの期間制限を設けるかどうかという問題として考えればよいと解される。公定力については、既にみたように、不許可処分は本来実体的な効果がなく、手続的権利としての「申請権」を侵害するに過ぎないので、公定力を認める実質的意味があるか疑問ではないかと思われる。

[114] 村上・前掲注3) 316頁注41)、高橋滋「義務付け訴訟」園部逸夫＝芝池義一編『改正行政事件訴訟法の理論と実務』〔ぎょうせい、2006年〕182頁以下、山本隆司「改正行政事件訴訟法をめぐる理論上の諸問題——拾遺」自治研究90巻3号（2014年）55頁以下、同「取消訴訟の審理・判決の対象——違法判断の基準時を中心に（2・完）」法曹時報66巻6号（2014年）29頁、横田・前掲注27) 10頁、220頁、湊二郎「義務付け訴訟・差止訴訟の法定と発展可能性」芝池義一先生古稀記念『行政法理論の探求』〔有斐閣、2016年〕555頁注50）、曽和俊文「行政救済法を学ぶ第17回」法学教室435号（2016年）78頁など参照。

[115] 村上・前掲注3) 316頁注41)、山本・前掲注114)「改正行政事件訴訟法をめぐる実務上の諸問題」56頁。この問題については、併合提訴要件を維持した上で、併合提起された訴えに係る請求に理由があることという要件（行政事件訴訟法37条の3第1項2号・5項前段）のみを削除することも考えられる。

[116] 山本・前掲注114)「改正行政事件訴訟法をめぐる実務上の諸問題」58頁以下も、立法論としては、「複雑であるにもかかわらず、または複雑であるがゆえに、バグがある併合強制の制度を撤廃するべきであろう」と主張する。同・前掲注114)「取消訴訟の審理・判決の対象」31頁も同旨。行政事件訴訟法改正前において、阿部・前掲注86) 299頁は、取消訴訟の併合提起を要求する必要はないと述べていた。

[117] 補充性要件に関してであるが、立案関係者も民事訴訟が可能であることは非申請型義務付け訴訟を不適法となるわけではないとする。小林・前掲注107) 163頁、塩野・前掲注1)『行政法 II』239頁。

上記の通り、行政事件訴訟法改正の過程では、非申請型については「申請権」が認められていないことを理由として、重損要件が正当化された。しかし、「申請権」は適法な応答を求める手続的権利であって、一定の処分を求める実体法上の「請求権」とは別物である。したがって、「申請権」が認められるから「請求権」があるとか、「申請権」がないから「請求権」は例外的にしか認められないとすることには疑問がある。阿部泰隆が述べているとおり（二(4)）、原告が「法律上の利益」を有しており、行政庁が一定の処分をする義務を負う場合には、義務付け判決を認めてもよいのではないかと思われる。

　重損要件について、「司法と行政の役割分担」が挙げられることもあるが、これはあまりに一般的な理由であって、なぜ重損要件が満たされた場合に限って義務付け訴訟が提起できるのか、十分な説明とはなっていないように思われる。

　さらに、「行政庁の第一次的判断権の法理」が持ち出されることもある。その意味は定かではないが、これを事後審査の原則と解した場合は、非申請型義務付け訴訟については、そもそも原告が行政の判断を求める余地がないし、行政庁には訴訟において主張立証の機会が与えられるから、訴訟要件を加重する理由にはならないと思われる[118]。他方、上記の法理を行政庁の裁量権を尊重すべしとの要請と解した場合には、裁量権は本案で考慮されるから、訴訟要件を加重する根拠とはならないように思われる[119]。

　既に指摘されているように[120]、行政庁に裁量が認められる場合、訴訟要件（重損要件）と本案勝訴要件（裁量権の逸脱濫用）が重複し、どちらで判断するか基準が不明確である。審議過程をみると、本案勝訴要件と混同されたのではないかとの疑問もある。他方で、行政庁に裁量が認められない場合には、「法律上の利益」を有する原告が訴訟を提起し、行政庁に当該処分をなす義務があるにもかかわらず、重損要件を満たしていないとの理由で訴えを不適法却下することは妥当ではないように思われる[121]。

---

118)　阿部・前掲注86) 276頁参照。
119)　阿部・前掲注86) 282頁以下参照。
120)　福井ほか・前掲注109) 366頁以下［越智敏裕］、山本隆司「改正行政事件訴訟法をめぐる理論上の諸問題」論究ジュリスト8号（2014年）73頁以下など。
121)　湊・前掲注114) 557頁以下参照。

以上からすれば、非申請型義務付け訴訟について、重損要件を設ける合理的理由は乏しいと考えられる[122][123][124]。

VI　おわりに

　「申請権」は、義務付け訴訟が認められない中で、拒否処分取消訴訟を説明する概念として生成し、行政事件訴訟法の制定、行政手続法の制定、行政事件訴訟法の改正を経て、実定法上の概念として確立し、発展してきた。

　しかし、この概念は上記のような状況の下で生まれたものであって、義務付け訴訟を正面から法定する場合には、その射程を再検討する必要があるように思われる。具体的に言えば、「申請権」は行政手続上の概念としては有用であるが、争訟法上はその役割を限定するべきではないかと解される。特に、現行法上の義務付け訴訟については、併合提訴要件や重損要件の採用に疑問がある。

　現在、行政事件訴訟法の第二段の改正が議論されているが、その際には上記のような事情も考慮すべきではないかと思われる。

---

[122]　重損要件に対する批判として、阿部・前掲注1) 297頁、同・前掲注112) 57頁以下、湊・前掲注114) 556頁以下、石崎誠也「非申請型義務付け訴訟の概況及びその本案審理について」法政理論49巻2号(2017年) 5頁以下、曽和俊文「行政救済法を学ぶ第19回」法学教室437号(2017年) 54頁以下など。

[123]　山本隆司「訴訟類型・行政行為・法関係」民商法雑誌130巻4＝5号(2004年) 662頁、同『判例から探求する行政法』〔有斐閣、2012年〕58頁以下、同・前掲注120) 74頁、興津・前掲注105) 289頁以下は、行政庁が事案の調査・解明を開始・継続するか否かを決定する裁量によって重損要件を説明する。要件を善解する試みとして評価できるが、湊・前掲注114) 558頁が指摘するように、違法な状態が存在するかどうかの問題と、原告に重大な損害を生ずるおそれがあるかは、必ずしも一致しないように思われる。阿部・前掲注112) 58頁も参照。

[124]　塩野・前掲注1)『行政法II』238頁は、「直接型義務付け訴訟として予定されているのは第三者に対する公権力の発動を求めるものであるから(自己に対する場合も概念上排除されていないが)、法治国原理からしても、救済のあり方について、申請満足型と異なる要件を定めることは立法者の裁量の範囲に入るし、その際、損害の重要性の要素を行政権に対する司法的チェックの範囲の一要素として用いることも許されるものとして、立法化されたものと解される」と述べている。確かに、第三者に対する公権力の発動が立法上認められたものであるとすれば、訴訟要件を限定したとしても直ちに違憲とはならないであろう。しかし、塩野自身が「立法政策的にみて、改正法に対する立法論的批判は可能である」と述べているように、立法政策としての合理性には疑問があるように思われる。

第6章 土地家屋調査士に係る懲戒処分申出に対する決定の処分性

不処分決定の違法確認等請求控訴事件、名古屋高裁平27行コ20号、平成27年11月12日民四部判決、控訴棄却（上告受理申立て〈上告不受理〉）、判時2286号40頁

【事実】 Xらは、土地家屋調査士法（以下「法」という）44条1項に基づき、津地方法務局長Aに対し、土地家屋調査士Bに法違反の事実があると通知して、懲戒処分の措置をとるよう求めた（以下「本件懲戒申出」という）。Aが、Bには懲戒処分に該当する事実が認められないことを理由として、懲戒処分を行わない旨の決定（以下「本件決定」という）をし、Xらに通知したので、Xらは、行政事件訴訟法（以下「行訴法」という）4条後段の当事者訴訟として、Y（国）を被告とし、本件決定の違法確認を求めて出訴した。

第一審（津地判平成27年2月26日判例集未登載）は、法44条1項の申出は懲戒処分のための調査の端緒にとどまり、この申出により申出者と国との間に公法上の法律関係が生ずるとは解しえないなどとして、訴えを却下した。本判決はXらの控訴を棄却したが、最高裁はXらの上告受理申立てを不受理とした（最決平成28年3月23日判例集未登載）。

【判旨】 控訴棄却
一 本件決定の行政処分性及びXらと国との間の公法上の法律関係の有無

「土地家屋調査士法44条の定める懲戒申出制度は、土地家屋調査士に対する処分権の適正な行使が、依頼者となる国民一般の土地家屋調査士に対する信頼を確保することを通じて公益にかなうものであるとの認識の下に、その実効性を確保するために、国民一般に懲戒処分請求を認めるものとして新設されたと解すべきであり、同条2項は、法務局長等に必要な調査を義務付けているのであるから、必要な調査を遂げた法務局長等には、懲戒申出をした者に対し、調査に基づく判断の結果を明らかにする応答義務があると解するのが、同法の趣旨にかなうというべきである。そして、このことは、本件決定の際にも行われ

ているように、懲戒処分を行わないと決定した際にも懲戒申出人にその旨を通知するとの運用がされていることに加え、同法施行規則37条5項が、土地家屋調査士法人に関する同法44条1項の懲戒申出がされ、懲戒権者が複数いる場合に、主たる事務所の管轄局の長と従たる事務所の管轄局の長が相互に連絡調整の上、必要な調査を行い、懲戒処分の要否を決定するものとすると規定し、決定の必要性を明記していることによっても裏付けられているというべきである（被控訴人は、行政組織内の内部的な行為の意味であると主張するが、最終判断である懲戒処分の要否の決定とあることから、直ちに、内部的行為と解することはできないというべきである。）。

　被控訴人は、同法44条1項の懲戒申出制度が個人的利益の救済を目的とするものではなく、専ら公益を図ることを目的としていることや、同法に、法務局長等の応答義務が明記されていないこと、懲戒申出人に調査手続等へ関与する権利を与えた規定も、結果を通知する規定も、不服申立てを認めた規定も置いていないことを根拠に、法務局長等に応答義務はないと主張する。しかし、同制度が個人的利益の救済を目的とするものではないとしても、いわゆる情報公開制度に関する法律や条例のように請求者の個人的利益に関係のない情報について、一般国民に公開請求権を与えている立法例が存在することからすると、この点は、懲戒申出人の申請権や法務局長等の応答義務を否定する根拠にはならない。同法が懲戒申出人の調査手続等への関与について明文の規定を置いていない点は、同法が懲戒申出人にこれらを認めない趣旨とは直ちには解することはできない。調査結果の通知の点は、明文の規定はないものの、上記のとおり、懲戒処分をしない場合にもその旨の決定が全ての懲戒申出人に通知されており、このような実務は、同法の趣旨を踏まえてのものと解されるし、不服申立ての点についても、同法は、一般法たる行政不服審査法の適用を排除する規定を置いていないのであるから、被控訴人の上記主張を踏まえても、法務局長等に応答義務がないとの解釈は採用し難い。さらに付言すると、被控訴人が主張するとおり法務局長等に応答義務がないと解釈すると、懲戒申出は、単なる職権発動を促すに過ぎないものとなる。しかし、一般国民は、従前から特定の土地家屋調査士に問題があると考えれば、投書や請願法に基づく請願をすることによって適切な職権発動を促すことができたのであるから、上記のような解

釈は、懲戒申出制度新設の効用をほとんど無にするものであって、上記規制改革推進に関する政府の基本方針に反するものである。

　以上によれば、本件懲戒申出は、土地家屋調査士法44条1項によって国民一般に認められた申請権に基づくものであり、これによって津地方法務局長には応答義務が生じたのであるから、本件決定は控訴人らの申請を拒否する行政処分であり、控訴人らと被控訴人との間には、申請権とこれに対する応答義務を内容とする公法上の法律関係があるというべきである。」

二　本件違法確認の訴えの適否

　「本件決定は、前記のとおり行政処分であるから、本件違法確認の訴えは、既にされた行政処分が違法であると主張するものである。行政事件訴訟法は、このような主張に基づく訴訟類型として、抗告訴訟としての取消訴訟及び無効確認訴訟を規定しているところ、前者については全ての違法事由の主張を認めつつ、短期の出訴期間を定めて法的安定性を確保する一方、後者については出訴期間を定めないものの、主張し得る違法事由を明白かつ重大なものに限定していると解すべきである。このように2種類の訴訟類型を設けて行政処分をめぐる法律関係の安定とこれに不服のある者の権利保護との調和を図っていることからすると、同法は、既にされた行政処分の違法を主張する訴訟類型を、原則として、上記2種類の抗告訴訟に限定し、実質的当事者訴訟によって同様の請求をすることは許さないと解するのが相当である（最高裁判所平成24年2月9日第一小法廷判決民集66巻2号183頁参照）。

　したがって、本件違法確認の訴えは、抗告訴訟としての取消訴訟又は無効確認訴訟として提起すべきものを実質的当事者訴訟として提起したものであって、訴訟類型を誤った不適法な訴えといわざるを得ない。このような訴えが提起された場合、抗告訴訟と善解する余地があるときは、そのように善解の上、本案の判断をするのが相当なこともある。しかし、本件の場合、控訴人らは、本件違法確認の訴えが実質的当事者訴訟であることを明言しており、本件訴訟は、出訴期間経過後に提起されたことが明らかであるから、取消訴訟と善解しても、この点から不適法なものとなるし、控訴人らが主張する違法事由は、それ自体からして、重大かつ明白な瑕疵を主張するものとは認め難いから、上記のよう

な善解をすることは相当ではない。」

【評釈】
一　本判決[1]は、土地家屋調査士に係る懲戒処分の申出（法44条1項）に対する決定に処分性を認めた初めての裁判例であり、従来より処分性を拡大したと解される点に特徴がある（二）。本件では実質的当事者訴訟の適法性も争われているので、本件決定に処分性が認められた場合と否定された場合につき、いかなる訴訟の提起が可能かについても検討したい（三）。

二　(1)　私人の申出に対する拒否決定が「処分」（行訴法3条2項）にあたるかについては、当該申出が不作為の違法確認訴訟等の要件とされている「法令に基づく申請」（同法3条5項）といえるか、具体的には、当該私人に「申請権」が認められているか（行政庁に「応答義務」が課されているか）によって決するのが通説判例である[2]。

　法44条1項は、「規制改革推進3か年計画」（2001年3月30日閣議決定）を受け、「資格者制度に対する国民一般の信頼を確保するとともに、資格者の情報を容易に知り得る依頼者からの申出を認めることにより、懲戒処分の適正な行使を図る」[3]趣旨で設けられた規定である（2002年）。これとともに設けられた類似の規定として司法書士法49条1項（同年）、行政書士法14条の3第1項（2003年）があるが、これらの規定が申請権を認めたかどうかについては、本件第一審判決及び本判決以外に裁判例はないようである[4]。士業に関する懲戒

---

1) 本判決の評釈として、山下竜一・法学セミナー740号（2016年）157頁がある。
2) 杉本良吉『行政事件訴訟法の解説』〔法曹会、1963年〕16頁以下、田中二郎『新版行政法（上巻）〔全訂第2版〕』〔弘文堂、1974年〕357頁以下、塩野宏『行政法Ⅱ［第5版補訂版］』〔有斐閣、2013年〕230頁以下、最判昭和40年7月14日民集19巻5号1198頁、最判昭和47年11月16日民集26巻9号1573頁など。
3) 小林昭彦＝河合芳光編著『新司法書士法・土地家屋調査士法——平成14年改正法の要点』〔テイハン、2002年〕100頁。
4) 河合芳光「司法書士法及び土地家屋調査士法の一部を改正する法律の解説」民事月報57巻7号（2002年）45頁、小林＝河合編著・前掲3) 100頁注2)、小林昭彦＝河合芳光『注釈司法書士法〔第3版〕』〔テイハン、2007年〕465頁以下、佐藤均『詳解司法書士法』〔日本加除出版、2004年〕285頁は、司法書士法・土地家屋調査士法について、不服申立ては認められないとするが、訴訟を否定する趣旨かは定かでない。日本土地家屋調査士会連合会研究所編『土地家屋調査士の業務と制

処分の申出に係る類似の先行規定としては、弁護士法58条1項（1949年）、税理士法47条3項（1951年）、弁理士法33条1項（2000年）などがあるが、弁護士法については申請権を否定する判例がある（最判昭和38年10月18日民集17巻9号1229頁、最判昭和49年11月8日判時765号68頁）[5]。第三者に対する不利益処分等の申出に関しては、私的独占の禁止及び公正取引の確保に関する法律（独禁法）45条1項（1947年）、行政手続法36条の3（2014年）などもあるが、独禁法については申請権を否定する判例がある（前掲最判昭和47年11月16日[6]）。本判決は、法44条1項に基づく懲戒処分の申出について申請権を肯定しており、非常に注目される。

（2）　いかなる場合に上記の申請権（応答義務）が認められるかについては、明文規定はなくとも、法令の解釈上申請権が認められれば足りるとするのが通説判例であるが[7]、それ以上の明確な基準は示されていない[8]。これまでの判

度［第2版］』〔三省堂、2010年］163頁［佐藤鉄男］も、土地家屋調査士法について同旨を述べるが、「しかし、それでよいか、この点はなお今後検討の余地はあろう」と付言する。

5)　申請権を否定する見解として、吉川大二郎・民商法雑誌50巻6号（1964年）912頁、日本弁護士連合会調査室編『弁護士懲戒手続の研究』〔日本弁護士連合会、1984年］27頁以下、198頁以下、福原忠男『弁護士法［増補］』〔第一法規、1990年］246頁、日本弁護士連合会調査室編『条解弁護士法［第4版］』〔弘文堂、2007年］534頁、高中正彦『弁護士法概説［第4版］』〔三省堂、2012年］322頁など。兼子一＝竹下守夫『裁判法［第4版］』〔有斐閣、1999年］383頁は、弁護士法62条（現61条）により懲戒に関する処分に対して懲戒申出者からの出訴も認めるべきとするが、処分をしない決定に対して出訴を認める趣旨かは定かでない。

6)　申請権を否定する見解として、今村成和『私的独占禁止法の研究（三）』〔有斐閣、1969年］254頁、同『独占禁止法［新版］』〔有斐閣、1978年］245頁、阿部泰隆・独禁法審決・判例百選（1970年）233頁、園部逸夫・独禁法審決・判例百選［第2版］（1977年）218頁、秋山義昭・独禁法審決・判例百選［第3版］（1984年）185頁、丹宗曉信＝岸井大太郎編『独占禁止手続法』〔有斐閣、2002年］51頁以下［栗田誠］など。被害者に限って申請権を認める見解として、石井良三『独占禁止法——過度経済力集中排除法［改訂増補版］』〔海口書店、1948年］351頁以下、366頁註、正田彬『全訂独占禁止法Ⅱ』〔日本評論社、1981年］479頁以下、根岸哲・民商法雑誌69巻2号（1973年）336頁以下、曽和俊文・独禁法審決・判例百選［第4版］（1991年）223頁など。実方謙二『独占禁止法［第4版］』〔有斐閣、1998年］435頁は、この判決について、「公正取引委員会の処分に対する不服の訴えには、一般私人が裁判を通して公正取引委員会の法運用に参加するという意味もあるので、このような狭い運用は再検討する必要がある」と述べるので、一般人に申請権を認める趣旨とも解される。

7)　杉本・前掲注2) 18頁、塩野・前掲注2) 230頁など。

8)　「従来いかなる場合に右の申請権なるものの存在が認められてきたかについては、これに関する一般的かつ形式的な基準を判例から抽出することは容易でない」（小早川光郎・判例評論169号（1973年）120頁）という指摘は、現在もなお当てはまるように思われる。

例では、①法令の文言、②不服申立規定、③手続的権利、④原告の権利利益等が考慮されているようである。

① 法令の文言については、申請権を明文で認めている場合のほか、「請求」等の表現が用いられている場合（行政機関の保有する情報の公開に関する法律3条等）は、申請権が認められている。これに対し、法44条1項のように「求め」という文言が用いられている場合は、申請権が否定される場合が多い[9]（前掲最判昭和38年10月18日、前掲最判昭和47年11月16日、前掲最判昭和49年11月8日など）。もっとも、法44条1項のもととなった「規制改革推進3か年計画」には、「国民一般からの懲戒処分の請求を認めることを検討する」（別添2（1）⑪g）と記載されており、この点は申請権を認める根拠となりうるかもしれない。

② 法令が申出に対する決定に対して不服申立てができる旨を定めている場合には、申請権を肯定する根拠となりうる[10]が、法には不服申立ての規定はない。本判決は、法は一般法たる行政不服審査法の適用を排除する規定を置いていないから、不服申立ての規定を欠くからといって応答義務がないとの解釈は採用しがたいとするが、申請権の存在を肯定する積極的な根拠ともならないであろう。

③ 手続上の権利は出訴を認める手がかりとなると解されるが[11]、法はこの点についても特に規定していない。本判決は、法が懲戒申出人の調査手続等への関与について明文の規定を置いていない点は、申請権等を認めない趣旨とは直ちに解することはできないとするが、この点も申請権を認める積極的な根拠とはなりえないであろう。

④ 原告の権利利益については、許可のように私人の自由権が制約されている場合は、明文の規定がなくとも、申請権が認められると解されている[12]。特

---

9) 山下・前掲注1）157頁。
10) 申請権に関する事案ではないが、不服申立規定を手がかりとして市町村営土地改良事業施行認可の処分性を認めた判例として、最判昭和61年2月13日民集40巻1号1頁。もっとも、弁護士法64条（旧61条）は懲戒請求者が日弁連に異議の申出（申立）ができると定めるが、前掲最判昭和38年10月18日、前掲最判昭和49年11月8日は、弁護士会または弁護士連合会の自主的な判断に委せる趣旨であるとして、訴訟の提起を認めていない。
11) 前掲最判昭和47年11月16日は、独禁法上報告者が当然には審判手続に関与しうる地位を認められていないことを、申請権を否定する理由の一つとして挙げている。原告適格についてであるが、長沼訴訟に関する最判昭和57年9月9日民集36巻9号1679頁も参照。

許のように、自己の利益のために行政庁の行為が必要な場合も、拒否決定を争いうるとするのが法令の合理的な解釈といえよう[13]。他方、本件のように「何人」にも申出を認める場合は、公益を保護する趣旨として、申請権が否定されることが多い（前掲最判昭和38年10月18日、前掲最判昭和47年11月16日）。本判決は、情報公開制度のように、公益のために私人に申請権を認める立法例もあるとするが、この場合は申請権（請求権）を認める趣旨が文言上明らかである。

（3）　以上のように、これまでの判例からすれば、法44条1項に基づく申出については、むしろ申請権を否定することになりそうである。しかし、本判決は、⑤申出があると法務局長等が調査を義務付けられること、⑥申出に対して決定がなされること、⑦申出に対する決定を通知することとされていること、⑧申請権を認めなかった場合、規制改革の立法趣旨に反することを挙げて、申請権の存在を認めている。

⑤　調査が義務付けられていることは申請権を認める手がかりとなりうるが[14]、調査の義務付けと応答の義務付けは同じではないから、必ずしも決定的とはいえないと思われる。

⑥　申出に対して決定をする旨の規定（法施行規則37条5項）は、Yが主張するように、関係行政庁間での調整のための規定とも解されるので、根拠としてはやや薄弱であろう。

⑦　決定の通知がなされている点は、本判決も認めるとおり、明文規定に基づくものではないから、申請権の積極的な根拠とはならないであろう[15]。

⑧　規制改革の立法趣旨は、確かに申請権を肯定する根拠となりうる[16]。も

---

12)　塩野・前掲注2)126頁、小早川・前掲注8)120頁、小早川光郎『行政法（上）』〔弘文堂、1999年〕220頁など。太田匡彦「権利・決定・対価（二）――社会保障給付の諸相と行政法ドグマーティク、基礎的考察」法学協会雑誌116巻3号（1999年）353頁以下も参照。自由権を制約する場合に、不許可処分を訴訟で争えないとすれば、違憲（憲法32条違反等）の問題が生じうるので、申請権を認めるのが合理的な法令解釈とも考えられる。
13)　田中二郎『司法権の限界』〔弘文堂、1976年〕245頁以下参照。
14)　曽和俊文「行政調査論再考（二）」三重大学法経論叢5巻2号（1988年）92頁以下、曽和・前掲注6)223頁は、独禁法45条2項は公正取引委員会の調査義務を定めているから、少なくとも報告者は調査請求権を有し、委員会が何らの調査も行わないならば、法令に基づく申請に対する不作為として、その違法性が認められるとする。
15)　独禁法45条3項は明文で申出に対する決定の通知を定めるが、上記のとおり判例は申請権の存在を否定している。

っとも、本判決が指摘するように、従前から投書や請願等が可能だったとしても、法律によって懲戒の求めを明文で定めることにまったく意味がないとは解されないから、この点も必ずしも決定的とはいえないであろう。

　(4)　本判決の射程については、申請権を肯定する根拠をいかに解するかによって左右される。本判決が挙げる根拠のうち、⑤の点からは、本判決の射程は、上記 (1) に挙げた規定のうち、調査義務を明示していない税理士法以外に及ぶことになる。⑥の点からは、同様の規定（施行規則 39 条 5 項）を有する司法書士法のみに射程が及ぶことになる。⑧の点からは、さしあたり、同時期に規定された司法書士法及び行政書士法のみに及ぶことになる。

三　(1)　次に、本件決定の処分性が肯定される場合と否定される場合について、ほかの訴訟が可能かどうかを検討する。

　(2)　本件決定の処分性が肯定される場合、本件決定の取消訴訟（行訴法 3 条 2 項）、無効確認訴訟（同条 4 項）、B に対する懲戒処分の申請型義務付け訴訟（同条 6 項 2 号）を提起できるが、さらに本件決定の違法確認を求める実質的当事者訴訟（同法 4 条後段）を提起できるか。本判決は、教職員国旗国歌訴訟に関する判例（最判平成 24 年 2 月 9 日民集 66 巻 2 号 183 頁）を参照してこれを否定している。同判決は、処分による不利益の予防を求める確認訴訟は無名抗告訴訟にあたると判示しているので、実質的当事者訴訟によって処分を争うことはできないという趣旨と解したものであろう[17]。抗告訴訟で争うことができるから、確認の利益（補充性）を欠くともいえよう[18]。

　もっとも、本件においては、原告が実質的当事者訴訟を提起する意思を有していることは明らかであるが、抗告訴訟と善解する余地はなかったのかが問題となる。本判決は、取消訴訟と解した場合は出訴期間を徒過しており、無効確認訴訟と解した場合には重大かつ明白な違法を主張しているとは認めがたいか

---

[16]　最判昭和 40 年 7 月 14 日民集 19 巻 5 号 1198 頁は、地方公務員の専従休暇の承認拒否に処分性を認める際に、「法的統制の実効性」に着目する。兼子仁『行政法総論』〔筑摩書房、1983 年〕130 頁以下も参照。
[17]　この判決の趣旨については、村上裕章・判例評論 651 号（2013 年）140 頁〔本章第 8 章〕参照。
[18]　村上裕章「公法上の確認訴訟の適法要件——裁判例を手がかりとして」阿部泰隆先生古稀記念『行政法学の未来に向けて』〔有斐閣、2012 年〕747 頁以下〔本書 228 頁以下〕参照。

ら、善解することは相当でないとしている。しかし、少なくとも釈明を求める必要はあったのではないかと思われる。

　(3)　本件申出が法令に基づく申請にあたらないとした場合、非申請型義務付け訴訟（行訴法3条6項1号）や実質的当事者訴訟（同法4条後段）を提起することが考えられる。

　非申請型義務付け訴訟としては、Bに対する懲戒処分の義務付けを求める訴訟が考えられる[19]。もっとも、処分性、一定性、補充性はともかく、Xに申請権が認められず、職権の発動を促すに過ぎないとすれば、法44条1項がXの利益を保護している（行訴法37条の2第3項）と解しうるかが問題となるように思われる。また、Bに対する懲戒処分がなされないことにより、Xが重大な損害（同条1項）を被るとも解しがたい。したがって、非申請型義務付け訴訟の提起は難しいと思われる。

　実質的当事者訴訟としては、①本件決定の違法確認、②地方法務局長AがBに対して懲戒処分をする義務を有することの確認、③XがBの懲戒処分を求める地位を有することの確認等が考えられる。①のような行為の確認が可能かどうかは争いがあるほか[20]、①と②については、本件決定やAの義務とXの間に何らかの関係が必要ではないかと思われる[21]。③についても、法44条1項がXに申請権を認めていないことを前提とすると、Xがこのような地位等を有するかが問題となりうるであろう（本件第一審）。

---

19)　山下・前掲注1) 157頁。
20)　村上・前掲注18) 735頁以下〔本書216頁以下〕参照。
21)　村上・前掲注18) 744頁以下〔本書224頁以下〕参照。

第7章　原告適格拡大の意義と限界
　　　　——小田急線高架化事件

I　はじめに

　2004（平成16）年に行われた行政事件訴訟法（以下「行訴法」という）の改正（以下「行訴法改正」という）により、「原告適格が実質的に広く認められるために必要な考慮事項」[1]として、9条2項が新設された。この改正によってどの程度原告適格が拡大されるかが注目されていたが、その翌年に下されたのが、本章で検討する小田急線高架化事件上告審大法廷判決[2]（以下「小田急判決」という）である。
　本判決は、建設大臣が、都市計画法59条2項に基づき、東京都に対し、小田急小田原線の連続立体交差化に係る都市計画事業の認可（以下「本件鉄道事業認可」という）及び付属街路設置に係る都市計画事業の認可を行ったところ、本件鉄道事業認可に係る事業の予定地につき権利を有していない周辺住民が、上記各認可の取消訴訟を提起した事件に係るものである。第1審及び控訴審は、環状6号線訴訟上告審判決[3]（以下「環状6号線判決」という）に従って、本件鉄道事業認可につき周辺住民に原告適格を否定した。第1審原告による上告受理申立てを受理した第一小法廷は、原告適格の部分を大法廷に回付した。
　大法廷は、行訴法改正前の判例の一般論をほぼそのまま引用し、行訴法9条2項の考慮事項を考慮する旨を述べた上で、環状6号線判決を変更して、本件鉄道事業認可につき、一定範囲の周辺住民に原告適格を肯定した[4]。
　学説においては、行訴法改正により、従来の判例がとってきたいわゆる個別保護要件が放棄されるのではないか、との見方もあった[5]。小田急判決は従来

---

1) 司法制度改革推進本部行政訴訟検討会「行政訴訟制度の見直しのための考え方」（平成16年1月6日）第2、1 (1)。
2) 最大判平成17年12月7日民集59巻10号2645頁。
3) 最判平成11年11月25日判時1698号66頁。
4) 本判決を受けて、第一小法廷は本案について審理を行い、本件各認可に違法はないと判断した（最判平成18年11月2日民集60巻9号3249頁、以下「小田急本案判決」という）。

の判例の基本的な判断枠組みを維持しているものと解され、抜本的な原告適格の拡大は期待できないこととなった。

しかし、他方で、同判決は、従来の判例を変更し、原告適格を拡大している。この点については、同判決が関係法令を緩やかに捉えていること、周辺住民の健康や生活環境に係る利益を重視していることが指摘されている[6]。

そこで、本章では、若干の用語の整理を行った上で、目的を共通にする関係法令と、考慮されるべき利益の内容・性質の問題に絞って、原告適格拡大の意義と限界を検討する。なお、原告適格については膨大な文献があるが、紙幅の関係上、引用文献は最小限にとどめた。

II 用語の整理

一 根拠法令と根拠規定

行訴法9条2項は、「当該処分又は裁決の根拠となる法令の規定の文言のみによることなく」という文言からもわかる通り、処分等を定める規定(以下「根拠規定」という)と、根拠規定を含む法令(以下「根拠法令」という)を区別している。原告適格を認める根拠となるのが根拠法令であるのか、根拠規定であるのかについては、従来から議論があった。

主婦連ジュース訴訟上告審判決[7](以下「主婦連ジュース判決」という)以来の判例は、当該処分を定めた「行政法規」の趣旨を問題としてきた。「行政法規」の意味は必ずしも明確ではないが、従来は根拠法令の意味で用いられてきたように思われる[8]。しかし、既に指摘されているように[9]、近年は、もっぱら根拠規定の趣旨を問題としているようにみえる判例がむしろ主流となっていた[10]。

---

5) さしあたり、村上裕章『行政訴訟の基礎理論』〔有斐閣、2007年〕302頁以下参照。
6) 森英明・最判解民事篇平成17年度(下)(2008年)926頁。
7) 最判昭和53年3月14日民集32巻2号211頁。
8) 主婦連ジュース判決は必ずしも明確ではないが、長沼訴訟上告審判決(最判昭和57年9月9日民集36巻9号1679頁)は、森林法の趣旨を問題としている。新潟空港訴訟上告審判決(最判平成元年2月17日民集43巻2号56頁、以下「新潟空港判決」という)では、「当該行政法規及びそれと目的を共通する関連法規の関係規定」などの表現からもわかる通り、明確に根拠法令の意味で用いられている。
9) 桑原勇進「原告適格に関する最高裁判例」ジュリスト1310号(2006年)10頁以下。
10) 近鉄特急訴訟(最判平成元年4月13日判時1313号121頁)、もんじゅ訴訟(最判平成4年9月

これに対し、小田急判決においては、〈根拠法令が根拠規定を通じて保護している〉という、折衷的な言い回しが用いられている[11]。サテライト大阪訴訟上告審判決[12]（以下「サテライト大阪判決」という）においてもほぼ同様であり[13]、今後はこのような表現が定着することになるのかもしれない。

同じ法令に複数の処分が規定されることがあること、また、その当否は別として、川崎市開発許可判決のように、条号ごとに細かく原告適格を判断する手法が採用されていることからすると、最終的な決め手となるのは根拠規定ではないかと思われる。しかし、〈根拠規定が保護している〉という表現と、〈根拠法令が根拠規定を通じて保護している〉という表現は、説明方法の違いに過ぎず、両者の間に実質的な違いはないといえよう。

二　根拠法令の趣旨・目的

行訴法9条2項においては、原告適格の有無を判断するにあたり、根拠法令の趣旨・目的を考慮するものとされている。ここにいう趣旨・目的が、根拠法令の一般的な立法目的を指すのか、それとも原告適格を認める趣旨を指すのか、条文上は必ずしも明確ではない。

「当該行政法規の趣旨・目的」という表現が初めて用いられたのはもんじゅ判決においてであるが、同判決では、その直前に「当該行政法規が……個々人の個別的利益としても保護すべきものとする趣旨を含むか否かは」と述べられ

　22日民集46巻6号571頁）、横浜市パチンコ店営業許可事件（最判平成6年9月27日判時1518号10頁）、川崎市開発許可事件（最判平成9年1月28日民集51巻1号250頁）、国分寺市パチンコ店営業許可事件（最判平成10年12月17日民集52巻9号1821頁）、大阪墓地経営許可事件（最判平成12年3月17日判時1708号62頁）、千代田生命総合設計許可事件（最判平成14年1月22日民集56巻1号46頁）、桶川市総合設計許可事件（最判平成14年3月28日民集56巻3号613頁）に係る各上告審判決（以下「近鉄特急判決」などという）など。

[11]　「同法〔＝都市計画法〕は、これらの規定を通じて……、騒音、振動等によって健康又は生活環境に係る著しい被害を直接的に受けるおそれのある個々の住民に対して、そのような被害を受けないという利益を個々人の個別的利益としても保護すべきものとする趣旨を含むと解するのが相当である」（〔　〕内は引用者による補足）。

[12]　最判平成21年10月15日民集63巻8号1711頁。

[13]　「このように、法〔＝自転車競技法〕及び規則〔＝自転車競技法施行規則〕が位置基準によって保護しようとしているのは、第一次的には、上記のような不特定多数者の利益である」（〔　〕内は引用者による補足）。

ていることからすると、「当該行政法規の趣旨・目的」が根拠法令の一般的な立法目的を指すことは明らかと思われる。

また、行訴法9条2項において、根拠法令の趣旨・目的が「考慮」要素とされていることからすると、これを原告適格を認める趣旨と解するのは平仄が合わない。

以上からすると、根拠法令の趣旨・目的は、根拠法令の一般的な立法目的を指すと解すべきであろう[14]。小田急判決の表現を借りるならば、根拠法令が根拠規定を通じて個々人の個別的利益として保護しているか否かを、根拠法令の一般的な立法目的を考慮して判断すべきである、という意味に解するのが合理的であるといえよう。

三　要件規定・手続規定

係争処分の要件や手続等を定める根拠法令の規定は、少なくとも文言上、関係「法令」とみることはできない。しかし、これらの規定が原告適格を判断する上で重要な意味をもつことは当然であり[15]、いわば「関係規定」として考慮の対象となる。

小田急判決においては、事業認可の前提となる都市計画決定の根拠規定等が検討されている。既に指摘されているように[16]、都市計画決定には処分性が認められていないから、事業認可の取消訴訟における同決定の違法の主張が可能でなければならず、そのため原告適格の判断においても都市計画決定の趣旨を考慮する必要があった。これに対し、先行決定に処分性が認められる場合に、先行決定の根拠規定等を考慮できるかは一つの問題であるが、少なくとも根拠法令の趣旨・目的を考慮する際の考慮要素とはなりうるであろう。

四　下位法令等

係争処分の根拠規定等に基づいて制定された政省令等（以下「下位法令」とい

---

14) 小澤道一「取消訴訟における周辺住民の原告適格（1）」判時2040号（2009年）4頁も同旨。
15) 山本隆司「判例から探求する行政法第6回」法学教室337号（2008年）79頁。
16) 桑原・前掲注9)12頁、山本隆司「判例から探求する行政法第5回」法学教室336号（2008年）66頁以下。

う）について、これを「関係法令」と解する下級審裁判例等がある[17]。しかし、後にみる通り、従来関係法令とされてきたのは根拠法令とは別個の法令であり、下位法令をこれに含めることには疑問がある[18]。また、下位法令は根拠法令・根拠規定の趣旨に反することはできないから、下位法令に独自の意味をもたせることは「下克上的解釈」[19]である。したがって、下位法令は、原則として、根拠法令・根拠規定の趣旨・目的を解釈するための「手がかり」ないし「補強」[20]以上のものではないと考えるべきである。

　もっとも、下位法令が決定的な意味をもつ場合もないではない。風俗営業等の規制及び業務の適正化等に関する法律（以下「風営法」という）3条1項に基づく風俗営業の許可について、判例は、制限地域内の医療施設等の経営者に原告適格を認める（横浜市パチンコ店営業許可判決）一方、住居集合地域内の住民にはこれを否定している（国分寺市パチンコ店営業許可判決）。ところが、施設と住居集合地域の区別は、風営法には存在せず、同法の委任を受けた政令において初めて出現する。この点について、国分寺市パチンコ店営業許可判決は、風営法自体は公益保護を目的とするものの、政令において個々人の個別的利益を保護することを禁じているわけではないと説明している。これは、風営法が、個々人の個別的利益を保護するか否かを、政令の立法裁量に委ねているとの趣旨と解される[21]。原告適格の決定を下位法令に委任することに対しては重大な疑問があるが[22]、仮にそれが許されるとするならば、この場合には下位法令が原告適格を判断するための決め手となることになる。サテライト大阪判決の事案のように、処分要件が法律に規定されず、下位法令の定めに委ねられている場合も、同様であろう。

　他方で、告示や通達等の行政規則については、国民の権利義務に関わらないことから、これを正面から考慮することは許されず、参考資料の一種にとどめるべきである[23]。

---

17)　東京地判平成20年5月16日判時2010号62頁など。
18)　小澤道一「取消訴訟における周辺住民の原告適格（3）」判時2043号（2009年）33頁も同旨。
19)　阿部泰隆『行政訴訟要件論』〔弘文堂、2003年〕54頁。
20)　大橋寛明・最判解民事篇平成9年度（上）（2000年）149頁。
21)　大橋寛明・最判解民事篇平成10年度（下）（2001年）996頁以下参照。
22)　神橋一彦「原告適格論と憲法の視点」立教法学82号（2011年）266頁以下。

III 目的を共通にする関係法令

一 問題の所在

　行訴法9条2項は、根拠法令の趣旨・目的を考慮するにあたり、当該法令と目的を共通にする関係法令があるときはその趣旨・目的を参酌すべき旨を規定している。判例においては、新潟空港判決が航空法と公共用飛行場周辺における航空機騒音による障害の防止等に関する法律（以下「航空機騒音障害防止法」という）を、小田急判決が都市計画法と公害対策基本法及び東京都環境影響評価条例（以下「東京都条例」という）を、それぞれ関係法令と認めている。また、サテライト大阪判決は関係法令に言及していないものの、同判決の調査官解説は、自転車競技法と風営法は関係法令ではないが[24]、自転車競技法と建築基準法（48条及び別表第2）は関係法令とみているようである[25][26]。以下では、これらの事例を参考としながら、「目的を共通にする関係法令」の意味について検討を加える。

二 法的関連性

　関係法令にあたるためには、当該関係法令に係争処分の要件や考慮事項が定められているなど、一定の法的関連性が必要と解すべきか否かが争われている[27]。
　判例を検討すると、新潟空港判決は航空法と航空機騒音障害防止法を関係法令とみているが、判決理由を読む限り、航空法の目的規定における「航空機の

---

[23] 司法研修所編『改訂行政事件訴訟の一般的問題に関する実務的研究』〔法曹会、2000年〕93頁以下、石垣智子「周辺住民等の原告適格をめぐる諸問題」判タ1358号（2012年）38頁。サテライト大阪判決も通達等を考慮に入れていない（宇賀克也「判例で学ぶ行政法第10回」自治実務セミナー51巻8号〔2012年〕45頁）。
[24] 清野正彦・法曹時報62巻11号（2010年）230頁。差戻審大阪地判平成24年2月29日裁判所HPも同旨。
[25] 清野・前掲注24）234頁以下。
[26] 下級審裁判例の状況については、小澤道一「取消訴訟における周辺住民の原告適格（4・完）」判時2044号（2009年）11頁以下に詳しい。
[27] 肯定説として、神橋一彦・平成17年度重判解（2006年）60頁、同「取消訴訟における原告適格判断の枠組みについて」立教法学71号（2006年）14頁以下。否定説として、宇賀克也・判例評論574号（2006年）5頁。

航行に起因する障害」に航空機による騒音障害が含まれるとの解釈を前提として、目的との共通性を根拠に、航空機騒音障害防止法の関係法令性を認めているように思われる。同判決は、確かに、定期航空運送事業免許の審査は、関係法令である同法の趣旨を踏まえて行われなければならないと述べているが、これは、同法が関係法令にあたることを前提として、同一の行政機関である運輸大臣が免許の審査を行う以上、その趣旨を踏まえなければならないということであって、同法が免許の考慮事項を定めているとの理由で関係法令性を認めているわけではないと解される。

小田急判決における都市計画法と公害対策基本法については、事業認定が前提とする都市計画決定が公害対策基本法の定める公害防止計画に適合しなければならないと規定されていることを根拠に、同法が関係法令と認められているから、ここには上記の意味での法的関連性が存在する。

これに対し、同判決における都市計画法と東京都条例の間には、このような法的関連性が存在しない。この点について、同判決が東京都条例を関係法令と認めたのは、都市計画決定において同条例に基づいて行われた環境影響評価を考慮することが義務付けられているからであり、両者の間には法的関連性があるとの見方もある[28]。確かに、小田急本案判決では、都市計画決定に際して東京都条例に基づく環境影響評価を考慮すべきとされている[29]。しかし、小田急判決はそのような検討を行っておらず、判決理由をみる限り、目的の共通性から直ちに関係法令にあたることが認められているように思われる[30]。

なお、サテライト大阪判決における自転車競技法と風営法及び建築基準法の間には、法的関連性は存在しない。

---

[28] 石崎誠也・法政理論39巻4号（2007年）702頁以下。桑原・前掲注9）15頁以下も、小田急判決は、根拠法規の解釈に影響があるとの考察の結果として、東京都条例を関係法令として摘示しているとみている。

[29] さしあたり、村上裕章・環境法判例百選［第2版］（2011年）109頁参照。

[30] 小田急判決の調査官解説も、「本判決は、このような本件条例〔＝東京都条例〕が『目的を共通にする関係法令』に当たることを前提としており、当該処分において考慮することが相当な要素を定めることによりその根拠法令の目的を推認させるような法令について、厳密な意味で当該処分の処分要件ないし義務的な考慮要素を定めるものでなくても、『目的を共通にする関係法令』に当たるとされる場合があり得ることを否定していないように思われる」と述べている（森・前掲注6）917頁）。

以上のように、判例においては、法的関連性は関係法令の必須の要件とされているわけではないように思われる。条文に「目的を共通にする関係法令」としか規定されておらず、法的関連性が明示的には求められていないこと、「参酌」という用語は「いろいろの事情、条件等を参照して考慮に入れること」[31]を意味し、必ずしも強い関連性を前提とするわけではないと解されること、実質的に考えても、処分の根拠法規の趣旨・目的を「推測する手掛かり」[32]であれば、これを広く解してもおかしくないことからすると、判例の立場は妥当ではないかと思われる。

三　権限主体の共通性

　新潟空港判決の事案では、定期航空運送事業免許と航空機の航空方法の指定が同一の行政機関（運輸大臣）の権限となっていた。これに対し、小田急判決の事案における事業認可（建設大臣）と公害防止計画の策定（都道府県知事）及び東京都条例に基づく環境影響評価（東京都知事）、サテライト大阪判決の事案における場外車券発売施設（以下「場外施設」という）の設置許可（経済産業大臣）と風俗営業許可（都道府県公安委員会）及び建築基準法48条に基づく例外許可（特定行政庁）は、いずれも権限主体が異なっている。このように、判例は、目的の共通性の判断において、権限主体の共通性（同一性）は必要ないと解しており、妥当な考え方と思われる。

四　規制対象の共通性（同一性ないし同質性）

　判例においてこれまで関係法令とされたのは、すべて同一の規制対象に係る法令であった。すなわち、新潟空港判決の事案における定期航空運送事業免許及び航空機の航行方法の指定は、いずれも航空機の運航を対象としている。小田急判決における事業認可と公害防止計画及び環境影響評価は、いずれも鉄道事業を対象としている。サテライト大阪判決の事案における場外施設の設置許可と建築基準法48条ただし書による例外許可も、場外施設を対象としている。
　これに対し、サテライト大阪判決の事案における場外施設の許可と風俗営業

---

31)　小林久起『行政事件訴訟法』〔商事法務、2004年〕222頁。
32)　宇賀・前掲注27) 5頁。

の許可は、明らかに対象が異なる。調査官解説は、自転車競技法と風営法は関係法令ではないとしているが、その理由として、対象となる施設の性格に少なからぬ差異があること、許可の性格が異なること、設置・運営の主体が異なることなどの点において、無視しがたい差異があること等を挙げている[33]。逆にいえば、規制対象の間にある程度の同質性があれば、関係法令性が肯定されるとも解される。確かに、規制対象が全く異質のものであれば、規制の目的も自ずと異なるとみるべきであろう。しかし、ある程度の同質性があれば、目的の共通性を認めることが可能ではないかと思われる。また、場外施設の許可と風俗営業の許可についても、風俗環境ないし生活環境の保護という点では、共通の目的があると解する余地もあるのではないだろうか[34]。

なお、関係法令と認められるために、当該法令の規定が当該事案において適用されることが必要か否かが議論されている[35]。たとえば、小田急判決の事案においては、係争事業認可の対象事業が東京都条例に基づく環境影響評価の対象となっていたが、仮に当該事業が環境影響評価の対象となっていなかった場合、東京都条例は関係法令といえるか、という問題である。この点については、上記のように、規制対象の同質性で足りると解すれば、当該事業が対象となっていたかどうかを問わず、関係法令と認めてよいのではないかと思われる。

IV 考慮されるべき利益の内容・性質

一 問題の所在

行訴法9条2項は、原告適格の有無を判断するにあたっては、当該処分等において考慮されるべき利益の内容・性質を考慮するものとし、その際には、当該処分等がその根拠となる法令に違反してされた場合に害されることとなる利益の内容・性質並びにこれが害される態様・程度を勘案するものと定める。

当該処分等において考慮されるべき利益の内容・性質がいかに考慮されるか

---

33) 清野・前掲注24) 230頁。
34) サテライト大阪判決の原々審(大阪地判平成19年3月14日判タ1257号79頁)も、自転車競技法と風営法について、「少なくともその目的の一部を共通にするものと解する余地もある」と述べていた。
35) 肯定説として、石垣・前掲注23) 37頁以下。否定説として、畠山武道「景観まちづくりの法と政策⑭」自治実務セミナー47巻5号(2008年)36頁。

については、個別事案に即して検討されなければならないが、行訴法改正前の判例においては、「生命、身体の安全等」に「直接的かつ重大な被害」（もんじゅ判決）あるいは「直接的」な被害（川崎市開発許可判決）が及ぶことが想定される場合には、条文に明確な手がかりがなくとも、原告適格が肯定されるとされていた。そして、「生命、身体の安全等」には財産上の利益は含まれないと解されていた[36]。財産上の利益等を根拠に原告適格が認められるためには、条文上の根拠が必要とされていた[37]。

二 生活環境上の利益

小田急判決は、公害対策基本法及び東京都条例を関係法令として参酌し、事業認可が違法になされた場合の被害の内容・性質等を勘案した結果、「騒音、振動等による健康又は生活環境に係る著しい被害を直接的に受けるおそれのある者」に原告適格を認めている。

同判決の調査官解説も強調しているように[38]、本判決においては、生活環境上の利益[39]について、その性質や重大性に鑑みて原告適格を肯定している点が、

---

[36] 川崎市開発許可判決は明示的に述べているわけではないが、訴訟係属中に死亡した原告について訴訟承継を否定したことから、「生命、身体の安全等」に財産上の利益が含まれないことは明らかである（大橋・前掲注20）154頁以下参照）。山岡町林地開発許可事件上告審判決（最判平成13年3月13日民集55巻2号283頁）はその旨を明示している。

[37] 千代田生命総合設計許可判決は建築物の所有者にも原告適格を認めたが、建築基準法の目的に財産の保護が含まれていることと、同法の規制（集団規定）が一種の運命共同体的な関係にある建築物を保護していることが根拠とされているようである（髙世三郎・最判解民平成14年度（上）（2005年）51頁以下参照）。また、桶川市総合設計許可判決は、周辺住民の健康も保護されていると判断しているが、これも建築基準法の目的に健康の保護が含まれていることが根拠とされているようである（髙世・前掲318頁参照）。

[38] 「本判決は……、周辺住民の生活環境に係る利益についても、処分の根拠法規が個々人の個別的利益として保護する趣旨を含むものと解されることがあることを明らかにしている点において、注目すべきものと思われる。」「また、近時の判例……においては、処分の根拠法規の文言が多少抽象的一般的なものであっても、これらの法規の定める規制が災害等の危険性から周辺住民の生命、身体の安全等を保護することにつながるものである場合には、生命、身体の安全等といった法益の性質やその重大性にかんがみ、公益には容易に吸収解消し得ないものとして、個々人の個別的利益としても保護する趣旨が含まれるものと解していくという判断手法が見られるところである。本判決は、当該処分において考慮されるべき利益が健康や生活環境に係る著しい被害を受けないという利益であることを重視し、このような利益についても、上記の判断手法を及ぼして、当該処分の根拠法令が個々人の個別的利益として保護する趣旨を含むものと解したということが可能であろう」（森・前掲注6) 919頁）。

とくに注目される。確かに、ここで直接念頭に置かれているのは公害対策基本法上の公害による被害であり[40]、しかも「著しい被害を直接的に受ける」ことが必要とされている[41]。しかし、この判決により、生活環境上の利益についても、場合によっては原告適格を根拠づける可能性が認められたということができ、その意義は非常に大きいと考えられる[42]。

ところが、サテライト大阪判決は、場外施設の設置・運営によって周辺住民が被る可能性のある被害は、「交通、風紀、教育など広い意味での生活環境の悪化」であり、直ちに「生命、身体の安全や健康が脅かされたり、その財産に著しい被害が生じたりすること」は想定しがたいから、「このような生活環境に関する利益は、基本的には公益に属する利益というべきであって、法令に手掛りとなることが明らかな規定がないにもかかわらず、当然に、法が周辺住民等において上記のような被害を受けないという利益を個々人の個別的利益としても保護する趣旨を含むと解するのは困難といわざるを得ない」と判示する。

具体的な処分及び根拠法令を離れて、一定の利益が公益に属するかどうかを抽象的に論ずることは、「裸の利益衡量」[43]にほかならず、判例が採用する法律上保護された利益説とはそもそも相容れないようにも思われる[44]。また、上記の判示が、生命・身体の安全等が脅かされない限り、生活環境上の利益の侵害だけでは原告適格を基礎付ける理由とはならないとする趣旨だとすれば、小田急判決と矛盾・抵触するのではないかという疑問もある[45]。サテライト大阪判

---

39) 健康についても、行訴法改正前の判例においては、根拠法令に手がかりがある場合にのみ原告適格を基礎づけると解されていたとすれば（前注37）参照）、小田急判決はこの点でも重要な意味をもつ。もっとも、健康上の被害を受ける者に原告適格を認めるのは自明のことと考えられ、「生命、身体の安全等」に含まれると解する余地もある。
40) 森・前掲注6) 918頁参照。
41) 森・前掲注6) 919頁以下参照。
42) 調査官解説は、上記のような判断の背景には、「生活環境に係る被害やこれに起因する健康被害に関する近時の社会通念の変化もあったのではないかと考えられる」と指摘している（森・前掲注6) 920頁以下）。
43) 清野・前掲注24) 221頁。
44) 調査官解説も、「『法律上保護された利益説』の立場からすれば、違法な処分がされた場合に害されることとなる利益をまず検討するのではなく、処分の根拠法規の解釈を通じて、当該法規が周辺住民等の個別的利益を保護する趣旨で行政権に制約を課しているか否かをまず検討するというのが本来あるべき検討の順序であろう」と述べている（清野・前掲注24) 220頁）。
45) 山本隆司「判例から探求する行政法第30回」法学教室366号（2011年）99頁は、「大法廷判決

決が問題としているのは「広い意味での生活環境の悪化」であって[46]、生活環境上の利益一般ではない[47]と解すべきであろう。

三 財産上の利益

上記のように、行訴法改正前の判例においては、財産上の利益については、根拠法令に手がかりがある場合を除き、原告適格を基礎付けるものとは解されてこなかった。これに対しては、「生命、身体の安全等」と財産上の利益を区別する合理的な根拠があるのか、疑問が提起されていた[48]。

小田急判決は財産権の主体には原告適格を認めていない。これに対し、サテライト大阪判決は、場外施設による被害について、「直ちに周辺住民等の生命、身体の安全や健康が脅かされたり、その財産に著しい被害が生じたりすることまでは想定し難い」と述べている。必ずしも明確ではないが、財産上の利益についても、その被害が著しいときは、「法令に手掛りとなることが明らかな規定がない」場合であっても、原告適格を肯定する余地があることを示唆したものとも解され[49]、非常に注目される。

が開いた可能性を強く制限しようとする姿勢にも、首を傾げざるを得ない」と述べる。
46) 調査官解説においては、場外施設によって周辺住民が被る可能性のある被害が詳細に検討され、とくに、日常生活ないし社会・経済生活上の不利益については、「一概に一般的公益に吸収解消されるというものではない」(清野・前掲注 24) 226 頁)とされている。判決においては「基本的には公益に属する利益と言うべきである」と述べられており、調査官解説とは少なくともニュアンスがまったく異なるように思われる。また、このような解説からすれば、判決自体も字義通りに理解すべきではないといえるかもしれない。
47) 行訴法改正を受けて、風俗営業許可ないし風俗営業所拡張変更承認(大阪地判平成 18 年 10 月 26 日判タ 1226 号 82 頁、大阪地判平成 20 年 2 月 14 日判タ 1265 号 67 頁)、墓地経営許可(東京地判平成 22 年 4 月 16 日判時 2079 号 25 頁)、公有水面埋立免許(大分地判平成 19 年 3 月 26 日裁判所 HP、福岡高判平成 20 年 9 月 8 日裁判所 HP)などについて、生活環境(ないし風俗環境)上の利益の侵害を理由として周辺住民に原告適格を認める下級審裁判例が現れているが、サテライト大阪判決によってこうした動きが直ちに否定されるとみるべきではないであろう。山本・前掲注 45) 103 頁も同旨。同判決の調査官解説も、パチンコ店等については、場外施設と異なり、騒音による被害が問題となることを指摘している(清野・前掲注 24) 223 頁以下)。野呂充「原告適格論の再考」法律時報 82 巻 8 号 (2010 年) 16 頁も参照。
48) さしあたり、村上裕章・平成 13 年度重判解 (2002 年) 37 頁参照。
49) 板垣勝彦・法学協会雑誌 129 巻 5 号 (2012 年) 1222 頁注 5)。

V おわりに

　小田急判決は、行訴法改正前の判例の基本的な判断枠組みを維持しており、この点において原告適格拡大にとって大きな限界があることは否定できない。しかし、同判決は関係法令の範囲を広く認めており、法的関連性を要求していない。また、規制対象の同質性についても、これを広く解する余地があるように思われる。考慮されるべき利益の内容・性質について、同判決は、健康や生活環境上の利益について個別的な保護を認めている。この点については、サテライト大阪判決が矛盾するとも思われる判断を示しているが、その射程は限定的に解すべきであろう。

第8章　教職員国旗国歌訴訟（予防訴訟）上告審判決

国歌斉唱義務不存在確認等請求事件、最高裁平23（行ツ）177号・178号・同（行ヒ）182号、平成24年2月9日一小法廷判決、上告棄却、判時2152号24頁、民集66巻2号183頁

【事実】　東京都教育委員会（以下「都教委」という）の教育長は、平成15年10月23日付けで、東京都立の高等学校等（以下「都立学校」という）の各校長宛てに、「入学式、卒業式等における国旗掲揚及び国歌斉唱の実施について（通達）」（以下「本件通達」という）を発し、都立学校の各校長は、本件通達を踏まえ、平成16年3月以降の卒業式等に際して、多数の教職員に対し、国歌斉唱の際に国旗に向かって起立して斉唱すること等を命ずる旨の職務命令を発した（将来発せられるものを含め、このような職務命令を併せて以下「本件職務命令」という）。

都教委は、本件通達発出後、都立学校の卒業式等において、各所属校の校長の本件職務命令に従わないなどの職務命令違反をした多数の教職員に対し、懲戒処分をした。その懲戒処分は、過去に非違行為を行い懲戒処分を受けたにもかかわらず再び同様の非違行為を行った場合には量定を加重するという処分量定の方針に従い、おおむね、1回目は戒告、2回目及び3回目は減給、4回目以降は停職となっており、過去に他の懲戒処分歴のある教職員に対してはより重い処分量定がされているが、免職処分はされていない。

そこで、都立学校の教職員として勤務する在職者X1ら及び勤務していた退職者X2ら（X1ら及びX2らを併せて以下「Xら」という）のうち、X1らが、平成16年法律第84号（以下「改正法」という）による改正前の行政事件訴訟法（以下「旧行訴法」という）の下で都教委を相手とし、上記改正後の行政事件訴訟法（以下「行訴法」という）の下で東京都を相手として、それぞれ、①各所属校の卒業式等の式典における国歌斉唱の際に国旗に向かって起立して斉唱する義務等のないことの確認と、②上記各義務に違反したことを理由とする懲戒処分の差止めを求めるとともに、Xら全員が、東京都を相手として、③本件通達及び本件職務命令は違憲、違法であって、それにより精神的損害を被ったとして、国

家賠償法1条1項に基づき損害賠償を求めた（以下「本件賠償請求」という）。

第一審[1]（東京地判平成18年9月21日判時1952号44頁）は、上記確認の訴え及び都教委に対する上記差止めの訴えを無名抗告訴訟（法定外抗告訴訟）、東京都に対する上記差止めの訴えを法定抗告訴訟である差止めの訴えとした上で、いずれも適法な訴えと認め、本件通達及び本件職務命令を違憲、違法と判断して、当該確認の訴え及び差止めの訴えに係る各請求の一部を認容し、本件賠償請求の全部を認容した。第一審が認容したのは、確認の訴えのうち本件職務命令に基づく上記各義務（以下「本件各義務」という）の不存在の確認を求める部分（以下「本件確認の訴え」という）、差止めの訴えのうち本件職務命令に従わないことを理由とする懲戒処分の差止めを求める部分（以下「本件差止めの訴え」という）であり、これらの部分のみが上告審の審理の対象となった。

都教委及び東京都が控訴したところ、原審[2]（東京高判平成23年1月28日判時2113号30頁）は、本件確認の訴えは無名抗告訴訟、本件差止めの訴えは法定抗告訴訟たる差止めの訴え（都教委に対する本件差止めの訴えも、改正法の施行に伴い、行訴法上の差止めの訴えに転化している）とした上で、本件通達は抗告訴訟の対象となる行政処分にあたり、本件通達の取消訴訟等を提起できるから、損害を避けるため他に適当な方法がないとはいえないなどとして、いずれの訴えも不適法とし、また、本件通達が違憲、違法であるとはいえないなどとして、本件賠償請求を棄却した。Xらが上告及び上告受理申立て。

---

1) 評釈等として、秋山直人・法と民主主義412号（2006年）59頁、石崎誠也・法律時報79巻2号（2007年）67頁、市川須美子・季刊教育法151号（2006年）84頁、同・法律時報79巻2号（2007年）72頁、稲葉一将・速報判例解説1号（2007年）39頁、井上禎男・法学セミナー625号（2007年）107頁、浮田徹・速報判例解説1号（2007年）13頁、尾山宏・法と民主主義412号（2006年）80頁、同・労働法律旬報1637号（2006年）4頁、同・法律時報79巻2号（2007年）77頁、海部幸造・日本教育法学会年報37号（2008年）75頁、河本毅・労働経済判例速報1950号（2008年）2頁、金哲敏・JCLU Newsletter361号（2006年）1頁、佐々木弘通・法学教室318号別冊判例セレクト2006（2007年）5頁、土屋英雄・法学セミナー625号（2007年）49頁、成嶋隆・法律時報79巻2号（2007年）62頁、同・法政理論39巻4号（2007年）496頁、早瀬勝明・山形大学法政論叢39号（2007年）47頁、安西文雄・平成18年度重判解（2007年）14頁、雪竹奈緒・法学セミナー625号（2007年）46頁などがある。
2) 評釈等として、加藤文也・労働法律旬報1746号（2011年）7頁、同・法と民主主義461号（2011年）46頁、倉田原志・労働法律旬報1746号（2011年）18頁、黒澤いつき・法と民主主義461号（2011年）47頁、土屋基規・労働法律旬報1746号（2011年）26頁、松崎勝・公務員関係判決速報402号（2011年）1頁などがある。

【判旨】 上告棄却
一 本件通達及び本件職務命令の処分性について
　「個々の教職員との関係では、本件通達を踏まえた校長の裁量により本件職務命令が発せられ、さらに、その違反に対して都教委の裁量により懲戒処分がされた場合に、その時点で初めて教職員個人の身分や勤務条件に係る権利義務に直接影響を及ぼす行政処分がされるに至るものというべきであって、本件通達は、行政組織の内部における上級行政機関である都教委から関係下級行政機関である都立学校の各校長に対する示達ないし命令にとどまり、それ自体によって教職員個人の権利義務を直接形成し又はその範囲を確定することが法律上認められているものとはいえないから、抗告訴訟の対象となる行政処分には当たらないというべきである（最高裁昭和39年（行ツ）第87号同43年12月24日第三小法廷判決・民集22巻13号3147頁参照）。また、本件職務命令も、教科とともに教育課程を構成する特別活動である都立学校の儀式的行事における教育公務員としての職務の遂行の在り方に関する校長の上司としての職務上の指示を内容とするものであって、教職員個人の身分や勤務条件に係る権利義務に直接影響を及ぼすものではないから、抗告訴訟の対象となる行政処分には当たらないと解される。なお、本件職務命令の違反を理由に懲戒処分を受ける教職員としては、懲戒処分の取消訴訟等において本件通達を踏まえた本件職務命令の適法性を争い得るほか、後述のように本件に係る事情の下では事前救済の争訟方法においてもこれを争い得るのであり、本件通達及び本件職務命令の行政処分性の有無について上記のように解することについて争訟方法の観点から権利利益の救済の実効性に欠けるところがあるとはいえない。」

二 本件差止めの訴えについて
　「行政庁が処分をする前に裁判所が事前にその適法性を判断して差止めを命ずるのは、国民の権利利益の実効的な救済及び司法と行政の権能の適切な均衡の双方の観点から、そのような判断と措置を事前に行わなければならないだけの救済の必要性がある場合であることを要するものと解される。したがって、差止めの訴えの訴訟要件としての上記『重大な損害を生ずるおそれ』があると認められるためには、処分がされることにより生ずるおそれのある損害が、処

分がされた後に取消訴訟等を提起して執行停止の決定を受けることなどにより容易に救済を受けることができるものではなく、処分がされる前に差止めを命ずる方法によるのでなければ救済を受けることが困難なものであることを要すると解するのが相当である。」

「本件においては……、本件通達を踏まえ、毎年度2回以上、都立学校の卒業式や入学式等の式典に際し、多数の教職員に対し本件職務命令が繰り返し発せられ、その違反に対する懲戒処分が累積加重され、おおむね4回で（他の懲戒処分歴があれば3回以内に）停職処分に至るものとされている。このように本件通達を踏まえて懲戒処分が反復継続的かつ累積加重的にされる危険が現に存在する状況の下では、事案の性質等のために取消訴訟等の判決確定に至るまでに相応の期間を要している間に、毎年度2回以上の各式典を契機として上記のように懲戒処分が反復継続的かつ累積加重的にされていくと事後的な損害の回復が著しく困難になることを考慮すると、本件通達を踏まえた本件職務命令の違反を理由として一連の累次の懲戒処分がされることにより生ずる損害は、処分がされた後に取消訴訟等を提起して執行停止の決定を受けることなどにより容易に救済を受けることができるものであるとはいえず、処分がされる前に差止めを命ずる方法によるのでなければ救済を受けることが困難なものであるということができ、その回復の困難の程度等に鑑み、本件差止めの訴えについては上記『重大な損害を生ずるおそれ』があると認められるというべきである。」

三　無名抗告訴訟としての本件確認の訴えについて

「無名抗告訴訟は行政処分に関する不服を内容とする訴訟であって、……本件通達及び本件職務命令のいずれも抗告訴訟の対象となる行政処分には当たらない以上、無名抗告訴訟としての被上告人らに対する本件確認の訴えは、将来の不利益処分たる懲戒処分の予防を目的とする無名抗告訴訟として位置付けられるべきものと解するのが相当であり、実質的には、本件職務命令の違反を理由とする懲戒処分の差止めの訴えを本件職務命令に基づく公的義務の存否に係る確認の訴えの形式に引き直したものということができる。抗告訴訟については、行訴法において、法定抗告訴訟の諸類型が定められ、改正法により、従来は個別の訴訟類型として法定されていなかった義務付けの訴えと差止めの訴え

が法定抗告訴訟の新たな類型として創設され、将来の不利益処分の予防を目的とする事前救済の争訟方法として法定された差止めの訴えについて『その損害を避けるため他に適当な方法があるとき』ではないこと、すなわち補充性の要件が訴訟要件として定められていること（37条の4第1項ただし書）等に鑑みると、職務命令の違反を理由とする不利益処分の予防を目的とする無名抗告訴訟としての当該職務命令に基づく公的義務の不存在の確認を求める訴えについても、上記と同様に補充性の要件を満たすことが必要となり、特に法定抗告訴訟である差止めの訴えとの関係で事前救済の争訟方法としての補充性の要件を満たすか否かが問題となるものと解するのが相当である。

　本件においては……、法定抗告訴訟として本件職務命令の違反を理由としてされる蓋然性のある懲戒処分の差止めの訴えを適法に提起することができ、その本案において本件職務命令に基づく公的義務の存否が判断の対象となる以上、本件職務命令に基づく公的義務の不存在の確認を求める本件確認の訴えは、上記懲戒処分の予防を目的とする無名抗告訴訟としては、法定抗告訴訟である差止めの訴えとの関係で事前救済の争訟方法としての補充性の要件を欠き、他に適当な争訟方法があるものとして、不適法というべきである。」

四　公法上の当事者訴訟としての本件確認の訴えについて

　「被上告人東京都に対する本件確認の訴えに関しては、行政処分に関する不服を内容とする訴訟として構成する場合には、将来の不利益処分たる懲戒処分の予防を目的とする無名抗告訴訟として位置付けられるべきものであるが、本件通達を踏まえた本件職務命令に基づく公的義務の存在は、その違反が懲戒処分の処分事由との評価を受けることに伴い、勤務成績の評価を通じた昇給等に係る不利益という行政処分以外の処遇上の不利益が発生する危険の観点からも、都立学校の教職員の法的地位に現実の危険を及ぼし得るものといえるので、このような行政処分以外の処遇上の不利益の予防を目的とする訴訟として構成する場合には、公法上の当事者訴訟の一類型である公法上の法律関係に関する確認の訴え（行訴法4条）として位置付けることができると解される。……本件職務命令自体は抗告訴訟の対象となる行政処分に当たらない以上、本件確認の訴えを行政処分たる行政庁の命令に基づく義務の不存在の確認を求める無名抗告

訴訟とみることもできないから、被上告人東京都に対する本件確認の訴えを無名抗告訴訟としか構成し得ないものということはできない。

そして、本件では……、本件通達を踏まえ、毎年度2回以上、都立学校の卒業式や入学式等の式典に際し、多数の教職員に対し本件職務命令が繰り返し発せられており、これに基づく公的義務の存在は、その違反及びその累積が懲戒処分の処分事由及び加重事由との評価を受けることに伴い、勤務成績の評価を通じた昇給等に係る不利益という行政処分以外の処遇上の不利益が発生し拡大する危険の観点からも、都立学校の教職員として在職中の上記上告人らの法的地位に現実の危険を及ぼすものということができる。このように本件通達を踏まえて処遇上の不利益が反復継続的かつ累積加重的に発生し拡大する危険が現に存在する状況の下では、毎年度2回以上の各式典を契機として上記のように処遇上の不利益が反復継続的かつ累積加重的に発生し拡大していくと事後的な損害の回復が著しく困難になることを考慮すると、本件職務命令に基づく公的義務の不存在の確認を求める本件確認の訴えは、行政処分以外の処遇上の不利益の予防を目的とする公法上の法律関係に関する確認の訴えとしては、その目的に即した有効適切な争訟方法であるということができ、確認の利益を肯定することができるものというべきである。したがって、被上告人東京都に対する本件確認の訴えは、上記の趣旨における公法上の当事者訴訟としては、適法というべきである。」

櫻井龍子・金築誠志・横田尤孝各裁判官の補足意見、宮川光治裁判官の反対意見がある。

【評釈】

一　本件においては、第一審が本件通達及び本件職務命令の違憲、違法を認めて注目されたが、本判決[3]は、第一審判決後に下された先例[4]に従って、本件

---

[3]　評釈等として、石崎誠也・行政判例百選II［第6版］（2012年）440頁、加藤文也・労働法律旬報1768号（2012年）22頁、高橋滋・法学セミナー688号（2012年）131頁、羽根一成・職員研修45巻5号（2012年）70頁、室井敬司・法学教室389号（2013年）142頁、山本隆司・論究ジュリスト3号（2012年）117頁などがある。

[4]　最三判平成19年2月27日民集61巻1号291頁、最二判平成23年5月30日民集65巻4号1780頁、最一判平成23年6月6日民集65巻4号1855頁、最三判平成23年6月14日民集65巻4

通達及び本件職務命令の合憲性を認めており、この点では目新しいものではない。しかし、本判決は、2004 (平成 16) 年の行訴法改正によって明文化された差止めの訴えについて、最高裁として初めて判断し、その適法性を認めた点、同改正によって活用が促された公法上の確認の訴えを適法とした点がとくに重要であるほか、抗告訴訟と公法上の当事者訴訟の関係について判示している点、通達及び職務命令の処分性を否定した点も注目される。以下では、通達及び職務命令の処分性 (二)、抗告訴訟と公法上の当事者訴訟の関係 (三)、差止めの訴え (四)、無名抗告訴訟としての確認の訴え (五)、公法上の当事者訴訟としての確認の訴え (六) の各論点を取り上げて検討を加える。

二　本件では、原審が、本件通達は特定の教職員に条件付きで懲戒処分を受けるという法的効果を生じさせるものであり、処分性を有するとした上で、本件差止めの訴え及び本件確認の訴えは補充性の要件を欠き、いずれも不適法と判断していた。これに対し、本判決は、本件通達は上級行政機関から下級行政機関に対する示達または命令にとどまるとして、処分性を否定し、併せて、本件職務命令についても、教職員個人の権利義務に直接影響を及ぼすものではないとして、処分性を否定している (【判旨】一)。

　本判決が指摘するように、本件通達は都立学校の各校長を名宛人とし、職務命令を一義的に義務付けているとはいえず、また、懲戒処分を行う際には裁量が存在するから、本件通達が条件付きで懲戒処分を受ける法的効果を生じさせるとみることには無理がある。通達に対する救済が必要な場合があることも否定できないが、処分性を認めると公定力が発生することを考慮すれば、むしろ公法上の当事者訴訟等による救済が適切と考えられる (宮川反対意見)。したがって、本判決が処分性を否定したことは妥当である。

　職務命令については、違法な職務命令に対する公務員の服従義務をめぐって争いがあり、①重大明白な瑕疵がある場合を除き、服従義務があるとする肯定説、②違法な場合は服従義務がないとする否定説、③訓令的職務命令については原則として服従義務があるが、非訓令的職務命令については服従義務がない

号 2148 頁、最三判平成 23 年 6 月 21 日判時 2123 号 3 頁。

とする折衷説がある[5]。近年有力な折衷説によれば、訓令的職務命令には処分性が否定される一方、非訓令的職務命令については、原則として処分性があるとの見解[6]もあるが、公定力が発生することを理由として消極的な見解[7]も多い。本判決がいずれの説をとるかは定かではないが、折衷説に従ったものとみる余地もある[8]。また、「教職員個人の身分や勤務条件に係る権利義務に直接影響を及ぼすもの」については、処分性を認めるとするように読める点も注目される[9]。

本判決は、さらに、本件職務命令の違反を理由に懲戒処分を受けた場合、懲戒処分の取消訴訟等で本件職務命令の適法性を争うことができるほか、事前救済の争訟方法でもこれを争うことができるから、権利救済の実効性に欠けるところがあるとはいえないとする。浜松市土地区画整理事業計画事件上告審判決（最大判平成20年9月10日民集62巻8号2029頁）が「実効的な権利救済」を考慮して処分性を認めたことと軌を一にするものであり、行訴法改正の影響を看取することができる。また、懲戒処分取消訴訟等において本件職務命令の適法性を争いうるとした点も注目される[10]。

---

5) 村上博「職務命令と服従義務」行政法の争点［第3版］（2004年）174頁以下参照。

6) 平岡久・公務員判例百選（1986年）137頁。

7) 塩野宏『行政法Ⅲ［第4版］』（有斐閣、2012年）316頁以下、宇賀克也『行政法概説Ⅲ［第2版］』（有斐閣、2010年）389頁。訓令的職務命令と非訓令的職務命令の区別を提唱した今村成和『人権叢説』（有斐閣、1980年）100頁以下は、職務命令の処分性について明確には論じていない。室井力＝塩野宏編『行政法を学ぶ2』（有斐閣、1978年）310頁［畠山武道］は、非訓令的職務命令について、「個別的に判断して、職務命令自体の取消しを求めることが許される場合もありうる。たとえば、転任、降任、過員整理のための待命処分などに対しては、他の不利益処分などと同様、取消しを求めて出訴することが許される」とする。

8) 判例時報のコメントは、処分性を否定する点につき、上記折衷説を引用している（判時2152号26頁以下）。

9) 判例時報のコメントは、「長期の研修命令のようにそれ自体が教職員個人の身分や勤務条件に係る権利義務に直接影響を及ぼす職務命令については、別異に解されることになろう」と指摘する（判時2152号27頁）。

10) 本件職務命令が非訓令的なものであるとすれば、本判決は上記折衷説に従ったものといえる。これに対し、山本・前掲注3) 119頁は本件職務命令を訓令的とみており、判例時報のコメントも、本件職務命令を「職員に対し行政機関としての職務上の公的義務を課すにとどまる」（判時2152号26頁）としており、訓令的と解しているようにも読める。仮にそうであれば、本判決は、訓令的職務命令について違法の抗弁を認めたものと位置付けられることになる。塩野・前掲注7) 318頁は、「職務命令の二区分では触れていない事例に関し、違法の抗弁を認めた」ものとみている。

三 抗告訴訟と公法上の当事者訴訟の関係は必ずしも明確ではないが、行訴法改正により当事者訴訟としての確認の訴えの活用が提言された後は、抗告訴訟の範囲を限定する見解がむしろ有力であり[11]、本件のように、不利益処分等の前提となる法的義務の存否等につき争いがあり、原告が自らの解釈に基づいて行動すると当該処分等を受ける可能性がある場合には、当事者訴訟の提起を認めるべきであるとする見解が主張されていた[12]。

先例をみると、長野勤評事件上告審判決（最一判昭和 47 年 11 月 30 日民集 26 巻 9 号 1746 頁、以下「長野勤評判決」という）及び横川川事件上告審判決（最三判平成元年 7 月 4 日訟月 36 巻 1 号 137 頁）は、訴訟類型を明示することなく、法律上の利益を否定して訴えを却下していた。

他方で、薬局開設許可事件においては、第一審が、罰則の適用や薬剤師免許取消処分等を受ける可能性があるが、これらの処分等のあるまで権利救済を待つべきものとすることはできないとして、訴えを適法とし、最高裁も訴えの適法性を前提として本案について判断をした（最大判昭和 41 年 7 月 20 日民集 20 巻 6 号 1217 頁、以下「薬局開設許可判決」という）。調査官はこの訴えを公法上の当事者訴訟であるとしている[13]。

在外国民選挙権訴訟上告審判決（最大判平成 17 年 9 月 14 日民集 59 巻 7 号 2087 頁、以下「在外国民選挙権判決」という）は、特定の選挙において投票できる地位の確認を求める訴えにつき、公法上の当事者訴訟として適法とした上で、請求を認容した。調査官は、当該訴えのような「『（特定の）公権力の行使（不行使）に対する不服の訴訟』としての性質を持った『（当事者訴訟としての）確認訴訟』」も、他に適切な救済の方法がない場合などには許される」[14]とし、「改正法は、形式

---

11) 高木光「改正行訴法の評価」自由と正義 55 巻 12 号（2004 年）61 頁、中川丈久「行政訴訟としての『確認訴訟』の可能性」民商法雑誌 130 巻 6 号（2004 年）18 頁以下、山田洋「確認訴訟の行方」法律時報 77 巻 3 号（2005 年）47 頁、南博方＝高橋滋編『条解行政事件訴訟法［第 3 版補正版］』〔弘文堂、2009 年〕122 頁、128 頁〔山田洋〕、塩野宏『行政法Ⅱ［第 5 版補訂版］』〔有斐閣、2013 年〕264 頁、大貫裕之「実質的当事者訴訟と抗告訴訟に関する論点 覚書」阿部泰隆先生古稀記念『行政法学の未来に向けて』〔有斐閣、2012 年〕639 頁以下など。
12) 山本隆司「差止めの訴えの法定」小早川光郎＝高橋滋編『詳解改正行政事件訴訟法』〔第一法規、2004 年〕77 頁以下、村上裕章「公法上の確認訴訟の適法要件」前掲注 11)『行政法学の未来に向けて』749 頁以下〔本書 229 頁以下〕など。
13) 矢野邦雄・最判解民昭和 41 年度（1979 年）359 頁注 1)。

的な要件をクリアーできないために抗告訴訟として認められない訴訟であって
も、実質的に公権力の行使に対する不服の訴訟として性格付けられるようなも
のについては、『公法上の法律関係に関する確認の訴え』として提起すること
が可能であることを明らかにしようとする考え方を採用したものであるとすれ
ば、本判決の上記の判断は、正に上記改正の趣旨に沿うものである」[15]と述べ、
公法上の当事者訴訟を広く認める方向性を示していた。もっとも、上記「公権
力の行使」は、さしあたり国会の立法行為を念頭に置くものだった[16]。

　本件では、第一審及び原審が、本件確認の訴えをいずれも無名抗告訴訟と捉
えていたのに対し、本判決は、いかなる不利益の防止を目的とするかによって
場合を分け、行政処分による不利益の防止を目的とする場合は無名抗告訴訟、
行政処分以外の措置による不利益の防止を目的とする場合は公法上の当事者訴
訟とする考え方を採用した[17]（【判旨】三及び四）。これも１つの考え方ではあ
るが、本件について明らかなように、同一の紛争につき、争訟形式を２つに分断
するのは不自然ではないかと思われる[18]。また、無名抗告訴訟に関する訴訟要
件の理解次第では、実質的にも権利救済の途を狭めることになりかねない[19]
（後述五参照）。いずれにしても、立法論として「包括的な抗告訴訟の概念」[20]を
維持すべきかどうかについて、改めて検討する必要があるといえよう。

　本判決の射程については、一方で、在外国民選挙権判決との関係から、立法

---

14) 杉原則彦・最判解民平成17年度（下）（2008年）648頁。本文で引用した言葉は、大法廷評議
　　の中で裁判官の一人が述べ、大方の支持を受けたものということである（杉原則彦「活性化する憲
　　法・行政訴訟の現状」公法研究71号（2009年）198頁）。実務家の間では、法令に基づく義務を争
　　う場合、これを無名抗告訴訟と捉えるのがむしろ一般的だったようである（増井和男・ジュリスト
　　953号（1990年）86頁など）。
15) 杉原・前掲注14）最判解民平成17年度673頁注31）。
16) 杉原・前掲注14）最判解民平成17年度671頁注30）。
17) 園部逸夫＝芝池義一編『改正行政事件訴訟法の理論と実務』〔ぎょうせい、2006年〕51頁〔市
　　村陽典〕、西川知一郎編著『行政関係訴訟』〔青林書院、2009年〕208頁〔岡田幸人〕は、差止めの
　　訴え等の訴訟要件に照らし、「請求の形を法律関係の確認の形に引き直したとしても、これらの規
　　定の趣旨を没却する結果になるような内容の確認の訴えは許容されていない」と述べており、本判
　　決と類似の考え方とみることができる。
18) 山本・前掲注3）126頁。
19) 山田洋「実質的当事者訴訟の復権？」論究ジュリスト3号（2012年）115頁。
20) 小早川光郎「抗告訴訟の本質と体系」雄川一郎ほか編『現代行政法大系4』〔有斐閣、1983年〕
　　144頁。

行為による不利益の防止を目的とする確認の訴えは公法上の当事者訴訟に当たると解される。また、薬局開設許可判決におけるように刑事罰が予定されている場合、さらには、氏名等の公表が予定されている場合については、本判決の射程は及ばず、公法上の当事者訴訟で争いうると解するべきであろう[21]。

本判決の後、一般用医薬品を郵便等販売することができる地位の確認が求められた事案について、第一審及び原審がこれを公法上の当事者訴訟として適法としたのを受けて、最高裁は訴えの適法性に触れることなく、請求を認容した（最二判平成25年1月11日裁時1571号5頁）。一般用医薬品の郵便等販売を行った場合、医薬品販売業等の許可取消しや業務停止処分等を受ける可能性があるが、直ちに刑事罰を科せられるわけではないため、本判決の考え方からすれば、本訴は無名抗告訴訟としての確認の訴えとして位置付けられることになるであろう。

四　本判決は、差止めの訴えの訴訟要件のうち、一定の処分がされる蓋然性（行訴法3条7項）については、都教委の量定方針及び処分の実例から、免職処分以外の懲戒処分については蓋然性を認め、免職処分についてはこれを否定している。本件において、X1らを個別に検討すると、いかなる処分がなされるかは必ずしも明らかとはいえないが、処分の一定性及び蓋然性を認めている点は注目される[22]。

重大な損害を生ずるおそれ（行訴法37条の4第1項本文、第2項）については、処分がされることにより生ずるおそれのある損害が、処分がされた後に取消訴訟等を提起して執行停止の決定を受けることなどにより容易に救済を受けることができるものではなく、処分がされる前に差止めを命ずる方法によるのでなければ救済を受けることが困難なものであることを要するとしている（【判旨】

---

21) 山本・前掲注3) 127頁。西川編著・前掲注17) 212頁［岡田］も、刑事罰が予定されている場合について、公法上の当事者訴訟の提起が認められるとする。
22) 山本・前掲注12) 84頁以下は、即時確定の利益が認められ、一括して違法性を判断できるのであれば、処分の内容を完全には特定せずに一定範囲の処分を差止めの対象とすることも許されるとする（「処分一括差止訴訟」）。石崎・前掲注3) 440頁は、本判決が処分一括差止訴訟を認めたものと評価する。山本・前掲注3) 124頁は、処分一括差止訴訟と戒告等の差止訴訟の異質性を指摘し、本判決が免職処分を除外した点を批判する。

ニ）。これは立案関係者の説明[23]に沿った解釈である。もっとも、本件におけるX1ら個々人についてみれば、懲戒処分を受けた後に取消訴訟を提起し、執行停止を申し立てることが可能であるから、この要件は必ずしも厳格に解されるわけではないとも考えられる[24]。

補充性の要件（行訴法37条の4第1項ただし書）について、本判決は、本件通達及び本件職務命令は行政処分にあたらないから、取消訴訟等の対象とはならないこと、懲戒処分の取消訴訟等との関係でも補充性を欠くものではないことを述べる。しかし、懲戒処分取消訴訟等については、重大な損害の要件で考慮しているので、再びこの点を問題とすることには疑問がある[25]。

差止めの訴えの本案勝訴要件について、本判決は、①本件職務命令が違憲無効であって本件各義務が不存在とはいえないから、処分をすべきでないことがその根拠となる法令の規定から明らかであるとはいえず、また、②本件職務命令の違法を理由とする懲戒処分が違法となるかは、懲戒処分には裁量が認められており、将来の当該各処分がされる時点における個別具体的事情を踏まえた上でなければ判断できないから（最一判平成24年1月16日判時2147号127頁（2件）参照）、現時点で当該各処分をすることが裁量権の逸脱濫用にあたるともいえないと判断した（行訴法37条の4第5項）。もっとも、不利益変更禁止の原則により、訴えを却下した原判決に対する上告を棄却するにとどめている。①については、「法令の規定から明らか」という要件の定め方に問題があり、処分の根拠法令が違憲であるような場合、これにあたらないとされるおそれがあると指摘されていたが[26]、本判決をみる限り、この点は杞憂のようである。②については、懲戒処分取消訴訟においてX1らが裁量権の逸脱濫用を主張することが既判力に抵触するかという問題があるが[27]、本判決は上記のように上告棄却

---

23) 小林久起『行政事件訴訟法』〔商事法務、2004年〕188頁以下。このような解釈を批判するものとして、園部＝芝池編・前掲注17) 201頁以下［高安秀明］、石崎・前掲注3) 441頁。
24) 山本・前掲注3) 122頁は、本判決が紛争の抜本的ないし包括的解決という観点を重視して重大な損害の要件を肯定したものと理解する。
25) 山本・前掲注12) 87頁参照。
26) 山本・前掲注12) 89頁以下、園部＝芝池編・前掲注17) 207頁［高安］。
27) 結論として既判力は及ばないと解すべきであるが、訴訟物との関係で理論的な問題があることについては、山本・前掲注12) 90頁、同・前掲注3) 124頁以下、園部＝芝池編・前掲注17) 209頁以下［高安］、石崎・前掲注3) 441頁など参照。

にとどめているため、この問題は顕在化していない。

五　本判決は、本件確認の訴えのうち無名抗告訴訟にあたるものについて、行訴法が法定抗告訴訟の諸類型を定めていること、改正法により義務付けの訴えと差止めの訴えが新たな訴訟類型として創設され、差止めの訴えについて補充性の要件が定められていること等に鑑み、無名抗告訴訟としての確認訴訟についても補充性の要件を満たす必要があるとした上で、①本件においては懲戒処分の差止めの訴えを適法に提起することができ、②その本案で本件各義務の存否が判断の対象となる以上、無名抗告訴訟としての確認の訴えは補充性の要件を欠き、不適法であるとする（【判旨】三）。

　補充性の根拠として差止めの訴えの訴訟要件を援用する点については疑問がある[28]。いずれにせよ、本判決は、上記①及び②の要件を満たす場合について、無名抗告訴訟としての確認の訴えが不適法と判断したにとどまると解すべきである。したがって、差止めの訴えが（一定性や蓋然性の要件を欠くなどの理由で）不適法な場合などは、本判決の射程外といえる。もっとも、差止めの訴えが不適法である場合に、無名抗告訴訟としての確認の訴えが無条件に適法となるとは考えられないので、その場合の確認の利益をどのように判断するのか、公法上の当事者訴訟と同様に解されるのか、長野勤評判決等の法理がなお妥当するのかは定かではない。

六　本判決は、本件確認の訴えのうち、行政処分以外の処遇上の不利益の予防を目的とする訴えについて、公法上の当事者訴訟たる確認の訴え（行訴法4条）として位置付けることができるとした上で、差止めの訴えの重大な損害の要件と同様の事情を挙げて、その目的に即した有効適切な争訟方法であり、確認の利益を肯定できるとし、訴えの適法性を認めている（【判旨】四）。本案については、本件差止めの訴えと同様、先例に従い、本件各義務が不存在であるとはいえず、請求に理由がないと判断したが、不利益変更禁止原則により、上告を棄却するにとどめている。

---

28)　山本・前掲注3) 125頁以下。

公法上の当事者訴訟としての確認の訴えについては、確認の利益をいかに解するかが争われており、①民事訴訟と同様に、「現に、原告の有する権利または法律的地位に危険または不安が存在」（最三判昭和30年12月26日民集9巻14号2082頁）すれば足りるとする見解、②差止めの訴えと同様に、重大な損害を生ずるおそれがあり、損害を避けるため他に適当な方法がないことを要件とする見解（本件原審）、③長野勤評判決等と同様に、「事前の救済を認めないことを著しく不相当とする特段の事情」が必要とする見解（本件第一審）などがある[29]。本判決の「事後的な損害の回復が著しく困難になる」という文言は、差止めの訴えの重大な損害の要件に係る判示と同じ表現であり、また、本件については、長野勤評判決等の基準に照らしても訴えの利益を認めうるとの指摘もある（宮川反対意見）が、本判決は、在外国民選挙権判決と同様、この点について一般論を述べることなく、事例判断にとどめたものとみることができる[30]。いずれにしても、在外国民選挙権判決が選挙権の重要性[31]や回復不可能性を強調していたのに比べると、ハードルがやや下がったとみることもできるであろう。

---

[29]　村上・前掲注12) 741頁参照〔本書222頁〕。
[30]　村上・前掲注12) 751頁〔本書232頁〕。判例時報のコメントも、「予防的確認訴訟における確認の利益に関しては、判例上いまだ一般的な判断基準が示されるには至っておらず、今後も平成16年改正の趣旨を踏まえた上での個々の事案の性質や諸事情に即した個別具体的な判断による事例の集積を待つことになろう」と指摘する（判時2152号29頁）。
[31]　選挙権の重要性を考慮要素とする点については批判が強い。浜川清「在外国民選挙権最高裁判決と公法上の確認訴訟」法律時報78巻2号（2006年）86頁、塩野・前掲注11) 262頁、越智敏裕・行政判例百選II［第6版］（2012年）443頁、山本隆司『判例から探求する行政法』〔有斐閣、2012年〕493頁、山田・前掲注19) 116頁など。

第9章　ワンコインドーム事件

輸送施設使用停止命令並びに運賃の変更命令差止請求控訴事件、大阪高等裁判所平成27年(行コ)166号、平成28年6月30日第三民事部判決、一部変更、確定、判時2309号58頁

【事案】　道路運送法(以下「運送法」という)9条の3によれば、一般乗用旅客自動車運送事業者(タクシー事業者)は旅客の運賃及び料金につき国土交通大臣の認可を受けなければならず、同大臣は所定の基準によって当該認可をしなければならない。しかし、行政運用上は、一定の範囲内の運賃(以下「自動認可運賃」という)であれば、事業者ごとの個別の審査を省略して認可を行い、当該範囲の下限額を下回る運賃(以下「下限割れ運賃」という)については、原則通り、個別の審査を行うこととされていた。2009(平成21)年、規制緩和による弊害(運転手の労働条件悪化等)を是正する目的で、特定地域における一般乗用旅客自動車運送事業の適正化及び活性化に関する特別措置法が制定されたが、2013(平成25)年、その効果が不十分であるとして、議員立法により、同法は特定地域及び準特定地域における一般乗用旅客自動車運送事業の適正化及び活性化に関する特別措置法(以下「特措法」という)に改称され、準特定地域の制度が設けられた。特定の地域において一般乗用旅客自動車運送事業が供給過剰となるおそれがあると認める場合、国土交通大臣は期間を定めて当該地域を準特定地域に指定することができ(特措法3条の2第1項)、公定幅運賃の範囲を指定しなければならない(同16条1項)。準特定地域内に営業所を有する一般乗用旅客自動車運送事業者は、公定幅運賃の範囲内で旅客の運賃を定め、あらかじめ国土交通大臣に届け出なければならない(同16条の4第1項・第2項)。

大阪市域交通圏で一般乗用旅客自動車運送事業を営むX(ワンコインドーム株式会社)は、下限割れ運賃で運送法9条の3の認可を得ていたが、同交通圏が準特定地域に指定され、公定幅運賃(従前の自動認可運賃に消費税分を上乗せしたもの、以下「本件公定幅運賃」という)が指定されたにもかかわらず、従来の下限割れ運賃と同額の運賃の届出(以下「本件届出1」という)をした。国土交通大臣の

委任を受けた近畿運輸局長から適法な公定幅運賃を届け出るよう指導・勧告を受けたので、Xは、国を被告として、①公定幅運賃の範囲内の運賃を届け出ないことを理由とする輸送施設使用停止命令（特措法17条の3第1項、以下「処分a」という）、②運賃変更命令（同法16条の4第3項、以下「処分b」という）、③処分bに従わないことを理由とする輸送施設使用停止命令（同法17条の3第1項、以下「処分c」という）、④再度の運賃変更命令（処分b）に従わないことを理由とする事業許可取消し（同項、以下「処分d」という）の差止訴訟を提起するとともに、仮の差止めを申し立てた。その後、近畿運輸局長は運賃変更命令のために弁明の機会の付与の通知をし（同法16条の4第2項）、Xは弁明書を提出するとともに、消費税分を上乗せした運賃の届出（以下「本件届出2」という）を行った。

仮の差止めに係る大阪地決平成26年7月29日判時2256号3頁（以下「ワンコイン地決」という）は、償うことのできない損害の要件について、処分aに関しては、Xの事業基盤に深刻な影響を及ぼすとはいえないとして要件該当性を否定したが、処分b～dに関しては、Xは直ちに処分bを受け得る状況にあり、その後短期間で処分c及びdを受けるところ、処分dによりタクシー事業の遂行自体が不可能となり、Xの事業基盤に深刻な影響が及ぶとして、要件該当性を肯定し、本案訴訟である差止訴訟も適法要件を満たすとした上で、公定幅運賃の指定には裁量が認められるが、本件公定幅運賃は下限割れ運賃で認可を受けていた事業者を考慮せずに設定された点で合理性を欠くから、本案について理由があるとみえるとして、処分b～dに係る仮の差止めを認容した。

差止訴訟に係る大阪地判平成27年11月20日判時2308号53頁[1]（以下「ワンコイン地判」という）は、処分aについては重大な損害の要件該当性を否定する一方、処分b～dについてはこれらを一体としてとらえて要件該当性を肯定し、本件公定幅運賃の指定は下限割れ運賃で認可を受けていた事業者を考慮しなかった点で合理性を欠くとして、請求を認容した。

国が控訴した（Xは控訴しなかったので、原判決のうち処分aに係る部分は確定した）ところ、本判決[2]（以下「ワンコイン高判」という）は、判旨一の通り、処分b及

---
1) 評釈として、湊二郎・新判例解説Watch19号（2016年）37頁がある。
2) 評釈として、友岡史仁・ジュリスト1506号（2017年）96頁、同・経済法判例・審決百選［第2版］（2017年）264頁、中島徹・判例評論700号（2017年）2頁がある。阿部泰隆「改正タクシー特

びdに係る訴えのみを適法とし、本案については原判決を引用した上で、控訴理由に判旨二の通り応え、当該訴えに係る請求を認容した。国は上告せず、本判決は確定した[3]。

【判旨】（〔　〕は引用者による挿入）
一　重大な損害を生ずるおそれの有無について
　「運賃変更命令〔＝処分b〕についてみると、運賃変更命令がされれば、被控訴人がその後特措法20条の3第4号の構成要件を満たす蓋然性は極めて高く、刑事罰の対象となることは確実であると解される。同号違反の法定刑は100万円以下の罰金刑であり、仮にその上限の刑を受けたとしても、そのこと自体が被控訴人の事業基盤に深刻な影響を及ぼすとは解されない。しかし、刑事罰を受けることは、単に経済的な負担だけではなく、被控訴人の社会的信用を著しく損ない、また、いったん刑が確定した場合に、それを覆し、社会的信用を回復することは困難又は不可能と解される。そうすると、被控訴人が運賃変更命令を受けることにより生ずるおそれのある損害（刑事罰を受けることによる損害）は、処分がされた後に取消訴訟等を提起して執行停止の決定を受けることなどにより容易に救済を受けることができるものではなく、処分がされる前に差止めを命ずる方法によるのでなければ救済を受けることが困難なものであるというべきである。控訴人は、運賃変更命令違反の運賃を収受することによる刑事罰を避けるために取消訴訟を提起して執行停止を得るまでの短期間営業を差し控えたとしても、それによる損害は金銭賠償で十分回復可能であると主張するが、この場合、被控訴人は営業を全面的に停止しなければならないことになりかねないのであるから、控訴人の上記主張は採用することができない。
　次に、運賃変更命令違反による使用停止処分についてみると、使用停止処分2〔＝処分c〕は、処分基準公示上、運賃の設定違反を理由とするものよりも重いとされるが、なお60日車の自動車等の使用停止〔＝1台であれば60日間の使用を

　　措法（2013年）の違憲性・違法性」判時2302号（2016年）13頁、棟居快行「憲法訴訟の実践と理論【第4回】——タクシー事業における運賃決定の自由と規制」判時2331号（2017年）3頁も参照。
3）　阿部・前掲注2）26頁によれば、国は、下限割れ運賃事業者が存在する地域のみを対象として、運賃原価に当該事業者の実績値を加えて再査定する方針とのことである。友岡・前掲注2）百選265頁も参照。

停止させること〕にとどまり、一つの運賃変更命令に基づいてその違反を理由に複数回の使用停止処分をすることは予定されていない。また、再度の運賃変更命令の違反による使用停止処分があり得るとしても、先の使用停止処分との間には相当の間隔が生じることになると解される。そうすると、使用停止処分2がされた後に取消訴訟を提起して執行停止の決定を受けることなどにより救済を受けることが可能であると考えられる。また、被控訴人が運送収入の減少等の経済的損害を被るとしても、車両数90台で営業する被控訴人の事業基盤に深刻な影響を及ぼすとまでは考えられず、上記経済的損害は、後の金銭賠償によって十分回復可能というべきである。そうすると、使用停止処分2によって被控訴人に「重大な損害を生ずるおそれ」があるものとは認められない。

　これに対し、事業許可取消処分〔＝処分 d〕については、被控訴人が同処分を受けた場合、タクシー事業の遂行自体が不可能になり、そうなれば当然被控訴人の事業基盤に深刻な影響が及ぶものといえる。したがって、同処分が違法であった場合、同処分がされることにより生ずる損害は、処分がされた後にその取消訴訟等を提起して執行停止の決定を受けることなどにより容易に救済を受けることができるものであるとはいえず、処分がされる前に差止めを命ずる方法によるのでなければ救済を受けることが困難なものであるというべきである。

　控訴人は、事業許可取消処分がされても、被控訴人が取消訴訟を提起しかつ執行停止決定を受ければ、一定期間でタクシー事業を継続できる地位を回復することができるし、事業許可取消処分による損害は、事後的な金銭賠償により回復可能である旨主張する。しかし、上記のとおり、事業許可取消処分によりタクシー事業の継続は全く不可能になる。また、その後取消訴訟を提起して執行停止を申し立て、その決定を得るまでには相応の期間を要する。したがって、仮に執行停止を得ることができても、それまでに多大な経済的損害を受けるおそれがある。よって、控訴人の上記主張は採用することができない。

　なお、被控訴人は、運賃変更命令、使用停止処分2、事業許可取消処分は事業許可取消処分に向けて反復継続的かつ累積的にされるから、一体として評価すべきである、一体として評価しないとしても、密接な関係を無視すべきではない旨主張する。しかし、上記判示のとおり、運賃変更命令、使用停止処分2及び事業許可取消処分は、その目的は共通であるが、要件・効果を異にし、重

大な損害の要件の有無を個別に判断することを妨げる事情は認められない。したがって、これらを一体として評価すべき理由はなく、一体として評価することは適切でもない。密接な関係があるといっても同様である。」

二　近畿運輸局長による裁量権の逸脱濫用について

「自動認可運賃の上限は、各地域において標準的、能率的な経営を行っている複数事業者の全体の収支が償う水準の運賃という考え方で設定され、下限は、これらの事業者のうちでも、他の事業者に比べ、特に効率的な経営を行った場合に収支が償う水準の運賃という考え方で設定されていたことが認められるが、〔中略〕自動認可運賃の下限の設定方法と下限割れ運賃に対する審査方法をみても、考え方は連続している。したがって、下限割れ運賃の認可を個別に受けていた事業者も『特に能率的な経営を行った事業者』に分類することは、十分可能である。

以上によれば、道路運送法の下では、自動認可運賃で認可を受けて営業する事業者も下限割れ運賃のため個別の審査を受けた上で認可を受けて営業する事業者も、等しく、効率的な経営の下における適正な原価に適正な利潤を加えた運賃を設定して営業する事業者であったということができる。

そうすると、自動認可運賃制度において下限割れ運賃で営業していたタクシー事業者が特措法の「能率的な経営を行う標準的な」事業者から排除されるいわれはないと解される。とりわけ、〔中略〕平成26年1月の時点で、近畿運輸局管内においては、他管内に比べ、下限割れ運賃の事業者が多く、その割合も全事業者の12％を占めていたことが認められるから、これを「能率的な経営を行う標準的な」事業者から排除することは不合理と考えられる。

そもそも、自動認可運賃の幅が合理的であったとしても、自動認可運賃の幅は公定幅運賃の範囲と趣旨・目的を同じくするとの根拠は見当たらない。道路運送法の認可基準の規定と特措法16条2項の規定とは要件が一致するわけではなく、特措法における公定幅運賃と道路運送法の下での自動認可運賃とは要件・効果が明らかに異なる（繰り返すまでもなく、公定幅運賃は、範囲外の運賃での営業を一切認めないという仕組みになっている）。したがって、公定幅運賃制度という新たな制度を導入した以上、自動認可運賃の範囲の上限を超える運賃の認可申

請がなかったからといって、運賃原価を見直す必要がなかったとは考えられない。」

「以上のとおり、公定幅運賃制度という新たな制度の下で近畿運輸局長が公定幅運賃を設定するに当たり、下限割れ運賃で営業する事業者がいるのであれば、このような営業をしていた事業者における原価も考慮すべきであったというべきであり、考慮しないことが近畿運輸局長の裁量権の範囲内にとどまるということができない。」

【評釈】
一　はじめに
　差止訴訟及び仮の差止めは要件が厳しいが、本章で取り上げるワンコインドーム事件に係る決定及び判決（以下「ワンコイン諸判決」という）は、仮の差止めを一部認容した上、差止訴訟を一部適法とし、さらに差止請求を認容しており、大変注目に値する。

　本件の同種事件は多数存在し、公刊されたものだけでも、関西 MK タクシー事件に関する大阪地決平成 26 年 5 月 23 日 LEX/DB[4]、大阪高決平成 27 年 1 月 7 日判時 2264 号 36 頁[5]、大阪地判平成 28 年 9 月 15 日 LEX/DB、壽タクシー事件に関する大阪地判平成 27 年 12 月 16 日裁判所 HP、大阪高判平成 28 年 6 月 17 日裁判所 HP、福岡 MK タクシー事件に関する福岡地決平成 26 年 5 月 28 日 LEX/DB、福岡高決平成 27 年 1 月 7 日 LEX/DB、福岡地判平成 28 年 2 月 26 日 LEX/DB、福岡高判平成 29 年 1 月 19 日 LEX/DB、ブルーズー事件に関する福岡地決平成 26 年 5 月 28 日 LEX/DB、福岡高決平成 27 年 1 月 9 日 LEX/DB[6]、福岡地判平成 28 年 9 月 27 日 LEX/DB、幸福運輸事件に関する青森地判平成 28 年 7 月 29 日 LEX/DB がある（以下「関西 MK 地決」などといい、あわせて「関連諸判決」という）。すべてが公定幅運賃を違法と判断しているが、相違点も見られる[7]（次の表を参照）。

---

[4]　評釈として、由喜門眞治・新判例解説 Watch15 号（2014 年）65 頁がある。
[5]　評釈として、渡辺昭弘・ジュリスト 1480 号（2016 年）103 頁、巻美矢紀・法学教室 425 号別冊付録判例セレクト 2015 [I]（2016 年）10 頁、押久保倫夫・平成 27 年度重判解（2016 年）22 頁、青木淳一・自治研究 92 巻 9 号（2016 年）129 頁がある。
[6]　評釈として、武田芳樹・法学セミナー 720 号（2015 年）114 頁がある。

表　各裁判の概要

事件名	裁判	仮の差止め	差止訴訟の訴訟要件	本案
ワンコイン	地決	処分 b〜d 分を認容（一体説）	処分 b〜d 分は適法（一体説）	（違法）
	地判		処分 b〜d 分は適法（一体説）	違法
	高判		処分 b・d 分は適法（個別説）	違法
関西 MK	地決	処分 b〜d 分を認容（一体説）	処分 b〜d 分は適法（一体説）	（違法）
	高決	処分 b〜d 分を認容（一体説）	処分 b〜d 分は適法（一体説）	（違法）
	地判		処分 b 分は適法（個別説）	違法
壽	地判		処分 b〜d 分は適法（一体説）	違法
	高判		処分 b 分は適法（個別説）	違法
福岡 MK ※処分 a・b のみが対象	地決	処分 b 分を認容	処分 b 分は適法	（違法）
	高決	処分 b 分を認容	処分 b 分は適法	（違法）
	地判		処分 b 分は適法	違法
	高判		処分 b 分は適法	違法
ブルーズー	地決	処分 b 分を認容	処分 b 分は適法	（違法）
	高決	処分 b 分を認容	処分 b 分は適法	（違法）
	地判		処分 b〜d 分は適法（一体説）	違法
幸福運輸	地判		処分 b 分は適法（個別説）	違法

　本章では、ワンコイン諸判決を中心として、関連諸判決にも適宜言及しつつ、仮の差止めの要件（二）、差止訴訟の訴訟要件（三）、本件公定幅運賃の適法性（四）について検討を加える。特措法の違憲性[8]及び準特定地域指定の違法性に

---

7)　福岡 MK 事件及びブルーズー事件では、差止訴訟のほか、確認訴訟も提起されている。また、福岡 MK 事件では処分 c・d は争われていない。なお、大阪地裁については、ワンコイン地決・地判、壽地判は第二民事部（裁判長のみ共通）、関西 MK 地決・地判は第七民事部（1 名のみ共通）である。大阪高裁については、ワンコイン高判は第七民事部、関西 MK 高決は第五民事部、壽高判は第四民事部である。福岡地裁については、福岡 MK 地決・地判は第六民事部、ブルーズー地決・地判は第二民事部である。福岡高裁については、福岡 MK 高決は第二民事部、同高判は第一民事部、ブルーズー高決は第三民事部である。

8)　関西 MK 地決・高決は違憲性を否定している。憲法上の問題については、阿部・前掲注 2) 13 頁以下、渡辺・前掲注 5) 104 頁以下、押久保・前掲注 5) 23 頁、青木・前掲注 5) 139 頁以下、中島・前掲注 2) 6 頁以下、棟居・前掲注 2) 3 頁以下など参照。

ついては検討しない。

二　仮の差止めの要件

ここでは償うことのできない損害と公共の福祉の要件について検討する。差止訴訟の適法性（蓋然性、補充性）については三で、本案の理由については四で、それぞれ検討する。

(1)　償うことのできない損害

仮の差止めについては、「償うことのできない損害を避けるため緊急の必要」があることが要件とされている（行政事件訴訟法37条の5第2項）。この要件については、金銭賠償が不可能な場合に加え、社会通念に照らして金銭賠償のみによることが著しく不相当と認められる場合も含むと解されている[9]。

ワンコイン地決は、同様の解釈に基づき、処分aについては要件該当性を否定し、処分b～dについてはこれを肯定しており、その他の決定もほぼ同旨である。ただし、福岡MK事件では処分c・dの差止めが求められておらず、これらについては判断されていない。

この要件は差止訴訟の重大な損害の要件を厳格化したものであるが[10]、内容的には重なるところがあり、後に詳しく検討する（三(2)）。そこで見る通り、処分aについては重大な損害が否定されており、上記要件を満たすことは困難であるが、処分b～dについては、少なくともこれらを一体的にとらえる限り、要件該当性を肯定しうると解される。

(2)　公共の福祉への影響

「公共の福祉に重大な影響を及ぼすおそれ」があるときは、仮の差止めをすることができない（行政事件訴訟法37条の5第3項、消極要件）。執行停止（同25条4項）と同様の要件であるが、立案関係者は、「執行停止の場合と同様に、慎重な解釈運用がされるものと考えます」[11]と説明している。

被告国は、仮の差止めが認められると、事実上、申立人以外のタクシー事業者に対しても運賃変更命令等をすることができない状況となり、これを見越し

---

9)　小林久起『行政事件訴訟法』〔商事法務、2004年〕290頁。
10)　小林・前掲注9) 286頁。
11)　小林・前掲注9) 293頁。

て公定幅運賃の範囲内にない運賃を届け出るタクシー事業者が現れれば、運賃が無規制化し、公定幅運賃の範囲内の運賃を設定するタクシー事業者やバス事業者等に甚大な経済的損害が生ずるなど、市場が大混乱する事態に陥るおそれがあるから、公共の福祉に重大な影響を及ぼすおそれがあると主張していた。

ワンコイン地決は、大阪市域交通圏において複数の事業者が公定幅運賃の範囲内にない運賃の届出をした後、指導に従って公定幅運賃の範囲内での届出をした例があるが、これらの事業者の多くが改めて公定幅運賃の範囲内にない運賃の届出をするということはできないし、仮にそうなったとしても、直ちに公定幅運賃の範囲内にある運賃を設定するタクシー事業者やバス事業者等に甚大な経済的影響が生じ、市場に大きな影響が及ぶということはできないなどとして、上記主張を認めなかった。ほかの決定もほぼ同旨を述べて要件該当性を否定している。

仮の差止めの効力を直接受けるのは申立人に限られる上、下限割れ事業者が従来通りの運賃で営業を続けても現状が大きく変わるわけではないし、その他の事業者が直ちに運賃を引き下げるとは必ずしも考えられないことからすると、要件該当性を否定する判断は妥当ではないかと思われる。

三 差止訴訟の訴訟要件

(1) 蓋然性

差止訴訟を適法に提起するためには、一定の処分が「されようとしている」ことが必要である（行政事件訴訟法3条7項）。この要件については、原告が処分等がされることの主観的なおそれを抱いているのみでは足りず、客観的に見て処分等がされる相当程度の蓋然性があることが必要であり、具体的な事案ごとに、処分の事前手続の進行状況、本人に対するこれまでの処分状況、類似事例の処理状況、行政庁の効果裁量の有無、行政庁の内部準則、被告の応訴態度等の諸般の事情を考慮して検討せざるを得ないとされている[12]。

本件において、近畿運輸局長は、「特定地域及び準特定地域における一般乗用旅客自動車運送事業の適正化及び活性化に関する特別措置法第16条の4第

---

12) 高橋滋ほか編『条解行政事件訴訟法［第4版］』〔弘文堂、2014年〕783頁以下［川神裕］。

3項に基づく運賃の変更命令について」(平成26年1月27日付け近運自二公示第40号)により、公定幅運賃の範囲内にない運賃の届出があった場合、一定の手続を経て運賃変更命令を行うことを定めていた。また、「一般乗用旅客自動車運送事業者に対する行政処分等の基準について」(平成21年10月付け近運自監公示第11号、近運自二公示第34号、近運技保公示第6号)により、公定幅運賃の範囲外の運賃を設定した場合、初違反で20日車の施設停止処分をすること、運賃変更命令に従わなかった場合、初違反で60日車の施設停止処分を、2回目の運賃変更命令に従わなかった場合、許可取消処分をすること等を定めていた。

　被告国は、処分aについてはいまだ弁明の機会を付与していない、処分bについては本件届出2に係る弁明の機会を付与していない、いまだ処分bがなされておらず、これに対する違反を理由として処分c・dがなされる可能性の有無すら現時点では判然としないとして、いずれについても蓋然性がないと主張していた。

　ワンコイン地判は、Xが下限割れ運賃による事業を継続する可能性が高く、近畿運輸局長がこれを放置することは考えがたいから、上記の各公示を踏まえると、Xにおいて公定幅運賃の範囲内の運賃変更届出をしないとして、近畿運輸局長が処分b違反を理由とする処分cをし、さらに、再度の処分bをした上、これにも従わないXに対してその命令違反を理由として、処分dに至る可能性が高いと認めて、いずれの処分についても蓋然性を肯定し、ワンコイン高判もこれを引用している。関連諸判決もほぼ同様に解しているが、ブルーズー地決は、処分b後に事情が変化する可能性もあるとして、処分c・dの蓋然性を否定している。また、幸福運輸地判は、処分bの差止めを求める請求を認容した場合は、処分d・dがされる蓋然性が高いとはいえないとしている(この点は(4)で検討する)。

　本件におけるX及び近畿運輸局長の態度、上記各公示の定め等に照らせば、いずれの処分についても蓋然性を肯定しうるのではないかと思われる。

(2)　**重大な損害**

　差止訴訟を適法に提起するためには、処分がされることにより「重大な損害を生ずるおそれ」があることが必要である(行政事件訴訟法37条の4第1項本文)。この要件について、最判平成24年2月9日民集66巻2号183頁(東京都教職員

国旗国歌訴訟、以下「平成24年最判」という）は、「処分がされることにより生ずるおそれのある損害が、処分がされた後に取消訴訟等を提起して執行停止の決定を受けることなどにより容易に救済を受けることができるものではなく、処分がされる前に差止めを命ずる方法によるのでなければ救済を受けることが困難なものであることを要する」と解している[13]。

　ワンコイン諸判決及び関連諸判決はいずれも平成24年最判を前提としているが、処分b〜dを一体として判断するもの（ワンコイン地決・地判、関西MK地決・高決、壽地判、ブルーズー地判、以下「一体説」という）と、処分ごとに判断するもの（ワンコイン高判、関西MK地判、壽高判、幸福運輸地判、以下「個別説」という）に分かれる。

　平成24年最判は、職務命令違反行為に対し、1回目は戒告、2・3回目は減給、4回目は停職とする処分基準が存在した事案において、蓋然性の要件については免職処分とその他の処分（停職・減給・戒告）を分けて判断する一方、重大な損害の要件については、「懲戒処分が反復継続的かつ累積加重的にされていくと事後的な損害の回復が著しく困難になる」として、これらの処分の要件該当性を肯定している。一連の処分が「反復継続的かつ累積加重的に」なされる場合は、重大な損害の要件を一体として判断すべきとする趣旨と解される。

　本件は必ずしも同様の事案ではないが、先行処分を前提として後続処分が累積加重的になされる点で共通点があると考えられる[14]。この点を重視するならば、本件においても一体説をとるべきことになるであろう[15]。

　一体説に立つ場合、処分bによって刑事罰を受ける可能性がある上、上記

---

[13] これは立案関係者の説明（小林・前掲注9) 189頁）にそった解釈である。
[14] 平成24年最判の事案では、同一の非違行為が反復してなされることにより処分が加重されるのに対し、本件では、先行処分への違反を理由として後行処分がされる点に相違がある。前者では後行処分を加重する根拠が処分基準にあるのに対し、本件では、処分の加重は告示（処分基準）に基づくものの、先行処分が後行処分の要件となることは法令に定められており、先行処分と後行処分の条件関係は本件の方がより明確ともいえよう。
[15] 山本隆司・論究ジュリスト3号（2012年）124頁は、平成24年最判の蓋然性に関する判断について、即時確定の利益が認められ、一括して違法性を判断できるのであれば、処分の内容を完全には特定せずに一定範囲の処分を差止めの対象とすることも許されるべきであり、免職処分を除外すべきではないと批判する。このような理解に立つならば、一体説をとるのは当然ということになるであろう。

各公示によればその後短期間に処分 c・d がなされるから、重大な損害を肯定することが容易であろう。

　個別説に立つ場合、処分 b については、その違反に対して刑事罰が科せられていることから、重大な損害を認めることは容易であり、ワンコイン高判（判旨一）はこの趣旨を明示している（壽高判も同旨）。処分 d についても、事業者の経営基盤に打撃を与えることから、同様に解しうる。一方、処分 c については、比較的短期間の使用停止にとどまるので、事業者の規模にもよるが、要件該当性を肯定することは難しいといえよう。

(3) 補充性

　差止訴訟は、処分等によって生じる損害を避けるため他に適当な方法があるときは、適法に提起することができない（行政事件訴訟法 37 条の 4 第 1 項ただし書、消極要件）。立案関係者は、他の適当な方法として、差止めを求める処分の前提となる処分があって、その前提となる処分の取消訴訟を提起すれば、当然に後続する差止めを求める処分をすることができないことが法令上定められている場合（国税徴収法 90 条 3 項等）を挙げる[16]。

　平成 24 年最判は、この要件について、取消訴訟及び執行停止との関係を検討しており、ワンコイン諸判決及び関連諸判決もこれにならっている。これに対しては、重大な損害の要件と重複するのではないかとの疑問も提起されている[17]。

　なお、関西 MK 地判は、処分 b の差止めが認められれば、処分 d がなされる可能性がなくなるので、後者については補充性を欠くと判断しているが、この点は次に検討する。

(4) その他

　上記の通り、幸福運輸地判は、処分 b が差し止められれば処分 c・d はその前提を欠くとしてこれらの蓋然性を否定しており、同様の理由から、関西 MK 地判は処分 d に関しては補充性の要件を欠くとしている。また、壽高判は、処分 b が差し止められれば処分 c・d はその前提を欠くことになるから、これらを差し止める必要性はないとする（訴えの利益を欠くとの趣旨であろうか）。

---

16) 小林・前掲注 9) 191 頁。
17) 村上裕章・判例評論 651 号（2013 年）5 頁〔本書 179 頁〕、由喜門・前掲注 4) 67 頁、湊・前掲注 1) 40 頁。

上記の一体説に立つならば、この点は論じるまでもないと思われる。個別説に立つ場合、少なくとも判決が確定するまでは処分c・dがなされる可能性があるから、蓋然性や訴えの利益を否定することは疑問である。補充性については、立案関係者が想定していたのは、上記の通り、先行処分に対して取消訴訟が提起されると後行処分が禁止される場合であり、本件のように先行処分が差し止められると後行処分が前提を欠くことになる場合にまで拡大できるかが問題である[18]。

四　本件公定幅運賃の違法性

差止訴訟の本案勝訴要件は、行政庁が当該処分をすべきでないことが根拠規定から明らかであるか、当該処分をすることが裁量権の逸脱濫用になることである（行政事件訴訟法37条の4第5項）。ワンコイン諸判決と関連諸判決はすべて公定幅運賃を違法としている。以下、裁量の有無広狭、司法審査の方法、本件公定幅運賃の適法性を検討する。

(1) 裁量の有無広狭

裁量の範囲（幅）・内容は、各処分ごとに、その根拠法規の法律解釈によって判断され、処分の目的・性質、対象事項、処分における判断の性質、処分の根拠法規の定め方などが考慮されるといわれている[19]。

公定幅運賃の要件は、「能率的な経営を行う標準的な一般乗用旅客自動車運送事業者が行う一般乗用旅客自動車運送事業に係る適正な原価に適正な利潤を加えた運賃を基準とすること」（特措法16条2項1号）、「道路運送法第9条第3号に規定する一般旅客自動車運送事業者の間に不当な競争を引き起こすこととなるおそれがないものであること」（同項3号）などである。

被告国は広範な裁量が認められると主張しているが、これを明示的に認めた裁判例は見当たらない。ワンコイン地決は、「ある程度の裁量的要素があることは否定できない」としつつ、「一定の制約を受ける」として、判断が「合理性を欠く」場合には裁量権の逸脱・濫用が認められるとしている。ワンコイン

---

18) 中島・前掲注2) 5頁は、「運賃変更命令だけを差止めれば以後の処分を受ける余地はないというのは形式論ではないだろうか」と述べる。
19) 川神裕「裁量処分と司法審査（判例を中心として）」判時1932号（2006年）11頁。

地判も、「一定の裁量」を認めつつ、判断が「合理性を欠く」場合には違法となるとする。関連諸判決もほぼ同旨である。いずれも比較的狭い裁量を認めるものと解される[20]。要件が抽象的ではあるものの、営業の自由を制約することに鑑みれば、適切な解釈といえる。

(2) 司法審査の方法

ワンコイン地決は、「考慮すべき事項を考慮しなかった」として、公定幅運賃は「合理性を欠くものであると一応認めることができる」とする。ワンコイン地判も、「判断の過程において考慮すべき事項を考慮しないこと等によりその内容が合理性を欠くものと認められる場合」は、裁量権の逸脱・濫用があるとする。ワンコイン高判も、「判断の過程において考慮すべき事項を考慮せず、その内容が合理性を欠くものと認められるとき」は、裁量権の逸脱・濫用があるとする。関西MK地判、壽地判・高判、ブルーズー地判、幸福運輸地判なども同旨を述べている。ここには最判平成18年2月7日民集60巻2号401頁（呉市公立学校施設使用不許可事件）や最判平成18年11月2日民集60巻9号3249頁（小田急訴訟本案）の影響がうかがわれ、いわゆる判断過程審査を行っているようである。他方、関西MK地決・高決はこの点を明示していない。

判断過程審査の意味は必ずしも明確ではないが、行為の内容（結論）ではなく、行為を行うに至った判断過程に着目した審査である点に特色があると考えることができる[21]。

そうであれば、適切な考慮に基づいて同一の公定幅運賃の設定を許容する趣旨であれば判断過程審査、これを許容しない趣旨であれば実体的審査とみることができるように思われる。

(3) 本件公定幅運賃の適法性

被告国は、本件公定幅運賃が適法であるとする根拠として、特措法改正が下限割れ運賃を認めない趣旨で制定されたことを挙げ、国会審議における法案提出者等の発言を、これを裏付けるものとして援用している。条文上の根拠としては、公定幅運賃の要件で能率的な経営を行う「標準的な」事業者という文言

---

20) 村上裕章「判断過程審査の現状と課題」法律時報85巻2号（2013年）14頁〔本書の242頁以下〕参照。
21) 村上・前掲注20) 13頁以下〔本書241頁以下〕。

が用いられており、これは従来の自動認可運賃の事業者を指すと主張している。

これに対し、ワンコイン諸判決及び関連諸判決はすべて公定幅運賃を違法と判断している。その理由はほぼ共通しているが、ワンコイン地決・地判は、下限割れ運賃も運送法9条の3に基づいて認可されていたから、それによって不当な競争を引き起こすおそれ等があるとはいえず、公定幅運賃の設定にあたっては当該事業者の経営実態等を考慮すべきとする。ワンコイン地判はさらに、特措法16条2項1号が、能率的な経営を行う標準的な事業者が行う事業に係る適正な原価に適正な利潤を加えた運賃を「標準とすること」とされていることから、上記の解釈は文言と矛盾するわけではないとし、法律の解釈にあたっては、立法目的との関連において合理的に解釈すべきであるところ、国会審議における発言内容が直ちに法律解釈の合理性を担保するわけではないと述べている。ワンコイン高判も、地裁判決を引用した上で、控訴理由に判旨2の通り応えている。

改正特措法の立案者が下限割れ運賃の廃止を意図していた可能性はあり、文言上、被告国のように解釈する余地がないとはいえない[22]。にもかかわらず、ワンコイン諸判決及び関連諸判決が一致して公定幅運賃を違法としたことは非常に注目されるところである。

この点については、下限割れ運賃を全面禁止する趣旨と解した場合、憲法適合性の問題が生じうることから、実質的に合憲限定解釈を行っているとの指摘がある[23]。また、新たな規制が職業の自由を相当程度制約する場合、授権の趣旨が明確に読み取れることを要求する最判平成25年1月11日民集67巻1号1頁（医薬品ネット販売権確認訴訟）の影響も考えられる[24]。必ずしも明示されているわけではないが、原告となった下限割れ事業者はいずれもそれなりに合理

---

22) 判時2309号59頁の匿名コメントは、「立法者は、下限割れ運賃事業者を抑圧することを目的に公定幅運賃制度を工夫したのであろうから、そのような考慮事項〔＝下限割れ運賃事業者の考慮〕は見いだせる条文はなさそうである」と述べる（〔　〕は引用者による挿入）。
23) 注22）で引用した匿名コメント、湊・前掲注1) 40頁、押久保・前掲注5) 23頁、棟居・前掲注2) 10頁。ブルーズー地決・高決は特措法の憲法適合的解釈にも言及している。ワンコイン地決・地判、大阪MK地判、壽地判は、国側主張のように解した場合、規制と目的の関連性に疑問が生じうるとする。福岡MK高決は「場合によれば営業の自由に抵触しかねない」とする。
24) 渡辺・前掲注5) 106頁、阿部・前掲注2) 23頁。

的な経営を行って利益を上げていることから、公定幅運賃を強制することは妥当ではない、との心証を裁判官が得たとも考えられる。

第10章　厚木基地第四次訴訟（行政訴訟）上告審判決

（各航空機運航差止等請求事件、最高裁平成26（行ヒ）512号・同513号、平成28年12月8日一小法廷判決、一部破棄自判、一部棄却、民集70巻8号1833頁）

【事案】　アメリカ合衆国海軍（以下「米軍」という）及び海上自衛隊が使用する厚木海軍飛行場（以下「厚木基地」といい、同基地内の滑走路等からなる「厚木飛行場」を「本件飛行場」という）の周辺住民らが、同基地に離着陸する航空機の騒音により被害を受けていると主張し、国を被告として、①主位的に、行政事件訴訟法（以下「行訴法」という）3条7項所定の差止訴訟（以下「法定差止訴訟」という）または無名抗告訴訟として、同基地の自衛隊機の一定の態様による運航の差止め及び米軍機の一定の態様による運航のために同基地の一定施設等を使用させることの差止めを、②予備的に、行訴法4条後段所定の公法上の当事者訴訟として、同基地における音量規制（予備的請求その1）またはこれと同等の効果をもたらす被告の公法上の義務の存在ないし原告らの公法上の義務の不存在の確認（同その2ないしその4）を求めた。

　第一審（横浜地判平成27年7月30日判時2277号38頁〈参考判例〉[1]、以下「第一審判決」という）は、自衛隊機の運航差止めを求める訴え（以下「本件訴え」という）を無名抗告訴訟として適法とし、請求を一部認容した。控訴審（東京高判平成27年7月30日判時2277号13頁[2]、以下「控訴審判決」という）は、本件訴えを法定差止

---

[1] 評釈等として、麻生多聞・法学セミナー716号（2014年）114頁、大久保規子・環境と公害44巻2号（2014年）20頁、岸本大樹・平成26年度重判解（2015年）40頁、鈴木秀雄・平成26年行政関係判例解説（2016年）88頁、関守麻紀子・公害弁連ニュース177号（2014年）5頁、高木英行・法学教室414号別冊判例セレクト2014［II］（2015年）12頁、深澤篤一郎・新判例解説Watch16号（2015年）37頁、福田護・法学セミナー719号（2014年）20頁、本多滝夫・法学教室411号（2014年）50頁、松井章浩・新判例解説Watch17号（2015年）331頁、村上裕章・法政研究82巻2号（2015年）65頁、山下竜一・法学セミナー716号（2014年）115頁などがある。第一審で提出された意見書をもとにした論文として、岡田正則「基地騒音の差止請求と改正行政事件訴訟法」早稲田法学88巻3号（2013年）1頁、第一審判決を詳細に検討した論文として、神橋一彦「受忍義務構成のゆくえ」立教法学91巻1号（2015年）1頁がある。
[2] 評釈等として、巽智彦・法学教室426号別冊判例セレクト2015［II］（2016年）10頁、人見剛・法学セミナー730号（2015年）125頁などがある。

訴訟として適法とし、請求を一部認容した。当事者双方が上告受理を申し立てたところ、本判決[3]は控訴審判決のうち本件訴えに係る部分を破棄し、当該訴えに係る請求を棄却した。

　なお、厚木基地の周辺住民が、国を被告として、自衛隊機及び米軍機の運航差止め及び損害賠償を請求する民事訴訟（以下「別件訴訟」という）を提起していたが、自衛隊機の運航差止めを求める訴えは却下され（横浜地判平成26年5月1日判時2277号123頁〈参考判例〉、東京高判平成27年7月30日判時2277号84頁〈参考判例〉）、この点に関する上告は受理されなかった（最判平成28年12月8日判時2325号37頁参照）。

【判旨】　（〔　〕は引用者による挿入）
一　訴訟要件
「1　行政事件訴訟法37条の4第1項の差止めの訴えの訴訟要件である、処分がされることにより「重大な損害を生ずるおそれ」があると認められるためには、処分がされることにより生ずるおそれのある損害が、処分がされた後に取消訴訟等を提起して執行停止の決定を受けることなどにより容易に救済を受けることができるものではなく、処分がされる前に差止めを命ずる方法によるのでなければ救済を受けることが困難なものであることを要すると解するのが相当である（最高裁平成23年（行ツ）第177号、第178号、同年（行ヒ）第182号同24年2月9日第一小法廷判決・民集66巻2号183頁参照）。
2　前記事実関係等によれば、第一審原告らは、本件飛行場に係る第一種区

---

3)　評釈等として、楠松晴子・ジュリスト1506号（2017年）81頁、同・法曹時報70巻12号（2018年）219頁、大橋洋一・環境法判例百選［第3版］（2018年）56頁、岡田正則・法と民主主義516号（2017年）38頁、興津征雄・法学協会雑誌135巻8号（2018年）2063頁、神橋一彦・法学教室438号（2017年）135頁、北見宏介・新判例解説Watch21号（2017年）51頁、島村健・同275頁、下山憲治・日本不動産学会誌31巻3号（2017年）137頁、須藤陽子・行政判例百選Ⅱ［第7版］（2017年）312頁、勢一智子・環境法研究42号（2017年）40頁、関守麻紀子・法と民主主義515号（2017年）44頁、新田和憲・平成28年行政関係判例解説（2018年）95頁、人見剛・法学セミナー746号（2017年）117頁、福田護・判時2330号（2017年）3頁、福田護＝北村理美・法学セミナー746号（2017年）58頁、前田智恵・訟月63巻5号（2017年）1367頁、村上裕章・平成29年度重判解（2018年）44頁などがある。本判決を詳細に検討した論文として、神橋一彦「受忍義務構成のゆくえ・再論──第四次厚木基地訴訟（自衛隊機運航差止請求）上告審判決を読む」立教法学99号（2018年）1頁、西田幸介「法定抗告訴訟と無名抗告訴訟の選択基準──厚木基地第四次訴訟の最高裁判決を機縁として」法学志林115巻4号（2018年）79頁がある。

域[4)]内に居住しており、本件飛行場に離着陸する航空機の発する騒音により、睡眠妨害、聴取妨害及び精神的作業の妨害や、不快感、健康被害への不安等を始めとする精神的苦痛を反復継続的に受けており、その程度は軽視し難いものというべきであるところ、このような被害の発生に自衛隊機の運航が一定程度寄与していることは否定し難い。また、上記騒音は、本件飛行場において内外の情勢等に応じて配備され運航される航空機の離着陸が行われる度に発生するものであり、上記被害もそれに応じてその都度発生し、これを反復継続的に受けることにより蓄積していくおそれのあるものであるから、このような被害は、事後的にその違法性を争う取消訴訟等による救済になじまない性質のものということができる。

3　以上によれば、第一審原告らの主張する前記第1の3(2)①から③までの自衛隊機の運航〔=「①毎日午後8時から午前8時までの間の自衛隊機の運航、②訓練のための自衛隊機の運航、③第一審原告らの居住地におけるそれまでの1年間の一切の航空機騒音がW値で75を超えることとなる場合の当該自衛隊機の運航」〕により生ずるおそれのある損害は、処分がされた後に取消訴訟等を提起することなどにより容易に救済を受けることができるものとはいえず、本件飛行場における自衛隊機の運航の内容、性質を勘案しても、第一審原告らの自衛隊機に関する主位的請求（運航差止請求）に係る訴えについては、上記の「重大な損害を生ずるおそれ」があると認められる。」

二　本案勝訴要件

1　「自衛隊法等の定めによれば、防衛大臣は、我が国の防衛や公共の秩序の維持等の自衛隊に課せられた任務を確実かつ効果的に遂行するため、自衛隊機の運航に係る権限を行使するものと認められるところ、その権限の行使に当たっては、我が国の平和と安全、国民の生命、身体、財産等の保護に関わる内外の情勢、自衛隊機の運航の目的及び必要性の程度、同運航により周辺住民にもたらされる騒音による被害の性質及び程度等の諸般の事情を総合考慮してなされ

---

4)　第一種区域とは、防衛施設周辺の生活環境の整備等に関する法律に基づき、加重等価継続感覚騒音レベル（WECPNL）の値（以下「W値」という）が75以上として指定された本件飛行場周辺の区域をいう。

るべき高度の政策的、専門技術的な判断を要することが明らかであるから、上記の権限の行使は、防衛大臣の広範な裁量に委ねられているものというべきである。

　そうすると、自衛隊が設置する飛行場における自衛隊機の運航に係る防衛大臣の権限の行使が、行政事件訴訟法37条の4第5項の差止めの要件である、行政庁がその処分をすることがその裁量権の範囲を超え又はその濫用となると認められるときに当たるか否かについては、同権限の行使が、上記のような防衛大臣の裁量権の行使としてされることを前提として、それが社会通念に照らし著しく妥当性を欠くものと認められるか否かという観点から審査を行うのが相当であり、その検討に当たっては、当該飛行場において継続してきた自衛隊機の運航やそれによる騒音被害等に係る事実関係を踏まえた上で、当該飛行場における自衛隊機の運航の目的等に照らした公共性や公益性の有無及び程度、上記の自衛隊機の運航による騒音により周辺住民に生ずる被害の性質及び程度、当該被害を軽減するための措置の有無や内容等を総合考慮すべきものと考えられる。」

2　「本件飛行場において継続してきた自衛隊機の運航やそれによる騒音被害等に係る事実関係を踏まえると、前記第1の3(2)①から③までの自衛隊機の運航には高度の公共性、公益性があるものと認められ、他方で、本件飛行場における航空機騒音により第一審原告らに生ずる被害は軽視することができないものの、周辺住民に生ずる被害を軽減するため、自衛隊機の運航に係る自主規制や周辺対策事業の実施など相応の対策措置が講じられているのであって、これらの事情を総合考慮すれば、本件飛行場において、将来にわたり上記の自衛隊機の運航が行われることが、社会通念に照らし著しく妥当性を欠くものと認めることは困難であるといわざるを得ない。

　したがって、本件飛行場における前記第1の3(2)①から③までの自衛隊機の運航に係る防衛大臣の権限の行使が、行政事件訴訟法37条の4第5項の行政庁がその処分をすることがその裁量権の範囲を超え又はその濫用となると認められるときに当たるということはできないと解するのが相当である。」

【評釈】

一 はじめに

　厚木基地の騒音問題については三次にわたり民事訴訟が提起されたが、第一次訴訟上告審判決（最判平成5年2月25日民集47巻2号643頁、以下「平成5年最判」という）は、「行政訴訟としてどのような要件の下にどのような請求をすることができるかはともかくとして」、自衛隊機の運航差止めを求める民事差止訴訟を不適法として却下した。第四次訴訟では民事訴訟とあわせて行政訴訟が初めて提起され、本判決はこれを法定差止訴訟として適法としたが、本案においては下級審の判断を覆して請求を棄却した。本章では、本判決が前提とする民事訴訟の適否（二）、法定差止訴訟の訴訟要件（三）及び本案勝訴要件（四）、本判決の射程（五）を検討する。米軍機に係る訴えに関する上告は受理されていないため、この点の検討は省略する。

二 民事訴訟の適否

　別件訴訟では自衛隊機の運航差止めを求める民事訴訟が不適法却下されており、本判決もこれを前提としているものと解される。本判決と関係する限りで、民事訴訟の適否に関する判例について以下の点を指摘したい。

　第一に、平成5年最判は、民事訴訟を不適法とする理由として、防衛庁長官（当時）の権限行使が周辺住民に受忍義務を課すことを挙げるが、多くの論者によって指摘されているように、自衛隊法上の根拠が不明確であり、法律による行政の原理との関係で重大な疑問がある[5]。同判決は大阪空港訴訟上告審判決（最大判昭和56年12月16日民集35巻10号1369頁、以下「昭和56年最判」という）における伊藤正己裁判官ほかの補足意見（以下「伊藤補足意見」という）に影響を受けているようであるが、昭和56年最判の加茂紀久男調査官解説（以下「加茂解説」という）では、伊藤補足意見の受忍義務論が、公定力の事項的限界を「緩やかに解する見解」として、多数意見によって採用されなかったことが示唆されて

---

[5] 代表的なものとして、大塚直・ジュリスト1026号（1993年）56頁以下、今村成和『人権論考』〔有斐閣、1994年〕173頁、高木光『行政訴訟論』〔有斐閣、2005年〕339頁以下、畠山武道・環境法判例百選［第2版］（2011年）97頁、宇賀克也『行政法概説Ⅱ［第6版］』〔有斐閣、2018年〕183頁、高橋滋「包括的公権力観の終焉？」論究ジュリスト3号（2012年）89頁以下、須藤・前掲注3）313頁など。金沢地判平成14年3月6日判時1798号21頁も参照。

いる[6]。もとより両事件は事案を異にしているが、大阪空港訴訟では少なくとも航空運送事業者等に対する関係で根拠規定があったのに対し、自衛隊基地については明確な根拠規定が存在せず、その要件も不明確である点で、問題はより大きいと思われる。

　第二に、平成5年最判が援用する受忍義務に対しては批判が多いが[7]、これを「受忍限度を超えない騒音を受忍する義務」と解するならば、民事法上当然の義務にすぎない[8]。第一審判決は、事実行為たる「自衛隊機運航処分」により周辺住民の法的地位は何らの影響も受けないとしつつ、その性格は即時強制と類似すると述べている。しかし、即時強制の場合、その名宛人が実体的な受忍義務を負うのに対し、本件の場合そのような実体的義務が存在しない点が異なるように思われる。そうすると、防衛大臣によって課せられる受忍義務には、公権力の行使として民事訴訟を不適法とする効果しかないことになる[9]。

　第三に、平成5年最判については、昭和56年最判とのバランスから、民事差止訴訟を適法とすることができないとの結論が先にあったとの指摘がある[10]。平成5年最判の大内俊身調査官解説（以下「大内解説」という）も、大阪空港との比較において、自衛隊機の運航が「その有する公共性の程度及び達成しようとする行政目的の点において差異を求めることは困難であろう」として、民事差止訴訟は不適法といわざるをえず、「問題は、右請求が不適法とされる理由である」と述べている[11]。このような説明からは、民事訴訟が不適法とされた実

---

6) 加茂紀久男・最判解民昭和56年度（1985年）755頁。高橋・前掲注5) 89頁は、加茂解説が伊藤補足意見について「やや消極的評価を下している」とみる。
7) 詳細な理論的批判を行うものとして、神橋一彦『行政訴訟と権利論』〔信山社、2003年〕301頁、同「行政法における「義務」の概念・再論」藤田宙靖博士東北大学退職記念『行政法の思考様式』〔青林書院、2008年〕3頁、同『行政救済法〔第2版〕』〔信山社、2016年〕239頁以下、同「法律上の争訟と「義務」の概念」法学教室377号（2012年）69頁。
8) 宇賀・前掲注5) 184頁。第一審判決も宇賀のこの指摘を明示的に引用している。
9) 高木（光）・前掲注5) 342頁にいう「手続的受忍義務」とはこのことを指しているのであろうか。神橋・前掲注7)『行政訴訟と権利論』317頁、興津・前掲注3) 2086頁注15) も参照。
10) 大塚・前掲注5) 55頁以下、高木（光）・前掲注5) 337頁、畠山・前掲注5) 96頁、宇賀・前掲注5) 184頁、高橋・前掲注5) 90頁など。加茂・前掲注6) 762頁は、おそらく自衛隊基地の使用差止めを念頭において、民事訴訟を適法とするとアンバランスを生じる旨を指摘していたが、利益衡量による処理の可能性も示唆していた。
11) 大内俊身・最判解民平成5年度（1996年）298頁、299頁。

質的な理由は上記のような自衛隊機運航の特色(「その有する公共性の程度及び達成しようとする行政目的」)にあり[12]、平成5年最判(及び昭和56年最判)の射程もそれによって画されること、理論構成は二次的な問題であること[13]、昭和56年最判がなければこのような解釈をとる必要はなかったことがうかがわれる。いずれにしても、上記の「公共性」や「行政目的」は、差止請求が認められない理由とはなりうるとしても、民事訴訟が不適法となる理由にはならないように思われる[14]。

　第四に、「公権力の行使」の内容が非常に不明確である。昭和56年最判における多数意見は空港管理権と航空行政権の「不可分一体的な行使」を挙げるのに対し、伊藤補足意見は「国営空港の総合的な供用行為」を挙げており、両者は必ずしも一致しないように思われる[15]。平成5年最判にいう「自衛隊機の運

---

[12] そうすると、平成5年最判の判旨のうち、実質的に重要なのは、昭和56年最判を踏まえて述べられた、「自衛隊機の運航は、右のような自衛隊の任務、特にその主たる任務である国の防衛を確実、かつ、効果的に遂行するため、防衛政策全般にわたる判断の下に行われるものである」という部分であると解される。大内・前掲注11)297頁以下参照。

[13] 今村・前掲注5)166頁は、昭和56年最判及び厚木基地第一次訴訟第一審判決(横浜地判昭和57年10月20日判時1056号26頁)について、「結局は、司法権の行使による行政の停廃を恐れてものとしか思われない。そうであればこそ、その理由の如きは、二の次の問題となっているのであろう」と述べるが、この指摘は平成5年最判にも当てはまるように思われる。大内解説においても、受忍義務の根拠は、自衛隊の有事行動等による騒音等について、「周辺住民の受忍が要求されることは明らかであろう」(大内・前掲注11)303頁)ということに尽きるようである。

[14] 畠山・前掲注5)96頁。岡田正則「公共事業の公権力性と差止訴訟」法律時報70巻6号(1998年)100頁も参照。

[15] 山田洋『道路環境の計画法理論』〔信山社、2004年〕98頁、高橋・前掲注5)86頁以下など参照。加茂解説も、多数意見は伊藤補足意見と「同一の見解をとるものではないことが一応推測される」とする(加茂・前掲注6)755頁)。同解説は、「不可分一体的な行使」について「多数意見は特に説明を加えていない」ことを認めつつ(同752頁)、その趣旨についてさまざまな理解を挙げる。そのうち最も有力と思われるものは、国営空港の供用を停止するには、実定法上、もっぱら空港の運用時間の指定(行政権の行使)によらなければならないとされているところ、差止請求はその発動を求めることになる、というものである(同756頁以下)。この理解によれば、多数意見にいう「不可分一体的な行使」とは、供用停止のためには規制権限(運用時間の指定)の行使が実定法上義務付けられていることを意味し、当該権限の義務付け訴訟で争うべきことになろう。しかし、同解説が「個々の具体的な規定にその根拠を求めることは困難」(同757頁)と認めるように、上記理解にも無理があるように思われる。福岡高判平成4年3月6日判時1418号3頁も、多数意見について、「今ひとつ説得力に欠ける理論上の欠陥がある」と指摘する。なお、上記理解は、国が上告理由で述べていた理由(差止請求が認容されると結果として権限行使が必要となるから民事訴訟は不適法)とは異なるものとされている(加茂・前掲注6)744頁以下、特に747頁)。公共用飛行場周辺における航空機騒音の防止等に関する法律3条については、同758頁参照。

航に関する防衛庁長官の権限」の内容は定かでないが[16]、同判決の橋元四郎平裁判官ほかの補足意見（以下「橋元補足意見」という）は、自衛隊機の運航に係る個別的または包括的な「命令」（職務命令？[17]）がこれにあたるとしており[18]、昭和56年最判の多数意見・伊藤補足意見のいずれとも大きく異なる。後にみる通り（後記三(2)）、本判決は平成5年最判にいう「権限」を事実行為たる「自衛隊機の運航」と解しているようであるが、橋元補足意見とは齟齬がある。このように、「公権力の行使」の理解がまちまちであり、このことが混乱に拍車をかけているように思われる。

三　訴訟要件

(1)　本判決は、訴訟要件のうち、重大な損害についてのみ判断しているが、本件訴えを適法と認めているものと思われる[19]。以下、法定差止訴訟の訴訟要件のうち、処分性、一定性、原告適格、重大な損害について検討する。

(2)　本判決は平成5年最判にならって「自衛隊機の運航」という表現を用いており、これを「処分」（行訴3条7項・2項）と解しているようである。しかし、その法的性質（事実行為か法的行為か、継続的行為か一回的行為か）は明らかではない。

　上記の通り、平成5年最判の橋元補足意見は、自衛隊機の運航に係る「命令」を処分としていた。本件の第一審判決及び控訴審判決は「自衛隊機運航処分」を事実行為と捉えており、本判決もやはり事実行為と解するものと思われる[20]。

---

16)　厚木基地第一次訴訟で国は自衛隊機の運航が事実行為にあたると主張していたが（都築弘・平成5年行政関係判例解説（1994年）476頁参照）、平成5年最判の法廷意見は明確ではない（高木（光）・前掲注5）340頁）。
17)　大内俊身・ジュリスト1026号（1993年）91頁、今村・前掲注5）163頁、畠山・前掲注5）96頁参照。
18)　大内・前掲注11）301頁は、平成5年最判の法廷意見は当該権限を「特定していない」とするが、同304頁では、橋元補足意見は「必ずしも法廷意見と異なる理解に立つものとはいえないように思われる」と述べる。
19)　楠松・前掲注3）法曹時報237頁。
20)　北見・前掲注3）53頁、前田・前掲注3）1381頁以下、神橋・前掲注3）立教法学17頁以下。楠松・前掲注3）法曹時報238頁はこの点断定していないが、「事実行為を処分と捉える見解が、自衛隊機の運航という特殊な場面における事柄の実態により即した見解であると考えられようか」

第一審判決は、「自衛隊機運航処分」について、全体として一個の処分として捉えることも、細分化して捉えることも可能としていたが、控訴審判決は「日常的に継続して行われる事実行為」と解していた。本判決の法廷意見は明確ではないが、小池裕裁判官の補足意見（以下「小池補足意見」という）は、「自衛隊機の離着陸に伴い処分が完結する」と述べており、一回的な（即時に完了する）行為とみているようである[21]。

(3)　本件においては、W値75を超える自衛隊機の運航の差止めも請求されていた。行訴法改正の立案関係者は、このような請求は一定性の要件（行訴3条7項）を満たさないと説明していた[22]。第一審判決は、この説明を前提として、本件訴えを法定差止訴訟ではなく、無名抗告訴訟と捉えていた。

これに対し、控訴審判決は、差止めを求められている自衛隊機運航処分を把握することは容易であるから、対象が何であるかについては明確であるとして、一定性の要件は満たされていると判断した[23]。本判決はこの点について何も述べていないが、もし本件訴えを適法と認めているとすれば、一定性の要件を緩やかに解したといえる[24]。

と述べる（同247頁注12））。
21)　北見・前掲注3) 53頁、神橋・前掲注3) 立教法学6頁、興津・前掲注3) 2069頁。楠松・前掲注3) 法曹時報238頁以下は、小池補足意見は、「事実行為に処分性を見いだす見解（その中でも、個々の自衛隊機の離着陸ごとに一個の処分と捉える見解）を意識して説示されたものと解される」とする。
22)　小林久起『行政事件訴訟法』〔商事法務、2004年〕185頁以下は、「民事訴訟などでは、一定の程度を超える騒音を発生させてはならない旨を命ずることを求める差止めの訴えが認められることがありますが、このような差止めを求める行為を処分によってもたらされる結果だけから特定し、その原因となる処分にはさまざまなものがあるため、具体的にどの処分の差止めを求める訴えであるかが特定できないような訴えは、「一定の処分」をしてはならない旨を命ずることを求める訴訟であるとはいえませんから、第3条第7項の差止めの訴えとしては、適法な訴えとはいえないと考えられます」と説明している。
23)　控訴審判決は、「周辺住民が厚木飛行場における自衛隊機の運航によってもたらされる騒音等の被害についてどの程度の受忍を義務付けられているのかは、主観訴訟としての抗告訴訟においては当然に問題とされることになるが、それは差止めの訴えを提起し得る主観的な資格としての原告適格、事前規制の必要性としての重大な損害のおそれを基礎付ける事実、さらには違法性の判断において裁量権の範囲の逸脱又は濫用に関する事情の有無及び内容として検討されるべきであり、行政処分の一定性の関係で考慮すべき事柄ではない」と述べている。
24)　前田・前掲注3) 1381頁は、本判決の立場を前提とすると、「自衛隊機の差止めについては、差止めの対象を民事訴訟としての差止請求と同程度に特定することで、「一定の処分」の要件を満たすと判断されることがあり得よう」と述べている。楠松・前掲注3) 法曹時報248頁注13)は、

（4） 平成5年最判は、「自衛隊機の運航に関する防衛庁長官の権限の行使は、その運航に必然的に伴う騒音等について周辺住民の受忍を義務づける」と判示していた。そうすると、受忍を義務付けられる周辺住民が処分の名宛人として「法律上の利益」（法37条の4第3項）を有することになるであろう[25]。

第一審判決は、このような前提に立ち、飛行場周辺のW値75以上とされる地域（第一種区域）に居住する者に原告適格を認めていた。しかし、W値75が原告適格の基準となる根拠については、これまで騒音対策の基準とされてきたこと等が挙げられているにとどまり、十分な理由付けを欠くように思われる。また、仮にW値75が受忍限度を意味しているとすれば、「受忍限度を超える騒音を受けている者のみが受忍限度を超えない騒音を受忍する義務を負う」という奇妙な事態になる。さらに、W値75以上の地域に居住する住民のみが受忍を義務付けられているとすれば、そのほかの周辺住民は受忍を義務付けられておらず、民事差止訴訟を提起できるのではないかとの疑問もある[26]。これに対し、昭和56年最判の伊藤補足意見は、受忍義務の名宛人を「一般第三者」としていたが、そうすると全国民に原告適格が認められる結果となりかねない。

控訴審判決は、行訴法37条の4第4項及び9条2項を適用し、「損害賠償を求めうる程度の被害」を受ける者が原告適格を有するとして、第1審と同様の結論を導いている。しかし、本件の原告らが処分の名宛人であるとすれば、第三者に係る上記規定を適用するのは疑問であるし[27]、W値75以上の被害を受ける者に原告適格が認められる根拠は依然不明確である。本判決が原告適格についていかに解しているかは明らかではない。

「当該事案における具体的な請求内容等に鑑み」、一定の処分の要件を満たすと述べている。
25） 神橋・前掲注1）13頁、大橋・前掲注3）57頁。
26） 第一審判決は、塩野宏『行政過程とその統制』〔有斐閣、1989年〕332頁以下で提唱されている権力的妨害排除訴訟を援用していたが、民事訴訟と同様に考えれば原告適格は問題とならないように思われる。この点については、村上・前掲注1）73頁参照。
27） 控訴審判決は、「抗告訴訟の適否に関する判断の対象となる行政処分についても、個々の運航を根拠付ける具体的な権限の付与としての命令ではなく（この関係では周辺住民は処分の名宛人にはなっていない。）、防衛大臣が、その付与された運航に関する統括権限に基づいて行う、自衛隊法107条5項により周辺住民に対して騒音等についての受忍を義務付けることとなる自衛隊機の運航という事実行為に求められるべきものである」と述べており、周辺住民は「自衛隊機の運航という事実行為」の名宛人と解しているように思われる。

(5) 本判決は、重大な損害の要件（行訴37条の4第1項）について、東京都国旗国歌訴訟上告審判決（最判平成24年2月9日民集66巻2号183頁、以下「平成24年最判」という）を引用した上で、同判決にならった判断をしている（判旨I）。しかし、平成24年最判の事案では、職務命令違反を理由とする懲戒処分が反復継続的かつ累積加重的になされており、事実行為が反復ないし継続される本件とは状況が異なる[28]。本判決が「自衛隊機の運航」の法的性質をいかに解しているかは定かでないが（前記(2)）、継続的な行為であれば（事実行為の撤廃を求める）取消訴訟による救済が可能であり[29]、一回的な行為であれば「事後的に処分の違法を争い取消訴訟等によって……救済を得る余地は認め難い」（小池補足意見）。この点で法廷意見は明確さを欠くように思われる。

重大な損害の要件について、控訴審判決は、解釈規定（行訴37条の4第2項）に「処分の内容及び性質」が挙げられていることから、自衛隊機の運航の公共性・公益性も考慮すべきであるとしていた。本判決はこの点について明言していないが、「本件飛行場における自衛隊機の運航の内容、性質を勘案しても」と述べていることから（判旨I3）、同様の立場に立つのかもしれない[30]。執行停止の解釈規定（行訴25条3項）における「処分の内容及び性質」について、公共性・公益性を考慮すべきことが示唆されていることからすれば[31]、このよ

---

28) 北見・前掲注3) 53頁、島村・前掲注3) 277頁、須藤・前掲注3) 313頁、勢一・前掲注3) 48頁、神橋・前掲注3) 立教法学22頁注33）。
29) 北見・前掲注3) 54頁注5)。「公権力の行使に当たる事実行為で……その内容が継続的性質を有するもの」（2014年改正前の行政不服審査法2条1項）が取消訴訟の対象となることについては、杉本良吉『行政事件訴訟法の解説』〔法曹会、1963年〕11頁以下など参照。この点については、岡田・前掲注1) 3頁以下も参照。2014年改正後の行政不服審査法では上記条文は削除されたが、事実行為に対する審査請求が可能である点は変わっていない（47条など参照）。事実行為はむしろ法定差止訴訟で争うべきとする見解として、山本隆司「訴訟類型・行政行為・法関係」民商法雑誌130巻4＝5号（2004年）57頁以下、小早川光郎＝高橋滋編『詳解改正行政事件訴訟法』〔第一法規、2004年〕76頁〔山本隆司〕。本判決を契機として事実行為について検討したものとして、仲野武志「公権力の行使に当たる事実上の行為論㈠～㈢・完」自治研究94巻10号（2018年）89頁、11号（2018年）98頁、12号（2018年）101頁。
30) 楠松・前掲注3) 法曹時報234頁以下はこのように解する。
31) 小林・前掲注22) 280頁は、「「当該処分の内容及び性質」をも勘案されることにより、当該処分がその内容及び性質において申立人に与える影響のみならず、当該処分が広く多数の者の権利義務に対してどのような影響を与えるものであるかどうかなどを含めて、当該処分の執行を停止することによる影響が適切に考慮されることが担保されることになります」と述べている。

うな解釈もありうるところである。しかし、執行停止においては、この要件が認められると（消極要件に該当しない限り）執行停止が認められるのに対し、差止訴訟においては、本案においてさらに処分の適法性が審査されること、本案においても重ねて公共性・公益性が審査されることからすると[32]、同列に考えるべきか疑問がある[33]。いずれにしても、本案判断との比較からわかるように、重大な損害の要件においては、公共性・公益性はさほど大きな重み付けを与えられていないようである[34]。

さらに、重大な損害の要件について、米軍機による騒音も考慮すべきかという問題がある。控訴審判決は、「防衛大臣は、厚木飛行場を設置管理しており、その使用を米軍に認めているのであるから、厚木飛行場に離着陸する自衛隊機と米軍機の全体についてその発する騒音を把握した上で、自衛隊機の運航による騒音等の被害について災害防止上の観点から配慮すべきこととなる」と判示していた。本判決の立場は必ずしも明確ではないが、騒音「被害の発生に自衛隊機の運航が一定程度寄与していることは否定し難い」と述べており（判旨Ⅰ2）、自衛隊機による騒音のみを考慮しているとも解しうる[35]。しかし、控訴審判決が述べる通り、防衛大臣は米軍機の騒音も踏まえて本件飛行場を管理すべきであるから、米軍機による騒音も考慮すべきではないかと思われる。

---

32) 控訴審判決は、執行停止においても、処分の性質としての公共性や公益性が検討された上で、消極要件として公共の福祉に重大な影響を及ぼすかが重ねて検討されると指摘する。しかし、これは執行停止の要件が実態に合わない硬直的なものであることに起因する問題であり、差止訴訟とは同視できないと考えられる。この点については、村上裕章『行政訴訟の基礎理論』〔有斐閣、2007年〕327頁注78）、同「執行停止と内閣総理大臣の異議」行政法の争点（2008年）128頁以下参照。
33) 島村・前掲注3) 277頁。
34) 控訴審判決は、「この点の判断は……、行政処分であるから公共的性格があり、公益性も認められるといった単純な性格付けではなく、当該処分の根拠法令の趣旨に鑑み、これに達成しようとする行政目的の内容及びこれが認められないことによる行政上の支障及び国民生活への影響等を具体的に考慮する必要があることはいうまでもない」と述べる。楠松・前掲注3) 法曹時報236頁も参照。
35) 前田・前掲注3) 1384頁、大橋・前掲注3) 57頁。楠松・前掲注3) 84頁、同・前掲注3) 法曹時報237頁は、本判決のこの判示は、本判決の前提とする事実関係、とりわけ原告らに生じている被害の性質及び程度や、損害の回復の困難性等に鑑みれば、「騒音の全てが自衛隊機によるものではないとしても」、重大な損害の要件を満たすものと解することができる、という点を明らかにする趣旨であると説明する。

四　本案勝訴要件

（1）　法定差止訴訟の本案勝訴要件は、行政庁に裁量が認められる場合には、差止めを求められた処分をすることが裁量権の逸脱濫用にあたることである（行訴37条の4第5項）。以下、裁量の有無広狭、考慮要素、逸脱濫用の有無を検討する。

（2）　本判決は、自衛隊機の運航について防衛大臣に「広範な裁量」を認め、権限行使が社会通念に照らし著しく妥当性を欠くかどうかを審査している（判旨Ⅱ1）。控訴審判決は、同様に「広範な裁量」を認めつつ、小田急訴訟上告審本案判決（最判平成18年11月2日民集60巻9号3249頁）と同様の判断過程審査[36]の枠組みを用いていたが、本判決はこれを採用しなかった[37]。

（3）　昭和56年最判は、空港騒音を理由とする国家賠償法2条1項に基づく損害賠償請求について、①侵害行為の態様と侵害の程度、②被侵害利益の性質と内容、③侵害行為の公共性ないし公益上の必要性の内容と程度等、④侵害行為の開始とその後の継続の経過及び状況、⑤被害の防止に関する措置の有無及びその内容、効果等を考慮すべきとしていた。

国道43号線訴訟上告審判決（最判平成7年7月7日民集49巻7号2599頁、以下「平成7年最判」という）は、民事差止請求について、「道路等の施設の周辺住民からその供用の差止めが求められた場合に差止請求を認容すべき違法性があるかどうかを判断するにつき考慮すべき要素は、周辺住民から損害の賠償が求められた場合に賠償請求を認容すべき違法性があるかどうかを判断するにつき考慮すべき要素とほぼ共通するのであるが、施設の供用の差止めと金銭による賠償という請求内容の相違に対応して、違法性の判断において各要素の重要性をどの程度のものとして考慮するかにはおのずから相違がある」としていた[38]。

---

36)　判断過程審査の意義については、本書第12章を参照。
37)　岡田・前掲注3) 39頁、勢一・前掲注3) 48頁以下、須藤・前掲注3) 313頁、興津・前掲注3) 2089頁注30)。
38)　田中豊・最判解民平成7年度（下）(2010年) 735頁以下は、平成7年最判について、「損害賠償請求における違法性の判断に際し、公共性も判断要素の一つとはなるのであるが、右のような種々の事情によって制限されたものであって、差止請求における違法性の判断に際してのようには大きな位置付け（重要性）が与えられるものではない、との立場に立っているものと考えることができる」と説明している。

第一審判決は、平成7年最判の挙げる考慮要素がそのまま無名抗告訴訟にも妥当するとしていた[39]。これに対し、控訴審判決は、本件では裁量権の逸脱濫用が問題となるから、受忍限度に係る基準を採用することはできないと述べていたが、具体的な考慮要素は明示していなかった。本判決が挙げる考慮要素（判旨Ⅱ1）は、昭和56年最判及び平成7年最判の挙げるそれと類似しているが、微妙に異なっている。控訴審判決と同様の前提に立った上で、自衛隊法の解釈により考慮要素を導き出したのではないかと推測される。考慮要素の根拠は異なるものの、実質的には民事差止訴訟のそれとおおむね重なるとの趣旨であろうか[40]。もしそうであれば、民事訴訟をあえて不適法とする必要があったかが、改めて問われることになるであろう[41]。

　裁量権の逸脱濫用を判断するにあたり、米軍機による騒音を考慮すべきかという問題がある。第一審判決は、受忍限度の判断においてであるが、米軍機による騒音も考慮すべきであるとしており、控訴審判決も、「防衛大臣において自衛隊機の運航処分を行うに当たっては、米軍機の離着陸によって生じている騒音状況にさらに騒音を加えるものとして配慮すべき必要がある」としていた。本判決の立場は必ずしも明確ではないが[42]、重大な損害の要件（前記三(5)）と同様、下級審の見解が妥当ではないかと思われる。

　(4)　本件の第一審判決及び控訴審判決は、自衛隊機の運航の公共性等をきめ細かく判断し、自主規制が午後10時から翌日午前6時まで行われていることも考慮して、条件付きながら、当該時間帯の運航差止めを認めていた。もっとも、条件について、第一審判決が「やむをえないと認められる場合を除き」としていたのに対し、控訴審判決は「やむをえない事由に基づく場合を除き」としている点が異なる。控訴審判決は、前者の場合、条件該当性が防衛大臣等

---

39)　この点については、村上・前掲注1) 73頁参照。
40)　楠松・前掲注3) 85頁、同・前掲注3) 法曹時報242頁もこの趣旨か。
41)　平成5年最判について、大塚・前掲注5) 57頁は、「結局は、民事訴訟と同程度の利益衡量を行わざるを得ないのではなかろうか」、高木（光）・前掲注5) 344頁も、「本件のようなケースでは結局は「行為規範的統制」ではなく利益衡量による実体判断を行わざるを得ないのであり、単に抗告訴訟に争いの土俵を移し替えているにとどまることになろう」と指摘していた。
42)　本判決の本案勝訴要件に係る判示部分では、「自衛隊機の運航」による騒音を論じる箇所と、「本件飛行場」における騒音を論じる箇所が混在している。後者では米軍機による騒音も考慮されるものと思われる。

の判断に委ねられる点を危惧したのかもしれない[43]。また、控訴審判決は、米軍基地の岩国飛行場への移駐が検討されていることから、「平成28年12月31日までの間」という期限も付している。

これに対し、本判決は、概括的な判断により、裁量権の逸脱濫用を否定し、請求を棄却した（判旨Ⅱ2）。防衛大臣の裁量が広範であることを重視したようである[44]。事実審である第一審判決及び控訴審判決が一致して裁量権の逸脱濫用を認めていたこと、国家賠償法上違法な状態が長年にわたり継続し、「相応の対策措置」にもかかわらず「軽視することのできない」被害の防止に成功していないことにかんがみると、このような結論には疑問がある[45]。自衛隊機の運航については緊急時の例外を認めざるをえないことを前提として、下級審のような条件を付することによる対応は意義が乏しいと判断されたのかもしれない。しかし、条件を付すことによって自主規制に法的な裏付けが与えられ、任意に変更できないとの効果が期待できるので、それなりの意義は認められるのではないかと思われる[46]。

五　本判決の射程

本判決の射程は、自衛隊機の運航差止めを求める訴訟一般に及ぶ。昭和56

---

[43] 控訴審判決は、午後10時から翌日午前6時までの時間帯においても、防衛出動等を目的として行われる自衛隊機の運航は極めて必要性が高く、高度な政治的、専門的及び技術的な判断に基づくもので、緊急性が高いと考えられるから、「ただ単に防衛大臣が主観的に運航が必要と判断したというだけではなく、客観的に上記の行動として行われる場合には、これを行っても違法とすることはできない」と述べている。大阪空港訴訟の控訴審判決（大阪高判昭和50年11月27日判時787号36頁）では、「緊急やむをえない場合を除き」という留保が付されていた。

[44] 小池補足意見は、「自衛隊機の運航に係る防衛大臣の権限の行使は、内外の情勢、自衛隊機の運航の目的及び必要性等に関する諸般の事情を総合考慮してなされるべき高度の政策的、専門技術的な判断を要するといえ、あらかじめ一定の必要性、緊急性等に関する事由によって判断の範囲等を客観的に限定することが困難な性質を有し、防衛大臣の広範な裁量に委ねられているというべきである」と述べている。

[45] 北見・前掲注3) 54頁、勢一・前掲注3) 50頁、福田・前掲注3) 12頁。もし本判決が米軍機による騒音を考慮していないとすれば（(3)参照）、この点を考慮していれば結論が変わったとも考えられる。逆に、もし本判決が米軍機による騒音も考慮しているとすれば、事実関係部分で言及されている岩国飛行場への移駐が考慮された可能性もあり、そうであれば本判決の射程は狭いと解することもできるであろう。

[46] 村上・前掲注1) 74頁。

年最判で問題となった国営空港については、差止めの対象となる行為がいっそう不明確である上、義務付け訴訟による救済が可能と解されるから[47]、同列には論じがたいと思われる[48]。

六　おわりに

本判決により、自衛隊機の騒音については、法定差止訴訟による救済が可能であることが明らかになった。この点の意義は大きい。しかし、処分性や原告適格については多くの不明確な点が残されており、また、本案勝訴要件については、結局民事差止訴訟と大差がないものとなっている。すでに述べた通り（前記二）、自衛隊機の運航差止めについては、民事訴訟を不適法とした平成5年最判（ひいては大阪空港訴訟に係る昭和56年最判）にそもそも重大な問題があり、判例変更が最善かつ抜本的な解決策ではないかと思われる[49]。

---

47)　前注15）参照。
48)　興津・前掲注3) 2080頁以下は、本判決の射程が国営空港の供用にも及ぶと解する。
49)　興津・前掲注3) 2081頁は、「大阪空港最判が懸念していた航空政策への影響は、訴訟ルートとは直結しないというべきであり、大阪空港最判および厚木基地第一次最判を判例変更して、民事差止訴訟を適法と認めることが、理論的にも筋の通った解決であることを妨害排除型差止訴訟は示していると思われる」と指摘する。

第11章　公法上の確認訴訟の適法要件
――裁判例を手がかりとして

I　はじめに

　2004（平成16）年の行政事件訴訟法改正により、同法4条において「公法上の法律関係に関する確認の訴え」が明示された。これは、従来あまり利用されてこなかった公法上の確認訴訟について、実効的な権利救済の観点から活用を促す趣旨と解されている[1]。しかし、確認訴訟の適法要件には不明確な点が多く、いかなる場合に活用できるかは定かでない。本章は、公法上の確認訴訟の適法要件に関する裁判例を検討し、この点の解明に寄与しようとするものである。

　民事訴訟における確認訴訟は、判例によれば、「即時確定の利益がある場合、換言すれば、現に、原告の有する権利または法律的地位に危険または不安が存在し、これを除去するため被告に対し確認判決を得ることが必要かつ適切な場合[2]」に許される。学説においては、これを、①方法選択の適否、②対象選択の適否、③即時解決の必要性の三点に分けて論じるのが一般である[3]。

　本章においても、公法上の確認訴訟についてこれらの三点を検討する。もっとも、方法選択の適否は、その他の要件を満たしているが、他の訴訟形式との

---

1)　小林久起『行政事件訴訟法』〔商事法務、2004年〕201頁以下。
2)　最判昭和30年12月26日民集9巻14号2082頁。
3)　上田徹一郎『民事訴訟法［第7版］』〔法学書院、2011年〕219頁以下、新堂幸司『新民事訴訟法［第5版］』〔弘文堂、2011年〕270頁、高橋宏志『重点講義民事訴訟法（上）［第2版］』〔有斐閣、2011年〕358頁、中野貞一郎ほか編『新民事訴訟法講義［第2版補訂2版］』〔有斐閣、2008年〕140頁以下［福永有利］など。これに対し、秋山幹男ほか『コンメンタール民事訴訟法III』〔日本評論社、2008年〕58頁以下、伊藤眞『民事訴訟法［第4版］』〔有斐閣、2011年〕174頁以下、兼子一『民事訴訟法体系［増訂版］』〔酒井書店、1965年〕155頁以下、兼子一ほか『条解民事訴訟法［第2版］』〔弘文堂、2011年〕768頁以下［竹下守夫］、谷口安平『口述民事訴訟法』〔成文堂、1987年〕122頁以下、松本博之＝上野泰男『民事訴訟法［第6版］』〔弘文堂、2010年〕150頁以下などは、確認の対象（権利保護の資格）と確認の利益（権利保護の利益）を分けて論じるが、確認の利益において即時解決の必要性と方法選択の適否を扱うのが一般であり、実質的な違いはないようである。

関係で訴えが不適法とされる場合と解されるから、最後に論じることとする。また、その他の適法要件や民事訴訟との区別は考察の対象としない。

II 対象選択の適否

一 民事訴訟における考え方

対象選択の適否とは、「確認対象として選んだ訴訟物が、原被告間の紛争解決にとって有効・適切か」[4]、「原告の法律的地位に対して被告によって加えられている不安・危険を除去するために、訴訟物としてどのような権利または法律関係を選んで確認を求めるのが有効・適切か」[5]という問題である。

確認の対象となりうるのは、原則として現在の法律関係であるが、紛争の直接的かつ抜本的な解決のため最も適切かつ必要と認められる場合は、過去の法律関係の存否の確認を求める訴えも適法とされている[6]。最高裁が訴えを適法とした例として、社団法人たる医療法人の社員総会決議の不存在確認[7]、宗教法人の檀信徒総会決議等の不存在確認[8]、学校法人の私立大学教授に対する戒告及び教育諸活動中止要請（職務命令と解されている）の無効確認[9]などがある。

以上からすると、民事訴訟においては、確認の対象（権利保護の資格）の問題は、もはや確認の利益の問題に吸収されているとみることができよう[10]。

---

4) 新堂・前掲注3) 270頁。
5) 新堂・前掲注3) 273頁。
6) 最判昭和47年11月9日民集26巻9号1513頁（学校法人理事会決議等の無効確認につき、確認の利益を欠くとして却下）。最判平成7年3月7日民集49巻3号893頁（特別受益財産にあたることの確認につき、確認の利益を欠くとして却下）も同旨。在外国民選挙権事件に関する後掲最大判平成17年9月14日民集59巻7号2087頁も同旨を述べる。
7) 最判平成16年12月24日判時1890号46頁。
8) 最判平成17年11月8日判時1915号19頁。
9) 最判平成19年7月13日判時1982号153頁。
10) 兼子ほか・前掲注3) 769頁〔竹下〕、高橋・前掲注3) 369頁注24）、中野ほか編・前掲注3) 140頁〔福永〕、山木戸克己『民事訴訟法論集』〔有斐閣、1990年〕105頁など。山下義昭「『行為の違法』確認の訴えについて」公法研究71号（2009年）228頁以下も参照。谷口・前掲注3) 123頁以下は、「確認訴訟というのは、確認することだけによって紛争が収まることを期待してなされます。その期待が正当であるときには訴えの利益が認められるとすれば、そのような確認の対象は権利・法律関係のほか証書真否にかぎられることではありません。」「結局、理論上の問題としては、単なる生の事実の確認はできないが法律的評価を伴った事実は利益のある限り確認の対象となりうると考えるべきで、証書真否確認の訴えが認められているのはその証拠だといえるわけです。」と述べる。慎重な見解として、中野貞一郎『民事訴訟法の論点II』〔判例タイムズ社、2001年〕38頁

二　裁判例

公法上の確認訴訟については、法的地位や行為の確認が許されるかが議論されている。行為の確認訴訟も可能とする見解[11]が多いが、消極的な見解[12]も散見される。以下、法的地位と行為の確認に関する裁判例を概観する。

(1) 法的地位の確認

(a) 原告の権利ないし法的地位の確認　　最高裁が確認の訴えを適法とした例としては、国籍[13]、薬事法による許可等を受けることなく薬局を開設する権利[14]、特定の選挙において投票できる地位[15]、混合診療を受けた場合に保険診療につき健康保険法に基づく療養の給付を受ける権利[16]などがある。

以下。

11)　阿部泰隆『行政法解釈学 II』〔有斐閣、2008年〕316 頁、春日修「規制行政と確認訴訟（当事者訴訟）による救済」愛知大学法学部法経論集 186 号（2010 年）43 頁、久保茂樹「行政事件訴訟法の改正について」判時 1877 号（2005 年）29 頁、小早川光郎『行政法講義（下 III）』〔弘文堂、2007 年〕332 頁以下、小早川光郎＝高橋滋編『詳解改正行政事件訴訟法』〔第一法政、2004 年〕110 頁〔黒川哲志〕、櫻井敬子＝橋本博之『行政法〔第 3 版〕』〔弘文堂、2011 年〕375 頁以下、塩野宏『行政法 II〔第 5 版〕』〔有斐閣、2010 年〕264 頁以下、同『行政法概念の諸相』〔有斐閣、2011 年〕238 頁、324 頁以下、芝池義一ほか「鼎談・行政事件訴訟検討会の『考え方』をめぐって」ジュリスト 1263 号（2004 年）27 頁〔芝池〕、曽和俊文ほか『現代行政法入門〔第 2 版〕』〔有斐閣、2011 年〕300 頁〔曽和〕、高木光『行政訴訟論』〔有斐閣、2005 年〕79 頁、90 頁、同「改正行訴法の評価」自由と正義 55 巻 12 号（2004 年）61 頁以下、中川丈久「行政訴訟としての『確認訴訟』の可能性」民商法雑誌 130 巻 6 号（2004 年）17 頁、福井秀夫ほか『新行政事件訴訟法』〔新日本法規、2004 年〕255 頁、前田雅子「行政作用と行政訴訟改革」ジュリスト 1277 号（2004 年）33 頁、水野武夫「処分性の拡大と確認訴訟の活用」自由と正義 60 巻 8 号（2009 年）34 頁、南博方＝高橋滋編『条解行政事件訴訟法〔第 3 版補正版〕』〔弘文堂、2009 年〕127 頁〔山田洋〕、山下・前掲注 10）227 頁以下、山田洋「確認訴訟のゆくえ」法律時報 77 巻 3 号（2005 年）47 頁など。民事訴訟法学者からも、「たとえば、行政立法などについては、その無効確認を求める方が、そこから由来する現在の多数の法律関係の個別確認を求めるよりも、抜本的な紛争解決を可能にする場合が仮にあるとすれば、民訴的には行政立法無効の確認の利益を認めることに違和感はない。」「争い方としては、その不利益が現在の特定の法律関係に還元できる場合にはその法律関係の確認となるが、行政指導の効力自体を対象とした方が抜本的解決が可能となる場合（たとえば、それによる不利益が非常に拡散したものであるような場合）には、行政指導の無効確認を直接請求できるであろう。」（山本和彦「民事訴訟法理論から見た行政訴訟改革論議」法律時報 76 巻 1 号（2004 年）111 頁以下）と指摘されている。ドイツでも確認の対象が広く認められていることについては、山本隆司「新たな訴訟類型の活用のために」法律のひろば 57 巻 10 号（2004 年）46 頁以下。

12)　行政事件訴訟実務研究会編『行政訴訟の実務』〔三協法規、2007 年〕114 頁など。

13)　最大判平成 20 年 6 月 4 日民集 62 巻 6 号 1367 頁等。

14)　最大判昭和 41 年 7 月 20 日民集 20 巻 6 号 1217 頁。

15)　最大判平成 17 年 9 月 14 日民集 59 巻 7 号 2087 頁。

下級審においては、定住外国人の地方参政権[17]、生活保護を受ける地位[18]、再雇用職員の地位[19]、助成金の支給を受ける地位[20]、退去強制の執行を受けない地位[21]、建築確認に基づく工事をする権利[22]、店舗型性風俗特殊営業に風俗営業の規制及び適正化に関する法律（風営法）の規定等が適用されないこと[23]、通信制御販売システムによる有害図書類の販売について青少年保護育成条例による届出を要しない公法上の法律関係等[24]、医薬品につき郵便物等販売をする権利[25]などの確認が適法とされている。

　これに対し、柔道整復師養成施設等において専科教員となる資格（かかる資格は法的資格ないし法的地位として存在しないから法律上の争訟にあたらない[26]）、次回に実施される衆議院議員総選挙における小選挙区選出議員の選挙において一定の行政区画と人口比例で確定された選挙区割りに基づく選挙権を有する地位（法律上の争訟にあたらない[27]）の確認は不適法とされている。また、産業廃棄物処理施設の使用について廃棄物の処理及び清掃に関する法律（廃掃法）上の許可を要しない地位の確認について、第一審[28]は公法上の地位の確認として訴えを適法としたのに対し、控訴審[29]は、関係法令が既設ミニ処分場の使用者に何らの公法上の権利も付与しているわけではないから、具体的な公法上の地位ないし権利義務を対象としておらず、不適法であるとしている。

---

16)　最判平成23年10月25日裁時1542号3頁。
17)　大阪地判平成9年5月28日判タ956号163頁。
18)　大分地判平成22年10月18日賃社1534号22頁。
19)　東京地判平成19年6月20日判時2001号136頁。
20)　東京地判平成18年9月12日裁判所HP。
21)　東京地判平成19年2月23日裁判所HP。
22)　福岡地判平成21年7月17日LEX/DB。控訴審福岡高判平成22年3月25日裁判所HPは、建築確認に基づく工事に条例の適用がないことの確認の訴えを適法としている。
23)　東京地判平成19年12月26日裁判所HP及び東京高判平成21年1月28日裁判所HP。本件請求は当該法令等の適用を受けない原告の地位の確認と解しうる。
24)　名古屋地判平成21年2月9日判タ1313号148頁及び名古屋高判平成21年10月23日裁判所HP。
25)　東京地判平成22年3月30日判時2096号9頁。
26)　東京地判平成17年3月25日裁判所HP及び東京高判平成17年11月29日裁判所HP。
27)　東京地判平成22年10月1日裁判所HP。
28)　千葉地判平成18年9月29日裁判所HP。
29)　東京高判平成19年4月25日裁判所HP。

(b)　**原告の義務の確認**　水産業協同組合法に定める協同組合の解散届提出義務不存在[30]、教職員の国歌斉唱義務等の不存在[31]、介護保険法に基づく実地指導に従う義務不存在[32]の確認は適法とされている。これに対し、管理理美容師設置義務の不存在[33]（法律上の利益を欠く）、オオクチバスを放流してはならない義務の不存在[34]（権利または法的地位に影響がない）の確認は不適法とされている。

　(c)　**行政の義務の確認**　特定の建物から一般廃棄物を収集する市の義務[35]、干拓事業について潮受堤防の開門調査をする国の義務[36]、指定収集袋によらない一般廃棄物を収集処分する市の義務[37]の確認は適法とされている。これらの請求は原告の権利または法的地位の確認として構成することも可能と解される。

(2)　**行為の確認**

　(a)　**処分性のない法的行為**　地区計画及び条例の無効[38]（事前の救済を認めないことを著しく不相当とする特段の事情はないから訴えの利益なし）、地区計画の変更決定及び第一種市街地再開発事業に係る都市計画決定の違法[39]（過去の法律関係の確認を求めるものとして不適法）の確認は不適法とされている。

　(b)　**事実または事実行為**　特定の土地が建築基準法上の二項道路にあた

---

30)　福岡地判平成20年4月25日裁判所HP及び福岡高判平成21年9月11日裁判所HP。
31)　横浜地判平成21年7月16日LEX/DB。控訴審東京高判平成22年3月7日LEX/DBは法律上の争訟にあたらないとして訴えを却下し、最決平成23年6月22日LEX/DBは上告理由にあたらないとして上告を棄却した。なお、東京地判平成18年9月21日判時1952号44頁は、国歌斉唱義務等不存在確認訴訟につき、法定外抗告訴訟（無名抗告訴訟）と捉えた上で、訴えを適法とした。控訴審東京高判平成23年1月28日判時2113号30頁も、本訴を法定外抗告訴訟とみたが、通達に処分性を認め、取消訴訟による救済が可能だから補充性の要件を欠くとして、訴えを却下した。
32)　長野地判平成23年4月1日LEX/DB。
33)　東京地判昭和54年7月20日行集30巻7号1329頁及び東京高判昭和58年1月25日行集34巻1号88頁。
34)　大津地判平成17年2月7日判時1921号45頁及び大阪高判平成17年11月24日判自279号74頁。
35)　東京地判平成6年9月9日行集45巻8＝9号1760頁。
36)　福岡地判平成18年12月19日判タ1241号66頁。
37)　横浜地判平成21年10月14日判自338号46頁。
38)　東京地判平成14年2月14日判時1808号31頁及び東京高判平成17年12月19日判時1927号27頁。
39)　東京地判平成20年12月19日判タ1296号155頁。

ること[40]、道路交通法上の点数付加の不存在[41]の確認は適法とされている。

これに対し、更正通知書が誤った事実に基づいて作成されたこと（確認の利益なし[42]）、道路交通法上の現在の累積点数（確認の利益なし[43]）、区画道路位置の定めの違法（土地区画整理組合設立認可等の取消訴訟で争いうるから確認の利益なし[44]）、弁護士会による照会回答拒否の違法（公法上の法律関係にあたらず、また、損害賠償訴訟と比べ有効ないし適切とはいえない[45]）、自衛隊イラク派遣の違憲（現在の権利または法律関係の確認ではなく確認の利益を欠く[46]）の確認は不適法とされている。自衛隊イラク派遣の違憲確認につき、事実行為の確認であっても、その存否の確認が現在の紛争の直接かつ抜本的な解決手段として有効かつ適切な場合には訴えが許されるが、本件ではそうではないとした裁判例もある[47]。

　(c)　**法規命令**　モーターボート競走法施行規則の違法確認につき、法令自体が具体的な特定の内容を有する場合や、法令の内容自体は抽象的であるが、その直接の効果として個人の具体的な権利義務に影響を及ぼす場合等は別として、当事者間の具体的な権利義務ないし法律関係の存否に関する紛争ではなく、法律上の争訟にあたらないとして、訴えが却下されている[48]。

　(d)　**行政規則**　居宅生活支援費支給要綱の違法確認について、当該要綱は下級機関を拘束するのみで住民の権利義務に直接影響を及ぼすものではなく、原告と被告（大田区）の間に直ちに法律関係を生じさせるものではないから、公法上の法律関係を規定するものとはいえないとして、訴えが却下されて

---

40)　浦和地判平成 12 年 1 月 31 日裁判所 HP 及び東京高判平成 12 年 10 月 19 日判時 1732 号 73 頁。
41)　大阪地判平成 21 年 10 月 2 日裁判所 HP。
42)　新潟地高田支判平成 19 年 3 月 1 日税務訴訟資料 257 号順号 20644、東京高判平成 19 年 6 月 28 日税務訴訟資料 257 号順号 10739 及び最決平成 19 年 10 月 26 日税務訴訟資料 257 号順号 10805。
43)　大阪地判平成 19 年 8 月 10 日判タ 1261 号 164 頁。控訴審大阪高判平成 20 年 2 月 14 日裁判所 HP は、原告が一年以上無事故、無違反だったため、回復すべき法律上の利益なしとして訴えを却下。
44)　名古屋地判平成 21 年 1 月 29 日判自 320 号 62 頁。
45)　岐阜地判平成 23 年 2 月 10 日裁判所 HP。
46)　名古屋地判平成 18 年 4 月 14 日裁判所 HP 及び名古屋高判平成 20 年 4 月 17 日判時 2056 号 74 頁。ただし、本訴を民事訴訟と解しているようである。
47)　東京地判平成 17 年 5 月 16 日 LEX/DB、岡山地判平成 21 年 2 月 24 日判時 2046 号 124 頁。これらも本訴を民事訴訟とみているようである。
48)　東京地判平成 18 年 12 月 20 日裁判所 HP 及び東京高判平成 20 年 4 月 17 日裁判所 HP。

いる[49]。

なお、原告が「江南市立小中学校教職員等の学校施設等における通勤用自動車の駐車に関する要綱」によることなく駐車することを妨害してはならないとの訴えについて、公共用財産である小学校校地に関する学校教職員の利用関係という公法上の法律関係に関するものとして適法とした裁判例があるが[50]、これは給付訴訟ではないかと思われる。

　(e)　行政指導　　介護保険法に基づく指定居宅サービス事業者の指定に係る行政指導及び勧告の違法確認について、法改正により法律上の利益が消滅したとして訴えが却下されている[51]。

三　小　括

以上のように、法的地位の確認については訴えの適法性を認める裁判例が多く、訴えを不適法としたものも、確認の利益を欠く、あるいは法律上の争訟にあたらない等の理由による。事実の存否や行為の違法（無効）確認については、訴えが適法とされた例は少ないが、全くないわけではない[52]。また、そもそも確認の対象となりえないと明言している裁判例はほとんど見あたらない。

確認訴訟については、確認の対象となりうるものは形式的には無限定であるから、確認の利益を個々の訴えごとに吟味しなければならないとされる[53]。逆にいえば、確認訴訟は他の訴訟類型では救済できない場合の「受け皿」[54]的な訴訟形式であるということである。そうであれば、確認の対象をア・プリオリに限定することは適切ではない。上記のように、民事訴訟においても、決議や戒告の確認訴訟が適法とされている。

---

49)　東京地判平成 18 年 11 月 29 日賃社 1439 号 55 頁。
50)　名古屋地判平成 18 年 11 月 30 日判自 292 号 9 頁。碓井光明「公法上の当事者訴訟の動向（2・完）」自治研究 85 巻 4 号（2009 年）12 頁参照。
51)　高松高判平成 19 年 11 月 29 日裁判所 HP。
52)　最大判平成 17 年 9 月 14 日前掲注 15) は、公職選挙法の違法確認の訴えについて、確認の利益なしとして却下しているが、確認の利益が認められれば適法とする趣旨かどうかは定かでない。また、調査官解説によれば、この訴えは法定外抗告訴訟と捉えられているようである（杉原則彦・最判解民平成 17 年度（下）（2008 年）643 頁以下）。
53)　新堂・前掲注 3) 270 頁。
54)　中川・前掲注 11) 5 頁。

もっとも、法律関係や法的地位の確認として構成できる場合は、それによることが適切と思われる。たとえば、法令の解釈に関する通達や行政指導が争われる場合、通達・行政指導の違法（無効）確認ではなく、法令上の地位の確認を求めることが可能である。具体的には、墓地埋葬通達事件[55]の場合、墓地、埋葬等に関する法律との関係で、「異教徒の埋葬を認める義務のないことの確認」などと構成することが可能である[56]。

　これに対し、法的地位（権利）の確認として構成することが困難な場合は、民事訴訟と同様に、紛争の抜本的解決のために適切かつ必要と認められる場合には、事実や行為も確認の対象となりうると解すべきであろう。たとえば、法令とかかわりなく、要綱によって付近住民の同意や教育施設負担金の納付が求められている場合、要綱がその性質上法的義務を課すものではないとすれば、要綱に基づく義務不存在確認は難しいので[57]、端的に要綱（ないしそれに基づく行政指導）の違法（無効）確認を求めることができると解される[58]。

III　即時解決の必要性

一　民事訴訟における考え方

　即時解決の必要性とは、「原被告間の紛争が確認判決によって即時に解決しなければならないほど切迫した成熟したものか」[59]という問題であり、①「被告が原告の地位に与える不安の態様という観点」と、②「不安の的となる原告の法的地位の現実性という観点」に分けられる[60]。①は、被告が原告の法的地位を否認したり、原告の地位と相容れない地位を主張する場合に生じるのが通常であるが、時効中断の必要がある場合などにも確認の利益が認められる[61]。

---

55) 最判昭和43年12月24日民集22巻13号3147頁。
56) 宇賀克也『行政法概説II［第3版］』〔有斐閣、2010年〕361頁、越智敏裕「まちづくり紛争における行政訴訟の可能性」法律のひろば57巻10号（2004年）39頁注29）、福井ほか・前掲注11）255頁以下。
57) 山下・前掲注10) 235頁注33)。
58) 東京地判平成18年11月29日前掲注49) は、要綱が下級機関を拘束するのみで住民の権利義務に直接影響を及ぼすものではないとして、確認の対象とならないとしているが、こうした性格を有するからこそ、確認の対象とする必要性が高いといえる。
59) 新堂・前掲注3) 270頁。
60) 新堂・前掲注3) 277頁。

②は、「確認判決によって不安が除去されるべき原告の利益ないし地位は現実的なものでなければならない」ということであり、たとえば、遺言者がその生存中に受贈者に対して遺言の無効確認を求める利益は認められないとされる[62]。

二 原告の地位に対する不安の態様

既にみたように、民事訴訟においては、「現に、原告の有する権利または法律的地位に危険または不安が存在」[63]すれば確認の利益が認められている。公法上の確認訴訟についても、同様の要件をあてはめて判断している裁判例が大勢を占める[64]。紛争の存在（及び他に適切な手段がないこと）を要件としている裁判例もある[65]が、上記の判例と異なる趣旨とは解されない。

これに対し、裁判例には、長野勤務評定事件[66]や横川川事件[67]で示された要件、すなわち、「事前の救済を認めないことを著しく不相当とする特段の事情」を要求するものがある[68]。また、差止訴訟と同様に、重大な損害を生ずるおそれがあり、損害を避けるため他に適当な方法がないことを要件とするものもある[69]。

---

61) 新堂・前掲注3) 277頁。
62) 新堂・前掲注3) 278頁。
63) 最判昭和30年12月26日前掲注2)。
64) 大津地判平成17年2月7日及び大阪高判平成17年11月24日前掲注34)、甲府地判平成17年10月25日判タ1194号117頁、東京地判平成19年1月12日訟月54巻12号3069頁及び東京高判平成19年7月26日訟月54巻12号3044頁、名古屋地判平成19年3月23日判時1997号93頁、東京地判平成20年12月19日前掲注39)、大阪地判平成21年3月31日判時2054号19頁、福岡地判平成21年7月17日及び福岡高判平成22年3月25日前掲注22) など。
65) 東京地判平成6年9月9日前掲注35)、東京地判平成18年9月12日前掲注20)、千葉地判平成18年9月29日前掲注28)、大阪地判平成19年8月30日訟月55巻4号1875頁、福岡地判平成20年4月25日及び福岡高判平成21年9月11日前掲注30)、名古屋地判平成21年2月19日及び名古屋高判平成21年10月23日前掲注24)、横浜地判平成21年10月14日前掲注37) など。
66) 最判昭和47年11月30日民集26巻9号1746頁。
67) 最判平成元年7月4日訟月36巻1号137頁。
68) 東京高判平成19年4月25日前掲注29)。行政事件訴訟実務研究会編・前掲注12) 117頁も同旨。東京地判平成14年2月14日及び東京高判平成17年12月19日前掲注38) は、行政事件訴訟法改正前に、当事者訴訟か法定外抗告訴訟かを区別することなく、長野勤務評定事件の要件によっている。東京都銀行税に基づく租税債務不存在確認に関する東京地判平成14年3月26日判時1787号42頁も、訴訟形態を問わず同要件が適用されるとする。東京地判平成18年9月21日前掲注31) は、教職員の国歌斉唱等義務不存在確認の訴えを法定外抗告訴訟と捉えた上で、横川川事件の要件を採用している。

まず、長野勤務評定事件等については、かねてから要件が厳しすぎるとの批判が強い上、法定外抗告訴訟に関する判例とみるべきであって、公法上の確認訴訟の先例と解すべきではない[70)71)]。差止訴訟との関係については、公法上の確認訴訟と差止訴訟のいずれも提起できる場合がありうるから、両者の関係をいかに理解するかが問題となりうる。しかし、両者は別の訴訟類型であるから、それぞれの訴訟要件を検討すれば足り、差止訴訟の要件を確認訴訟に持ち込む理由はないと考える[72)73)]。したがって、民事訴訟と同様に、現に原告の有する権利または法律関係に危険または不安が存在すれば即時解決の必要性は認められると解し、あとは方法選択の適否を検討すればよいのではないかと思われる。

---

69) 大阪地判平成 19 年 8 月 10 日前掲注 43)、東京高判平成 23 年 1 月 28 日前掲注 31)。もっとも、前者は、「他に適当な方法がないか否かについては、当該紛争の実態にかんがみ、当該確認訴訟が原告の法的地位に生じている不安、危険を除去するために直截的で有効、適切な訴訟形態か否かという観点から判断すべきである。」と付言している。後者は、国歌斉唱等義務不存在確認の訴えを法定外抗告訴訟と捉えた上での判示である。

70) この趣旨を明示する裁判例として、大阪地判平成 20 年 12 月 25 日判タ 1302 号 116 頁（同 117 頁の匿名コメントも同旨）、名古屋地判平成 21 年 2 月 19 日及び名古屋高判平成 21 年 10 月 23 日前掲注 24)、横浜地判平成 21 年 7 月 16 日前掲注 31)、福岡地判平成 21 年 7 月 17 日及び福岡高判平成 22 年 3 月 25 日前掲注 22)。東京高判平成 23 年 1 月 28 日前掲注 69) は、国家斉唱等義務不存在確認について、法定外抗告訴訟と捉えつつ、事案を異にするとしている。なお、最大判平成 17 年 9 月 14 日前掲注 15) が長野勤務評定事件等の判例との関係をいかに解しているかは定かでないが、先例として引用していないことからみて、事案を異にすると判断したものと解するのが妥当であろう。

71) 同旨の学説として、阿部・前掲注 11) 308 頁、市村陽典ほか「座談会・新行政事件訴訟法の解釈」判タ 1147 号（2004 年）38 頁［市村］、春日・前掲注 11) 26 頁、櫻井＝橋本・前掲注 11) 375 頁、中川・前掲注 11) 20 頁以下、濱田哲「処分差止訴訟との交錯が生じうる場面における当事者訴訟（確認訴訟）の活用について」水野武夫先生古稀記念『行政と国民の権利』〔法律文化社、2011 年〕120 頁、村上裕章『行政訴訟の基礎理論』〔有斐閣、2007 年〕323 頁、同「多様な訴訟類型の活用と課題」法律時報 82 巻 8 号（2010 年）22 頁〔本書 103 頁〕、山田・前掲注 11) 47 頁など。山本（和）・前掲注 11) 113 頁以下は、横川川事件の要件は、「民訴の現在の議論からは、やや厳格すぎるように見える。とりわけ行政の活動においては、相手方私人の予測可能性を担保する必要が大きく、かつ、確認判決の判断について行政庁の任意の遵守を（私人以上に）期待できる（つまり確認判決の実効性が大きい）とすれば、より広く確認の利益を認めうる余地があろう。」と述べる。

72) この趣旨を明示する裁判例として、大阪地判平成 21 年 10 月 2 日前掲注 41)。

73) 石井昇「行政事件訴訟法 4 条後段に定める当事者訴訟」甲南法務研究 7 号（2011 年）8 頁、小早川・前掲注 11) 342 頁、斎藤浩『行政訴訟の実務と理論』〔三省堂、2007 年〕333 頁、中川・前掲注 11) 19 頁。

三　原告の法的地位の現実性

　民事訴訟で問題とされるのは、主として、将来の法的地位の確認等が許されないということである。公法上の確認訴訟については、原告の主張する法律関係等が存在しないとして訴えが不適法とされる場合がある。これは基本的に本案の問題と考えられるが、訴訟要件となる余地もありうるように思われる。

　(1)　原告が自己の法律関係等の確認を求めている場合　原告が自己の法律関係、権利または法律上の地位の確認を求めている場合、当該法律関係等の存否は本案の問題である。したがって、当該法律関係等が存在しないとの理由で訴えを不適法とするのは、訴訟要件と本案を混同したものというべきである。

　たとえば、オオクチバスを放流してはならない義務の不存在確認について、オオクチバスを放流する権利は具体的な権利または法的利益であるとはいえないとして[74]、柔道整復師法に基づく専科教員資格の確認について、当該資格は法的資格等として存在しないから、法律上の争訟にあたらないとして[75]、特定土地にある産業廃棄物処理施設の使用につき廃掃法上の許可を要しない地位の確認について、既設ミニ処分場を設置利用している者には何らの公法上の権利も付与されていないから、具体的な公法上の地位ないし権利義務を対象としていないとして[76]、それぞれ訴えが却下されているが、いずれも本案の問題ではないかと思われる[77]。

　他方、特定のダストボックスからごみを収集する義務の確認について、収集義務の存否は本案の問題であるとされ[78]、干拓事業について潮受堤防の開門調査をする義務の確認について、当該義務の存否は本案の問題とされている[79]が、正当と思われる。

　(2)　原告自身の法律関係等の確認が求められていない場合　原告が確認を求めているものが、自らの法律関係等ではなく、第三者の法律関係や、過去の行

---

74)　大津地判平成 17 年 2 月 7 日及び大阪高判平成 17 年 11 月 24 日前掲注 34)。
75)　東京地判平成 17 年 3 月 25 日及び東京高判平成 17 年 11 月 29 日前掲注 26)。
76)　東京高判平成 19 年 4 月 25 日前掲注 29)。
77)　石井・前掲注 73) 5 頁、碓井光明「公法上の当事者訴訟の動向 (1)」自治研究 85 巻 3 号 (2009 年) 23 頁、春日・前掲注 11) 17 頁、28 頁、水野・前掲注 11) 29 頁など参照。
78)　東京地判平成 6 年 9 月 9 日前掲注 35)。
79)　福岡地判平成 18 年 12 月 19 日前掲注 36)。

為の効力である場合、原告の地位と訴訟物たる権利または法律関係が分離することになる[80]。公法上の確認訴訟についていえば、原告が被告の行った行為等の違法（無効）確認を求める場合などがそうである。この場合、確認の対象と原告の地位が切り離されることになり、原告自身の利害関係が問題となりうる。民事確認訴訟に関する判例においても、「原告の有する権利または法律的地位」[81]、「当事者の法律上の地位」[82]、「当事者の法律上の地位ないし利益」[83]に対する危険・不安が要求されている[84]。

公法上の確認訴訟については、内閣総理大臣が社会保険庁及び厚生労働省に対し内閣法 6 条に基づく指揮監督権を行使する義務の確認について、不正な支出等により年金財源が不足し、そのため将来受け取る年金受給額が減額されるとの原告の主張を前提としても、現に、原告の有する権利または法律的利益に危険または不安が生じているということは困難であるとして、確認の利益が否定されている[85]。また、放送法に基づく NHK に対する国際放送実施要請等の違法・無効の確認について、国家権力の介入を受けない NHK の放送を受領する権利は、放送法においてはもっぱら一般的公益の中に吸収解消させて保護すべきものとされているにとどまっており、当該要請等によって原告らのこのような一般的、抽象的な権利に危険、不安が生じたとしても、訴訟制度により解決するに価するだけの具体性、現実性（争訟の成熟性）を欠くとして、確認の利益が否定されている[86]。

---
80) 新堂・前掲注3) 273 頁、高橋・前掲注3) 368 頁。
81) 最判昭和 30 年 12 月 26 日前掲注2)。
82) 最判昭和 47 年 11 月 9 日前掲注6)。
83) 最判平成 16 年 12 月 24 日前掲注7)、最判平成 17 年 11 月 8 日前掲注8)。前者は、社団法人の社員総会決議不存在確認につき、社員たる原告は当該法人理事の適正な選任等に「法律上の利益」を有すると判示し、後者は、宗教法人の檀信徒総会決議等不存在確認につき、檀信徒たる原告は代表役員等の適正な選定に「法律上の利益」を有すると判示している。
84) 秋山ほか・前掲注3) 77 頁以下、兼子ほか・前掲注3) 780 頁［竹下］、高橋・前掲注3) 374 頁以下及び 381 頁注 45)、山本弘「民事訴訟法学の見地からみた行政事件訴訟法改正」民商法雑誌 130 巻 6 号（2004 年）59 頁以下も参照。
85) 東京地判平成 19 年 1 月 12 日前掲注 64)。控訴審前掲東京高判平成 19 年 7 月 26 日前掲注 64) は、内閣総理大臣の指揮監督権が行使されたとしても、それによって原告らの具体的な権利義務に直接影響が及ぶわけではなく、何らかの法律関係が生ずる余地がないので、「公法上の当事者関係に関する」確認の訴えにあたらず、確認の利益を欠くとしている。
86) 大阪地判平成 21 年 3 月 31 日前掲注 64)。

確かに、被告の行為等の確認が求められた場合、原告との利害関係が問題となりうる。しかし、確認訴訟が受け皿としての訴訟形態であることからすると、この点を厳格に解することには疑問がある。とくに、根拠法規を持たない行政の行為によって原告の利益が侵害されることもありうることを考慮すれば、取消訴訟等の原告適格におけるように、根拠法規によって保護された利益の意味での「法律上の利益」を要求するべきではない[87]。

IV 方法選択の適否

一 民事訴訟における考え方

方法選択の適否とは、「原告・被告間の具体的紛争の解決にとって、確認訴訟→確認判決という手段が有効・適切であるか」[88]という問題であり、請求権について給付訴訟が可能な場合は、請求権自体の確認の利益は原則として認められない[89]。ただし、基本となる実体関係を前提としてそこから派生する給付請求権について給付訴訟が可能な場合でも、基本関係から派生する可能性のある他の諸紛争を予防するという確認訴訟の機能から、基本関係の確認の利益は認められ、また、身分関係または団体の代表機関たる地位に争いがあるときは、そこから多数の利害関係人間でさらに種々の紛争が派生することが予想されるとともに、それらの解決は利害関係人間で画一的に行う必要があるから、身分・地位の確認の確認の利益を肯定すべきであるとされる[90]。

---

87) 村上裕章・前掲注71)『行政訴訟の基礎理論』323頁注69)。兼子・前掲注3) 157頁は、「確認の利益は、法律的なものでなければならないというのは、その権利関係(殊に直接原告の権利義務でない場合に問題となる)の存否の確認と原告の利益や地位の安定との間に法律的関連のあることである(単に感情的とか経済的な因果関係があるだけでは足りない)。」と述べている。新堂・前掲注3) 273頁も同旨。山本(和)・前掲注11) 112頁は、民事訴訟につき、「確認訴訟では確認することにより原告が得られる実益が必要とされるが、このような利益は事実上の利益・期待でも足りるとされる。」と述べる。山本弘「権利保護の利益概念の研究(3・完)」法学協会雑誌106巻9号(1989年)25頁以下における確認の利益概念の分析も参考になる。
88) 新堂・前掲注3) 270頁。
89) 新堂・前掲注3) 272頁。
90) 新堂・前掲注3) 272頁以下。

二　給付訴訟一般との関係

　給付訴訟が可能な場合は、原則として確認訴訟は不適法とされる。国家公務員災害補償法に基づく遺族補償一時金等の給付を受ける権利を有する地位の確認について、給付請求が可能なので法律上の利益は認められないとされている[91]。

　これに対し、将来多数回にわたる給付が想定される場合などには、給付を受ける地位の確認が有効・適切と考えられる。混合診療を受けた場合に保険診療につき健康保険法に基づく療養の給付を受けることができる権利[92]、遺族補償年金を受ける地位[93]の確認が適法とされたのは、こうした趣旨と解される。類似の事案として、指定収集袋によらない一般廃棄物を収集処分する市の義務の確認につき、個別の収集日ごとの収集拒否行為を具体的に特定して争うことは現実的な対応といえないとして、確認の利益が認められている[94]。

三　抗告訴訟との関係

(1) **処分を争うことができない場合**　抗告訴訟で争うべき処分（行訴3条2項に定める「行政庁の処分その他公権力の行使に当たる行為」）がない場合は、確認訴訟を提起できると考えられる。権力関係と公法上の管理関係を峻別し、前者にあたる場合は、処分性が認められないとしても、当事者訴訟の提起は許されないとする考え方もありうるが[95]、処分を直接争うわけではない場合は当事者訴訟の提起を認めるべきであろう[96]。仮に上記の考え方をとったとしても、法定

---

91) 大阪地判平成20年1月16日労判958号21頁。
92) 東京地判平成19年11月7日判時1996号3頁、東京高判平成21年9月29日判タ1310号66頁、最判平成23年10月25日前掲注16)。もっとも、第1審は、原告が多額の医療費の負担を余儀なくされるおそれがあることを挙げている。
93) 仙台地判平成21年10月26日公務員関係判決速報394号2頁。控訴審で給付訴訟に変更され、仙台高判平成22年10月28日判時2099号150頁は請求を認容した。
94) 横浜地判平成21年10月14日前掲注37)。
95) 村上・前掲注71)『行政訴訟の基礎理論』321頁参照。
96) 南＝高橋編・前掲注11) 121頁以下、129頁［山田］、山田・前掲注11) 48頁は、処分等を直接に攻撃する訴訟形態のみを抗告訴訟と考えるべきであるとする。塩野・前掲注11) 行政法概念の諸相326頁、水野・前掲注11) 31頁も同旨。これに対し、芝池義一「抗告訴訟の可能性」自治研究80巻6号(2004年)9頁以下、同「抗告訴訟と法律関係訴訟」磯部力ほか編『行政法の新構想III』〔有斐閣、2008年〕46頁は、抗告訴訟を広義に解する。最大判平成17年9月14日前掲注15)

外抗告訴訟の提起は可能である[97]。

(2) 既になされた処分を争うことができる場合　処分が既になされており、当該処分を争うことによって救済が可能な場合には、原則として確認訴訟は不適法となる。したがって、まず、処分そのものの違法確認は原則として許されないと解される。農用地区域からの除外申出受理拒否通知の違法確認について、通知に処分性があるから確認の利益は認められないとされた例がある[98]。これに対し、放送法に基づく NHK に対する国際放送実施要請等の違法・無効確認について、当該要請等に処分性を認めつつ、確認の利益が肯定される限り、確認訴訟も許されるとした裁判例もある[99]。

処分を争うことによって救済可能な場合も、原則として確認訴訟は不適法となる。原子爆弾被爆者に対する援護に関する法律に基づく被爆者の地位の確認につき、被爆者健康手帳交付拒否処分取消訴訟が可能であるとして[100]、区画道路位置の定めの違法確認につき、土地区画整理組合設立認可等の取消訴訟が可能であるとして[101]、それぞれ不適法とされている。同様に、情報公開請求に対し開示をしないことの違法確認につき、不作為の違法確認訴訟及び義務付

の調査官解説は、同事件の予備的確認請求に係る訴えにつき、「『（特定の）公権力の行使（不行使）に対する不服の訴訟』としての性質を持った『（当事者訴訟としての）確認訴訟』も、他に適切な救済の方法がない場合などには許されるべきであるとして、予備的確認請求に係る訴えの適法性を認めることも考えられよう。」（杉原・前掲注52）648頁）、行政事件訴訟法の「改正法は、形式的な要件をクリアーできないために抗告訴訟として認められない訴訟であっても、実質的に公権力の行使に対する不服の訴訟として性格付けられるようなものについては、『公法上の法律関係に関する確認の訴え』として提起することが可能であることを明らかにしようとする考え方を採用したものであるとすれば、本判決の上記の判断は、正に上記改正の趣旨に沿うものであるということができよう。」（同 673 頁注 31））と指摘する。もっとも、公職選挙法の違法確認請求（主位的確認請求）に係る訴えについては、法定外抗告訴訟と解しているようである（前掲注 52）参照）。

[97]　国歌斉唱義務等不存在確認訴訟につき、法定外抗告訴訟と捉えて適法性を肯定したものとして、東京地判平成 18 年 9 月 21 日前掲注 31)。

[98]　さいたま地判平成 20 年 2 月 27 日判自 308 号 79 頁。

[99]　大阪地判平成 21 年 3 月 31 日前掲注 64)。大阪地判平成 19 年 11 月 28 日判自 306 号 21 頁も、滞納処分に対する審査請求を却下する裁決の違法確認について、滞納処分が終了しているから法律上の利益を欠くとしているが、裁決の違法確認が可能と解するようにもみえる。

[100]　広島地判平成 20 年 7 月 31 日判時 2046 号 59 頁。過去の法律関係の確認を求める訴えであり、本件各処分の取消しを求める訴えが適法なものとして審判されることからすれば、紛争の直接かつ抜本的な解決のため最も適切かつ必要なものであるとはいえないとする。

[101]　名古屋地判平成 21 年 1 月 29 日前掲注 44)。

け訴訟の提起が可能であるとして、不適法とされている[102]。

しかし、抗告訴訟の提起が可能であるとしても、紛争の抜本的解決の観点から、確認訴訟を許容する余地もある。水産業協同組合法に定める解散届を提出する義務がないことの確認について、解散届提出義務の存否（当該漁協が法定の解散事由を満たしているかどうか）について当事者間に争いがあり、漁業権不免許処分等の取消訴訟が可能であるとしても、その取消判決の拘束力は現時点において原告漁協が解散届提出義務を負うか否かについて及ばないから、当事者間の紛争を抜本的に解決するためには確認判決により不利益を除去する必要があるとして、即時確定を求める法律上の利益が肯定されている[103]。また、退去強制令書の執行を受けない地位の確認について、法務大臣の裁決及び退去強制令書の発布の取消訴訟も可能であるが、各処分後の事情を主張することはできず、これら処分の職権取消し（撤回）の義務付け訴訟も考えられるが、その適法性に疑義がないではないとして、確認の利益が認められている[104]。

(3) 将来なされうる処分を争う可能性がある場合

(a) 原告に申請権が認められている場合　まず、原告に申請権が認められている場合は、申請権を行使した上で、不作為の違法確認訴訟、取消訴訟、義務付け訴訟によって救済が得られるから、原則として、申請権等の確認訴訟を提起する必要はないと考えられる。

しかし、例外もありうる。個人タクシー事業許可を申請しようとしているタクシー運転手が、道路交通法上の点数付加の不存在確認を求めた事案について、当該許可を申請する余地もあるが、本件点数付加が存在する限り不許可処分となることは明らかである上、却下を承知の上であえて申請を行わなければ本件点数付加の違法性を争えないとすることに合理性を見出すことは困難であり、迂遠でもあるなどとして、訴えを適法とした裁判例がある[105]。

(b) 不利益処分を受ける可能性がある場合　しばしば問題となるのが、原告の法的地位等をめぐって被告行政主体との間に争いがあり、原告が自らの

---

102) 大阪地判平成19年8月30日前掲注65)。
103) 福岡地判平成20年4月25日及び福岡高判平成21年9月11日前掲注30)。
104) 東京地判平成19年2月23日前掲注21)。
105) 大阪地判平成21年10月2日前掲注41)。西川知一郎編『行政関係訴訟』〔青林書院、2009年〕209頁以下〔岡田幸人〕も同旨。

解釈に基づいて何らかの行為を行うと、不利益処分等を受ける可能性がある場合である。この場合、不利益処分の差止訴訟を提起すべきとも考えられるが、確認訴訟の適法性を認める裁判例が多い。

古くは、薬事法による許可等を受けることなく薬局を開設する権利の確認について、第一審が、原告は薬事法改正により新たに許可等を受けなければ薬局を開設できなくなったから、その権利に直接の影響を受けたものというべきであり、許可等を受けることなく薬局を開設した場合は、罰則の適用や薬剤師免許取消処分等を受ける可能性はあるが、これらの処分等のあるまで権利救済を待つべきものとすることはできないとして、訴えを適法とし、控訴審及び上告審もこれを是認している[106]。

最近の裁判例では、産業廃棄物処理施設の使用について廃掃法上の許可を要しない地位[107]、店舗型性風俗特殊営業に風営法の規定等が適用されないこと[108]、建築確認に基づいて工事をする権利[109]（建築確認に基づく工事に条例の適用がないこと）、医薬品につき郵便物等販売をする権利[110]、介護保険法に基づく実地指導に従う義務不存在[111]の確認について、後の不利益処分を争う可能性があるにもかかわらず、確認訴訟が適法とされている。

上記のような場合、原告が何らかの行為をしなければ不利益処分がなされる可能性はなく、処分内容も不明確であるから、差止訴訟で争うことは必ずしも適切ではない[112]。また、争われているのは、不利益処分の当否ではなく、現

---

106) 東京地判昭和37年10月24日行集13巻10号1858頁、東京高判昭和38年4月26日民集20巻6号1234頁、最大判昭和41年7月20日前掲注14）。
107) 千葉地判平成18年9月29日前掲注28）。控訴審東京高判平成19年4月25日前掲注29）は、廃掃法上そのような地位は認められないから、具体的な公法上の地位を対象とするものでなく、不適法であるとするが、前述のとおり、これは本案の問題であると思われる。
108) 東京地判平成19年12月26日及び東京高判平成21年1月28日前掲注23）。
109) 福岡地判平成21年7月17日及び福岡高判平成22年3月25日前掲注22）。
110) 東京地判平成22年3月30日前掲注25）。
111) 長野地判平成23年4月1日前掲注32）。
112) 南=高橋編・前掲注11）128頁［山田］及び山田・前掲注11）47頁は、一定の不利益処分が当然に予測されるような場合は差止訴訟がふさわしく、どのような不利益処分がなされるか予測しにくい場合や不利益処分以外の不利益が予測されるような場合などには確認訴訟がふさわしいとする。小早川光郎編『改正行政事件訴訟法研究』［有斐閣、2005年］158頁［小早川］、中川・前掲注11）18頁以下、福井ほか・前掲注11）258頁以下等もほぼ同旨。西川編・前掲注105）211頁以下［岡田］は、行政立法・通達・行政指導等取消訴訟の対象に必ずしもなじまない行政の行為によって、

在における法律関係等であるから、その確認を求める方が紛争の抜本的解決にとって適切かつ必要でもある[113]。したがって、対象の選択が適切であり、即時解決の必要性が認められる限り、確認訴訟の提起を認めるべきと思われる[114]。

V おわりに

　公法上の確認訴訟に関するこれまでの裁判例を概観すると、おおむね適法性を緩やかに認めたものが多いように思われる。確認訴訟の受け皿的な訴訟としての性格や、2004年行政事件訴訟法改正の趣旨からすると、このような傾向は歓迎されるべきである。

　本章では、公法上の確認訴訟について、対象選択の適否、即時解決の必要性、方法選択の適否の問題を検討した。しかし、いずれの点についても不明確な点が残っており、一応の試論を示すにとどまった。これを契機としてこの問題の議論が深まれば望外の幸せである。

(追記)

　原論文の校正中、国歌斉唱義務等の不存在確認等が求められた事件(東京地判平成18年9月21日及び東京高判平成23年1月28日前掲注31))の上告審判決(最判

　　国民が法的ないし事実上の義務を課されている中で、当該義務に違反することにより何らかの不利益を受ける危険が差し迫っているものの、当該不利益が刑事処分であったり、当該不利益の具体的発現が行政庁の効果裁量に委ねられ、多様な内容が想定しうるため差止訴訟の提起が困難である場合を挙げる。濱・前掲注71)123頁は、確認訴訟は、規制そのものから生じる現在の不利益の除去が目的とされる点で、差止訴訟と明確に区別される、と指摘する。予防的不作為の訴えにおいては、原告に対する被告の事実的侵害行為それ自体のもたらす危険が問題となるのに対し、確認の訴えにおいては、原告の側に生じる自己の権利についての原告の法的自由に対する危険が問題となる、との指摘(山本(弘)・前掲注87)36頁)も参考になる(同28頁も同旨)。

113)　横川川事件(最判平成元年7月4日前掲注67))の控訴審判決(東京高判昭和63年3月23日行集39巻3＝4号181頁)は、同事件においては河川法上の処分が差し迫っていたわけではなく、本件箇所の河川区域該当性が争われていたから、本件箇所について河川法上の義務を負わない公法上の法律関係の確認を求める当事者訴訟の方が、「より紛争の実態に即した抜本的な解決が図られる」としていた。

114)　ドイツにおいてもサンクションを回避するための確認訴訟が適法とされていることについては、山本隆司「行政訴訟に関する外国法制調査――ドイツ(上)」ジュリスト1238号(2003年)92頁以下、同・前掲注11)47頁以下。

平成24年2月9日裁判所HP、以下「本判決」という）が下された〔本判決については本書第8章参照〕。国歌斉唱等を命じる職務命令に従わないことを理由とする懲戒処分差止訴訟（以下「本件差止訴訟」という）と公法上の当事者訴訟としての国歌斉唱義務等不存在確認訴訟（以下「本件確認訴訟」という）を適法とした極めて重要な判決である。本章との関係でさしあたり以下の点を指摘しておきたい。

対象選択の適否に関しては、公法上の当事者訴訟としての原告の義務不存在確認の訴えを適法とした新たな判例である（第1審及び原審は本訴を法定外抗告訴訟とみていた）。

即時解決の必要性に関し、本判決は、上記職務命令に基づく公的義務の存在は、勤務成績の評価を通じた昇給等に係る不利益という処遇上の不利益が発生し拡大する危険の観点から、原告らの「法的地位に現実の危険を及ぼす」とした上で、毎年度2回以上の各式典を契機として上記処遇上の不利益が反復継続的かつ累積加重的に発生し拡大していくと、「事後的な損害の回復が著しく困難」になることを考慮すれば、本件確認訴訟は「その目的に即した有効適切な争訟方法」であり、確認の利益を肯定できると述べている。「事後的な損害の回復が著しく困難」という表現が、差止訴訟の重大な損害の要件に係る本判決のそれと同一であることからすると、公法上の確認訴訟に差止訴訟と同様の要件を設けたと解する余地もある（その場合、これも本件差止訴訟の判示部分で述べられている「司法と行政の権能の適切な均衡」が根拠になるのであろうか）。しかし、本章で述べたように（Ⅱ・二）、明文の根拠なく民事訴訟と異なる解釈をとることには疑問がある。上記判示は本件事案に関する認定判断にすぎず、一般論は慎重に回避したものとみるべきであろう。

方法選択の適否に関して、本判決は、懲戒処分の予防を目的とする確認訴訟は法定外抗告訴訟、それ以外の不利益の予防を目的とするものは公法上の当事者訴訟と解し、前者は差止訴訟を提起できるから補充性の要件を欠き不適法としている。この考え方によると、処分以外の不利益（本件のような処遇上の不利益のほか、刑事罰等が予定されている場合も含まれるであろうか）が想定される場合は別として、不利益処分のみが予定されている場合、確認訴訟は全面的に不適法となりかねない。しかし、本章でも述べたように（Ⅲ・三）、確認訴訟には紛争の抜本的解決という固有の機能があるから、このような割り切り方には疑問があ

る。たとえば、本件では処分基準が存在し、現実に多数の処分がされていたので、差止訴訟の要件である蓋然性及び一定性が比較的容易に肯定されたが、不利益処分の可能性やその具体的内容が不確定である場合は、差止訴訟による救済は困難である。また、処分前には処分の具体的内容が明らかでないから、差止訴訟の本案判断が困難な場合もありうる。本件差止訴訟についても、減給処分等の違法性は個別具体的事情によるから、現時点では違法性の立証がなく、本案勝訴要件を欠くとされている。本判決は、「懲戒処分の可否の前提として」、上記公的義務の存否を別途判断している（したがって実質的には確認請求について判断している）が、こうした判断が常にされる保証は必ずしもない。

第3部　裁量統制

第12章　判断過程審査の現状と課題

I　はじめに

　判断過程審査（判断過程の統制）と呼ばれる行政裁量の審査方法が判例において広く用いられるようになっているが、その意義や射程等についてはなお不明確な点が多く残されている[1]。本章では、判断過程審査に関する判例の展開を整理した上で（II）、理論的な分析を加え（III）、今後の課題を明らかにしたい（IV）。

II　判断過程に関する判例の展開

一　初期の判例

　判断過程審査を初めて行ったのは、事業認定等の取消しが求められた日光太郎杉事件の控訴審判決[2]である。同判決は、事業認定の要件該当性判断に「或る範囲」において裁量を認めた上で、「本来最も重視すべき諸要素、諸価値を不当、安易に軽視し、その結果当然尽すべき考慮を尽さず、または本来考慮に容れるべきでない事項を考慮に容れもしくは本来過大に評価すべきでない事項を過重に評価し」、それにより処分庁の判断が左右されたと認められる場合、「裁量判断の方法ないしその過程に誤りがあるものとして、違法となる」と述べ、本件事業認定等を違法と断じた。

---

1) 橋本博之『行政判例と仕組み解釈』〔弘文堂、2009年〕145頁は、「行政裁量に関する理論的枠組みの溶融化現象と、裁判実務上の判断価値統制の拡張的活用とが同時進行するという状況」と評している。
2) 東京高判昭和48年7月13日行集24巻6=7号533頁（以下「日光太郎杉判決」という）。同判決に関する近時の総合的研究として、亘理格『公益と行政裁量』〔弘文堂、2002年〕263頁以下。

最高裁も、その直後、地方公務員に対する分限降任処分の取消しが求められた事案において、分限処分について任命権者に「ある程度の裁量権」を認めた上で、「考慮すべき事項を考慮せず、考慮すべきでない事項を考慮して判断するとか、また、その判断が合理性をもつ判断として許容される限界を超えた不当なものであるときは」、裁量権の行使を誤ったものとして違法となると判示したが、本件においては違法性を否定した[3]。

二 判断過程の合理性を審査する判例

これらに続く判例はなかなか出なかったが、その後、判断過程の合理性を審査する判例がまず現れた。その先駆となったのが、医師会（公益法人）設立不許可処分の取消しが求められた事件の上告審判決[4]である。同判決は、公益法人の設立許可について「広汎な裁量」を認めた上で、「主務官庁が一定の事実を基礎として不許可を相当とするとの結論に至った判断過程に、その立場における判断のあり方として一応の合理性があることを否定できない」かどうかを審査し、本件では処分の違法性を否定した。

判断過程の合理性を本格的に審査したのは、原子炉設置許可処分の取消しが求められた伊方原発訴訟の上告審判決[5]である。同判決は、原子炉の安全基準適合性は行政庁の「合理的な判断」に委ねられている[6]とした上で、裁判所の審理・判断は、原子力委員会等の「専門技術的な調査審議及び判断を基にしてされた被告行政庁の判断に不合理な点があるか否かという観点」から行われるべきであり、「現在の科学技術水準に照らし、右調査審議において用いられた具体的審査基準に不合理な点があり、あるいは当該原子炉施設が右の具体的審査基準に適合するとした原子力委員会若しくは原子炉安全専門審査会の調査審

---

3) 最判昭和48年9月14日民集27巻8号925頁（以下「分限降任判決」という）。
4) 最判昭和63年7月14日判時1297号29頁（以下「医師会判決」という）。
5) 最判平成4年10月29日民集46巻7号1174頁（以下「伊方原発判決」という）。もんじゅ訴訟第二次上告審判決（最判平成17年5月30日民集59巻4号671頁）も同旨。
6) 調査官解説によれば、本判決は「裁量」という言葉を用いていないが、これは「政治的、政策的な裁量と同様の広汎な裁量を認めたものと誤解されることを避けるため」であり、「専門技術的裁量を肯定する見解と実質的にみて同趣旨のものと理解すべきであろう」という（高橋利文・最判解民平成4年度（1992年）420頁）。

議及び判断の過程に看過し難い過誤、欠落があり、被告行政庁の判断がこれに依拠してされたと認められる場合」には、行政庁の判断に不合理な点があり、これに基づく原子炉設置許可処分は違法となると判示したが、本件では違法はないと判断した。

教科書検定の違法を理由に損害賠償が求められた家永教科書検定第一次訴訟の上告審判決[7]も、検定の審査・判断に文部大臣の「合理的な裁量」[8]を認めた上で、「合否の判定、条件付合格の条件の付与等についての教科用図書検定調査審議会の判断の過程……に、原稿の記述内容又は欠陥の指摘の根拠となるべき検定当時の学説状況、教育状況についての認識や、旧検定基準に違反するとの評価等に看過し難い過誤があって、文部大臣の判断がこれに依拠してされたと認められる場合」、裁量権の範囲を逸脱したものとして国家賠償法上違法となると判示したが、本件では違法は認められないとした。

最近になって、老齢加算を廃止した生活保護基準[9]に基づく保護変更決定の取消しが求められた生活保護老齢加算廃止訴訟の上告審判決[10]は、生活保護基準の改定の判断に「専門技術的かつ政策的な見地からの裁量権」[11]を認めた上で、「厚生労働大臣の判断に、最低限度の生活の具体化に係る判断の過程及び手続における過誤、欠落の有無等の観点」から裁量権の逸脱・濫用が認められ

---

7) 最判平成5年3月16日民集47巻5号3483頁（以下「家永第一次判決」という）。家永教科書検定第三次訴訟に関する最判平成9年8月29日民集51巻7号2921頁（以下「家永第三次判決」という）及び横浜教科書訴訟に関する最判平成17年12月1日判時1922号72頁も同様の審査を行い、前者は修正意見の一部に裁量権の逸脱を認めた。
8) 本判決は裁量の広狭を明示していないが、調査官解説は、本判決は「文部大臣の裁量の範囲を狭く解した上で、現実に可能な裁量逸脱の審査方式の中から厳しい審査基準を採用し、裁判所の審査の範囲を広く認めた」（瀧澤泉・最判解民平成5年度（上）（1993年）425頁）と説明しているので、伊方原発判決と同様の狭い裁量と解される。
9) 生活保護基準（告示）は法規命令の性質をもつと解される（加藤智章ほか『社会保障法［第4版］』〔有斐閣、2009年〕353頁［前田雅子］参照）。
10) 最判平成24年2月28日民集66巻3号1240頁（以下「老齢加算東京判決」という）。同旨として、最判平成24年4月2日判時2151号3頁（以下「老齢加算北九州判決」という）。
11) 本判決も裁量の広狭を明示していないが、「立法府の広い裁量」を認めた堀木訴訟上告審判決（最大判昭和57年7月7日民集36巻7号1235頁）を引用していることからすると、同様に広い裁量を認める趣旨のようである（判時2145号4頁のコメント参照）。もっとも、上記判示は国会の立法裁量に関するものであるに対し、本件では法規命令の立法裁量が問題となっている点が異なる。生活保護基準が争われた朝日訴訟の上告審判決（最大判昭和42年5月24日民集21巻5号1043頁）は、傍論において厚生大臣に「合目的的な裁量」を認めたが、その広狭は明示していない。

るかを審査し、本件改定は違法でないと判断した。

三　考慮要素に着目した審査を行う判例

　やや遅れて、考慮要素に着目した審査を行う判例も現れた。まず、剣道実技不参加等を理由とする退学処分等の取消しが求められたエホバの証人剣道実技拒否事件の上告審判決[12]は、退学処分等について「合理的な教育的裁量」[13]を認めた上で、「考慮すべき事項を考慮しておらず、又は考慮された事実に対する評価が明白に合理性を欠き、その結果、社会観念上著しく妥当を欠く処分をした」として、退学処分等を取り消した。

　その後、藤山雅行裁判官を長とする東京地裁民事第3部（いわゆる「藤山コート」）が、一連の判決において、考慮要素に着目した審査を行い、裁量権の逸脱濫用を認めて[14]注目され、この頃から下級審裁判例において判断過程審査が広く行われるようになった。

　最高裁も、学校施設使用不許可処分の取消しが求められた呉市公立学校施設使用不許可事件の上告審判決[15]において、学校施設の目的外使用許可に裁量[16]を認めた上で、「その判断要素の選択や判断過程に合理性を欠くところがないかを検討」すべきと判示し、本件不許可処分は、「重視すべきでない考慮要素

---

12)　最判平成8年3月8日民集50巻3号469頁（以下「エホバの証人判決」という）。
13)　本判決も裁量の広狭を明示していないが、神戸全税関事件上告審判決（最判昭和52年12月20日民集31巻7号1101頁、以下「神戸全税関判決」という）等を引用し、「社会観念上著しく妥当を欠」く場合に裁量権の逸脱濫用ありとするので、広い裁量と解される。もっとも、本判決は、昭和女子大事件上告審判決（最判昭和49年7月19日民集28巻5号790頁、以下「昭和女子大判決」という）を引き、退学処分については「特に慎重な配慮を要する」と指摘する。
14)　東京地判平成13年10月3日判時1764号3頁、東京地判平成14年2月19日裁判所HP、東京地判平成14年8月27日訟月49巻1号325頁、東京地判平成15年9月19日判時1836号46頁、東京地判平成15年10月17日裁判所HP、東京地判平成16年2月19日裁判所HP、東京地判平成16年4月22日訟月51巻3号593頁。執行停止事件で同様の審査を行うものとして、東京地決平成13年12月3日裁判所HP、東京地決平成13年12月27日判時1771号76頁。結論を保留したものとして、東京地判平成16年3月25日判時1881号52頁。二風谷ダム事件に関する札幌地判平成9年3月27日判時1598号33頁は、藤山コートに先立って日光太郎杉判決に近い審査を行い、収用裁決を違法と判断した（ただし事情判決）。
15)　最判平成18年2月7日民集60巻2号401頁（以下「目的外使用判決」という）。
16)　本判決も裁量の広狭を明示していないが、「社会通念に照らして著しく妥当性を欠く」場合に裁量権の逸脱濫用ありとしているので、広い裁量と解される。

を重視するなど、考慮した事項に対する評価が明らかに合理性を欠いており、他方、当然考慮すべき事項を十分考慮しておらず、その結果、社会通念に照らし著しく妥当性を欠いたもの」として、処分を違法と判断した。

また、都市計画事業認可の取消しが求められた小田急訴訟の本案に係る上告審判決[17]は、同認可の前提となる都市計画決定に「広汎な裁量」を認めた上で、「事実に対する評価が明らかに合理性を欠くこと、判断の過程において考慮すべき事情を考慮しないこと等によりその内容が社会通念に照らし著しく妥当性を欠くものと認められる場合」、裁量権の逸脱濫用となるとした[18]が、当該都市計画決定の違法性は否定した。

その他、一般論では判断過程審査に言及しないものの、当てはめ部分で考慮要素に着目した審査を行い、裁量権の逸脱濫用を認めたものとして、刑務所における信書発信不許可処分を理由として損害賠償が求められた事件[19]、指名競争入札回避を理由として損害賠償が求められた事件[20]、一般公共海岸区域占有不許可処分の取消しが求められた事件[21]に関する最高裁判決がある[22]。

---

17) 最判平成18年11月2日民集60巻9号3249頁（以下「小田急本案判決」という）。
18) もっとも、調査官解説は、「本判決は、判断の過程において考慮すべき事情を考慮しないことが直ちに裁量権の逸脱又は濫用になるとしているわけではなく、その結果、判断の内容が社会通念に照らし著しく妥当性を欠くものと認められる場合に裁量権の逸脱又は濫用になるとしている」（森英明・最判解民平成18年度（下）（2009年）1160頁）と説明しており、本判決は実体的審査を行ったとみているようにも読める。
19) 最判平成18年3月23日訟月54巻4号823頁（以下「信書発信判決」という）。ただし原審差戻し。本判決も裁量の広狭を明示していないが、判断の「合理性」を審査する最大判昭和58年6月22日民集37巻5号793頁（ただし未決拘留）に照らすと、狭い裁量ではないかと解される。
20) 最判平成18年10月26日判時1953号122頁（以下「指名競争入札判決」という）。本判決も裁量の広狭を明示していないが、「社会通念上著しく妥当性を欠く」と述べているので、広い裁量と解される。
21) 最判平成19年12月7日民集61巻9号3290頁（以下「海岸占用許可判決」という）。本判決も裁量の広狭を明示していないが、「社会通念に照らし著しく妥当性を欠いた」と述べているので、広い裁量と解される。
22) そのほか、選挙訴訟（定数訴訟）の違憲審査において考慮要素に着目した審査を主張するものとして、最判平成5年10月22日民集47巻8号5147頁及び判時1484号25頁における藤島昭補足意見、最大判平成16年1月14日民集58巻1号56頁における亀山継夫・横尾和子・藤田宙靖・甲斐中辰夫補足意見、最大判平成18年10月4日民集60巻8号2696頁、最大判平成19年6月13日民集61巻4号1617頁及び最大判平成21年9月30日民集63巻7号1520頁における藤田補足意見。

III　判断過程審査の分析

一　判断過程審査の類型[23]

判断過程審査を行ったこれまでの判例には、判断過程の合理性ないし過誤・欠落の審査（以下「判断過程合理性審査」という）を行うものと、考慮要素に着目した審査（以下「考慮要素審査」という）を行うものがある。考慮要素審査についても、「考慮すべき事項を考慮し、考慮すべきでない事項を考慮しなかったか」のみの審査（以下「形式的考慮要素審査」という）を行うものと、それぞれの考慮要素について「重み付け」を行い、その評価を誤った場合にも裁量権の逸脱濫用を認める審査（以下「実質的考慮要素審査」という）を行うものがある[24]。判断過程合理性審査を行ったものとして、医師会判決、伊方原発判決、家永第一次判決、老齢加算東京判決等を、形式的考慮要素審査を行ったものとして、分限降任判決を、実質的考慮要素審査を行ったものとして、日光太郎杉判決、目的外使用判決、指名競争入札判決、海岸占用許可判決等を、それぞれ挙げることができる[25]。

二　判断過程審査の適用領域

最高裁で判断過程審査が行われた行政分野は、公務員法（分限降任判決）、事業規制法（伊方原発判決）、教育法（家永第一次判決、エホバの証人判決等）、公物法（目的外使用判決、海岸占用許可判決）、調達法（指名競争入札判決）、土地法・都市法（小田急本案判決）、社会福祉法（老齢加算東京判決等）など、多岐にわたる。下級

23）　以下の分類については、村上裕章・判例評論 584 号（2007 年）181 頁以下〔本書 252 頁〕、同・環境法判例百選［第 2 版］（2011 年）109 頁参照。
24）　この点を指摘するものとして、渡部吉隆＝園部逸夫編『行政事件訴訟法体系』〔西神田編集室、1985 年〕224 頁〔小早川光郎〕、芝池義一「行政決定における考慮事項」法学論叢 116 巻 1-6 号（1985 年）572 頁、仲野武志・判例評論 578 号（2007 年）178 頁。
25）　エホバの証人判決及び小田急本案判決は、文言上は形式的考慮要素審査を行っているようにみえるが、前者が代替措置の是非等を「十分に考慮すべきであった」と述べ、後者が鉄道騒音に対する「十分な考慮」等を求めていることからすれば、実質的考慮要素審査を行ったとみる余地もあるように思われる。後者につき、仲野・前掲注 24）180 頁、村上・前掲注 23）判例評論 182 頁〔本書 255 頁〕、同・前掲注 23）環境法判例百選 109 頁、角松生史・平成 19 年度重解（2008 年）39 頁、久保茂樹「都市計画決定と司法による裁量統制」青山法学論集 51 巻 3＝4 号（2010 年）102 頁参照。

審裁判例では、土地法・都市法、外国人法、社会福祉法、事業規制法などの分野で多用されている。

判断過程審査の対象は、行政処分が大半を占めるが、行政契約（指名競争入札判決）、行政計画（小田急本案判決）、法規命令（老齢加算東京判決等）も対象となっており、補足意見としてではあるが、法律の違憲審査への適用も主張されている。

審査の密度との関係では、従来、判断過程審査は狭い裁量に用いられる傾向があった。判断過程合理性審査については伊方原発判決、家永第一次判決等、実質的考慮要素審査については日光太郎杉判決、形式的考慮要素審査については分限降任判決がその例である。医師会判決は広い裁量について判断過程合理性審査を行ったが、むしろ例外だった。しかし最近では、裁量が広い場合にも判断過程審査が行われている。判断過程合理性審査については老齢加算東京判決、実質的考慮要素審査については目的外使用判決、指名競争入札判決、海岸占用許可判決[26]がその例である。

三　判断過程審査の特色

判断過程がいかなる性質の審査か、特に、実体的審査といかなる点で異なるかについては、これまで必ずしも明確にされてこなかった[27]。

この点については、実体的審査が行為の内容（結論）に着目した審査であるのに対し、判断過程審査は行為を行うに至った判断過程に着目した審査である点に特色があるとみるべきである。そして、このような審査である以上、判断過程に過誤があるとして行為が取り消されたとしても、当該行為の内容が違法

---

26) エホバの証人判決及び小田急本案判決についても、実質的考慮要素審査を行ったとみる余地がある（前注 25) 参照）。
27) 例えば、公務員に対する懲戒処分について実体的審査を行った神戸全税関判決の調査官解説は、「判断要素の選択や判断過程に著しく合理性を欠くところがないか」、「当然考慮されてしかるべき重要な要素が考慮されていたのかどうかあるいは考慮されてはならない要素が考慮されていなかったかどうか」を審査すべきであり、「この点も、裁量処分に対する審査として従来から一般にいわれてきていた」（越山安久・最判解民昭和 52 年度（1981 年）430 頁以下）と述べ、実体的審査との相違を意識していないようにみえる。マクリーン事件上告審判決（最大判昭和 53 年 10 月 4 日民集 32 巻 7 号 1223 頁、以下「マクリーン判決」という）に関する同・最判解民昭和 53 年度（1982 年）445 頁も参照。

とされたわけではないから、（判断過程合理性審査の場合は）合理的な判断過程を経て、あるいは、（考慮要素審査の場合は）適切な考慮要素を（適切に）考慮して、同じ内容の行為をすることは、原則として妨げられないものと解される（差戻的取消し）[28]。

四　判断過程審査の位置付け

　以上のように、判断過程審査が裁量の広狭を問わずに行われる[29]一方、判断過程審査が実体的審査と明確に異なるものであるとすれば、司法審査の密度の問題と司法審査の手法の問題を区別し、判断過程審査を後者に位置付けるべきではないかと思われる[30]。

　司法審査の密度は、裁判所がどの程度立ち入った審査をするかの問題であり、

---

[28]　日光太郎杉判決は、過誤があった「諸点につき正しい判断がなされたとすれば、控訴人建設大臣の判断は異なつた結論に到達する可能性があつた」として処分を取り消していることからすると、再処分の可能性を認めているように思われる。同判決に先立って「手続的実質審査」を主張していた原田尚彦も、明確にこれを主張している（原田尚彦『訴えの利益』〔弘文堂、1973年〕186頁、234頁、同『行政法要論〔全訂第7版補訂版〕』〔学陽書房、2011年〕151頁）。藤山コートの一連の判例も同様に解している（村上・前掲注23）判例評論185頁〔本書256頁以下〕注18）参照）。山本隆司「日本における裁量論の変容」判時1933号（2006年）17頁、同『判例から探求する行政法』〔有斐閣、2012年〕259頁もこの点を指摘する。これに対し、最高裁の立場は必ずしも明確ではない。小田急本案判決の趣旨については前注18）参照。川神裕「裁量処分と司法審査（判例を中心にして）」判時1932号（2006年）16頁は、「判断過程の統制の手法を用いる場合に、判断過程に合理性を欠く点がありそれが結果を左右する可能性さえあれば、それだけで裁量権濫用とされるとするのか、当該処分における実際の判断結果の妥当性の有無も合わせて考慮するのか、判断結果が社会観念上著しく合理性を欠くという審査基準との関係をどのように整理するのかという問題もある」と述べ、結論を留保している。なお、同論文で引用されている東京高判平成17年10月20日判時1914号43頁は、事実認定を行った上で都市計画決定に事実誤認があると判断したのではなく、決定の前提となる基礎調査に不備があるとの理由で決定を違法としているので、判断過程審査を行ったものと解される。そして、同判決に関する判時コメントは、同判決について、「今後、都市計画法の定めるところに従って改めて右の内容の都市計画が決定されることは十分あり得ることといえよう」（判時1914号45頁）と述べており、差戻的取消しと解するようである。この判決の趣旨については、小幡純子・判例評論573号（2006年）180頁以下、山本・前掲『判例から探求する行政法』259頁参照。調査義務違反を理由とする処分取消しについては、曽和俊文「行政調査論再考（二）」三重大学法経論叢5巻2号（1989年）82頁以下、久保・前掲注25）104頁以下参照。

[29]　小早川光郎『行政法（下II）』〔弘文堂、2005年〕199頁。山本・前掲注28）『判例から探求する行政法』232頁は、判断過程の審査と審査密度は次元を異にし、両立すると指摘する。

[30]　村上・前掲注23）判例評論184頁〔本書253頁〕注8）、同・前掲注23）環境法判例百選108頁参照。

大ざっぱにいえば、①裁量が認められず、判断代置方式の審査を行う最大限の審査[31]、②比較的狭い裁量を認めつつ、ある程度踏み込んだ審査を行う中程度の審査（分限降任判決、伊方原発判決など）、③広範な裁量を認め、社会観念上著しく妥当を欠く場合にのみ違法とする最小限の審査（神戸全税関判決など）がある[32]。判例は、裁量の存否・広狭につき、処分の目的・性質、対象事項、処分における判断の性質、処分の根拠法規の定め方などを総合考慮して、処分ごとに判断しているようである[33]。

司法審査の手法は、裁判所がいかなる方法で適法性を判断するかという問題であり、(a) 処分の内容（結果）に着目する実体的審査、(b) 処分の手続に着目する手続的審査、(c) 行政庁の判断過程に着目する判断過程審査がある。司法審査の密度が処分の種類によって決まるのに対し、司法審査の手法は事案に応じて選択されるものと解される。

IV　判断過程審査の課題

一　判断過程合理性審査と考慮要素審査の関係

上記のように、判例においては、判断過程合理性審査を行うものと、（形式的及び実質的）考慮要素審査を行うものがあるが、両者の関係は不明確である[34]。

---

31) 収用補償額に関する最判平成 9 年 1 月 28 日民集 51 巻 1 号 147 頁、不開示情報該当性に関する最判平成 23 年 10 月 14 日判時 2159 号 59 頁など。

32) 小早川・前掲注 29) 194 頁以下。瀧澤・前掲注 8) 420 頁以下、大橋弘・最判解民平成 9 年度（下）（2000 年）1039 頁以下、森・前掲注 18) 1157 頁以下も同様の分類を示す。この分類に批判的な見解として、橋本・前掲注 1) 154 頁、高木光「行政処分における考慮事項」法曹時報 62 巻 8 号（2010 年）7 頁。確かに、マクリーン判決は「社会通念上著しく妥当性を欠くことが明らか」との定式を用いる点で一般の最小限の審査より広い裁量を認めるものと解され（村上・前掲注 23) 判例評論 185 頁〔本書 254 頁〕注 12)）、退学処分には特に慎重な配慮を要する（昭和女子大判決、エホバの証人判決）、国旗国歌訴訟において減給以上の処分を選択することには慎重な考慮が必要（最判平成 24 年 1 月 16 日判時 2147 号 127 頁（2 件)）、分限降任処分については免職処分より裁量が広い（分限降任判決）とされている（越山・前掲注 27) 最判解民昭和 52 年度 434 頁注 8) によれば、神戸全税関判決も懲戒免職処分は特に慎重な配慮を要することを当然の前提としているとのことである）ことからすると、上記分類は一応の目安にとどまると考えられる。

33) 川神・前掲注 28) 11 頁以下参照。

34) 学説においても、判断過程審査の例として考慮要素審査の判例のみを挙げるもの（塩野宏『行政法 I〔第 5 版〕』〔有斐閣、2009 年〕135 頁以下、宇賀克也『行政法概説 I〔第 4 版〕』〔有斐閣、2001 年〕320 頁以下、芝池義一『行政法総論講義〔第 4 版補訂版〕』〔有斐閣、2006 年〕84 頁以下、同『行政法読本〔第 2 版〕』〔有斐閣、2010 年〕76 頁以下、谷口豊「裁量行為の審査方法」藤山雅

日光太郎杉判決は、実質的考慮要素審査を行いつつ、「裁量判断の方法ないし過程に過誤」があると述べていた。近年では、目的外使用判決が、「判断要素の選択や判断過程に合理性を欠くところがないか」を検討すべきであるとして、両者を並列し[35]、小田急本案判決は、「判断の過程において考慮すべき事情を考慮しないこと」と述べており、両者を融合しているかにもみえる。他方で、老齢加算東京判決等は、「判断の過程及び手続における過誤、欠落の有無」を検討しており、伊方原発判決の審査方法を維持しているようである。

この点についてはなお検討の必要があるが、判断過程を審査する場合でも、具体的な判断過程を跡づけ、そこでの調査や検討に過誤、欠落がないかどうかを審査する方法[36]と、判断過程における考慮要素に着目し、考慮すべき事項を（十分）考慮し、（あまり）考慮すべきでない事項を（過度に）考慮しなかったかを審査する方法は、やや異なるのではないかと考えられる[37]。両者を融合しているようにみえる小田急本案判決も、実質的にみれば、考慮要素審査を行ってい

行＝村田斉志編『新裁判実務大系25　行政争訟［改訂版］』〔青林書院、2012年〕315頁等）と、判断過程合理性審査の判例も含めるもの（櫻井敬子＝橋本博之『行政法［第3版］』〔弘文堂、2011年〕124頁以下、稲葉馨ほか『行政法［第2版］』〔有斐閣、2010年〕106頁以下［人見剛］、大浜啓吉『行政法I　行政法総論［第3版］』〔岩波書店、2012年〕271頁以下、山本・前掲注28）『判例から探求する行政法』230頁等）がある。小早川・前掲注29）199頁以下は、両者を「判断過程の適切性」の観点からの審査と呼ぶが、別個に論じている。

35)　本判決は、「判断要素の選択や判断過程に著しく合理性を欠くところがないかを検討すべき」とする神戸全税関判決の調査官解説（越山・前掲注27）最判解民昭和52年度430頁）から影響を受けているようである（橋本・前掲注1）160頁）。同解説はその具体例を挙げていないが、同様の表現は最高裁判所事務総局編『続々行政事件訴訟法十年史（上）』〔法曹会、1981年〕51頁及び54頁にみられ、そこで挙げられている判例を検討すると、判断要素の選択（考慮すべき事項を考慮せず、考慮すべきでない事項を考慮すること）は分限降任判決を、判断過程の合理性は日光太郎杉判決を、それぞれ念頭に置いているようである。

36)　家永第一次判決は、「原稿の記述内容又は欠陥の指摘の根拠となるべき検定当時の学説状況、教育状況についての認識や、旧検定基準に違反するとの評価等に看過し難い過誤があ」るかを検討すべきとし、家永第三次判決は、731部隊に係る記述の削除を求める修正意見につき、同部隊の存在等が検定当時の学界で定説化していたと認められること等を理由に、看過し難い過誤を認めた。また、老齢加算東京判決は、老齢加算の廃止について検討した専門委員会における意見について、「統計等の客観的な数値等との合理的関連性や専門的知見との整合性」を検討し、判断の過程及び手続に過誤、欠落はないと判断している。

37)　深澤龍一郎「裁量統制の法理の展開」法律時報82巻8号（2010年）34頁は、法律で予定された行政庁の判断様式の違い（「諸般の事情の総合的考慮」型と「審査基準の設定＋適用」型）によるとする。

ると解しうる。

二　判断過程審査の適用基準

　判断過程審査をいかなる場合に行うべきかについても、不明確な点が残されている[38]。もっとも、判断過程合理性審査については、専門技術的な問題について、特に専門家からなる諮問機関が関与している場合に用いられる手法であると考えられ（伊方原発判決、家永第一次判決、老齢加算東京判決等）、適用される場面がある程度明確である。これに対し、実質的考慮要素審査[39]の適用基準は非常に不明確であり、いくつかの可能性が考えられる。

　第一に、何らかの理由から審査密度を高めるべき場合に、実質的考慮要素審査が行われている可能性がある[40]。例えば、エホバの証人事件については、退学処分を受けた学生の信教の自由が問題となっており、これを考慮する必要が高かったことが影響したとも考えられる[41]。しかし、審査密度が高まる場合（退学処分や懲戒免職処分、中程度の審査の場合）であっても、常に実質的考慮要素審査が行われているわけではないように思われる。

　第二に、当該事案について、他事考慮ではないかとの疑いがあるが、必ずしもそれが明確ではない場合に、実質的考慮要素審査が行われている可能性があ

---

38) 川神・前掲注28) 12頁は、判断過程の過誤、欠落が審査されるのは、「結論の適否を直接判断することが困難であって以下に掲げるような場合など」であるとし、①政策判断が特定の基礎資料の収集・調査や考慮すべき要素についての調査・認定等の一定の定型的な判断過程を経て最終決定に至ることが必然的であると認められる場合、②専門機関の関与等、複合的段階的な行政過程を経て最終決定に至ることが予定されている場合を挙げる。

39) 形式的考慮要素審査については、一般的に適用可能であると考えられる。もっとも、それによって実際に裁量権の逸脱濫用を認定できる場合は必ずしも多くないと思われる（仲野・前掲注24) 179頁参照)。

40) 判断過程審査は審査密度の向上をもたらすものと評価するものとして、塩野・前掲注34) 135頁以下、橋本・前掲注1) 173頁、曽和俊文「行政法を学ぶ（第13回)」法学教室380号（2012年）59頁、常岡孝好「行政過程の判断過程の統制」法学教室383号（2012年）14頁など。国旗国歌訴訟（懲戒停職処分取消訴訟）控訴審判決（東京高判平成23年3月25日判自356号56頁）は、神戸全税関判決に従った審査を行うべきであり、「裁量判断の過程・方法に立ち入って、厳格な審査をすべきである旨の」原告側主張は、現在の判例法理の下では採用できないと述べており、判断過程審査は審査密度の厳格化を意味すると解するようである。

41) 川神・前掲注28) 12頁は、裁量権には「憲法的価値や憲法的秩序の維持、人権保障等の観点からの制約は当然にある」と述べる。この点を憲法学の観点から検討するものとして、宍戸常寿「裁量権と人権論」公法研究71号（2009年）100頁。

る[42]。目的外使用判決、指名競争入札判決、海岸占用許可判決などがその例である。もっとも、これによってすべての事案を説明できるかは定かでない。

　第三に、上記のように判断過程審査に差戻的機能があることを考慮すると、やや曖昧ではあるが、何らかの理由により、訴訟手続において事実関係を解明して判断するよりも、行政庁への差戻しが適切と考えられる場合、例えば、誤った前提に基づいて判断されている場合（エホバの証人判決、信書発信判決）、考慮のやり方があまりにずさんないし多くの点に問題がある場合（目的外使用判決[43]）、他事考慮が疑われる場合（目的外使用判決、指名競争入札判決、海岸占用許可判決）などに、実質的考慮要素審査が行われるとみることもできるであろう。もっとも、これは基準として不明確であり、裁判官の裁量が広くなりすぎる点に問題があるように思われる。

　なお、実体的審査によって裁量の逸脱濫用が認められる場合、逆に、実体的に適法であることが明らかである場合は、あえて考慮要素審査を行うまでもないと考えられる[44]。

三　判断過程審査と審査密度の関係

　上記のように、現在では、判断過程審査は審査密度を問わずに行われているが、審査密度によって判断過程審査の方法に差異があるのかが問題となる。

　この点についてもなお試論の域を出ないが、判断過程合理性審査については、中程度の審査の場合、判断過程に合理性があるかを審査する（伊方原発判決、家永第一次判決等）のに対し、最小限の審査の場合は、「一応の合理性」（医師会判決）があるかという、より緩やかな審査を行うことになると解することができる。実質的考慮要素審査についても、中程度の審査の場合、最小限の審査に比べ、重み付けの当否について、より厳格な審査が及ぶと解することができる[45]。

---

42)　桑原勇進・判例評論596号（2008年）167頁以下。
43)　仲野・前掲注24）180頁は、目的外使用判決について、「適正に考慮された事項が一つもなかったという点が、本件の最大の眼目である」と指摘している。
44)　村上・前掲注23）判例評論182頁〔本書257頁〕。
45)　村上・前掲注23）判例評論185頁〔本書254頁〕注11、同・前掲注23）環境法判例百選109頁。山本・前掲注28）判例から探求する行政法232頁も同旨と解される。

四　判断過程審査の安定性

　判断過程審査については、裁判官によってかなり判断に相違があるという現象がみられる[46]。日光太郎杉判決や藤山コートの判決に対しては、実質的に判断代置に近づいている[47]、当該要素の位置付けが不明確な場合、判定者の価値判断に左右され、民主的過程を経て形成される政策決定を不必要に制約する[48]、特定の利益を選び出し、あまりにも一般的に重視している[49]などの批判がある。

　確かにこの点は大きな問題であるが、審査密度が明確化されるとともに、考慮すべき要素や考慮すべきでない要素、さらには各要素の重み付けが明確化されることにより、かなりの程度解消可能であり[50]、判断過程審査の致命的欠点とはいえないように思われる[51]。

V　おわりに

　判断過程審査については、その意義や適用方法について多くの不明確な点が残されている。しかし、この審査手法によって行政裁量に対する司法審査がより強化されていることが疑いない。学説と判例が協働してこの審査方法を発展させていくことが望まれる[52]。

---

46) 小田急訴訟における各審級の判断については、村上・前掲注23) 判例評論183頁以下〔本書258頁以下〕、同・前掲注23) 環境法判例百選109頁参照。老齢加算北九州判決の事案においても、控訴審と上告審で大きく判断が異なっている（判時2151号3頁以下のコメント参照）。
47) 日光太郎杉判決について、阿部泰隆『行政裁量と行政救済』〔三省堂、1987年〕126頁、同『行政の法システム（下）〔新版〕』〔有斐閣、1997年〕660頁、同『行政法解釈学I』〔有斐閣、2008年〕382頁。
48) 川神・前掲注28) 15頁以下。
49) 山本・前掲注28) 判時15頁、同・前掲注28)『判例から探求する行政法』231頁以下。
50) 山本・前掲注28) 判例から探求する行政法308頁以下。久保・前掲注25) 101頁は、「考慮事項を合理的に構造化しておくことが必要である」と述べる。
51) 山本・前掲注28) 判時15頁は、問題は裁量統制の方法それ自体からではなく、裁判所が「この方法を用いる経験を積み重ねる途上にあるために生じている」と指摘する。
52) 橋本・前掲注1) 146頁。

第13章　小田急訴訟本案判決

小田急線連続立体交差事業認可処分取消、事業認可処分取消請求事件、最高裁平成16（行ヒ）114号、平成18年11月2日一小法廷判決、上告棄却、判時1953号3頁、民集60巻9号3249頁

【事実】　建設大臣（当時）が、都市計画法59条2項に基づき、東京都に対し、小田急小田原線の一定区間（以下「本件区間」という）を高架式（以下「本件高架式」という）により連続立体交差化することを内容とする都市計画事業の認可（以下「本件鉄道事業認可」という）及び付属街路設置に係る都市計画事業の認可（以下「本件各付属街路事業認可」といい、本件鉄道事業認可と併せて「本件各認可」という）を行ったのに対し、本件区間の沿線に居住するXら（いずれも本件鉄道事業の事業地内の不動産につき権利を有していないが、一部は本件各付属街路事業の事業地内の不動産につき権利を有する）が、本件高架式を採用したことは違法である等と主張して、本件各認可の取消訴訟を提起した。

第一審（東京地判平成13年10月3日判時1764号3頁）は、Xらのうち本件各付属街路事業の事業地内の不動産につき権利を有する者について、事業の実質に着目して本件各認可全体の取消しを求める原告適格を認めた上、本件鉄道事業認可の前提となる東京都知事の平成5年都市計画決定（以下「平成5年決定」という）に裁量権の逸脱があること等を理由として請求を認容し、その余の訴えを却下した。

控訴審（東京高判平成15年12月18日訟月50巻8号2332頁）は、第一審で原告適格を認められた者はそれぞれがその事業地内の不動産につき権利を有する付属街路事業の認可についてのみ原告適格を有するとした上で、当該付属街路事業認可及び平成5年決定に違法はないとして請求を棄却し、その余の訴えを却下した。

Xらの上告受理申立てを受理した最高裁第一小法廷は、そのうち原告適格に係る所論の部分を大法廷に回付した。大法廷（最大判平成17年12月7日民集59巻10号2645頁、判時1920号13頁）は、Xらのうち本件鉄道事業に係る東京都環

境影響評価条例（以下「本件条例」という）2条5号所定の関係地域内に居住する者について本件鉄道事業認可の取消しを求める原告適格を認めたが、本件各付属街路事業認可については、個々の認可ごとに原告適格を判断すべきであるとして、控訴審で原告適格を認められた者を除き、これを否定した。これを受けて本案判断を行ったのが本判決である。

【判旨】 上告棄却（〔 〕は引用者による補足）
一 平成5年決定に対する司法審査の方法について
「〔都市計画法の定める〕基準に従って都市施設の規模、配置等に関する事項を定めるに当たっては、当該都市施設に関する諸般の事情を総合的に考慮した上で、政策的、技術的な見地から判断することが不可欠であるといわざるを得ない。そうすると、このような判断は、これを決定する行政庁の広範な裁量にゆだねられているというべきであって、裁判所が都市施設に関する都市計画の決定又は変更の内容の適否を審査するに当たっては、当該決定又は変更が裁量権の行使としてされたことを前提として、その基礎とされた重要な事実に誤認があること等により重要な事実の基礎を欠くこととなる場合、又は、事実に対する評価が明らかに合理性を欠くこと、判断の過程において考慮すべき事情を考慮しないこと等によりその内容が社会通念に照らし著しく妥当性を欠くものと認められる場合に限り、裁量権の範囲を逸脱し又はこれを濫用したものとして違法となるとすべきものと解するのが相当である。」

二 環境への影響に対する考慮について
「本件鉄道事業認可の前提となる都市計画に係る平成5年決定を行うに当たっては、本件区間の連続立体交差化事業に伴う騒音、振動等によって、事業地の周辺地域に居住する住民に健康又は生活環境に係る著しい被害が発生することのないよう、被害の防止を図り、東京都において定められていた公害防止計画である東京地域公害防止計画に適合させるとともに、本件評価書〔＝本件条例に基づいて作成された環境影響評価書〕の内容について十分配慮し、環境の保全について適正な配慮をすることが要請されると解される。本件の具体的な事情としても、公害等調整委員会が、裁定自体は平成10年であるものの、同

4年にされた裁定の申請に対して、小田急線の沿線住民の一部につき平成5年決定以前の騒音被害が受忍限度を超えるものと判定しているのであるから、平成5年決定において本件区間の構造を定めるに当たっては、鉄道騒音に対して十分な考慮をすることが要請されていたというべきである。」

「平成5年決定は、本件区間の連続立体交差化事業に伴う騒音等によって事業地の周辺地域に居住する住民に健康又は生活環境に係る著しい被害が発生することの防止を図るという観点から、本件評価書の内容にも十分配慮し、環境の保全について適切な配慮をしたものであり、公害防止計画にも適合するものであって、都市計画法等の要請に反するものではなく、鉄道騒音に対して十分な考慮を欠くものであったということもできない。したがって、この点について、平成5年決定が考慮すべき事情を考慮せずにされたものということはできず、また、その判断内容に明らかに合理性を欠く点があるということもできない。」

「被上告参加人〔=東京都知事〕は、平成5年決定に至る検討の段階で、本件区間の構造について3つの方式の比較検討をした際、計画的条件、地形的条件及び事業的条件の三条件を考慮要素としており、環境への影響を比較しないまま、本件高架式が優れていると評価している。しかしながら、この検討は、工期・工費、環境面等の総合的考慮の上に立って高架式を適切とした本件調査〔=建設省の定めた連続立体交差事業調査要綱に基づく調査〕の結果を踏まえて行われたものである。加えて、その後、本件高架式を採用した場合の環境への影響について、本件条例に基づく環境影響評価が行われ、被上告参加人は、この環境影響評価の結果を踏まえた上で、本件高架式を内容とする平成5年決定を行っているから、平成5年決定が、その判断の過程において考慮すべき事情を考慮しなかったものということはできない。」

三 計画的条件、地形的条件及び事業的条件に係る考慮について

「被上告参加人は、本件区間の構造について三つの方式の比較検討をした際、既に取得した用地の取得費や鉄道事業者の受益分を考慮せず事業費を算定しているところ、このような算定方法は、当該都市計画の実現のために今後必要となる支出額を予測するものとして、合理性を有するというべきである。」

【評釈】

一　本件訴訟は、第一審が本件鉄道事業認可を違法として取り消したことや、回付を受けた大法廷が判例を変更して原告適格を拡大したことで注目を集めたが、本判決は結局裁量権の逸脱濫用を否定した。本件では３つの審級のすべてがいわゆる「判断過程審査」を行っているが、それらの判断内容は微妙に異なっている。そこで本章では、考察の対象を裁量統制の問題に限定し、従来の判例における本判決の位置付けを探った上で（二）、具体的な判断内容を検討することにしたい（三）。

二　(1)　「判断過程審査」が脚光を浴びる契機となったのは、「本来最も重視すべき諸要素、諸価値を不当、安易に軽視し、その結果当然尽すべき考慮を尽さず、または本来考慮に容れるべきでない事項を考慮に容れもしくは本来過大に評価すべきでない事項を過重に評価し、これらのことにより同控訴人〔＝建設大臣〕のこの点に関する判例が左右されたものと認められる場合には、同控訴人の右判断は、とりもなおさず裁量判断の方法ないしその過程に誤りがあるものとして、違法となる」と判示した、日光太郎杉事件控訴審判決（東京高判昭和48年7月13日行集24巻6＝7号533頁、以下「日光太郎杉判決」という）である[1]。

最高裁も、ほぼ同時期に、地方公務員に対する分限処分について、「考慮すべき事項を考慮せず、考慮すべきでない事項を考慮して判断するとか、また、その判断が合理性をもつ判断として許容される限度を超えた不当なものであるときは、裁量権の行使を誤つた違法のものであることを免れない」との判断を示していた（最判昭和48年9月14日民集27巻8号925頁）。

その後これに続く判例は必ずしも多くなかったが、最高裁は伊方原発訴訟（最判平成4年10月29日民集46巻7号1174頁）において、「調査審議及び判断の過程に看過し難い過誤、欠落」があるかどうかの審査を行った[2]。また、エホバ

---

[1]　日光太郎杉判決について詳細な検討を加える近時の研究として、亘理格『公益と行政裁量』〔弘文堂、2002年〕263頁以下がある。
[2]　同様の判断方法をとるものとして、最判平成5年3月16日民集47巻5号3483頁（家永教科書検定第一次訴訟）、最判平成9年7月15日民集51巻6号2645頁、最判平成9年8月29日民集51巻7号2921頁（家永教科書検定第三次訴訟）、最判平成17年5月30日民集59巻4号671頁（もんじゅ訴訟第二次上告審）、最判平成17年12月1日判時1922号72頁。

の証人剣道実技拒否事件（最判平成8年3月8日民集50巻3号469頁）においては、「考慮すべき事項を考慮して」いないときは裁量権の逸脱濫用が認められるとして、退学処分を取り消している。平成18年になって同様の審査方法を用いる最高裁判決が続出しており[3]、本判決もその1つということができる（森英明・ジュリスト1337号（2007年）104頁）。他方、本件第一審判決を嚆矢として、藤山雅行裁判官を長とする東京地裁民事第3部（いわゆる「藤山コート」）が一連の判決において考慮要素に着目した審査を行い、裁量権の逸脱濫用を認めている[4]。

　(2)　このように「判断過程の統制」の「躍進」ともいえる状況がみられるが、その意味や内容については不明確な点が多く残されている。

　まず、「判断過程審査」が何を意味するかについて必ずしも見解が一致していない。こうした統制を行ったとされる判例として、①（明示的には）日光太郎杉判決のみを挙げるもの（塩野宏『行政法Ⅰ［第4版］』〔有斐閣、2005年〕123頁以下、宇賀克也『行政法概説Ⅰ［第2版］』〔有斐閣、2006年〕290頁）、②逆に、日光太郎杉判決は純粋な「判断過程審査」ではなく実体的判断代置方式を併用したものとみるもの（阿部泰隆『行政裁量と行政救済』〔三省堂、1987年〕126頁、同『行政の法システム（下）［新版］』〔有斐閣、1997年〕660頁）、③日光太郎杉判決に加えて、前掲最判

---

[3]　最判平成18年2月7日民集60巻2号401頁（呉市公立学校施設使用不許可事件）、最判平成18年3月23日判時1929号37頁（熊本刑務所信書発信不許可事件）、最判平成18年10月26日判時1953号122頁（指名競争入札回避事件）。最判平成18年9月4日判時1948号26頁（林試の森公園訴訟）も、民有地に代えて公有地を利用できることを、都市施設に関する都市計画決定の合理性を判断する「一つの考慮要素となり得る」としている。いわゆる定数訴訟においても、法廷意見にはなっていないものの、「判断過程の統制」を主張する補足意見が次々と示されている。最判平成5年10月22日民集47巻8号5147頁の藤島昭補足意見、最大判平成16年1月14日民集58巻1号56頁の亀山継夫・横尾和子・藤田宙靖・甲斐中辰夫補足意見、最大判平成18年10月4日民集60巻8号2696頁の藤田宙靖補足意見。

[4]　東京地決平成13年12月3日判例集未登載、東京地決平成13年12月27日判時1771号76頁、東京地判平成14年2月19日判例集未登載、東京地判平成14年8月27日訟月49巻1号325頁（林試の森公園訴訟）、東京地判平成15年9月19日判時1836号46頁（イラン人家族退去強制事件）、東京地判平成16年2月19日判例集未登載、東京地判平成16年4月22日訟月51巻3号593頁（圏央道あきる野IC訴訟）。結論を留保したものとして、東京地判平成16年3月25日判時1881号52頁。判例集未登載としたものはいずれもTKCのデータベースに収録されている。その他日光太郎杉判決に近い判断を行った下級審裁判例として、札幌地判平成9年3月27日判時1598号33頁（二風谷ダム訴訟）、岐阜地判平成15年12月26日判時1858号19頁、岡山地判平成17年7月27日訟月52巻10号3133頁、東京高判平成18年2月23日判時1950号27頁（圏央道あきる野IC訴訟）がある。

昭和48年9月14日のように考慮要素に着目した審査（以下「考慮要素審査」という）を行った判例をもこれに含めるもの（小早川光郎『行政法（下II）』〔弘文堂、2005年〕199頁、芝池義一『行政法総論講義［第4版補訂版］』〔有斐閣、2006年〕84頁以下）、④最も広く、前掲最判平成4年10月29日のような判断過程の合理性の審査（以下「判断過程合理性審査」という）を行った判例も含めるもの（原田尚彦『行政法要論［第6版］』〔学陽書房、2005年〕152頁以下、稲葉馨ほか『行政法』〔有斐閣、2007年〕102頁［人見剛］）など、様々である。

また、判例は事案に応じて統制密度に差異を設けていることがかねてから指摘されている（例えば、小早川・前掲194頁以下）。すなわち、①裁判所が判断代置方式の審査を行う場合（最大限の審査）、②裁量を認めつつ一定程度の踏み込んだ審査を行う場合[5]（中程度の審査）、③広範な裁量を認め、「社会通念上（社会通念に照らし、社会観念上）著しく妥当（性）を欠く」場合にのみ逸脱濫用を認める場合[6]（最小限の審査）がそれである。考慮要素審査が行われた判例をみると、当初の日光太郎杉判決や前掲最判昭和48年9月14日は中程度の統制の事案に関するものだったのに対し、前掲最判平成8年3月8日をはじめとする近年の判例は、最小限の統制の事案でもこれを用いており[7]、考慮要素審査の手法は特定の統制密度に対応したものではなくなっている[8]。他方で、判断過程合理性審査がなされているのは、前掲最判平成4年10月29日など、おおむね中程度の審査の事案に限られているようである[9]。

---

[5] 分限処分に関する前掲最判昭和48年9月14日、教科書検定に関する前掲最判平成5年3月16日等がその例である。原子炉設置許可に関する前掲最判平成4年10月29日は「裁量」という言葉を避けているが、広範な裁量が認められるわけではないことがその理由とされているので（高橋利文・最判解民平成4年度（1995年）420頁）、これに近いといえよう（小早川・前掲197頁）。

[6] マクリーン事件に関する最大判昭和53年10月4日民集32巻7号1223頁は、「社会通念上著しく妥当性を欠くことが明らかである場合」に裁量の逸脱濫用を認めているが、「明らかに」という文言に意味があるとするならば、本文にいう最小限の統制よりもさらに裁量の範囲が広い（統制密度が低い）とみることもできる。

[7] 前掲最判平成18年2月7日、最判平成18年9月4日、最判平成18年10月26日も同様。本判決の事案もこれにあたる。これに対し、前掲最判平成18年3月23日は中程度の統制の事案と解される（最大判昭和58年6月22日民集37巻5号793頁参照）。

[8] 小早川・前掲199頁。そうであれば、統制密度の問題と審査手法の問題は一応区別すべきことになるし、考慮要素審査がなされていることをもって中程度の審査にあたるとすることは、少なくとも判例の理解としては不正確であるといえよう。

[9] もっとも、前掲最判平成4年10月29日に先立ち、最判昭和63年7月14日判時1297号29頁は、

(3)　まず考慮要素審査について検討すると、厳密にいえば、この審査手法には2つの異なった手法が含まれることに注意が必要である[10]。第一は、「考慮すべき事項を考慮し、考慮すべきでない事項を考慮しなかったか」どうかのみ審査する方法（以下「形式的考慮要素審査」という）、第二は、それぞれの考慮要素について「重み付け」を行い、その評価を誤った場合にも裁量の逸脱濫用を認める審査方法である（以下「実質的考慮要素審査」という）。前者は文字通り形式的な審査であるのに対し、後者は、評価に対する審査方法次第では、判断代置方式に接近する可能性もある。しかし、行政庁の行った評価を前提として、当該評価が例えば「著しく妥当性を欠く」かどうか[11]を審査するにとどまる限りでは、なお判断代置方式にはあたらないように思われる[12]。

　日光太郎杉判決が実質的考慮要素審査を行っていたことは、その定式や実際の審査内容から明らかである。これに対し、前掲最判昭和48年9月14日がいずれの審査を行っていたかは必ずしも明確ではなかった。しかし、前掲最判平成8年3月8日は、判決理由からは判然としないものの、実質的考慮要素審査に踏み込んだと解しうるものだった（仲野・前掲179頁）。そして、前掲最判平成18年2月7日が、「重視すべきでない考慮要素を重視するなど、考慮した事

　医師会設立不許可処分に「広汎な裁量」を認めつつ、「当該不許可処分において主務官庁が一定の事実を基礎として不許可を相当とするとの結論に至った判断過程に、その立場における判断のあり方として一応の合理性があることを否定できないのであれば、他に特段の事情がない限り、右不許可処分には裁量権の範囲を超え又はそれを濫用した違法はない」として、判断過程合理性審査に類した手法を用いている。また、後述するように、近年では考慮要素審査と判断過程合理性審査の融合現象がみられる。

10)　この点を指摘するものとして、渡部吉隆＝園部逸夫編『行政事件訴訟法体系』〔西神田編集室、1985年〕224頁及び233頁注19）〔小早川光郎〕、芝池義一「行政決定における考慮事項」法学論叢116巻1～6号（1985年）575頁注4）、櫻井敬子＝橋本博之『行政法』〔弘文堂、2007年〕118頁以下、仲野武志・判例評論578号（2007年）178頁。

11)　中程度の審査については、例えば考慮要素の評価が「合理性を欠く」場合に違法とすることも考えられる。

12)　なお、従来の判例においても、「事実に対する評価が明白に合理性を欠く」（マクリーン事件に関する前掲最大判昭和53年10月4日）かどうかの審査は行われていたが、そこでは当該処分を根拠づけるすべての事実についての総合的な評価が問題とされており、したがって「判断内容（結果）」に着目した実体審査の範疇に属するものと考えられる。これに対し、ここでいう実質的考慮要素審査は、個別の考慮要素の評価（重み付け）が誤っていることを理由に処分を取り消すものであり、その意味で「考慮要素審査」ないし「判断過程の審査」であって、上記のような「判断内容（結果）」の審査とは異なるといえる。

項に対する評価が明らかに合理性を欠いており、他方、当然考慮すべき事項を十分考慮しておらず、その結果、社会通念に照らし著しく妥当性を欠いた」か否かを審査したことにより、このことは一層明確になったといえる。

　本件においては、第一審は行政庁が考慮した事実及び判断の過程[13]を確定して、社会通念に照らし著しい過誤欠落があるか否かを審査しているが、このうち「考慮した事実」は形式的考慮要素審査に、「判断の過程」は実質的考慮要素審査に対応しているようである[14]。控訴審も考慮要素審査を行っているが、「各考慮要素のうちどの要素にどのような重きを置くか、価値序列をどのように設けるかは……必ずしも一義的に決することができるものではない」としており、形式的考慮要素審査（あるいはそれにかなり近い実質的考慮要素審査）を行っているように思われる。これに対して本判決は、「鉄道騒音に対して十分な考慮をすることが要請されていた」として、この点に「比較的密度の高い司法審査」（森・前掲104頁）を加えていること（判旨二）からすると、第一審ほどではないにせよ、ある程度の実質的考慮要素審査を行っているとみることができるであろう[15]（仲野・前掲180頁）。

　(4)　次に、考慮要素審査と判断過程合理性審査の関係はどのように理解

---

13) 第一審は、一般論の部分では本文で示した定式を用いているが、具体的な検討の部分では考慮要素と判断「内容」の適否を検討しており、表現に若干の相違がある。もっとも、次注でみるように、判断「内容」を検討した箇所では、実際には判断過程の過誤欠落を審査しており、この点を重視する必要はないと思われる。

14) 第一審は判断代置方式の審査を行っているとの指摘がある（大浜啓吉・法学教室257号（2002年）55頁以下、渡邊千恵子・法律のひろば55巻3号（2002年）77頁、間史恵・法律のひろば57巻6号（2004年）77頁、千葉俊之・平成15年行政関係判例解説（2004年）88頁）。確かにかなり踏み込んだ審査を行っていると評しうる点もあるが、例えば平成5年決定の判断内容の適否を検討した箇所では、地下式が高架式より優れていると断定しているのではなく、高架式を採用した判断について、環境影響評価の参酌において著しい過誤があり、その他の3条件の検討内容のいずれにも看過し難い疑問があったとしているに過ぎないので、考慮要素審査の枠内にとどまっているように思われる（久保茂樹・ジュリスト1222号（2002年）177頁、山村恒年・判自235号（2003年）71頁、金子順一・判タ1125号（2003年）266頁）。

15) もっとも、本判決の文言をみると、「考慮すべき事情を考慮しないこと」がさしあたり形式的考慮要素審査を指すことは明らかであるが、「事実に対する評価が明らかに合理性を欠くこと」が、前注12)で述べた実体審査を意味するのか、実質的考慮要素審査を意味するのかは必ずしも明らかでない（前掲最判平成8年3月8日における「考慮された事実に対する評価が明白に合理性を欠き」という文言も同様）。しかし、本判決が「鉄道騒音に対して十分な考慮を欠く」かどうかを検討していることからすると、実質的考慮要素審査を行っていると解しうるように思われる。

したらよいであろうか。前述のように、前者は最小限の審査及び中程度の審査のいずれにおいても用いられているのに対し、後者は中程度の審査のみで用いられているという違いはあるが、中程度の審査においてどちらを用いるかの基準は不明である。また、近年、両者の間には一種の「融合現象」がみられる。すなわち、前掲最判平成18年2月7日は「判断要素の選択や判断過程に合理性を欠くところがないか」を、本判決も「判断の過程において考慮すべき事情を考慮しないこと等」を検討している[16]。2つの審査方法の関係については今後の展開が注目される。

(5)　最後に、従来あまり論じられていないが、考慮要素審査等を行った場合の取消判決の拘束力についても検討の必要があるように思われる。すなわち、考慮要素の選択や評価に過誤欠落があるとして処分が取り消された場合、行政庁は同じ内容の処分をすることができなくなるのか、それとも適切な判断過程を経た上で再処分が可能（いわば「差戻的取消し」）なのか、という問題である。

日光太郎杉判決は必ずしも明確ではないが、過誤があった「諸点につき正しい判断がなされたとすれば、控訴人建設大臣の判断は異なつた結論に到達する可能性があつた」として処分を取り消していることからすると、再処分の可能性を認めているように思われる。同判決に先立って「手続的実質審査」を主張していた原田尚彦は、明確にこれを肯定している[17]。そして、本件第一審を初

---

16) この点で藤山コートの諸判決には興味深い変遷がみられる。本件第一審は「考慮した事実」（考慮要素の適否）と「判断の過程」（判断内容の適否）を審査しているが（前掲東京地判平成13年12月3日、東京地判平成14年8月27日も同旨）、前述のように、前者が形式的考慮要素審査に、後者が実質的なそれに対応しているように思われる。前掲東京地決平成13年12月27日は、実質的には考慮要素審査を行っているが、「判断の過程に、社会通念に照らし、著しい過誤欠落がある」かという、判断過程合理性審査に近い定式を用いている。前掲東京地判平成15年9月19日は、「当然に重視すべき事項を不当に軽視し、又は、本来重視すべきでない事項を不当に重視することにより、その判断が左右されたものと認められるか否か」を検討しており、日光太郎杉判決に近い表現となっている。最も新しい前掲東京地判平成16年4月22日は、「本来考慮すべきでない要素を過大に重視し、また、本来考慮すべき要素を不当に軽視し、その結果が判断を左右したものと認められる場合には、その判断過程には社会通念上看過することができない過誤欠落があるというべきであり、同判断はとりもなおさず裁量判断の方法ないしその過程に誤りがあるものとして、違法となる」としており、最高裁判例と同様の融合現象がみられる。

17) 原田尚彦『訴えの利益』〔弘文堂、1973年〕186頁、234頁。最近のものとして、同・前掲『行政法要論』151頁、小田急高架訴訟弁護団編『住民には法を創る権利がある』〔日本評論社、2006

めとする藤山コートの一連の判決も、同様に再処分の可能性を認めているようである[18]。最高裁の判例はこの点明らかではない。

考慮要素審査を行った結果、例えば考慮すべき要素を考慮しなかった（あるいは評価を誤った）ことが判明したとしても、当該要素を（適切に）考慮した上で、同一の結論に至る可能性は論理的には残るように思われる。判断過程合理性審査についても同様である。そうであれば、これらの審査を行って処分を取り消す場合、再処分の可能性が全くないとは言い切れないことになる。もっとも、考慮要素を（適切に）考慮しても結論に影響がないことが明らかである場合や、あるいは当該処分をすべきでないことが明らかである場合も考えられる。前者の場合は請求棄却、後者の場合は再処分の可能性のない取消しということになるであろう。

以上のように考えると、考慮要素審査や判断過程合理性審査を行って処分を取り消す場合、上記の例外を除き、原則として再処分が許容されることになる。このように解することは、一方で行政庁の裁量を尊重することを意味するが、他方では、裁判所による統制をより容易にすることにもなると考えられる。というのは、従来、取消判決の拘束力が必ずしも明らかでなかったため、考慮要素審査のみによって処分を取り消すと、同じ内容の処分が禁じられると解される余地もあった。そうすると、裁判所としては、当該処分が実体的にも違法で

年〕203頁以下［原田尚彦］。
[18] 本件第一審はこれを明示していないが、考慮要素に欠落があることや、検討内容に看過し難い疑問があることを理由に処分を取り消していることから、再処分の可能性を認めていると理解されている（法務大臣官房行政訟務課「座談会—いわゆる小田急事件判決を振り返って」訟月48巻1号別冊（2002年）187頁以下、204頁以下、久保・前掲177頁、大貫裕之・法学セミナー584号（2003年）19頁）。前掲東京地判平成14年8月27日は、「本件認可は違法であるといわざるを得ず……、いったんこれを取り消して、……改めて事業の認可をさせることが必要である」とする。前掲東京地判平成15年9月19日も、考慮すべき事由を考慮しなかったとした上で、「このような場合に、その点を適切に考慮したとしても、他の事情と総合考慮したとすることにより、当該処分が客観的には適法なものと評価し得る場合もあり得るところではあるが、そのような事情は処分の適法性を主張する被告らにおいて、予備的にせよ主張・立証すべきものであって、被告らがそのような主張立証をしない場合には、裁判所としては、自ら積極的にそれらの点を審理判断することはできず、当該処分を取消して、再度判断させるほかない」とする。なお、裁量処分ではないが、固定資産評価審査棄却決定について、審理不尽を理由に再処分を命じたものとして、同じく藤山コートの東京地判平成14年3月7日判時1811号63頁がある。藤山コートではないが、東京地判平成16年9月17日判時1892号17頁も同旨か。

あるという心証を得られなければ、処分取消しに踏み切れなかったのではないかと推測されるからである。上記のような「差戻的取消し」を認めると紛争解決が長引くのではないかとの懸念もありうるが、少なくとも裁量の範囲が広い場合には、行政庁の再審査を求める意義は十分にあると考えられる[19]。

三　(1)　次に、本判決における裁量審査について、騒音の考慮、代替案の検討方法、事業費の算定の3点に絞って検討を加えたい。

　(2)　第一審は、平成5年決定当時、小田急線が受忍限度を超える騒音を発生させ、違法状態を現出しているとの懸念があったことから、これを解消しうるか否かを第一に検討すべきだったにもかかわらず、かかる検討を行った形跡がないため、考慮要素に著しい欠落があったとした。さらに、環境影響評価では騒音が現況と同程度以下とされているが、高架化の影響が懸念される6.5メートルを超える高さについては十分検討されていないと指摘している。

　控訴審は、沿線住民が公害等調整委員会に裁定申請をしたことから騒音被害の発生は一応推認できるとしても、受忍限度を超え違法性を帯びていることまでは推認できないこと等からすれば、東京都知事が違法性を認識すべきだったとはいえず、考慮要素に欠落があったとはいえないとした。また、環境影響評価において線路脇の中層階建物で88ホンを超える騒音が予測されていた点について、当該予測は鉄道敷地境界から1メートル地点におけるものであり、距離によって減衰すること、騒音が車体で遮られたり、防音装置が設置されることによってさらなる低減が見込まれること、当時唯一存在した新幹線騒音基準においても騒音の測定地点は地上1.2メートルとされていたこと等からすると、上記予測値を把握しながら環境への影響の点で特段問題がないと判断したことに著しい判断の過誤があったとはいえないとした。

　本判決は、大法廷判決が都市計画法及びその関連法規が周辺住民の生活環境を保護していると判断したことを受けて（森・前掲104頁）、平成5年決定の際に「環境の保全について適正な配慮をすることが要請される」と解している。しかし、①環境面も考慮に入れて高架式が適切とされたこと、②本件条例に基

---

19)　早期解決志向と再審査志向の関係について、村上裕章『行政訴訟の基礎理論』〔有斐閣、2007年〕292頁以下参照。

づく環境影響評価が行われたこと、③同評価は一般に確立された科学的な評価方法に基づいていること、④同評価では地上1.2メートルでの騒音予測値が現況と同程度とされており、中層階での予測値は88ホン以上となっているものの、極めて近接した地点での値であり、現実の騒音は車体が遮ることによって低くなること、⑤騒音防止対策により相当程度の低減が見込まれること、⑥鉄道騒音に関する公的基準は地上1.2メートルの高さに関するものしか存在しなかったこと、⑦東京都知事は、環境影響評価等を踏まえ、本件高架式が周辺地域の環境に与える影響の点でも特段問題はないと判断して平成5年決定をしたこと、⑧同決定は公害防止計画に適合していることの諸点を挙げて、鉄道騒音に対して十分な考慮を欠くものだったとはいえないと結論している（判旨二）。

　第一審のように、違法な騒音の解消を第一に検討することを怠ったから、考慮すべき事項を考慮していないとして、それだけで処分を取り消すことには躊躇を覚える[20]。しかし、最高裁も認めているように、事後的にせよ受忍限度を超える騒音被害が認定されていることからすると、騒音被害が重視すべき考慮要素であることは疑いない。そして、当時の騒音基準が高さ1.2メートルの地点に関するものだったとしても、高架化によって影響を受けるのが中層階であることは自明であり（実際、環境影響評価書案に対し、東京都は予測位置を騒音問題が最も生じやすい地点及び高さとすべきとの意見を述べている）、にもかかわらず中層階においていかなる騒音が生じるかについては最高裁の挙げる上記諸点によっても不明といわざるをえない[21]。そうすると、第一審が指摘するように、「相当広範囲にわたって違法な騒音被害の発生するおそれは払拭できない」のではな

---

20) 第一審判決に対しては、環境問題を優先順位第1位とする義務を規定する明文規定はないとの批判がある（法務大臣官房行政訟務課・前掲196頁以下、松下貴彦・平成13年行政関係判例解説(2003年)184頁以下）。しかし、この判決は一般的に騒音の考慮を第一とするよう求めているわけではなく、現況において騒音が受忍限度を超える違法なものだったことを前提として、このような状況下において上記要請が働くとしているにすぎない（久保・前掲176頁）。
21) 控訴審判決に対しては、「騒音の距離減衰の効果や鉄道設備等の個別改善の効果等を個別に指摘しながら、それらを総合してどの地点のどの程度の高さでどの程度の騒音レベルとなるかの認定（推論）をしておらず、その結果、どのような騒音レベルが、他の要素をも考慮して受忍限度を超えた人格権侵害となるかどうかの判断もしていない。本件において、このような受忍限度判断は、本件都市計画が違法性を帯びるかどうかにかかわる判断であるから、結論を導くには不可欠の判断だと考えられる」（小田急高架訴訟弁護団編・前掲249頁［淡路剛久］）との批判があるが、これは本判決にも当てはまるように思われる。

いかと思われる。

(3) 平成5年決定に先立って行われた本件調査では環境面も含めて代替案の検討がなされているが、平成5年決定の際には計画的条件・地形的条件・事業的条件の三条件を考慮して高架式を採用し、その上で高架式について環境への影響を検討している。第一審は、このような判断手法によっては経済性において劣るが環境への影響の点では優れている案を選択の対象から外すことになり、連続立体交差事業調査要綱（以下「本件要綱」という）が環境に対する影響に十分配慮するよう求めている趣旨に反すると指摘する。

控訴審は、本件要綱は法規範性を有していないから、それに反したとしても判断手法に違法や裁量権の逸脱があったとはいえないとし、また、複数の代替案がある場合に、考慮要素のうちどの要素にどのような重きを置くか、価値序列をどのように設けるかは必ずしも一義的に決することができるものではないから、構造形式を選択した後に環境への影響を考慮したとしても、裁量権を逸脱したものとまでは認めがたいとする。

本判決は、平成5年決定における検討は環境への影響も考慮した本件調査の結果を踏まえて行われていること、本件高架式を採用した場合の環境への影響について環境影響評価が行われ、これを踏まえた上で平成5年決定を行っていることから、その判断の過程において考慮すべき事情を考慮しなかったものということはできないとしている（判旨二）。

まず、本件要綱が法規範性をもたないとしても、その運用方法いかんでは裁量権の逸脱濫用が認められる可能性があるので、この点は決め手にならない[22]。そして、本件要綱に規定され、本件調査で実際に採用された方法を平成5年決定がとらなかったことについては、いかなる合理性があるか不明であるばかりでなく、恣意性すら疑わせるものではないかと思われる[23][24]。

(4) 第一審は、高架式の事業費の算定にあたり、昭和63年より前に買収していた土地の用地取得費を積算の対象外としていたこと、地下式を採用した場

---

[22] 小田急高架訴訟弁護団編・前掲198頁［園部逸夫］、218頁［山村恒年］、244頁［芝池義一］。
[23] 小田急高架訴訟弁護団編・前掲211頁［原田尚彦］参照。
[24] なお、平成5年決定を適法と認める理由として、本判決が本件調査において環境面の比較が行われていることを挙げている点は注目される。代替案の検討において最初から環境への影響を考慮に入れなかった場合、違法とされる余地もあるように思われる。

合に地上部分が利用可能となることを全く考慮していないこと等を指摘し、事業的条件においても高架式が地下式よりも優位であるとは必ずしも言い難く、構造形式の決定においては（騒音問題を除くと）事業的条件が最後の決め手ともいうべき重要な要素と考えられるから、これだけでも平成5年決定の適法性に疑問が生じるとしている。

　控訴審は、第一審のような考え方にも合理性が認められるとしながら、本件鉄道事業のために支出できる予算には限度があるから、今後どの程度の事業費を要するかという観点から算定し、その多寡を事業方式選定の考慮要素とすることも必ずしも不合理とはいえず、鉄道事業者の受益分や過去の買収済み用地費を考慮に入れなかったとしても裁量権を逸脱濫用したとまではいえないと判断した。

　本判決もほぼ同様に、上記のような算定方法は当該都市計画の実現のために今後必要となる支出額を予測するものとして合理性を有するとしている（判旨三）。

　しかし、予算の見積のために今後必要となる事業費を算定することに合理性があるとしても、そのことは複数の構造形式を比較する場合に既取得分の用地取得費等を考慮しない理由にはならないし、上記のような算定方法では各形式が現実に要する事業費を比較することはできないように思われる（齋藤曉・法律時報79巻2号（2007年）105頁以下参照）。

　(5)　平成5年決定の判断過程には少なくとも上記3点において疑問がある。これらの点について適正な考慮を行っても同じ結論に至ることが明らかでないとすれば、本件各認可を取り消す余地もあったように思われる。

第14章　生活保護老齢加算廃止訴訟

　生活保護変更決定取消請求事件、最高裁平22（行ツ）392号、同（行ヒ）416号、平成24年2月28日三小法廷判決、上告棄却、民集66巻3号1240頁、裁時1550号21頁、判時2145号3頁、判タ1369号101頁

　【事実】　厚生労働大臣は、生活保護法（以下「法」という）8条1項に基づき、「生活保護法による保護の基準」（昭和38年厚生省告示158号、以下「保護基準」という）を定めているが、平成16年改定前の保護基準は老齢加算の支給を規定していた。

　平成15年7月、厚生労働省の審議会である社会保障審議会（福祉部会）に、生活保護制度の在り方に関する専門委員会（以下「専門委員会」という）が設置され、老齢加算の見直し等について検討を行った。専門委員会は、平成15年12月、「生活保護制度の在り方についての中間取りまとめ」（以下「中間取りまとめ」という）を公表したが、老齢加算に関する部分の概要は次のとおりであった。ア　70歳以上の高齢者について現行の老齢加算に相当するだけの特別な需要があるとは認められないため、老齢加算そのものについては廃止の方向で見直すべきである。イ　ただし、高齢者世帯の社会生活に必要な費用に配慮して、保護基準の体系の中で高齢者世帯の最低生活水準が維持されるよう引き続き検討する必要がある。ウ　被保護者世帯の生活水準が急に低下することのないよう、激変緩和の措置を講ずべきである。

　厚生労働大臣は、中間取りまとめを受けて、老齢加算を廃止することとし、平成16年から同18年にかけて、老齢加算を段階的に廃止すること等を内容とする保護基準の改定（以下「本件改定」という）を行った。

　東京都内に居住して法に基づく生活扶助の支給を受けているXらは、所轄の社会福祉事務所長らから、本件改定に基づき、それぞれ生活扶助の支給額を減額する旨の保護変更決定を受けたため、本件改定は憲法25条1項、法3条、8条、9条、56条等に反する違憲、違法なものであるとして、上記各保護変更決定の取消訴訟を提起した。第一審[1]（東京地判平成20年6月26日判時2014号48

頁）は、本件改定に違憲、違法はないとして、請求を棄却し、控訴審[2]（東京高判平成22年5月27日判時2085号43頁）も控訴を棄却したため、Xらが上告を行った。

【判旨】　上告棄却
一　法56条の適用について
　「同条は、既に保護の決定を受けた個々の被保護者の権利及び義務について定めた規定であって、保護の実施機関が被保護者に対する保護を一旦決定した場合には、当該被保護者について、同法の定める変更の事由が生じ、保護の実施機関が同法の定める変更の手続を正規に執るまでは、その決定された内容の保護の実施を受ける法的地位を保障する趣旨のものであると解される。このような同条の規定の趣旨に照らすと、同条にいう正当な理由がある場合とは、既に決定された保護の内容に係る不利益な変更が、同法及びこれに基づく保護基準の定める変更、停止又は廃止の要件に適合する場合を指すものと解するのが相当である。したがって、保護基準自体が減額改定されることに基づいて保護の内容が減額決定される本件のような場合については、同条が規律するところではない」。

二　本件改定における裁量について
　「生活保護法3条によれば、同法により保障される最低限度の生活は、健康で文化的な生活水準を維持することができるものでなければならないところ、同法8条2項によれば、保護基準は、要保護者……の年齢別、性別、世帯構成別、所在地域別その他保護の種類に応じて必要な事情を考慮した最低限度の生

1）　評釈等として、新井章・賃金と社会保障1475号（2008年）4頁、葛西まゆこ・賃金と社会保障1479号（2008年）40頁、同・判例セレクト2008（2009年）9頁、金澤誠一・賃金と社会保障1475号（2008年）13頁、杉山正己・平成20年度主要民事判例解説（2009年）274頁、田見高秀・法と民主主義431号（2008年）62頁、豊島明子・速報判例解説5号（2009年）69頁、永山茂樹・法学セミナー646号（2008年）120頁、西土彰一郎・速報判例解説4号（2009年）17頁、林治・消費者法ニュース77号（2008年）38頁、平野朝子・平成20年行政関係判例解説（2010年）77頁、棟居快行・平成20年度重判解（2009年）22頁など。
2）　評釈等として、太田匡彦・平成22年度重判解（2011年）53頁、尾形健・同書27頁、菊池馨実・判例評論629号（2011年）148頁、長屋文裕・平成22年度主要民事判例解説（2011年）340頁など。

活の需要を満たすに十分なものであって、かつ、これを超えないものでなければならない。そうすると、仮に、老齢加算の一部又は全部についてその支給の根拠となっていた高齢者の特別な需要が認められないというのであれば、老齢加算の減額又は廃止をすることは、同項の規定に沿うところであるということができる。もっとも、これらの規定にいう最低限度の生活は、抽象的かつ相対的な概念であって、その具体的な内容は、その時々における経済的・社会的条件、一般的な国民生活の状況等との相関関係において判断決定されるべきものであり、これを保護基準において具体化するに当たっては、高度の専門技術的な考察とそれに基づいた政策的判断を必要とするものである（最高裁昭和57年7月7日大法廷判決・民集36巻7号1235頁参照）。したがって、保護基準中の老齢加算に係る部分を改定するに際し、最低限度の生活を維持する上で老齢であることに起因する特別な需要が存在するといえるか否か及び高齢者に係る改定後の生活扶助基準の内容が健康で文化的な生活水準を維持することができるものであるか否かを判断するに当たっては、厚生労働大臣に上記のような専門技術的かつ政策的な見地からの裁量権が認められる」。

三　激変緩和措置等について

「老齢加算の全部についてその支給の根拠となる上記の特別な需要が認められない場合であっても、老齢加算の廃止は、これが支給されることを前提として現に生活設計を立てていた被保護者に関しては、保護基準によって具体化されていたその期待的利益の喪失を来す側面があることも否定し得ないところである。そうすると、上記のような場合においても、厚生労働大臣は、老齢加算の支給を受けていない者との公平や国の財政事情といった見地に基づく加算の廃止の必要性を踏まえつつ、被保護者のこのような期待的利益についても可及的に配慮するため、その廃止の具体的な方法等について、激変緩和措置の要否などを含め、上記のような専門技術的かつ政策的な見地からの裁量権を有している」。

四　司法審査の枠組みについて

「老齢加算の減額又は廃止の要否の前提となる最低限度の生活の需要に係る

評価や被保護者の期待的利益についての可及的な配慮は、前記のような専門技術的な考察に基づいた政策的判断であって、老齢加算の支給根拠及びその額等については、それまでも各種の統計や専門家の作成した資料等に基づいて高齢者の特別な需要に係る推計や加算対象世帯と一般世帯との消費構造の比較検討がされてきたところである。これらの経緯等に鑑みると、老齢加算の廃止を内容とする保護基準の改定は、①当該改定の時点において 70 歳以上の高齢者には老齢加算に見合う特別な需要が認められず、高齢者に係る当該改定後の生活扶助基準の内容が高齢者の健康で文化的な生活水準を維持するに足りるものであるとした厚生労働大臣の判断に、最低限度の生活の具体化に係る判断の過程及び手続における過誤、欠落の有無等の観点からみて裁量権の範囲の逸脱又はその濫用があると認められる場合、あるいは、②老齢加算の廃止に際し激変緩和等の措置を採るか否かについての方針及びこれを採る場合において現に選択した措置が相当であるとした同大臣の判断に、被保護者の期待的利益や生活への影響等の観点からみて裁量権の範囲の逸脱又はその濫用があると認められる場合に、生活保護法 3 条、8 条 2 項の規定に違反し、違法となる」。

【評釈】
一　生活保護老齢加算の廃止に係る本件改定については、本件(以下「東京事件」という)第一審及び控訴審、福岡地判平成 21 年 6 月 3 日(賃社 1529＝1530 号 56 頁、以下「北九州事件第一審」という)、広島地判平成 20 年 12 月 25 日[3](賃社 1485 号 49 頁、1486 号 52 頁、以下「広島事件第一審」という)、京都地判平成 21 年 12 月 14 日(裁判所 HP、以下「京都事件第一審」という)及び大阪高判平成 24 年 3 月 14 日[4](LEX/DB、以下「京都事件控訴審」という)が適法とする一方、福岡高判平成 22 年 6 月 14 日[5](判時 2085 号 76 頁、以下「北九州事件控訴審」という)が違法と

---

3) 評釈等として、山本一志・賃金と社会保障 1485 号 (2009 年) 38 頁、吉永純・賃金と社会保障 1486 号 (2009 年) 4 頁、榎透・法学セミナー 655 号 (2009 年) 118 頁など。
4) 本判決は東京判決の約 2 週間後に下されているが、東京判決には全く言及していない。
5) 評釈等として、新井章・法と民主主義 450 号 (2010 年) 62 頁、太田・前掲注 2) 53 頁、尾形健・速報判例解説 8 号 (2011 年) 31 頁、同・前掲注 2) 27 頁、笹沼弘志・賃金と社会保障 1529＝1530 号 (2011 年) 10 頁、葛西まゆこ・法学セミナー 671 号 (2010 年) 48 頁、川久保寛・北大法学論集 62 巻 1 号 (2011 年) 156 頁、菊池・前掲注 2) 148 頁、木下秀雄・法律時報 84 巻 2 号 (2012 年) 79

判断していた。最高裁第三小法廷の本判決[6]（以下「東京判決」という）は、本件改定を適法とし、第二小法廷の最判平成24年4月2日[7]（民集66巻6号2367頁、以下「北九州判決」といい、東京判決と併せて「本件各判決」という）は、本件改定を違法とした原判決（北九州事件控訴審）を破棄し、原審に差し戻した。本件各判決は、保護基準の改定について裁量を認めた上で、いわゆる判断過程審査を行うとともに、法56条の適用、激変緩和措置等の必要性についても判示している。また、憲法学説によって主張されている制度後退禁止原則等との関係でも、本件は興味深い問題を提起している。以下では、法56条の適用（二）、保護基準改定における裁量（三）、激変緩和措置等の必要性（四）、司法審査の枠組み（五）、本件改定の適法性（六）、制度後退禁止原則等との関係（七）について順次検討する。

二　法56条が保護基準の改定についても適用されるかどうかについて、下級審裁判例は肯定説（東京事件第一審、北九州事件第一審及び控訴審、京都事件第一審）と否定説（広島事件第一審、東京事件控訴審、京都事件控訴審）に分かれていた[8]。本件各判決は、同条の趣旨及び構成上の位置付けを理由として[9]否定説をとった（判旨一）。

頁、縄田浩孝・賃金と社会保障1529＝1530号（2011年）36頁など。
[6]　評釈等として、石井昇・法学セミナー689号（2012年）125頁、井上英夫・行財政研究82号（2012年）2頁、榎透・法学セミナー691号（2012年）152頁、岡田幸人・ジュリスト1449号（2013年）94頁、尾形健・新判例解説Watch11号（2012年）号35頁、同・法学教室389号別冊付録判例セレクト2012［I］（2013年）12頁、葛西まゆこ・平成24年度重判解（2013年）26頁、片桐由喜・判例評論646号（2012年）148頁、新田秀樹・季刊社会保障研究48巻3号（2012年）349頁、前田雅子・前掲平成24年度重判解38頁など。
[7]　評釈等として、石森久広・判例評論650号（2013年）116頁、井上・前掲注6）2頁、岡田幸人・ジュリスト1455号（2013年）100頁、豊島明子・法律時報85巻2号（2013年）29頁、前田・前掲注6）38頁など。
[8]　肯定説として、榎・前掲注3）118頁、葛西・前掲注1）賃金と社会保障48頁、菊池・前掲注2）150頁以下、豊島・前掲注1）71頁など。否定説として、片桐・前掲注6）149頁以下、白川泰之「生活保護基準の引き下げと法第56条の適用関係」週刊社会保障2685号（2012年）55頁、長屋・前掲注2）341頁以下など。
[9]　否定説をとる根拠として、東京判決は明示的には法56条の趣旨のみを挙げているのに対し、北九州判決は同条の趣旨及び構成上の位置付けを挙げている。しかし、東京判決も同条の位置付けに言及していたので、両判決の間に実質的な違いはないと解される。

肯定説の主たる根拠は、保護基準が切り下げられることにより、被保護者が不利益を受けることになるから、保護基準の改定にも法56条を適用する必要があるという点にある。しかし、同条の趣旨が、被保護者が法の定める場合に該当し、かつ、保護の実施機関が法の定めるところによって変更手続を正規にとらないうちは、一度決定された内容の保護を受けることを保障することにあるとする[10]ならば、一定の保護基準による保護を既得権として保護する趣旨まで含むと解することには飛躍があるように思われる。また、北九州判決が指摘するように、法第2章（保護の原則）に定める保護基準について、法第8章（被保護者の権利及び義務）に置かれた法56条による制限がかかると解することは、構成上も不自然と考えられる。以上からすれば、否定説が妥当と思われる。

　なお、上記のように、下級審裁判例は肯定説と否定説に分かれていたが、肯定説をとるものの中にも、保護基準の改定に広範な裁量権を認める結果、法56条による制約を実質的に否定する結果となっているようにみえる[11]もの（東京事件第一審、北九州事件控訴審）と、裁量が狭くなると明言するもの（北九州事件第一審、京都事件第一審）があった。他方、否定説をとる裁判例も、保護基準の不利益変更については、裁量がより狭いと解したり（広島事件第一審）、「相応の合理的理由」（東京事件控訴審）や「具体的で客観的な相応の根拠」（京都事件控訴審）を要するとしていた。したがって、法56条の適用が結論を左右しているわけでは必ずしもない[12]（この点については七も参照）。

三　本件各判決は、保護基準改定における裁量について、堀木訴訟上告審判決（最大判昭和57年7月7日民集36巻7号1235頁、以下「堀木判決」という）を参照し[13]、法8条2項等にいう最低限度の生活は、抽象的かつ相対的な概念であって、その具体的な内容は、その時々における経済的・社会的条件、一般的な国民生活

---

10)　小山進次郎『改訂増補生活保護法の解釈と運用』〔日本社会事業協会、1951年〕624頁。
11)　東京事件第一審についてこの点を指摘するものとして、新井・前掲注1) 6頁以下、葛西・前掲注1) 賃金と社会保障47頁以下、豊島・前掲注1) 71頁。
12)　白川・前掲注8) 55頁以下も参照。
13)　下級審裁判例には、先例として、朝日判決を挙げるもの（広島事件第一審、東京事件控訴審、北九州事件控訴審）、堀木判決を挙げるもの（東京事件第一審）、両者を挙げるもの（北九州事件第一審、京都事件第一審及び控訴審）があった。

の状況等との相関関係において判断決定されるべきものであり、これを保護基準において具体化するにあたっては、高度の専門技術的な考察とそれに基づいた政策的判断を必要とするから、保護基準中の老齢加算に係る部分を改定するに際し、厚生労働大臣には上記のような専門技術的かつ政策的な見地からの裁量が認められるとしている（判旨二）。

　一般に、裁量には広狭があり、当該行為の目的・性質、対象事項、判断の性質、根拠法規の定め方などを総合考慮して、行為ごとに判断するものとされている[14]。本件各判決は「専門技術的かつ政策的な見地からの裁量権」を認めているが、その広狭については明言していない[15]。本件各判決が参照している堀木判決は、「立法府の広い裁量」を認めているので、同様に広い裁量を認める趣旨とも解される[16]。もっとも、堀木判決では法律（児童福祉手当法）の制定改廃に係る国会の立法裁量が問題となっており、法規命令と解される[17]保護基準（厚生労働大臣告示）の改定に係る裁量が問題となっている本件に直ちに当てはまるわけではない。保護基準に関する判例としては、朝日訴訟上告審判決（最大判昭和42年5月24日民集21巻5号1043頁、以下「朝日判決」という）があるが、同判決の判示は傍論である上、その趣旨は必ずしも明らかではない[18]。したがっ

---

14)　川神裕「裁量処分と司法審査（判例を中心にして）」判時1932号（2006年）11頁以下。
15)　下級審裁判例も裁量の広狭を明言していないが、上記のように、広島事件第一審、北九州事件第一審及び京都事件第一審は、保護基準の（不利益）改定に係る裁量は、その設定に係る裁量よりも狭いと解する。これらに批判的な見解として、平野・前掲注1) 85頁。法56条の適用を前提に、裁量が狭いとする見解として、菊池・前掲注2) 152頁。太田・前掲注2) 55頁は、最低生活水準を定めるという保護基準の性格自体を根拠として、不利益変更の際に司法審査に慎重さを求めうるとする。
16)　東京判決の匿名コメントも、「本判決が前提とするとおり、保護基準の設定に関する厚生労働大臣の裁量権は基本的に広範なもの」（判時2145号4頁）とする。本件各判決における「政策的判断」ないし「政策的見地からの裁量権」への言及もこれを示唆する。
17)　加藤智章ほか『社会保障法［第5版］』〔有斐閣、2013年〕379頁〔前田雅子〕。
18)　同判決は「現実の生活条件を無視して著しく低い基準を設定する等」の場合に違法とするので、広い裁量を認めるようである。しかし、「羈束裁量行為といつても行政庁に全然裁量の余地が認められていないわけではないので、原判決が保護基準設定行為を羈束裁量行為と解しながら、そこに厚生大臣の専門技術的裁量の余地を認めたこと自体は、理由齟齬の違法をおかしたものではない」と述べており、狭い裁量と解しているようにもみえる（原判決の理由齟齬を否定したにすぎないとも読める）。奥野健一裁判官の補足意見は、生存権について、「時の政府の施政方針によって左右されることのない客観的な最低限度の生活水準なるものを想定して、国に前記責務を賦課したものとみるのが妥当」、「厚生大臣の保護基準設定行為は、客観的に存在する最低限度の生活水準の内容を

て、この点についてはなお不明確な点が残されている。

四 東京判決は、老齢加算の廃止は、その支給を前提として現に生活設計を立てていた被保護者に対して期待的利益の喪失を来す側面があるから、厚生労働大臣は、「被保護者のこのような期待的利益についても可及的に配慮するため、その廃止の具体的な方法等について、激変緩和措置の要否などを含め、上記のような専門技術的かつ政策的な見地からの裁量権を有している」と述べている（判旨三）。

東京判決は期待的利益の配慮に係る裁量権を認めるにとどまるが、北九州判決は、期待的利益が生じる理由として、「老齢加算は、一定の年齢に達すれば自動的に受給資格が生じ、老齢のため他に生計の資が得られない高齢者への生活扶助の一部として相当期間にわたり支給される性格のものである」ことを指摘した上で、「被保護者のこのような期待的利益についても可及的に配慮する必要がある」と述べ、配慮の必要性を明言している。

北九州判決に付された須藤正彦裁判官の意見は、これを一歩進め、激変緩和措置を講ずることが憲法上の義務であるとしている。すなわち、老齢加算のような授益的行政処分であって、しかも40年以上もの長きにわたってその適法性が疑われることなく存続してきたものについては、被保護者の信頼を保護する必要があり、その廃止の時期や方法などについては一定の制約がある。そして、高齢者には生活スタイルの急激な変更に対して円滑な適応が容易でなくなる傾向があることに鑑みると、老齢加算を一挙に廃止することは、「憲法25条の健康で文化的な最低限度の生活の保障の観点からして、高齢者の生活に看過し難い影響を及ぼすことになり得るとともに、高齢者の人間性を損なうことにもなりかねず、憲法13条の個人の尊厳の理念に反するおそれもある」。そこで、「本件改定に際し、厚生労働大臣には可能な範囲での激変緩和措置を採る責務」があり、被保護者は「激変緩和措置を採るべきことを、単なる恩恵としてではなく、いわば生存権の保障の内容として求めることができる」。したがって、「仮に厚生労働大臣が何らの激変緩和措置も講じなかったとすれば、これに基

合理的に探求してこれを金額に具現する法の執行行為であつて、その判断を誤れば違法となつて裁判所の審査に服すべき」と述べており、裁量の余地をほとんど認めないようである。

づく保護減額決定は違法となっていた」というのである。

　下級審裁判例が専門委員会の中間取りまとめとの関係で激変緩和措置に言及していたのに対し、本件各判決は、中間取りまとめとは関係なく、一般論として上記のような配慮を求めている点が注目される。その根拠は明示されていないが、信頼保護原則に基づくものではないかと推測される[19]（この点については七も参照）。

五　東京判決は、本件改定に係る厚生労働大臣の判断に、「最低限度の生活の具体化に係る判断の過程及び手続における過誤、欠落の有無等の観点からみて裁量権の範囲の逸脱又はその濫用があると認められる場合」、本件改定は違法となると述べ、いわゆる判断過程審査を行っている（判旨四）。表現はやや異なるが、北九州判決も同旨である[20]。

　判断過程審査の意味は必ずしも明確ではないが、問題となった行為の内容（結論）ではなく、それを行うに至った判断過程に着目した審査であると解される[21]。判断過程審査には、判断過程の合理性ないし過誤・欠落の審査を行うもの（判断過程合理性審査）と、考慮要素に着目した審査を行うもの（考慮要素審査）がある[22]が、本件各判決が行っているのは判断過程合理性審査であると思われる。最高裁は、海岸占用許可事件上告審判決（最判平成19年12月7日民集61巻9号3290頁）以降、判断過程審査を行っていなかったので、久しぶりの判決ということができる。従来の判例と比較した場合、本件各判決には次のような特色がみられる。

　第一に、判断過程合理性審査を行った先例として、原子炉設置許可に関する伊方原発訴訟上告審判決（最判平成4年10月29日民集46巻7号1174頁、以下「伊方

---

19)　岡田・前掲注6) 96頁は、類似の例として授益的処分の取消制限の法理を挙げ、これを「違法な行政処分によって害される公益とこれによって保護される信頼との衡量が問題となる場合」であると説明している。石森・前掲注7) 120頁も同旨。
20)　広島事件第一審が後述する伊方原発判決を引用し、北九州事件控訴審が後述する目的外使用許可判決と同様の基準を用いていたほか、東京事件第一審、北九州事件第一審、京都事件第一審及び控訴審も判断過程審査を行っていた。原田尚彦「朝日判決と行政訴訟」ジュリスト374号（1967年）36頁は、保護基準について判断過程審査を行うべき旨を早くから主張していた。
21)　村上裕章「判断過程審査の現状と課題」法律時報85巻2号（2013年）13頁〔本書241頁以下〕。
22)　村上・前掲注21) 12頁〔本書240頁〕。

原発判決」という)、教科書検定に関する家永教科書検定第一次訴訟上告審判決（最判平成5年3月16日民集47巻5号3483頁、以下「家永第一次判決」という）などがあり[23]、本件各判決はこれらに続くものである[24]。

第二に、呉市公立学校施設使用不許可事件上告審判決（最判平成18年2月7日民集60巻2号401頁、以下「目的外使用許可判決」という）や小田急訴訟本案上告審判決（最判平成18年11月2日民集60巻9号3249頁）は、判断過程合理性審査と考慮要素審査を融合するような判示を行っていたが[25]、本件各判決はこれらとは一線を画している[26]。

第三に、本件各判決は、法規命令について判断過程審査を行った初めての判決である[27]。

第四に、これまで判断過程合理性審査を行った伊方原発判決及び家永第一次判決は、いずれも裁量が比較的狭い事案だったのに対し、上記のように不明確な点は残るものの、本件は裁量が比較的広い事案である[28]。

第五に、伊方原発判決及び家永第一次判決においては、審査基準（裁量基準）の設定とその適用が問題となっていたのに対し、本件では審査基準の設定（改定）そのものが問題となっている。

第六に、伊方原発判決及び家永第一次判決においては、直接的には、諮問機関（原子力委員会等、教科用図書検定調査審議会）における判断過程が問題とされていたのに対し、本件では厚生労働大臣の判断過程が問題となっている。これは、

---

23) 村上・前掲注21) 10頁以下〔本書236頁以下〕。
24) 伊方原発判決、家永第一次判決及び本件各判決の事案は、専門家等からなる諮問機関が関与している点が共通しているが、諮問機関の位置付けはかなり異なる。原子炉設置許可については、原子力委員会等の設置及び諮問が法律で規定されていた（原子力基本法4条以下、旧原子力委員会及び原子力安全委員会設置法、旧核原料物質、核燃料物質及び原子炉の規制に関する法律24条2項）。教科書検定については、教科用図書検定調査審議会は旧文部省設置法27条1項によって設置されていたが、諮問は文部省令（旧教科用図書検定規則2条）に基づくものである。保護基準については、社会保障審議会は厚生労働省設置法7条1項に基づいて設置されているが、専門委員会は明確な法令の根拠を欠き（専門委員については社会保障審議会令6条2項に規定がある）、諮問も同様である。
25) 村上裕章・判例評論584号（2007年）182頁〔本書256頁〕。
26) 村上・前掲注21) 14頁以下〔本書244頁〕。
27) 豊島・前掲注7) 29頁、村上・前掲注21) 13頁〔本書241頁〕。
28) 村上・前掲注21) 13頁〔本書241頁〕。

本件における専門委員会への諮問が法令の明確な根拠に基づくものではないことによるのではないかと思われる。本件各判決が、伊方原発判決のように「調査審議及び判断」の過程ではなく、「判断」の過程のみを検討しているのも、以上と関係するようである[29]。

　第七に、伊方原発判決及び家永第一次判決が、判断等の「過程」のみを問題としていたのに対し、本件各判決は判断の「過程及び手続」を問題としている。これも第六点と関連し、法令上手続が明確に規定されていない場合であっても、諮問手続を含めた手続のあり方を審査する趣旨ではないかと解される[30]。そうすると、法令上義務付けられていない場合であっても、諮問手続を経ないことが裁量の逸脱濫用と評価される余地もあるように思われる。

　第八に、伊方原発判決が「調査審議及び判断の過程」の内容を明示していなかったのに対し、本件各判決は、「統計等の客観的な数値等との合理的関連性や専門的知見との整合性」という具体的な判断内容を挙げている。

　最後に、伊方原発判決及び家永第一次判決が判断の過程に「看過し難い過誤、欠落」があるかどうかを審査していたのに対し、本件各判決は「看過し難い」を省略して「過誤、欠落」のみを問題としており、審査を厳格化しているとも解される[31]。

六　下級審裁判例のほとんどは本件改定を適法と判断していた。しかし、北九州事件控訴審は、専門委員会の中間取りまとめ（事実参照）のうち、イ及びウは老齢加算の廃止という方向性と並んで重要な事項であるところ、厚生労働大臣は遅くとも中間取りまとめが発表されてから4日後までには本件改定の内容を実質的に決定し、その過程において、イについては何ら検討せず、ウについても被保護者が被る不利益等を具体的に検討した上で決定した形跡はないから、「考慮すべき事項を十分考慮しておらず、または考慮した事項に対する評価が明らかに合理性を欠き、その結果、社会通念に照らし著しく妥当性を欠いたも

---

29)　前田・前掲注6) 39頁。家永第一次判決も、教科用図書検定調査審議会への諮問が法規命令に基づく（前注24 参照）ためか、「判断」の過程のみを問題としていた。
30)　豊島・前掲注7) 33頁。
31)　豊島・前掲注7) 33頁。

の」であるとして、本件改定を違法と判断した。

　東京判決は、中間取りまとめにおいては、①70歳以上と60歳ないし69歳の単身無職世帯の需要の比較、②70歳以上の単身者の生活扶助額と第I-五分位の生活扶助相当消費支出額の比較、③生活扶助基準の改定率と消費者物価指数等の伸び率の比較、④被保護勤労者世帯と一般勤労者世帯の消費支出の比較、⑤被保護勤労者世帯等におけるエンゲル係数の低下が勘案されているから、統計等の客観的な数値等との合理的関連性や専門的知見との整合性に欠けるところはなく、厚生労働大臣の判断は、専門委員会のこのような検討等を経た意見に沿って行われたものであり、その判断の過程及び手続に過誤、欠落があると解すべき事情はうかがわれないとした。また、激変緩和措置についても、本件改定に基づく生活扶助額の減額が被保護者世帯の期待的利益の喪失を通じてその生活に看過し難い影響を及ぼしたとまで評価することはできないとした。

　北九州判決は、上記原判決について、そもそも専門委員会の意見は厚生労働大臣の判断を法的に拘束するものではなく、社会保障審議会（福祉部会）の正式の見解として集約されたものでもなく、その意見は保護基準の改定にあたっての考慮要素として位置付けられるとした上で、本件改定が3年間にわたる段階的な減額を経て行われたのは上記ウの意見に沿ったものであり、本件改定後も生活扶助基準の水準につき厚生労働省による定期的な検証が引き続き行われているのは上記イの意見を踏まえたものであるから、本件改定は中間取りまとめの意見を踏まえた検討を経ていないということはできず、全体としてその意見の趣旨と一致しないものとも解しがたいとして、原判決を破棄し、原審に差し戻した。

　東京判決については、老齢加算廃止後の保護水準について、他の一般国民や低所得者層との比較という相対的な観点と、下回ることができない水準という絶対的な観点の双方を勘案する姿勢がうかがわれることが指摘されている[32]。しかし、絶対的な観点については、上記のような検討で十分といえるか、疑問もある[33]。

---

32)　岡田・前掲注6) 97頁。
33)　前田・前掲注6) 40頁。田見・前掲注1) 64頁、吉永・前掲注3) 5頁以下、淵上隆「生存権（生活保護変更決定取消請求事件）について」国際人権21号（2010年）93頁は、上記②について、

北九州判決は意見の法的拘束力に言及しているが、これは諮問機関一般にいえることであり、答申を十分検討することなく決定を下した場合には、判断過程に過誤、欠落が認められる余地もあると解される。もっとも、中間取りまとめの内容のうち、ウは3年間の激変緩和措置によって考慮され、イも老齢加算廃止の条件ではないと読むことが十分可能であるから、北九州事件控訴審のように、本件改定が中間取りまとめを十分考慮していないと断ずることは難しいように思われる[34]。しかし、専門委員会の議論では、単身世帯の生活扶助基準が低いことが指摘され、老齢加算の廃止と生活保護基準体系の見直しをセットと考える意見がむしろ大勢だったように思われる[35]こと等からすると、中間取りまとめの発表から短期間で老齢加算を廃止する実質的な決定を行ったことには、疑問がないわけではない。

　七　憲法学説においては、社会保障水準の切り下げはより厳格な司法審査を受けてしかるべきとの見解[36]（制度後退禁止原則）や、具体的立法による給付が行

比較の対象となる第I-5分位の生活水準が検討されていないと指摘する。東京事件第一審もこのことを認めている。上記③〜⑤も被保護世帯一般のデータであって、特に問題となりうる高齢単身世帯に関するものではない。中間取りまとめは第I-10分位世帯の消費水準に着目することが適当としているので、当該水準を下回らない限り、その生活実態がどうあれ、裁量の範囲内との趣旨かもしれない。以上の問題を考慮してか、東京事件第一審は原告らの生活状況を個別に検討している。もっとも、保護基準改定の結果、個別の被保護者の生活が最低限度の水準を下回った場合、保護基準ではなく、保護変更決定が違法となると解する余地もある。北九州判決の須藤意見は、改定保護基準を機械的に適用した場合、保護変更決定が違法となることもありうると指摘する。北九州事件第一審は原告らの生活状況を個別に検討するが、これを保護変更決定の問題と捉えている。京都事件各判決も同様の検討を行うが、第一審の趣旨は明確でないのに対し、控訴審は「保護基準の改定自体が裁量権の逸脱と評価されることになろう」と述べる。

34)　菊池・前掲注2) 152頁。
35)　第4回会議では、委員長が、「私の考えは、まず加算を廃止して、その後の対応を考えるという議論ではない」、「仮に加算としてはなくしてもいいという結論に達したとしても、それは代わりにこういう仕組みを設けるということを、セットで出さざるを得ない」と述べている。第6回会議では、中間取りまとめ案に関し、ある委員が、「加算に関しては、廃止を前提にという形の記述になっておりますので、廃止をするならばそれに当たる代替措置をという形で議論が進められたと記憶しております」と指摘している。第14回会議では、委員長が、「老齢加算の廃止だけちょっと先行していますが、これは私としては正直言って非常に残念でして、これは単身モデルを作ろうということをここで皆さん合意したわけです」と述べている。吉永・前掲注3) 12頁、前田・前掲注6) 40頁の指摘も参照。
36)　棟居快行『憲法学の可能性』〔信山社、2012年〕391頁。憲法25条2項を根拠とする見解とし

われている場合、当該給付の行われる状態をベースラインとすべきで、その地位を国が正当な理由なく剥奪することは憲法違反であるとの見解[37]（社会権の自由権的効果）が主張されている[38]。

下級審裁判例の多くは、法56条の適用を前提として不利益変更については裁量が狭いと解するか、同条が適用されないとしても、不利益変更については、裁量が狭い、あるいは、「相応の合理的な理由」や「具体的で客観的な相応の根拠」を要するとしており（三参照）、これらは実質的に憲法学者の上記見解に近いとみることができる[39]。

本件各判決は憲法違反の主張を退けており、上記見解を採用しない趣旨のようである[40]。本件各判決は、老齢加算の廃止について、被保護者の期待的利益に配慮し、激変緩和措置等を講じることを求めているが、憲法25条ではなく、信頼保護原則を根拠とするものと解される（四参照）。

　て、内野正幸『憲法解釈の論理と体系』〔日本評論社、1991年〕377頁、高橋和之『立憲主義と日本国憲法［第2版］』〔有斐閣、2010年〕289頁、遠藤美奈「憲法に25条がおかれたことの意味」季刊社会保障研究41巻4号（2006年）339頁。

37) 長谷部恭男『憲法［第5版］』〔新世社、2011年〕271頁以下。

38) 批判的見解として、小山剛『基本権の内容形成——立法による憲法価値の実現』〔尚学社、2004年〕310頁、棟居快行ほか編『プロセス演習憲法［第4版］』〔信山社、2011年〕382頁以下［小山剛］、小山剛＝駒村圭吾編『論点探求憲法』〔弘文堂、2005年〕236頁［松本和彦］。小山剛「生存権の『制度後退禁止』」慶應法学19号（2011年）114頁、同『「憲法上の権利」の作法［新版］』〔尚学社、2011年〕124頁は、制度の後退は制度の向上と同様に立法府の裁量に委ねられるとするが、東京事件控訴審判決を引用し、法8条2項を根拠に、保護基準の改正と設定では裁量の幅に差異があると述べる。

39) 井上亜紀「生活保護における老齢加算の廃止と生存権の保障」佐賀大学経済論集43巻1号（2010年）39頁、同「生存権訴訟の可能性」大石眞先生還暦記念『憲法改革の理念と展開（下巻）』〔信山社、2012年〕408頁、葛西まゆこ「司法による生存権保障と憲法訴訟」ジュリスト1400号（2010年）115頁、片桐・前掲注6）150頁。

40) 判時2145号4頁の匿名コメント、新田・前掲注6）356頁。

第 4 部　行政訴訟制度改革

第 15 章　司法制度改革後における行政法判例の展開

I　はじめに

　本章は、司法制度改革後における行政法判例の傾向を明らかにするとともに、理論的観点から若干の問題提起を行うものである。まず、戦後行政法判例の時期区分を試みることにより、司法制度改革後における行政法判例の特色を浮き彫りにする (II)。次に、近時の判例を「理論の過剰と過少」という観点から考察する。伊藤正己元最高裁判事は裁判官的思考と学者的思考の相違として「理論への志向性」を挙げているが[1]、学説の役割の一つには判例の理論的分析があると考える。最近の判例はおおむね紛争実態に合った柔軟な解決を行っているが、根拠の確かでないドグマに基づくもの（理論の過剰）や、理論的基礎が明らかではないもの（理論の過少）も散見されるので、これらを批判的に検討する (III、IV)。なお、紙幅の関係で、文献の引用は最小限にとどめ、判例については審級等の表記を原則として省略した。

II　行政法判例の展開

一　戦後行政法判例の時期区分（試論）

　(1)　**時期区分**　司法制度改革審議会意見書を参考にして、本章では時期区分の基準として「司法の行政に対するチェック機能への積極性」（さしあたりその当否は問わない）という視点を採用し、①第一期（1945 年～1970 年代）、②第二

---

1)　伊藤正己『裁判官と学者の間』〔有斐閣、1993 年〕22 頁以下、31 頁以下。中野次男編『判例とその読み方〔3 訂版〕』〔有斐閣、2009 年〕25 頁〔中野〕も参照。

期（1970年代～2000年頃）、第三期（2000年頃～）に区分する。1970年代から判例が保守化したこと[2]、2000年頃から積極化したこと[3]は、先行研究においても示唆されているように思われる。

　もっとも、この時期区分には限界もある。第一に、行政法判例に基づく整理であり、全体像を把握するには他の法分野の判例も検討する必要がある。第二に、判例というアウトプットに着目した表面的考察であり、より深い次元での実態解明には歴史学・政治学・社会学等も含む学際的研究が必要不可欠である。第三に、便宜的な時期区分であり、例外的な事象や移行期も存在する。第四に、一面で積極的、他面で消極的という判例もありうる。

　（2）　**第一期（1945年～1970年代）**　この時期の特色として、伝統的行政法学を追認する判例[4]がある一方、これを乗り越えた斬新な判例[5]も少なくなく、下級審に注目すべきものが多い[6]ことを指摘できる。

---

2)　原田尚彦『行政判例の役割』〔弘文堂、1991年〕19頁、35頁、久保茂樹「行政法判例と学説」公法研究66号（2004年）214頁など。
3)　高木光「行政訴訟の現状」公法研究71号（2009年）24頁、杉原則彦「活性化する憲法・行政訴訟の現状」同196頁以下など。
4)　処分性に関する農地境界通知事件（最判昭和30年2月24日民集9巻2号217頁）、海難審判原因解明裁決事件（最判昭和36年3月15日民集15巻3号467頁）、保険医戒告事件（最判昭和38年6月4日民集17巻5号670頁）、大田区ごみ焼却場設置事件（最判昭和39年10月29日民集18巻8号1809頁）、高円寺土地区画整理事業計画事件（最大判昭和41年2月23日民集20巻2号271頁）、墓地埋葬通達事件（最判昭和43年12月24日民集22巻13号3147頁）、訴えの利益に関する朝日訴訟（最大判昭和42年5月24日民集21巻5号1043頁）など。
5)　理由付記に関する小石川税務署所得税増額更正事件（最判昭和38年5月31日民集17巻4号617頁）、前橋税務署法人税増額更正事件（最判昭和38年12月27日民集17巻12号1871頁）、仙台北税務署法人税増額更正事件（最判昭和47年3月31日民集26巻2号319頁）、大分税務署法人税増額更正事件（最判昭和47年12月5日民集26巻10号1795頁）、告知聴聞等に関する個人タクシー事件（最判昭和46年10月28日民集25巻7号1037頁）、群馬中央バス事件（最判昭和50年5月29日民集29巻5号662頁）、原告適格に関する公衆浴場設置許可事件（最判昭和37年1月19日民集16巻1号57頁）、訴えの利益に関する東京12チャンネル事件（最判昭和43年12月24日民集22巻13号3254頁）、営造物の設置管理の瑕疵に関する高知落石事件（最判昭和45年8月20日民集24巻9号1268頁）など。
6)　告知聴聞等に関する個人タクシー事件第一審（東京地判昭和38年9月18日行集14巻9号1666頁）、群馬中央バス事件第一審（東京地判昭和38年12月25日行集14巻12号2255頁）、裁量に関する日光太郎杉事件控訴審（東京高判昭和48年7月13日行集24巻6＝7号533頁）、処分性に関する健康保健医療費値上げ事件（東京地決昭和40年4月22日行集16巻4号708頁）、国立歩道橋事件（東京地決昭和45年10月14日行集21巻10号1187頁）、函数尺事件（東京地判昭和46年11月8日行集22巻11＝12号1785頁）、無効確認訴訟に関する一連の裁判例、予防訴訟に関する

このような百花繚乱的な状況が生じた背景には、戦後行政裁判所が廃止され、司法裁判所が新たに行政事件を処理するようになったこと、学界において、日本国憲法の下で伝統的行政法学を再構築する動きがあった一方、これを打破しようとする流れも出現し、その中で白石健三ら実務家も大きな役割を果たしたことがあるように思われる。

　(3)　**第二期（1970 年代～2000 年頃）**　1970 年代、特に 1975 年頃から、消極的な最高裁判例が目立つようになる[7]。また、下級審の創造性が失われ、最高裁判例を過度に意識するものが多くなったように思われる[8]。さらに、学説と判例の乖離が顕著となり[9]、「学界における「解釈論疲れ」ともいうべき雰囲気」が指摘されていた[10]。もっとも、この時期においても積極的な最高裁判例

刑務所丸刈予防訴訟（東京地判昭和 38 年 7 月 29 日行集 14 巻 7 号 1316 頁）、執行停止に関する集団示威運動不許可処分執行停止事件（東京地決昭和 42 年 11 月 27 日行集 18 巻 11 号 1485 頁）など。個人タクシー事件及び群馬中央バス事件第一審、日光太郎杉事件控訴審、刑務所丸刈予防訴訟は、白石健三を長とする白石コートによるものである。当時の下級審裁判例の状況については、原田・前掲注 2) 12 頁、濱秀和『行政訴訟の回顧と展望』〔信山社、2014 年〕203 頁以下など参照。

[7]　裁量に関する神戸全税関事件（最判昭和 52 年 12 月 20 日民集 31 巻 7 号 1101 頁）、マクリーン事件（最大判昭和 53 年 10 月 4 日民集 32 巻 7 号 1223 頁）、民事差止訴訟に関する大阪空港訴訟（最大判昭和 56 年 12 月 16 日民集 35 巻 10 号 1369 頁）、厚木基地訴訟（最判平成 5 年 2 月 25 日民集 47 巻 2 号 643 頁）、処分性に関する盛岡用途地域指定事件（最判昭和 57 年 4 月 22 日民集 36 巻 4 号 705 頁）、盛岡市公共施設管理者同意拒否事件（最判平成 7 年 3 月 23 日民集 49 巻 3 号 1006 頁）、原告適格に関する主婦連ジュース訴訟（最判昭和 53 年 3 月 14 日民集 32 巻 2 号 211 頁）、近鉄特急料金変更認可事件（最判平成元年 4 月 13 日判時 1313 号 121 頁）、伊場遺跡訴訟（最判平成元年 6 月 20 日判時 1334 号 201 頁）、訴えの利益に関する運転免許停止処分取消請求事件（最判昭和 55 年 11 月 25 日民集 34 巻 6 号 781 頁）、仙台市建築確認取消請求事件（最判昭和 59 年 10 月 26 日民集 38 巻 10 号 1169 頁）、松戸市開発許可処分等取消請求事件（最判平成 5 年 9 月 10 日民集 47 巻 7 号 4955 頁、予防・確認訴訟に関する長野勤務評定事件（最判昭和 47 年 11 月 30 日民集 26 巻 9 号 1746 頁）、横川川事件（最判平成元年 7 月 4 日判時 1336 号 86 頁）、国賠違法に関する在宅投票制度廃止事件（最判昭和 60 年 11 月 21 日民集 39 巻 7 号 1512 頁）、奈良過大更正国家賠償事件（最判平成 5 年 3 月 11 日民集 47 巻 4 号 2863 頁）、住民票続柄記載国家賠償事件（最判平成 11 年 1 月 21 日判時 1675 号 48 頁）、営造物責任に関する大東水害訴訟（最判昭和 59 年 1 月 26 日民集 38 巻 2 号 53 頁）、審判台転倒事件（最判平成 5 年 3 月 30 日民集 47 巻 4 号 3226 頁）など。特に大阪空港訴訟は、政治的な意図が露骨に現れた、この時期を象徴する判決と思われる。

[8]　大東水害訴訟前後の下級審裁判例の動きがその典型例といえる。久保・前掲注 2) 222 頁注 12）。最高裁判事経験者による批判として、谷口正孝『裁判について考える』〔勁草書房、1989 年〕32 頁以下、伊藤・前掲注 1) 48 頁以下。

[9]　宮崎良夫『行政訴訟の法理論』〔三省堂、1984 年〕i 頁、阿部泰隆『行政訴訟改革論』〔有斐閣、1993 年〕16 頁、38 頁、久保・前掲注 2) 215 頁など。

[10]　高木光『行政訴訟論』〔有斐閣、2005 年〕35 頁。

は存在し、特に 1990 年頃からそれが増えているように思われる[11]。

　この点については、「司法の危機」の影響が否定できないと思われるが[12]、理論面では、1962 年の行政事件訴訟法（以下「行訴法」という）制定の影響が無視できないと解される[13]。伝統的行政法学（兼子一[14]、田中二郎[15][16]、雄川一郎）

---

[11]　委任命令に関する幼児接見不許可事件（最判平成 3 年 7 月 9 日民集 45 巻 6 号 1049 頁）、行政手続に関する成田新法事件（最大判平成 4 年 7 月 1 日民集 46 巻 5 号 437 頁）、旅券発給拒否処分理由付記事件（最判昭和 60 年 1 月 22 日民集 39 巻 1 号 1 頁）、裁量に関する伊方原発訴訟（最判平成 4 年 10 月 29 日民集 46 巻 7 号 1174 頁、最近批判も多いが、一応ここに挙げておく）、エホバの証人剣道実技拒否事件（最判平成 8 年 3 月 8 日民集 50 巻 3 号 469 頁）、無効に関する譲渡所得課税無効事件（最判昭和 48 年 4 月 26 日民集 27 巻 3 号 629 頁）、処分性に関する横浜税関事件（最判昭和 54 年 12 月 25 日民集 33 巻 7 号 753 頁）、土地区画整理組合設立認可事件（最判昭和 60 年 12 月 17 日民集 39 巻 8 号 1821 頁）、土地改良事業施行認可事件（最判昭和 61 年 2 月 13 日民集 40 巻 1 号 1 頁）、阿倍野市街地再開発計画事件（最判平成 4 年 11 月 26 日民集 46 巻 8 号 2658 頁）、原告適格に関する長沼訴訟（最判昭和 57 年 9 月 9 日民集 36 巻 9 号 1679 頁）、新潟空港訴訟（最判平成元年 2 月 17 日民集 43 巻 2 号 56 頁）、もんじゅ訴訟第一次上告審（最判平成 4 年 9 月 22 日民集 46 巻 6 号 571 頁）、訴えの利益に関する八鹿町土地改良事業施行認可事件（最判平成 4 年 1 月 24 日民集 46 巻 1 号 54 頁）、無効確認訴訟に関する千葉県換地処分事件（最判昭和 62 年 4 月 17 日民集 41 巻 3 号 286 頁）、住民訴訟に関する津地鎮祭事件（最大判昭和 52 年 7 月 13 日民集 31 巻 4 号 533 頁）、田子の浦ヘドロ訴訟（最判昭和 57 年 7 月 13 日民集 36 巻 6 号 970 頁）、選挙訴訟に関する衆議院議員定数訴訟（最大判昭和 51 年 4 月 14 日民集 30 巻 3 号 223 頁）など。

[12]　木佐茂男「行政訴訟と裁判官」公法研究 52 号（1990 年）187 頁は「裁判官人事政策」の影響を指摘する。石田和外長官就任の経緯については、山本祐司『最高裁物語（上）』〔日本評論社、1994 年〕287 頁以下参照。伊藤・後掲注 1）116 頁は、「最高裁の裁判官の人事において、内閣として積極主義の立場を鮮明にとる法律家を避ける傾向のあること」が司法消極主義の「重要な要因といえるかもしれない」とする。

[13]　小早川光郎は、行訴法の制定により取消訴訟の運用が「かなり硬直的なものになってしまった」、「立法論として考えるとき、検討の余地がある」と述べる（塩野宏ほか「研究会・現代型行政訴訟の検討課題」ジュリスト 925 号（1989 年）97 頁以下）。

[14]　中村治朗元最高裁判事は、第 1 回行政事件担当裁判官会同（1948 年 3 月）における兼子一の講演（同「行政事件の特質」法律タイムズ 15 号（1948 年）16 頁と思われる）が、「行政局を含めて裁判所全体に強い影響力をもち、その後における行政事件訴訟の展開の基本的方向を決定する働きをしたといっても必ずしも過言ではない」と指摘する（中村治朗『裁判の世界を生きて』〔判例時報社、1989 年〕18 頁）。中村は、1957 年の公法学会で、行政訴訟と民事訴訟を根本的に違うという意識で裁判をしていないのが、「一般の裁判官の間に現われてないにいたしましても隠れたる意識」であると述べているが（公法研究 19 号（1958 年）122 頁以下）、兼子説に近い考え方と解される。

[15]　阿部泰隆『行政訴訟要件論』〔弘文堂、2003 年〕208 頁は、「実務家のバイブル」とされる司法研修所編『改訂行政事件訴訟の一般的問題に関する実務的研究』〔法曹会、2000 年〕について、「本書は学説を無視しているのではなく、昔の田中二郎説くらいに依拠しているのであろう」と指摘する。

[16]　兼子と田中は司法権の限界を強く意識する点で共通するが、後者が行政訴訟の特殊性を強調する点に違いがある。高橋滋ほか編『条解行政事件訴訟法〔第 4 版〕』〔弘文堂、2014 年〕205 頁以下

が「公定化」[17]され、学界における批判にもかかわらず、実務上影響力を保つ結果を招いたように思われる[18]。1990年頃からの変化については、裁判官等の世代交代や政治状況の影響が考えられる[19]。

(4) **第三期（2000年頃～）** 2000年頃、特に2004年頃から、柔軟な解釈を駆使して行政に対するチェックを積極的に行う判例が増えている[20]。消極的

[村上裕章] 参照。園部逸夫『現代行政と行政訴訟』〔弘文堂、1987年〕3頁は、行政事件の処理に関して裁判官に二つのタイプの思考方式があることを指摘しているが、両説の対立を反映しているのかもしれない。

17) 塩野宏『行政法概念の諸相』〔有斐閣、2011年〕242頁、278頁以下。
18) 伊藤・前掲注1) 142頁は、裁判官的思考をする裁判官は、「自分が大学で講義をうけた学者の説、あるいはそれ以降の学者でも学界の指導的地位にあるという権威のある者の説に重きをおく傾向」があり、「裁判所において、学界ではすでに過去のものと考えられているような説が残存するという現象もみられなくはない」と指摘する。
19) 園部逸夫『最高裁判所十年』〔有斐閣、2001年〕319頁は、判事在任中（1989～99年）の最高裁について、「就任当時と今とでは、世代の違いが明らかに現れてきたような気がする。この10年間で政治状況が大きく変わり、新しいものを取り込もうとする雰囲気が出てきた」と述べている。
20) 委任立法に関する東洋町町議会議員リコール署名無効事件（最大判平成21年11月18日民集63巻9号2033頁）、医薬品ネット販売権確認等請求事件（最判平成25年1月11日民集67巻1号1頁）、裁量に関する水俣病認定拒否事件（最判平成25年4月16日民集67巻4号1115頁）、林試の森事件（最判平成18年9月4日判時1948号26頁）、呉市公立学校施設使用不許可事件（最判平成18年2月7日民集60巻2号401頁）等、理由付記に関する一級建築士免許取消事件（最判平成23年6月7日民集65巻4号2081頁）、違法性の承継に関する東京都建築安全条例事件（最判平成21年12月17日民集63巻10号2631頁）、公定力に関する名古屋冷凍倉庫固定資産税等国家賠償事件（最判平成22年6月3日民集64巻4号1010頁）、処分性に関する御所町二項道路指定事件（最判平成14年1月17日民集56巻1号1頁）、労災就学援護費不支給事件（最判平成15年9月4日判時1841号89頁）、冷凍スモークマグロ食品衛生法違反通知事件（最判平成16年4月26日民集58巻4号989頁）、登録免許税還付通知拒否事件（最判平成17年4月14日民集59巻3号491頁）、病院開設中止勧告事件（最判平成17年7月15日民集59巻6号1661頁）、浜松市土地区画整理事業計画事件（最大判平成20年9月10日民集62巻8号2029頁）、横浜市保育所廃止条例事件（最判平成21年11月26日民集63巻9号2124頁）、旭川市有害物質使用特定施設廃止通知事件（最判平成24年2月3日民集66巻2号148頁）、原告適格に関する小田急訴訟大法廷（最大判平成17年12月7日民集59巻10号2645頁）、小浜市一般廃棄物処理業許可事件（最判平成26年1月28日民集68巻1号49頁）、高城町産廃処分業等許可事件（最判平成26年7月29日民集68巻6号620頁）、訴えの利益に関する優良運転免許証交付事件（最判平成21年2月27日民集63巻2号299頁）、風俗営業停止処分事件（最判平成27年3月3日判自394号67頁）、管轄に関する徳島事務センター事件（最決平成26年9月25日民集68巻7号781頁）、執行停止に関する弁護士懲戒執行停止事件（最決平成19年12月18日判時1994号21頁）、差止・確認訴訟に関する東京都教職員国旗国歌訴訟（最判平成24年2月9日民集66巻2号183頁）、確認訴訟・国家賠償に関する在外国民選挙権事件（最大判平成17年9月14日民集59巻7号2087頁）、規制権限不行使に関する筑豊じん肺訴訟（最判平成16年4月27日民集58巻4号1032頁）、熊本水俣病関西訴訟（最判平成

な判例もみられるが、数はさほど多くない[21]。藤山雅行を長とするいわゆる藤山コートをはじめ、下級審が活性化したことも見逃せない。

その原因の解明は容易でないが、違憲審査積極化の要因に関する司法政治学的研究[22]を参考にすると、次の点が特に重要と考える。第一は、1990年頃からの裁判官等の世代交代や政治状況の影響であり、近時の変化をその連続線上に位置付けうるように思われる[23]。第二は、司法制度改革の影響である[24]。司法制度改革審議会が「司法の行政に対するチェック機能の強化」を求め、これを踏まえて行訴法改正が行われ、その際に行政訴訟検討部会が「国民の権利利益の実効的な救済」という視点[25]を明示したことが、少なからず影響を及ぼしたように思われる[26]。

16年10月15日民集58巻7号1802頁)、泉南アスベスト訴訟(最判平成26年10月9日民集68巻8号799頁)、国賠違法に関する不法滞在外国人国民健康保険被保険者証不交付事件(最判平成16年1月15日民集58巻1号226頁)など。

21) 司法的執行に関する宝塚市パチンコ店建築中止命令事件(最判平成14年7月9日民集56巻6号1134頁)、原告適格に関するサテライト大阪事件(最判平成21年10月15日民集63巻8号1711頁)、情報公開の部分開示に関する大阪府知事交際費訴訟第二次上告審(最判平成13年3月27日民集55巻2号530頁)など。

22) 見平典『違憲審査制をめぐるポリティクス』〔成文堂、2012年〕44頁以下。

23) 世代交代の影響を指摘するものとして、藤田宙靖『最高裁回想録』〔有斐閣、2012年〕122頁、見平・前掲注22) 192頁。

24) 見平・前掲注22) 183頁以下。滝井繁男元最高裁判事も、慎重な言い回しながら、司法制度改革の影響を肯定している(滝井繁男『最高裁判所は変わったか』〔岩波書店、2009年〕133頁、151頁、334頁以下、356頁など)。藤田・前掲注23) 82頁以下、100頁、122頁等はむしろ司法制度改革以前からの変化を強調しているが、小田急訴訟については「事実上の後押しをする効果」を認めている(91頁)。藤田宙靖ほか「藤田宙靖先生と最高裁判所(一)」法学教室400号(2014年)64頁〔藤田〕も参照。

25) 阿部泰隆『行政救済の実効性』〔弘文堂、1985年〕、阿部・前掲注9)など。村上裕章『行政訴訟の基礎理論』〔有斐閣、2007年〕36頁以下も参照。

26) 見平・前掲注22) 191頁以下は任命権者にも着目しているが、細川・村山内閣(ダニエル H. フット(溜箭将之訳)『裁判と社会』〔NTT出版、2006年〕203頁)や民主党政権(山口進=宮地ゆう『最高裁の暗闘』〔朝日新聞出版、2011年〕243頁以下)において最高裁判事任命が意識的になされたとはいえないとの指摘もある。

III 理論の過剰[27]

一 部分開示

(1) 大阪府知事交際費訴訟第二次上告審（最判平成13年3月27日前掲注21）、以下本項で「平成13年判決」という）は、大阪府公文書公開等条例（当時）の部分開示規定につき、非公開事由に該当する独立した一体的な情報をさらに細分化して公開することまでも実施機関に義務付けているわけではないとし、いわゆる情報単位論（情報一体論）を採用した。その理由は明示されていないが、元原利文補足意見等によれば、条文の文言のほか、①一体的な情報を細分化すると意味が失われること、②当該条例に情報公開法（行政機関の保有する情報の公開に関する法律）6条2項のような規定がないこと等が根拠とされたようである。愛知万博情報公開事件第二次上告審（最判平成19年4月17日判時1971号109頁、以下本項で「平成19年判決」という）が判例を実質的に変更したとの見方もあるが[28]、平成13年判決の射程を制限したにすぎないように思われる[29]。

(2) 平成13年判決については種々の疑問があり、判例変更が必要と考える[30]。第一に、同判決は情報に客観的な単位があるとみているようであるが、平成19年判決の藤田宙靖補足意見が指摘するように[31]、情報の単位は重層的に捉えることができ、客観的な単位など存在しない。第二に、情報の有意味性については別途規定が存在する上（情報公開法6条1項ただし書き等）、平成13年判決の事案における交際費支出金額等に有意味性がないとは到底いえない。第三に、情報公開法6条2項の趣旨が正しく捉えられていない[32]。同法は個人情

---

27) 藤田・前掲注23) 95頁は、「最高裁判事就任の当初から、私が、自ら最高裁判事となった以上は何とかしなければならないと焦慮に駆られていた」判決として、大阪府知事交際費訴訟第二次上告審と宝塚市パチンコ店建築中止命令事件を挙げている。
28) 戸部真澄・速報判例解説1号（2007年）73頁など。
29) 野呂充・受験新報677号（2007年）21頁など。
30) 以下につき、亘理格＝北村喜宣編『重要判例とともに読み解く個別行政法』〔有斐閣、2013年〕82頁〔村上裕章〕参照。藤田・前掲注23) 98頁以下は、最高裁の同僚や調査官に平成13年判決への疑問を示したところ、正面からの反論はなく、裁判官にはむしろ賛同者が多かったが、判決直後だったこともあり、判例変更に至らなかったとする。
31) 藤田宙靖『行政法総論』〔青林書院、2013年〕174頁も同旨。
32) 藤原静雄・季報情報公開1号（2001年）41頁以下など。

報につき個人識別型を採用したので、個人識別部分（たとえば氏名）とそれによって識別される部分（たとえば支出金額）が全体として個人情報として不開示となる。そうすると不開示部分が広がりすぎるおそれがあり、個人識別部分を不開示とすればその余の部分を開示できる場合もあることから、同法6条2項は、個人識別部分を除いた部分を個人情報に含まれないものとみなして開示することとしたものである。したがって、同法が情報単位論を採用したとみるのは立法者の意図に沿うものではなく、個人情報以外の不開示情報について細分化を否定する趣旨でないことも明らかである。そもそも大阪府条例はプライバシー型であるから、情報公開法6条2項のような規定は不必要だったのである。

二　行政主体による訴訟の提起

（1）　宝塚市パチンコ店建築中止命令事件（最判平成14年7月9日前掲注21）、以下本項で「平成14年判決」という）は、国または地方公共団体が専ら行政権の主体として国民に行政上の義務の履行を求める訴訟は、法律上の争訟にあたらないと判示した。その後福間町公害防止協定事件（最判平成21年7月10日判時2058号53頁、以下本項で「平成21年判決」という）が現れたが、同判決が平成14年判決と整合的だとすれば、次の点を指摘できる。第一に、平成21年判決は公害防止協定を契約と解した上で請求を認容しており、訴えの適法性が前提されているから、契約当事者の地位は「行政権の主体」にはあたらないことになる。そうすると、「行政権の主体」は行政作用の主体一般ではなく、「公権力の主体」を意味するものと推測される。第二に、平成21年判決における契約は福津市（旧福間町）の財産に関するものではないので、同市は「財産権の主体」にはあたらないと解される。平成14年判決は「財産権の主体」と「専ら行政権の主体」を二者択一とみるようにも読めるが、それ以外の場合（契約の主体等）もありうることになる。第三に、平成21年判決の事案において、福津市は自己の権利利益の保護救済ではなく、一般公益の保護を目的として出訴しているように思われる[33]。そうすると平成14年判決とは矛盾しかねないが、同判決における訴訟目的への言及はあまり重要ではないのかもしれない。

---

33)　山本隆司『判例から探求する行政法』〔有斐閣、2012年〕213頁。

(2)　以上を踏まえても、平成 14 年判決が法律上の争訟性を否定した理由は依然定かでない。第一に、公権力行使については法律関係が成立しない、という理由が考えられる。これははるか昔に克服された国庫理論の考え方であり[34]、公権力の行使を争う抗告訴訟が法律上の争訟に含まれることは当然と解されている。第二に、公権力の主体は権利を享有できない、という理由が考えられる。これも国庫理論の残滓であり、今日行政主体が権利主体となることを否定する者はいないと思われる。第三に、行政主体が提起する訴訟は日本国憲法の定める司法権の対象外である、という理由が考えられる[35]。確かに、行政主体の提起する訴訟が憲法上の司法権に含まれることが憲法制定時に明確に肯定されていたわけではないが、否定されたと解すべき理由もなく、肯定的な解釈も十分可能と思われる。また、公権力の主体である場合に限って出訴を否定する趣旨も窺えないように解される[36]。

　このように平成 14 年判決の理論的基礎には疑問がある。矢口洪一元最高裁長官は、「問題点につき、下級裁判所、当事者、学者等によりいろいろの角度から検討が行われ、十分研究しつくされていることが必要であり、その場合に、初めて法律審としての最高裁判所に相応しい判決に達しうる」[37]と述べている。平成 14 年判決については「下級審段階で十分な検討を経なかったツケ」[38]との指摘があるが、まさにそのとおりだと考える。

三　抗告訴訟の観念

　(1)　東京都教職員国旗国歌訴訟（最判平成 24 年 2 月 9 日前掲注 20）、以下本項で「平成 24 年判決」という）は、職務命令に従う義務の不存在確認訴訟について、懲戒処分による不利益の防止を求める場合は無名抗告訴訟としての確認訴訟、

---

34)　塩野宏『行政法 II［第 5 版補訂版］』〔有斐閣、2013 年〕281 頁は「一挙に絶対君主制の時代にさかのぼる」と、藤田・前掲注 23）96 頁は「行政法理百年の発展を否定することであるとすら評価されかねない」と、それぞれ評している。
35)　小早川光郎「司法型の政府間調整」松下圭一ほか編『自治体の構想 2　制度』〔岩波書店、2002 年〕67 頁以下。
36)　以上につき、村上裕章「国・自治体間等争訟」『現代行政法講座 IV』〔日本評論社、2014 年〕21 頁以下〔本書 10 頁以下〕参照。
37)　矢口洪一『最高裁判所とともに』〔有斐閣、1993 年〕133 頁。
38)　久保・前掲注 2）215 頁以下。

懲戒処分以外の措置による不利益の防止を求める場合は当事者訴訟としての確認訴訟と捉えている。

(2) 行訴法は、抗告訴訟を「行政庁の公権力の行使に関する不服の訴訟」と定義し（3条1項）、包括的抗告訴訟概念[39]を採用している。そうすると、公権力の行使を争うか否かで抗告訴訟と当事者訴訟を区別するのは、同法の解釈としては筋が通っている。

しかし、2004年の行訴法改正により公法上の確認訴訟の活用が提唱されたことから、当事者訴訟としての確認訴訟を広く認める考え方がむしろ一般的だったように思われる。平成24年判決のように解すると、同一の紛争について訴訟が不自然に分断され、しかも、無名抗告訴訟については補充性が要求されるため、活用の範囲が狭まってしまうおそれもある。したがって、このような「無名抗告訴訟の復権」には疑問がある[40]。

包括的抗告訴訟概念については、それ以外にも問題が多い。たとえば、在外国民選挙権事件（最大判平成17年9月14日前掲注20））においては、立法作用が争われていることから、予備的請求に係る訴えは、当初、無名抗告訴訟と考えられていたようである[41]。同判決はこの訴えを当事者訴訟とみているが、調査官によれば、主位的請求である法律の違憲確認に係る訴えは無名抗告訴訟と解されているようである[42]。

また、大阪空港訴訟（最大判昭和56年12月16日前掲注7））や厚木基地訴訟（最判平成5年2月25日前掲注7））が、公権力の行使を広く認め、民事差止訴訟を不適法とした点にも、こうした抗告訴訟観の弊害が現れているように思われる[43]。

さらに、「公権力」概念については、行訴法は、「行政庁の処分その他公権力

---

39) 小早川光郎「抗告訴訟の本質と体系」『現代行政法大系4』〔有斐閣、1983年〕144頁。
40) 村上裕章・判例評論651号（2013年）143頁〔本書177頁〕参照。
41) 杉原・前掲注3) 197頁以下。杉原則彦・最判解民平成17年度（下）（2008年）642頁以下も参照。藤田・前掲注23) 95頁は、予備的請求に係る訴えが公法上の当事者訴訟とされた点に、改正行訴法の「存在が何らかの影響を与えていることは否定し得ないと同時に、他面でそこには、まさに、改正法の下で抗告訴訟と当事者訴訟との理論的振り分けが曖昧となっているという問題の存在が示唆されてもいる」と述べる。塩野・前掲注17) 268頁以下も同旨。
42) 杉原・前掲注41) 643頁以下。
43) 両判決の問題点については、村上裕章・法政研究82巻1号（2015年）65頁〔本書第10章〕参照。

の行使に当たる行為」について、民事保全法に規定する仮処分を禁止しているが（44条）、その結果として仮の権利救済が存在しない場合が生じることが指摘されている[44]。

　包括的抗告訴訟概念が採用されたのは、行訴法制定当時、その許否が争われていた義務付け訴訟や差止訴訟の余地を残すためだった。そうであれば、これらの訴訟が明文化された現在、包括的抗告訴訟概念を見直すべきではないかと思われる[45]。上記のように平成24年判決には疑問があるが、立法的な手当も検討する必要があると考える。

四　原告適格

　(1)　改正行訴法9条2項が考慮要素としている「利益の内容及び性質」は、いわゆる法律上保護された利益説に立つもんじゅ訴訟第一次上告審（最判平成4年9月22日前掲注11））の判示内容を明文化したものである。行訴法改正後の小田急訴訟大法廷（最大判平成17年12月7日前掲注20））も、同判決の判断枠組みを維持している。このように、判例は、基本的に、原告適格の判断を処分の根拠法規の解釈の問題ととらえ、利益の内容・性質をそのための考慮の一要素としている。しかし、やや異なる考え方の判例も散見されるように思われる。

　(2)　川崎市開発許可事件（最判平成9年1月28日民集51巻1号250頁）は、都市計画法に基づく開発許可の取消訴訟につき、同法は周辺住民の「生命、身体の安全等」を保護しているとして、一定範囲の周辺住民に原告適格を認めた。ところが、1名の原告が死亡したため、訴訟承継が認められるかが問題となり、最高裁は、「生命、身体の安全等」には土地所有権は含まれていないことを前提として、当該原告の利益は一身専属的であり、相続の対象とはならないと解し、承継を否定した。調査官は、本件で原告適格が認められたのは「人の生命、身体の安全等という、かけがえのない、公益には容易に吸収され難い性質の利益であることにあった」ところ、「土地等の所有権は、公益には容易に吸収解消され難い性質の権利ということはできない」[46]と説明している。しかし、所

---

44)　稲葉馨ほか『行政法［第3版］』〔有斐閣、2015年〕285頁〔村上裕章〕など参照。
45)　髙木・前掲注10) 34頁。
46)　大橋寛明・最判解民平成9年度（上）（2000年）154頁以下。福井章代・最判解民平成13年度

有権が公益に容易に吸収解消されるとする十分な根拠は示されていないように思われる[47]。

サテライト大阪事件（最判平成 21 年 10 月 15 日前掲注 21））は、自転車競技法に基づく場外車券発売施設設置許可の取消訴訟について、周辺の医療施設等の開設者には原告適格を認めたものの、周辺住民には否定した。この判決は、原告適格に係る判示部分の冒頭で、当該施設の設置・運営によって周辺住民等が被る可能性のある被害は広い意味での生活環境の悪化であり、基本的に公益に属する利益というべきであって、法令に手掛かりとなることが明らかな規定がないにもかかわらず、当然に、法が個々人の個別的利益として保護する趣旨と解するのは困難と述べている。しかし、当該生活環境上の利益がなぜ保護の対象とならないか、その根拠は十分示されていないように思われる[48]。

法律上保護された利益説によれば原告適格は根拠法規の趣旨によって決まるから、利益の内容・性質も根拠法規との関係で判断すべきであろう。ところが、上記の判例は、根拠法規を離れ、利益それ自体が保護に値するかどうかを抽象的に論じているように思われ、判例理論とは必ずしも整合しない（首尾一貫性を欠く）との疑問がある[49]。

IV 理論の過少

一 法規命令と行政規則

（1） 府中市固定資産税評価基準事件（最判平成 25 年 7 月 12 日民集 67 巻 6 号 1255 頁）は、固定資産税の登録価格の適否が争われた事案について、①価格決定が固定資産税評価基準に違反して行われたときは違法となるほか、②評価基準に従ったとしても、評価基準が合理的でない場合、あるいは、特別の事情がある場合であって、登録価格が客観的な時価を上回るときは、価格決定は違法とな

（上）（2004 年) 219 頁も同旨。
47) 山本・前掲注 33) 450 頁。
48) 橋本博之「平成 16 年行政事件訴訟法改正後の課題」自治研究 86 巻 9 号（2010 年) 14 頁注 15) は「悪しき仕組み解釈」の典型と、山本・前掲注 33) 464 頁は「行訴法 9 条 2 項の逆用ないし誤用」と、それぞれ評している。
49) 村上裕章「原告適格拡大の意義と限界」論究ジュリスト 3 号（2012 年) 107 頁〔本書 165 頁以下〕参照。

る、と判示している。

（2） この判決については、評価基準の性質をどう理解しているかが明らかではない[50]。第一に、「総務大臣の告示に係る評価基準に委任したものである」と述べていることからすると、法規命令と解しているようにみえる[51]。しかし、そうであれば、合理的な評価基準に従った価格決定が「特別の事情がある場合」に違法となることが説明できないように思われる。第二に、評価基準を解釈基準と解しているとすれば、法解釈は裁判所の専権に属するから、評価基準に言及する必要はなかったと解され（原審）、評価基準に従った決定が原則として適法とされていることと整合的でないように思われる[52]。第三に、合理的な評価基準に従った決定は原則として適法だが、「特別の事情がある場合」には違法となる、という判断枠組みからすると、評価基準を裁量基準と解しているようにみえる。しかし、租税法律主義の観点からは裁量を認めることには問題がある。以上のように、事案における妥当性はともかく、本判決には理論上問題がある。それなりの説得力があるようにみえるのは、土地の評価には現実にはかなりの幅があるにもかかわらず、課税処分に裁量が否定されている、という事情によるのではないかと想像される。

二　判断過程審査

（1） いわゆる判断過程審査を行う判例が増え、裁量統制を強化するものとして注目されているが、その趣旨や射程等についてはなお不明確な点が多く残されている[53]。

（2） （a） 判断過程審査を行った判例は、判断過程の合理性ないし過誤・欠落を審査するもの（判断過程合理性審査）と、考慮要素に着目した審査を行うも

---

50)　人見剛・平成25年度重判解（2014年）59頁。
51)　有力学説もそう解していた。金子宏『租税法［第20版］』〔弘文堂、2015年〕668頁、碓井光明『要説地方税のしくみと法』〔学陽書房、2001年〕188頁以下。
52)　人見・前掲注50) 59頁は平等原則を媒介に拘束力を認めたとの見方を示すが、「固定資産税の課税において……全国一律の統一的な評価基準に従って公平な評価を受ける利益は、適正な時価との多寡の問題とは別にそれ自体が法上保護されるべきものということができる」との判示からすれば、地方税法の制度趣旨から結論を導いたようにも思われる。
53)　以下については、村上裕章「判断過程審査の現状と課題」法律時報85巻2号（2013年）10頁〔本書第12章〕参照。

の（考慮要素審査）に大別できるように思われる。伊方原発訴訟（最判平成 4 年 10 月 29 日前掲注 11））が前者の例、日光太郎杉事件控訴審（東京高判昭和 48 年 7 月 13 日前掲注 6））や呉市公立学校施設使用不許可事件（最判平成 18 年 2 月 7 日前掲注 20））が後者の例である。考慮要素審査にも、要考慮事項を考慮し、他事考慮をしなかったかのみを審査するもの（形式的考慮要素審査）と、考慮要素の「重み付け」の当否まで審査するもの（実質的考慮要素審査）がある[54]。地方公務員分限降任事件（最判昭和 48 年 9 月 14 日民集 27 巻 8 号 925 頁）が前者の例、日光太郎杉事件控訴審や呉市公立学校施設使用不許可事件が後者の例である。

　（b）　かつては判断過程審査と審査密度を結びつける見方が多かったが、最近の判例は審査密度が低い事案においても判断過程審査を行う傾向にある。そうすると、審査密度の問題と審査手法の問題は一応区別した方がよいと考える。すなわち、司法審査の密度については、①裁判所が判断代置を行う最大限の審査、②合理性の有無を審査する中程度の審査、③著しく妥当性を欠くかを審査する最小限の審査を区別し[55]、司法審査の手法については、①行為の内容（結論）に着目する実体的審査、②必要な手続を経たかに着目する手続的審査、③判断の過程に着目する判断過程審査を区別することになる。

　これまで実体的審査と判断過程審査の関係が不明確だったと思われる。前者の場合、当該行為の内容（結論）が誤りであるとして取り消されるから、行政庁は当該行為を再び行うことができない。後者の場合、判断過程に過誤・欠落があった等の理由で取り消されるから、適切な判断過程を経て同じ内容の行為を再び行うことは必ずしも妨げられない。この点に判断過程審査の特色があると考える[56]。もっとも、判例は実体的審査と判断過程審査を必ずしも意識的に区別しているわけではないようである[57]。

　（c）　判断過程合理性審査は専門家等で構成される審議会等が関与する場

54）　渡部吉隆＝園部逸夫編『行政事件訴訟法体系』〔西神田編集室、1985 年〕233 頁注 19）［小早川光郎］、芝池義一「行政決定における考慮事項」法学論叢 116 巻 1-6 号（1985 年）575 頁注 4）など。
55）　小早川光郎『行政法講義（下 II）』〔弘文堂、2005 年〕194 頁以下。
56）　早くからこの点を指摘するものとして、原田尚彦『訴えの利益』〔弘文堂、1973 年〕186 頁、234 頁など。同旨の見解として、山本隆司「日本における裁量論の変容」判時 1933 号（2006 年）17 頁、同・前掲注 33）259 頁など。
57）　川神裕「裁量処分と司法審査（判例を中心として）」判時 1932 号（2006 年）16 頁参照。

合に用いられているようであり、適用基準が比較的明確といえる。これに対し、実質的考慮要素審査は適用基準がはっきりしないように思われる。推測するに、①当該事案について一般に最小限の審査が行われるが、何らかの事情（憲法上の権利が制限されているなど）で審査密度を上げるべきと考えられる場合、②他事考慮の疑いがあるが、必ずしも明確ではない場合、③当該行為が違法との心証が強いが、全く許容されないとも断定できず、行政庁に差し戻して今一度慎重に判断させる場合などが考えられる。この点はさらに検討を深める必要がある。

三　処分性

（1）　行訴法改正によって公法上の確認訴訟の活用が提唱されたが[58]、処分性を拡大する判例の傾向はその後も続いている。

（2）　(a)　最近の判例について、大田区ごみ焼却場設置事件（最判昭和39年10月29日前掲注4））の処分性の定式、すなわち、病床数削減勧告事件（最判平成17年10月25日判時1920号32頁）の藤田宙靖補足意見にいう「従来の公式」をもはや維持していないとの指摘もある[59]。少なくとも調査官はそう考えていないようであり[60]、筆者も多くの判例は「従来の公式」を柔軟に解したものとみている。

　もっとも、病院開設中止勧告事件（最判平成17年7月15日前掲注20））は、医療法に基づく病院開設中止勧告につき、医療法上は行政指導であるとしつつ、保険医療機関の指定との関係で処分性を認めているが、①当該勧告に法的効果があるとして処分性を認めたのか、②法的効果はないが救済の必要から処分性を認めたのか[61]、判決文からはよくわからない。前者であれば、横浜税関事件（最判昭和54年12月25日前掲注11））が輸入禁制品通知に法的効果を認めて処分性を肯定したのと同様、「従来の公式」の柔軟な解釈にとどまるが、後者であれば、従来の判例を変革する画期的判例となる。調査官は前者とみるようであるが[62]、勧告に「厳密な意味での公定力」を否定しており、必ずしも明確では

---

58)　村上裕章「公法上の確認訴訟の適法要件」阿部泰隆先生古稀記念『行政法学の未来に向けて』〔有斐閣、2012年〕733頁〔本書第11章〕など参照。
59)　稲葉一将「処分性の拡大と権利利益救済の実効性」法律時報82巻8号（2010年）9頁以下など。
60)　増田稔・最判解民平成20年度（2011年）452頁以下など。
61)　橋本博之『行政判例と仕組み解釈』〔弘文堂、2009年〕27頁、74頁以下。

ない[63]。

　(b)　かつては処分性の拡大が救済の拡大を意味していたが、多様な訴訟類型が利用可能となった現在、処分性を判断する際には、紛争の実態、処分性を認めるメリット（判決の第三者効等）とデメリット（公定力の発生等）、他の救済手段等を考慮すべきである[64]。しかし、この点で疑問のある判例も存在する[65]。

　御所町二項道路指定事件（最判平成14年1月17日前掲注20)）では、二項道路指定行為それ自体ではなく、当該土地に指定の効果が及ぶとの解釈（回答）が争われている。そうすると、公権力の行使に関する不服の訴えとはいえず、むしろ公法上の確認訴訟による救済が適切だったと考えられる[66]。労災就学援護費不支給事件（最判平成15年9月4日前掲注20)）は、労災就学援護費不支給決定に処分性を認めているが、労働者災害補償保険法には明確な根拠がないことから、通達に基づいて処分性を認めることには疑問がある[67]。本件ではむしろ承諾を求める民事訴訟ないし公法上の当事者訴訟によるべきだったと思われる。

　他方、登録免許税還付通知拒否事件（最判平成17年4月14日前掲注20)）は、

---

62) 杉原則彦・最判解民平成17年度（下）(2008年度) 443頁。
63) 杉原・前掲注62) 448頁。病床数削減勧告事件の藤田補足意見は、本件において「従来の公式」を「採用するのは、適当でないものというべきである」と指摘し、藤田・前掲注31) 415頁も、病院開設中止勧告事件は事実上の効果が私人に及ぼす影響を問題としている点で従来の判例の考え方とは異なり、「少なくとも結果的には、……「形式的行政処分」の存在を認めることとなるものであることは、否定できない」と述べる。藤田宙靖ほか「藤田宙靖先生と最高裁判所（三・完）」法学教室402号（2014年）41頁［藤田］も参照。
64) 越智敏裕「訴訟実務から見た「処分性」拡大の傾向」法律時報85巻10号（2013年）17頁など。
65) 髙木・前掲注3) 34頁以下は、処分性を拡大した判決には論証不足のまま救済の必要性という実質的考慮を優先させているとの批判を受けざるをえないものが多いと指摘し、御所町二項道路指定事件、労災就学援護費不支給事件、病院開設中止勧告事件を挙げる。
66) 晴山一穂「二項道路一括指定を争う訴訟形式」専修ロー・ジャーナル2号（2007年）18頁以下。竹田光広・最判解民平成14年度（上）(2005年) 13頁は、本件訴えは公権力行使に関する不服の実体を有するから当事者訴訟として構成することは困難とする。しかし、原告は指定自体ではなく、原告所有地が指定範囲に含まれるとの回答を争っているにすぎないから、公権力の行使に関する不服の訴訟にあたらないと解される。稲葉（馨）ほか・前掲注44) 222頁［村上］参照。山本・前掲注33) 377頁も参照。
67) 山本・前掲注33) 325頁、太田匡彦・行政判例百選Ⅱ［第6版］（2012年）341頁参照。本判決は法規命令と行政規則の違いを相対的とみているようであるが（泉徳治『私の最高裁判所論』［日本評論社、2013年］194頁以下参照）、疑問である。廣澤諭「行政立法の限界」藤山雅行＝村田斉志編『新・裁判実務体系25　行政争訟［改訂版］』［青林書院、2012年］38頁は、本判決が処分性を認めたのは事案の特殊性によるものであり、一般化できないと指摘する。

還付通知に処分性を認める一方、還付請求訴訟も可能としており、上記のデメリットはない。個別法の解釈としてではあるが、取消訴訟の排他的管轄を否定しており、非常に注目される。

　(c)　複数の行為が連鎖している場合、先行行為に処分性を認めると公定力・不可争力が発生するという問題がある。救済手段としては、まず、出訴期間（正当な理由）の解釈によることが考えられる。病床数削減勧告事件の藤田補足意見が提唱し、浜松市土地区画整理事業計画事件（最大判平成20年9月10日前掲注20））の近藤崇晴・今井功補足意見も援用している。判例変更等の際の経過措置としては有効であるが、先行行為に対する出訴を強制し、それに気がつかなかった者の救済を困難にするおそれがある。次に、公定力・不可争力の（部分的）否定による救済が考えられる[68]。形式的行政処分論[69]（併用説）に近い考え方であるが、上記の通り、病院開設中止勧告事件の調査官の説明はこのような趣旨とも解され、登録免許税還付通知拒否事件上告審判決は実定法の解釈としてこうした立場をとっている。しかし、この考え方は通説の公定力理解（取消訴訟の排他的管轄）や判例の取消訴訟理解（公定力排除訴訟）にそぐわない面があるように思われる。そこで、違法性の承継による救済が妥当ではないかと考える[70]。上記近藤・今井補足意見はこれを否定しており、東京都建築安全条例事件（最判平成21年12月17日前掲注20））の射程次第となる[71]。

四　国賠訴訟における違法性

　(1)　国家賠償法1条1項の違法性について、判例の多くは職務行為基準説（違法性相対説）によっており、違法性一元説（公権力発動要件欠如説）をとる多くの学説と対立している。

---

68)　人見剛「行政事件訴訟法改正と行政救済法の課題」法律時報79巻9号（2007年）11頁、芝池義一「抗告訴訟と法律関係訴訟」磯部力ほか編『行政法の新構想Ⅲ』〔有斐閣、2008年〕44頁注31）、山本・前掲注33）362頁以下などはこの趣旨か。
69)　原田・前掲注56）108頁、130頁、146頁以下、兼子仁『行政法総論』〔筑摩書房、1983年〕227頁以下など。
70)　同旨の見解として、山本・前掲注33）408頁、稲葉（一）・前掲注59）11頁、越智・前掲注64）19頁以下など。
71)　さしあたり、村上裕章・平成22年度重判解（2011年）59頁参照。

(2) (a) 調査官解説によれば、職務行為基準説の先例は芦別国家賠償事件（最判昭和53年10月20日民集32巻7号1367頁）、大阪民事判決国賠事件（最判昭和57年3月12日民集36巻3号329頁）、在宅投票制度廃止事件（最判昭和60年11月21日前掲注7））とされている[72]。

しかし、こうした見方には疑問がある[73]。公訴提起の要件が「合理的な判断過程により有罪と認められる嫌疑」があることと解されれば、芦別国家賠償事件は違法性一元説とは矛盾しない。裁判は法を正しく適用しなければ違法となる点で公訴提起とは異なるが、上訴制度が設けられていることから、大阪民事判決国賠事件は国家賠償法上の違法性を限定したものと解しうるし、判示内容も最近の職務行為基準説とはかなり異なる[74]。

そこで職務行為基準説の先例は在宅投票制度廃止事件と解される[75]。本件で争われたのは立法行為という特殊な行為であるが、本判決は冒頭で違法性に関する一般論を述べている。この点不用意であり、判例の展開をミスリードする結果になったように思われる。

(b) 判例の多くは職務行為基準説をとるが、幼児接見不許可事件（最判平成3年7月9日前掲注11））、不法滞在外国人国民健康保険被保険者証不交付事件（最判平成16年1月15日前掲注20））、広島地検庁舎内接見拒否事件（最判平成17年4月19日民集59巻3号563頁）等は違法性一元説によるものと思われる。

もっとも、奈良過大更正国家賠償事件（最判平成5年3月11日前掲注7））やメイプルソープ事件（最判平成20年2月19日民集62巻2号445頁）につき、慰謝料が請求されているので、係争処分が法令の要件に違反したかどうかを判断していないのは当然であり、違法性一元論とは必ずしも矛盾しない、との有力な指摘がある[76]。

---

72) 井上繁規・最判解民平成5年度（上）（1996年）378頁など。
73) 稲葉馨「国家賠償法上の違法性について」法学73巻6号（2009年）39頁以下、宇賀克也「職務行為基準説の検討」行政法研究1号（2012年）8頁以下など。
74) 稲葉（馨）・前掲注73) 49頁。
75) 藤田・前掲注31) 540頁など。
76) ニュアンスの違いはあるが、阿部泰隆『行政法解釈学II』〔有斐閣、2009年〕499頁、山本・前掲注33) 537頁以下、宇賀・前掲注73) 27頁、中川丈久「国家賠償法1条における違法と過失について」法学教室385号（2012年）78頁以下など。

これらの事件で慰謝料のみが請求されていたのは確かであるが、違法な処分によって被った苦痛を理由とするもので、当該処分が法令に違反していることを前提としている。そうすると、国賠請求の当否を判断する上で当該処分の要件該当性を判断すべきだったと解されるから、上記判例は違法性一元説をとるものではないと思われる。

　（c）　職務行為基準説の最大の問題は、国賠訴訟において加害行為が法令の要件に違反していたかどうかが判断されず、違法行為抑止機能が果たされなくなることである[77]。

　職務行為基準説と違法性一元説の使い分けの基準が不明確であることも問題である[78]。幼児接見不許可事件では監獄法施行規則が監獄法に違反する旨を指摘すること、不法滞在外国人国民健康保険被保険者証不交付事件では不法滞在外国人を一律に保険の適用から除外する運用を改めさせること、広島地検庁舎内接見拒否事件では「面会接見」を認めさせることが意図されたのかもしれない[79]。いずれも大変もっともであるが、住民票続柄記載国家賠償事件（最判平成11年1月21日前掲注7））において、続柄の記載方法の違憲性をなぜ判断しなかったのだろうか。うがった見方をすれば、当該行為の違法性（違憲性）を判断しようとすれば違法性一元説、判断を回避しようとすれば職務行為基準説をとっているとも解される。しかし、このような裁量上訴的な取扱いには疑問がある。

　（d）　国賠訴訟で「反射的利益論」が妥当するかについては争いがあるが[80]、判例は原告の利益が法令によって保護されていることを要求している。

77）　塩野・前掲注34）321頁など。
78）　田原睦夫元最高裁判事は最高裁判例から明確な基準を読み取れないと指摘する（田原睦夫編著『裁判・立法・実務』〔有斐閣、2014年〕145頁）。偽装建築物建築確認事件（最判平成25年3月26日裁時1576号8頁）の寺田逸郎・大橋正春補足意見は、注意義務の内容・レベルの違いによって説明しているが、注3）で認めるとおり、奈良過大更正国家賠償事件の説明がつかない。喜多村勝徳「行政処分取消訴訟における違法性と国家賠償請求事件における違法性との異同」藤山＝村田編・前掲注67）636頁は、幼児接見不許可事件等は国賠違法について判示したわけではなく、判例に矛盾はないとするが、これらの事件で法令の要件該当性が判断された理由は依然明らかでない。
79）　森義之・最判解民平成17年度（上）（2008年）258頁注7）によれば、接見に関する先例に従っただけのようでもある。
80）　稲葉馨「国賠訴訟における「反射的利益論」」小島和司博士東北大学退職記念『憲法と行政法』〔良書普及会、1987年〕595頁など。

在宅投票制度廃止事件等が「個別の国民に対して負担する職務上の法的義務」に言及していることから、加害公務員が原告との関係で職務上の注意義務を負うかという点で保護目的を考慮していると解される[81]。

この問題については二面関係と三面関係で区別できるのではないかと考える。公務員が私人を直接加害する場合、これを正当化する法令は相手方を保護すると解されるから、保護目的は通常問題とならない。他方、規制権限不行使のように処分の第三者が被害を受ける場合、根拠法令が当該第三者を保護するかが問題となりうる。京都宅建業者事件（最判平成元年11月24日前掲注81））のように、（規制権限不行使に加え）違法な許認可により第三者が損害を受けた場合も同様である。もっとも、許認可が公益保護を「直接的な目的」とする場合でも、加害が切迫しているとき等は被害者を保護するものと解しうるから[82]、原告適格とは状況が全く異なると思われる。

この点で興味深いのは偽装建築物建築確認事件（最判平成25年3月26日前掲注78））である。耐震強度が偽装された建築計画に基づいて建築確認を受けた建築主が、違法な建築確認によって損害を受けたとして京都府に損害賠償を求めたが、最高裁は建築基準法が建築主の利益を保護していると判断した。伝統的理論によれば、建築確認が許可にあたるとすると（確認でも基本的に同様であろう）、自然の自由を回復するにとどまり、建築主を保護することにはならないはずである（原審）。建築確認が単なる許可ではなく、建築主の利益を保護する制度に（解釈上または立法上）なったと解するほかないように思われる。

V　おわりに

司法制度改革後における行政法判例は、おおむね行政に対するチェック機能を積極的に果たすようになっており、従来からの裁判所の変化に加え、司法制度改革が一定の役割を果たしていると考えられる。もっとも、根拠の不明確な

---

81) 弁護士会接見不許可事件（最判平成20年4月15日民集62巻5号1005頁）は、在宅投票制度廃止事件、京都宅建業者事件（最判平成元年11月24日民集43巻10号1169頁）、在外国民選挙権事件を引用して、「公務員が、当該行為によって損害を被ったと主張する者に対して負う職務上の法的義務に違反した」場合に、国賠法違法が認められるとする。
82) 京都宅建業者事件が「直ちに」違法な行為にあたるものではないと判示しているのは、このような趣旨と解される。

ドグマに基づく判例や、理論的根拠に疑問がある判例も散見され、学説によるさらなる検討が必要である。

第 16 章　団体訴訟の制度設計に向けて
　　　──消費者保護・環境保護と行政訴訟・民事訴訟

I　はじめに

　団体訴訟は、消費者保護の分野では民事訴訟として導入が進められているものの、行政訴訟としてはいまだ制度化されていない。環境保護の分野では、行政訴訟・民事訴訟のいずれも制度化されていない。

　そこで、共同研究「現代行政の多様な展開と行政訴訟制度改革」[1]では、消費者保護と環境保護における団体訴訟を比較することにより、これらの空白領域において団体訴訟の制度設計を行うための示唆を得るため、2014（平成26）年7月26日、公開シンポジウム「団体訴訟の制度設計」を開催した。このシンポジウムの成果は、「特集・団体訴訟の制度設計」として、2015（平成27）年2月、論究ジュリスト12号に掲載された。

　当該特集掲載論文のうち、シンポジウムの主報告にあたるのが、島村健「環境法における団体訴訟」[2]（以下「島村論文」という）及び斎藤誠「消費者法における団体訴訟」[3]（以下「斎藤論文」という）である。島村論文は、環境利益の特質をふまえて、首尾一貫性のアプローチと利益のアプローチから団体訴訟の必要性を規範的に論証し、具体的な提案について検討を加えている。斎藤論文は、権利利益の実現が不十分な分野が残されていること、公益保護のための争訟にも多様なものがあることを指摘した上で、民事訴訟としての消費者訴訟と行政的手法・行政訴訟との役割分担を考察し、それを基礎に行政訴訟としての消費

---

1) 平成25年度～平成27年度科学研究費基盤研究（B）（一般）25285012。この共同研究は、個別行政領域の現状を検討することにより、行政訴訟制度改革のための具体的提言を行うことを目的としていた。研究代表者は筆者（行政法・行政情報法）であり、研究分担者は、原田大樹（京都大学、行政法・消費者法・都市法等）、渡辺徹也（早稲田大学、租税法）、村西良太（大阪大学、憲法）、小島立（九州大学、知的財産法・文化政策と法）、笠木映里（九州大学、社会保障法）、石森久広（西南学院大学、行政法・財政法）、勢一智子（西南学院大学、行政法・環境法）の各氏である（括弧内はシンポジウム当時の所属機関と担当分野）。
2) 島村健「環境法における団体訴訟」論究ジュリスト12号（2015年）119頁。
3) 斎藤誠「消費者法における団体訴訟──制度設計の考慮要素について」同131頁。

者団体訴訟に関する制度設計の指針を明らかにしている。

　シンポジウムにおけるコメントにあたるものが、宇賀克也「団体訴訟の必要性」[4]（以下「宇賀論文」という）、原田大樹「団体訴訟の制度設計」[5]（以下「原田論文」という）及び山本隆司「団体訴訟に関するコメント」[6]（以下「山本論文」という）である。宇賀論文は、消費者保護及び環境保護の分野における行政判例の現状を確認し、団体訴訟の必要性を指摘した上で、団体訴訟導入の政策的根拠と団体の要件を検討している。原田論文は、団体訴訟の理論的基礎付けを論じた上で、特定商取引法を具体例として、制度設計において考慮すべき点を明らかにしている。山本論文は、ドイツにおける原告適格に関する判例、公権及び団体訴訟に関する学説、団体訴訟の立法について、近時の動向を分析している。

　本章は、これらの論文を踏まえて、問題の整理を試みるものである。団体訴訟については憲法上の疑義もないではないが、筆者は立法裁量がかなり広いものと考えている[7]。そこで問題となるのは具体的な制度設計である。ここでは、消費者保護と環境保護（II）、行政訴訟と民事訴訟（III）をそれぞれ比較し、この観点から制度設計に向けてのいくつかのポイントを検討する。

II　消費者保護と環境保護

　消費者保護と環境保護においては、いわゆる「集団的利益」が問題となっている点が共通している。こうした「集団的利益」は従来型の訴訟制度では救済が困難であり、島村論文[8]が詳細に論じているように、それによって団体訴訟の必要性が正統化（正当化）される[9]。

　もっとも、消費者保護と環境保護にはさまざまな相違が存在することも否定できず、これらを制度設計に当たって十分に考慮する必要がある。

---

[4]　宇賀克也「団体訴訟の必要性——団体訴訟シンポジウムにおけるコメント」同144頁。
[5]　原田大樹「団体訴訟の制度設計——特定商取引法を具体例として」同150頁。
[6]　山本隆司「団体訴訟に関するコメント——近時のドイツ法の動向に鑑みて」同156頁。
[7]　村上裕章「客観訴訟と憲法」行政法研究4号（2013年）43頁以下〔本書83頁以下〕参照。
[8]　島村・前掲注2）127頁以下。
[9]　山本隆司「集団的消費者利益とその実現主体・実現手法」千葉恵美子ほか編『集団的消費者利益の実現と法の役割』〔商事法務、2014年〕226頁、同「客観法と主観的権利」長谷部恭男ほか編『岩波講座・現代法の動態①　法の生成／創設』〔岩波書店、2014年〕40頁以下も参照。

一 利益の性質

「消費者」保護の場合、(その範囲が国民全体に広がる可能性もあるとはいえ)消費者という利益主体は明確である(属人的利益)。したがって、そこには「私益」の側面があると解することが可能であり、消費者の利益を代表するものとして民事訴訟を構成することも比較的容易である[10]。他方で、島村論文[11]も指摘するように、利益主体が観念的に明確であるとしても、具体的に特定することは困難な場合が多く、主婦連ジュース訴訟(最判昭和53年3月14日民集32巻2号211頁)に見られるように、主観訴訟としての行政訴訟による保護には限界がある[12]。

これに対し、環境保護の場合は、(地球環境が問題となる場合もあるとはいえ)一定の地域における環境の保護が問題となる(属地的利益)。したがって、利益主体との結びつきは必ずしも明確ではない。もっとも、一定の土地に居住する者の生活利益等については、その範囲が比較的明確であり、この場合は従来型の訴訟によって保護することも可能である[13]。しかし、島村論文[14]で指摘されて

---

10) 森田修「差止請求と民法」総合研究開発機構=高橋宏志共編『差止請求権の基本構造』〔商事法務、2001年〕125頁は、消費者団体訴訟における集合的利益について、「それは私益と公益との中間的な性格を帯びているものであって、なお私益としての性格を保持する限度で民事訴訟を通じた保護の対象となりうる面をもつ」と指摘する。鹿野菜穂子「消費者団体による差止訴訟の根拠および要件について」立命館法学292号(2003年)173頁も同旨。また、高田昌宏「差止請求訴訟の基本構造」総合研究開発機構=高橋共編・前掲159頁以下は、「できるだけ伝統的私法および民事訴訟法の概念・理論の枠内で団体の差止訴訟を捉えようとするならば、差止訴訟の公益擁護や制度保護、客観的法遵守コントロールを前面に出した団体訴権の構成は、既存の制度・理論との距離が大きい。その点では、集団的利益や団体利益の擁護としての団体の差止訴権の構成の方が、私権・私益の保護に資する伝統的な民事訴訟との距離は近い」と述べる。
11) 島村・前掲注2)122頁。
12) 原田大樹『公共制度設計の基礎理論』〔弘文堂、2014年〕285頁以下参照。
13) 原田・前掲注12)286頁は、消費者利益について、「一定範囲の地域に不利益が限定されることが通例である環境利益と異なり、利益の不特定性・拡散性が高い場面も想定される」と指摘する。森田・前掲注10)123頁以下も、「環境利益に基づく差止は、不当条項使用差止よりも、この個別的私権構成〔=新紛争管理権説〕にまだいくらかなじみやすい面があった。なぜなら、環境利益に基づく差止という類型は、環境被害の広がりを客観的基礎とする『地域』ないし『住民』という絞りを理論上は前提とし得るものだからである。これに対して不当条項使用差止において、消費者一般にはこのような絞りはまったく観念できない」と述べる(〔 〕は引用者による補足)。山本和彦「集団的利益の訴訟における保護」民商法雑誌148巻6号(2013年)632頁も、環境事故等が発生した場合、その影響する範囲は通常地理的に限定されており、一般的な集団訴訟によって対応可能な場合が多いとする。

いるように、自然・文化的環境については、利益の帰属主体が不明確であり、その範囲を確定することが難しくなる。同論文[15]及び宇賀論文[16]でも言及されている将来世代の利益も考慮するならば、このことはいっそう当てはまる。そこで、環境保護については、公益が問題とならざるをえないとの指摘もある[17]。消費者保護と比較して、環境保護においては、行政的規制が多いことが指摘されているが[18]、こうした事情によるのかもしれない。そこで、島村論文[19]は、環境団体訴訟は行政訴訟として構想すべきであるとする。また、島村論文[20]及び山本論文[21]は、この点で、団体の資格について消費者保護の場合とは異なる要件（万人条項）が必要となることを示唆する。

二　「集団的利益」の内容

　消費者保護における「集団的利益」については、原田論文[22]で用いられている「集合的利益」（損害の観念とその個別的な帰属の確定は可能であるが、個別の損害が軽微であるもの）、「拡散的利益」（損害を観念することは可能であるものの、その個別的な帰属を確定することが困難なもの）、「社会的損失」（市場競争の機能不全等により社会的にはマイナスが生じているものの、損害を観念することができないもの）という分類が有効である[23]。

---

14)　島村・前掲注2) 123頁。
15)　島村・前掲注2) 123頁。
16)　宇賀・前掲注2) 148頁以下。
17)　大塚直「環境訴訟における保護法益の主観性と公共性・序説」法律時報82巻11号（2010年）120頁以下は、「環境利益は、通常の集団的利益と異なり、誰にも属さない場合があるからである。これは、環境利益が『一般利益……』、換言すれば『公益』である場合があることを意味している。この点は、消費者契約法に基づく団体訴訟と、環境関連の団体訴訟との相違点として重要であろう」と指摘する。松本和彦「環境団体訴訟の憲法学的位置づけ」環境法政策学会誌15号（2012年）149頁も、「消費者利益は、個々の消費者の個人利益に還元することも可能と思われるのに対して、環境利益は、一部を除いて、個人利益に還元できない公益そのものだからである」と述べる。これに対し、島村・前掲注2) 127頁は、自然環境や文化的環境を享受する利益と一般公益の異質性を指摘する。
18)　山本和彦「環境団体訴訟の可能性」福永有利先生古稀記念『企業紛争と民事手続法理論』〔商事法務、2005年〕178頁。
19)　島村・前掲注2) 122頁以下。
20)　島村・前掲注2) 128頁以下。
21)　山本（隆）・前掲注6) 163頁。
22)　原田・前掲注5) 150頁以下。

これに対し、環境保護については、「環境関連の公私複合利益」(良好な景観享受、入浜、森林浴等)と「純粋環境利益」(環境自体に対する客観的侵害に対する利益、汚染による一般環境への侵害に対応する利益、公益)という分類が示されている[24]。前者は原田分類にいう「集合的利益」に対応するとも解しうるが[25]、「拡散的利益」に対応するものは環境保護では想定しがたいように思われる。また、前記一とも関連するが、「純粋環境利益」については、そもそも「集団的利益」というとらえ方が適切かという問題もあるように思われる。

三　利益の種類

消費者保護においては、「少額多数被害の救済」という観点から、財産上の利益に着目して団体訴訟制度が設けられているが、これは民事訴訟に比較的なじみやすい利益である。また、この点で損害賠償訴訟による救済にも意味がある。

これに対し、環境保護においては、生活環境上の利益[26]に加え、自然・文化的環境など、財産上の利益以外の利益も重要である。こうした利益は民事訴訟として構成することがやや難しく、また、損害賠償請求の構成には問題が生じるように思われる。とりわけ、宇賀論文[27]で指摘されているように、不可逆的な環境破壊については、事前差止めが重要である。

四　利害状況

消費者利益のうち、消費者個人に発生する被害(集合的利益の侵害)については、加害者と被害者が比較的明確である[28]。したがって、消費者団体と事業者

---

23) 原田・前掲注12) 283頁も参照。
24) 大塚・前掲注17) 121頁、大塚直「公害・環境分野での民事差止訴訟と団体訴訟」加藤一郎先生追悼論文集『変動する日本社会と法』〔有斐閣、2011年〕653頁。亘理格「共同利益論と『権利』認定の方法」民商法雑誌148巻6号 (2013年) 540頁以下は、これを受けて、「純粋公益的団体訴訟」と「共同利益的団体訴訟」という類型化を行っている。
25) 吉田克己「保護法益としての利益と民法学」民商法雑誌148巻6号 (2013年) 588頁。
26) 吉田・前掲注25) 590頁は、「消費者法領域と大きく異なると考えられるのは、環境法領域では、個別の法主体に想定される被侵害利益が、財産的利益ではなく、人格的利益だということである」と指摘する。
27) 宇賀・前掲注4) 149頁。

等の間の民事訴訟になじみ、損害賠償訴訟も機能する余地がある。これに対し、拡散的利益については、差止請求が有効である。

環境保護においても個人に具体的被害が生じる場合があるが、島村論文[29]が指摘するように、集合的あるいは累積的重畳的な行為によって環境が破壊される場合も多い。さらに、やはり同論文[30]が指摘するように、公共的決定によってはじめて確定されるような利益も存在する[31]。こうした事情からすれば、損害賠償よりも事前差止めが重要であり[32]、また、いずれかといえば行政訴訟になじみやすい。

III 行政訴訟と民事訴訟

両者の関係については、民事訴訟は私益が問題となっている場合に利用すべきであり、公益が問題となる場合は行政訴訟によるべきである、という考え方もありうる（前記II－参照）。しかし、伝統的な公法私法二元論が意義を失っている現在、必ずしもこのような前提に立つ必要はないと思われる[33]。この点で斎藤論文[34]にいう「固い公法・私法二元論」がとられているドイツとは事情が異なる。したがって、環境保護において上記のように「公益」が問題となりう

---

28) 岡本裕樹「集団的消費者利益の実現を巡る民事実体法上の観点からの試論（続）」千葉ほか編・前掲注9) 41頁参照。
29) 島村・前掲注2) 120頁以下。
30) 島村・前掲注2) 122頁。
31) 国立景観訴訟において、最高裁（最判平成18年3月30日民集60巻3号948頁）は、「景観利益の保護は、一方において当該地域における土地・建物の財産権に制限を加えることとなり、その範囲・内容等をめぐって周辺の住民相互間や財産権者との間で意見の対立が生ずることも予想される」と述べている。大塚・前掲注17) 121頁は、「環境の分野における集団的利益は、多くの場合、脆弱なものであるといわざるを得ない……。すなわち、……集団的利益＝当該地域の集団の利益とみるときは、その地域に開発支持派が多いときには、むしろ開発利益が集団的利益となると考えられる……。また、開発支持派と環境保護派が拮抗しているような場合には、集団的利益が何かは確定できない。そして当該地域の集団の利益＝当該地域の集団の意向・選択とみるときは、多数の意思はその時々で移ろいやすく、例えば裁判の最中にも変化しうる」と指摘する。同・前掲注24) 653頁も参照。
32) 山本（和）・前掲注13) 632頁は、環境保護における損害賠償の重要性の二次的性格を指摘する。
33) 公法私法二元論を前提とした現行行政事件訴訟法の立案者の意図は実現されておらず、それには正当な理由があると考えられることについては、高橋滋ほか編『条解行政事件訴訟法［第4版］』〔弘文堂、2014年〕206頁［村上裕章］参照。
34) 斎藤・前掲注3) 134頁。

るとしても、民事訴訟が直ちに排斥されるわけではない[35]。むしろ、各訴訟の特色に照らし、いずれによるのが適切かという観点から検討すべきであろう。この点で、斎藤論文[36]における、行政的手法及び行政訴訟における一般的・事前的制御と、私人間の損害賠償訴訟における事後的・個別的制御の対比が参考になる。

一 当事者

行政訴訟の場合、原則として行政主体が被告となるのに対し、民事訴訟の場合、原則として事業者等が被告となる[37]。

事業者等を被告とする民事訴訟には、利害関係者間での紛争解決を図りうるというメリットがある。他方で、前記（II四）のように、環境保護においては加害者や加害行為の特定が困難な場合もあり、こうした場合は民事訴訟の活用が難しい。また、当事者主義的な訴訟運営を行う場合、公益を確保できるかが問題となりうる。この点については、行政による援助を認めるなどの工夫も考えられる。

行政主体を被告とする行政訴訟には、斎藤論文[38]にいう「公正・中立」な行政の介在が期待できる。また、加害者や加害行為の特定が困難な場合も対処できる可能性がある。他方で、直接の加害者が訴訟に現れないことになりかねないことから、訴訟参加を促すなどの必要もある。

---

35) 山本隆司は、「国家と私人という主体の区別と、公私の法関係ないし法規範の区別との間には、既に論理的にギャップがあることに注意を要する。公法関係の当事者には私人もなり得るし、私法規範も、必ずしも単に私人の権利を一方的に保護するのみの規範ではなく、むしろ通常は私人間で権利・利益を相互に衡量・調節し、私人間の法関係を形成する。国家と私人との区別、性格の差異ほど単純に、公法関係・公法規範と私法関係・私法規範とを区別し、差異を対照させることには、もともと無理があるのである」（山本隆司「私法と公法の〈協働〉の様相」法社会学66号（2007年）17頁）、「規範というよりは事案ないし法関係を単位にして、裁判管轄あるいは訴訟類型を区別することの理論上の意義は、小さくなろう」（同19頁）と指摘する。
36) 斎藤・前掲注3) 134頁以下。
37) 理論的には、行政主体を被告とする民事訴訟、事業者等を被告とする行政訴訟も考えられる。また、行政上の義務の履行を私人に対して求める民事訴訟（私訴）も検討対象となりうる（原田・前掲注5) 152頁注10) 参照）。
38) 斎藤・前掲注3) 136頁以下。

二　請求内容

　行政訴訟としての団体訴訟を設ける場合、現行制度を前提とすれば、処分の取消し（無効確認）または差止め、もしくは処分の義務付け[39]を求める訴訟とすることが考えられる[40]。しかし、環境保護に関しては、島村論文[41]で指摘されているように[42]、処分を介することなく行われる開発行為等が少なくないことから、現行行政訴訟制度には限界がある。法令や計画の違法確認訴訟を設けることや、民事訴訟による補完を検討する必要がある。この点で、同論文[43]で検討されている日弁連作成の法案が、事業者等を被告とする差止請求等を認めている点が注目される[44]。また、山本論文[45]が述べているように、団体が事前行政手続に参加する権利を付与した上で、行政手続と団体訴訟を連続させることも考慮に値する。そのほか、原田論文[46]は、行政規制が存在する場合は、むしろ行政上の団体訴訟の方が適合的であると指摘する。

　民事訴訟については、差止訴訟と損害賠償訴訟が考えられる。消費者団体訴訟は既に存在するが、環境保護については、前記（II 三及び四）のように、損害賠償訴訟には限界がある場合も多く、差止訴訟の重要性が高いものの、その理論構成には工夫を要する。また、個人の損害を前提としない損害賠償訴訟については、賠償金の帰属や使途をどうするかという問題もある[47]。

---

[39] 原田・前掲注 12) 153 頁以下は、是正命令等について、団体に申請権を付与することにより、申請型義務付け訴訟を認める可能性を指摘する。非申請型義務付け訴訟による場合でも、「重大な損害」（行訴 37 条の 2 第 1 項）については、原告となる団体が被る損害ではなく、当該団体が代表する利益の重大性を問題とすべきであろう。越智敏裕「団体訴訟の制度設計」環境法政策学会誌 15 号（2012 年）173 頁も参照。

[40] 公法上の当事者訴訟（行訴 4 条）、特に公法上の確認訴訟については、その適法要件がなお不明確であることから（村上裕章「公法上の確認訴訟の適法要件——裁判例を手がかりとして」阿部泰隆先生古稀記念『行政法学の未来に向けて』〔有斐閣、2012 年〕733 頁〔本書第 11 章〕参照）、ここでは検討しない。

[41] 島村・前掲注 2) 130 頁。

[42] 越智・前掲注 39) 170 頁、174 頁も参照。

[43] 島村・前掲注 2) 129 頁以下。

[44] 越智・前掲注 39) 174 頁も参照。

[45] 山本（隆）・前掲注 6) 163 頁。

[46] 原田・前掲注 5) 153 頁。

[47] 吉田・前掲注 25) 599 頁は、公共的利益の侵害に対する損害賠償が理論的に困難な問題を提示するのは、「一定の価値の個別主体への帰属を前提とするからである」と指摘する。フランスにおいては、賠償金が環境保護団体に帰属するとされているが、この点をめぐって議論がある（大塚・

三　理論構成

　民事訴訟と行政訴訟の相違点として、前者が請求権構成をとるのに対し、後者がそうでない点が指摘されている[48]。

　これを前提とすれば、環境団体訴訟を民事訴訟として構成する場合は、既に導入されている消費者団体訴訟のように、実体法上の請求権を団体に付与することが自然である[49]。

　これに対し、環境・消費者団体訴訟を行政訴訟として制度化する場合には、原田論文[50]で述べられているように、団体に参加権を付与し、主観訴訟として構成する方法（統合型）と、客観訴訟として構成する方法（訴権型）が考えられる[51]。

四　ダブル・トラック問題

　斎藤論文[52]は、既に民事訴訟としての消費者団体訴訟が存在する場合、重ねて行政上の団体訴訟を設けることは、ダブル・トラック問題[53]を生じさせることを指摘する。この点は、環境保護のために民事上及び行政上の団体訴訟を設ける場合にも問題となる。

　三面関係においては、民事訴訟と行政訴訟が併存する場合も多いが（原発訴訟など）、団体訴訟を認めることにより訴訟提起の可能性が拡大するので、被告の応訴負担も考慮すれば、何らかの調整が必要になるであろう。原田論文[54]で述べられているように、義務内容ごとに役割分担を図る可能性もある。

　　前掲注17) 123頁、同・前掲注24) 650頁など参照）。鹿野菜穂子「消費者団体訴訟の立法的課題」NBL790号（2004年）65頁以下も参照。環境団体訴訟として損害賠償訴訟を導入することに積極的な見解として、吉村良一『環境法の現代的課題』〔有斐閣、2011年〕28頁以下。
48)　山本和彦「民事訴訟法理論から見た行政訴訟改革論議」法律時報76巻1号（2004年）108頁。
49)　山本（和）・前掲注13) 630頁以下参照。
50)　原田・前掲注5) 151頁以下。
51)　原田・前掲注12) 314頁以下も参照。
52)　斎藤・前掲注3) 137頁。
53)　ダブル・トラック問題には、民事訴訟と行政訴訟の併存のほか、原田・前掲注5) 151頁以下で詳細に検討されている民事団体訴訟と行政規制の併存という問題もある。
54)　原田・前掲注5) 154頁以下。

IV　おわりに

　本章では、消費者保護と環境保護、行政訴訟と民事訴訟を比較することにより、制度設計上の論点を明らかにすることを試みたが、雑駁なスケッチにとどまった。今後団体訴訟制度化のための議論が深まることを期待したい。

事　項　索　引

い

違憲確認……………………………………286
慰謝料………………………………………294
一回的行為…………………………………205
一身専属的…………………………………287
一体説………………………………………192
一定性……………………………98, 178, 206, 233
違法確認訴訟………………………………305
違法行為抑止機能…………………………295
違法性………………………………………293
　　——の承継……………………………293
違法性一元説………………………………293
違法性相対説………………………………293

う

訴えの利益の消滅……………………………97

お

応訴負担……………………………………306
応答義務………………………………104, 149

か

概括主義…………………………………44, 105
解釈基準……………………………………289
蓋然性……………………………98, 178, 190, 233
開発許可……………………………………287
下位法令……………………………………158
拡散的利益…………………………………301
学者的思考…………………………………277
学説と判例の乖離…………………………279
確認の訴え…………………………………180
確認の利益…………………………………180
下限割れ運賃…………………………182, 195
過去の法律関係……………………………215
加重等価継続感覚騒音レベル（WECPNL）
　……………………………………………200
課税権の帰属等に関する訴訟………………69
仮処分………………………………………287
仮の差止……………………………………187

き

環境関連の公私複合利益…………………302
環境団体訴訟…………………………………85
環境保護……………………………………298

機関委任事務………………………………2, 6
機関争議………………………………………17
機関訴訟………………………………………63
規制権限不行使……………………………296
期待的利益……………………………269, 273
既判力………………………………………179
義務付け訴訟…………………………115, 130
客観訴訟…………………………1, 13, 16, 53, 306
客観訴訟論……………………………………16
給付訴訟……………………………………227
境界確定訴訟…………………………………67
教科書検定……………………………237, 271
行政監督…………………………………20, 36
行政機関相互の行為…………………………7
行政規則……………………………………219
行政権の主体……………………………8, 284
行政裁判所…………………………………279
行政裁判法改正綱領…………………………18
行政裁量……………………………………235
行政事件訴訟特例法…………………………43
行政事件訴訟法…………………………48, 114
行政事件訴訟法改正………………………130
行政指導………………………………220, 291
行政主体……………………………………304
　　——と私人の二元論…………………4, 12
行政主体間の争訟……………………………1
行政上の契約…………………………………9
行政訴訟………………………………298, 303
行政訴訟法案…………………………………18
行政的規制…………………………………301
行政手続……………………………………305
行政手続法……………………………121, 126
行政と司法の役割分担……………………140
行政法規……………………………………156
拒否処分取消訴訟…………………………105

く

空港管理権 … 204
具体的事件 … 73
国地方係争処理委員会 … 63
国等による不作為の違法確認訴訟 … 64
国等の関与に関する訴訟 … 63
訓令的職務命令 … 174

け

形式的行政処分論 … 293
形式的考慮要素審査 … 240, 254, 290
刑事罰 … 178, 192
継続的行為 … 205
激変緩和措置 … 264, 266, 269, 273
原告適格 … 155, 207, 299
現在の法律関係 … 215
原子力委員会 … 236
原子炉設置許可 … 236, 270
建築確認 … 296
憲法改正に係る国民投票無効の訴訟 … 60
憲法上の権利 … 291
権利保護説 … 31
権力的事実行為 … 98

こ

行為 … 216
公益 … 301, 303
公益性 … 208
公益法人の設立許可 … 236
公害防止協定 … 9, 284
公害防止計画 … 250, 259
公共性 … 208
公共的決定 … 303
公共の福祉への影響 … 189
航空行政権 … 204
公権 … 299
合憲限定解釈 … 196
公権否定説 … 21
公権力の行使 … 10, 204, 285, 292
公権力発動要件欠如説 … 293
抗告訴訟 … 18, 176, 227, 285
公定化 … 51, 281
公定幅運賃 … 182, 194
公定力 … 174, 202, 291, 293
公表 … 178
公法私法二元論 … 17, 303
公法上の確認訴訟 … 100, 214, 291, 292, 305
公法上の当事者訴訟 … 174, 176, 177, 180, 305
公務員の服従義務 … 174
考慮されるべき利益の内容・性質 … 163
考慮要素審査 … 240, 253, 270, 290
国民健康保険 … 6
国民審査 … 59
国民訴訟 … 62, 83, 85
個人識別型 … 284
国会議員の選挙及び当選の効力に関する訴訟 … 57
国庫理論 … 10, 285
固定資産税評価基準 … 288
個別説 … 192
個別保護要件 … 155
根拠規定 … 156
根拠法規 … 194, 287
根拠法令 … 156

さ

最高裁判所裁判官国民審査の審査無効の訴訟 … 59
財産権の主体 … 2, 8, 13, 77, 284
財産上の利益 … 164, 166, 302
最小限の審査 … 243, 253, 290
最大限の審査 … 243, 253, 290
裁定的関与 … 2, 6
裁判官的思考 … 277
裁判を受ける権利 … 13, 44, 72, 77, 82, 114
在留特別許可 … 94, 96
裁量基準 … 271, 289
裁量上訴 … 295
差止訴訟 … 97, 187, 206, 223, 305
差戻的機能 … 246
差戻的取消し … 242, 256, 258
参加権 … 306
三権分立 … 85
三面関係 … 125, 306

事項索引 309

し

私益…………………………………300, 303
事業者…………………………………304
事業認定………………………………235
事件性………………………… 73, 79, 83
事実行為………………………………205
事実上の損害………………… 75, 81, 84
事前差止め………………………302, 303
自然の自由……………………………296
自治権……………………………… 2, 5, 14
執行停止………………………………189
実効的な救済…………………………282
実効的な権利救済………………175, 214
実質的考慮要素審査………240, 254, 290
実質的当事者訴訟………………153, 154
実体の審査………………… 241, 243, 290
自動認可運賃………………………182, 196
司法権…………………… 13, 44, 73, 285
司法裁判所……………………………279
司法審査の手法………………………243
司法審査の密度………………………242
司法制度改革…………………………277
司法と行政の役割分担………99, 141, 144
司法の危機……………………………280
司法の行政に対するチェック機能……277, 282
諮問機関………………………… 271, 274
社会権の自由権的効果………………275
社会的損失……………………………301
社会保障審議会………………………273
住基ネット……………………………… 9
集合的利益……………………………301
住所の認定に関する訴訟………………68
重損要件……………………… 130, 138, 143
重大な損害……… 96, 99, 178, 181, 191, 208, 222
集団的利益……………………………299
住民訴訟…………………………………60
従来の公式……………………………291
主観訴訟…………………… 1, 13, 16, 300, 306
出訴期間………………………………293
受忍義務………………………………202
受忍限度………………………………211
首尾一貫性……………………… 288, 298

受理……………………………………129
純粋環境利益…………………………302
場外車券発売施設設置許可…………288
少額多数被害…………………………302
承諾……………………………………292
消費者…………………………………300
消費者団体……………………………302
消費者保護……………………………298
情報一体論……………………………283
情報単位論……………………………283
将来世代の利益………………………301
条例の無効確認訴訟……………………66
職業の自由……………………………196
職務行為基準説………………………293
職務命令……………… 174, 192, 205, 285
処分基準………………………………192
処分時説………………………………143
処分性…………………………………291
処分の内容及び性質…………………208
指令判決………………………………142
審査基準………………………… 236, 271
審査密度………………………………290
申請型義務付け訴訟………93, 131, 305
申請権…………………… 104, 149, 229, 305
信頼保護原則…………………… 270, 275

せ

生活環境上の利益……………164, 288, 302
生活保護基準…………………………237
請求権…………………………133, 134, 306
生存権…………………………………269
制度後退禁止原則……………… 266, 274
折衷説……………………………………34
選挙訴訟……………………………17, 56
選挙に関する訴訟………………………55
選挙人名簿に関する訴訟………………55
先決問題の訴訟……………………17, 18

そ

即時解決の必要性……………… 102, 221
即時強制………………………………203
属人的利益……………………………300
属地的利益……………………………300

訴訟参加	304
訴訟承継	287
訴訟目的	39
訴訟目的論	18, 42
租税法律主義	289
損害賠償訴訟	305

た

第一次的判断権	132, 138, 141, 144
退学処分	238
第三者効	292
代執行訴訟	64
対象選択の適否	102, 215
他事考慮	245, 291
ダブル・トラック問題	306
団体訴訟	62, 298

ち

地球環境	300
地方公共団体	2, 5
地方公共団体の議会における選挙の投票の効力に関する訴訟	69
地方公共団体の議会の議員及び長の選挙及び当選の効力に関する訴訟	56
地方公共団体の長と議会の紛争に関する訴訟	70
地方自治の本旨	14
中程度の審査	243, 253, 290
懲戒処分	285
直接請求に係る署名の効力に関する訴訟	61
直接請求の投票に関する訴訟	58

つ

通達	174
償うことのできない損害	189
続柄	295

て

手続的権利	109, 117
手続的審査	243, 290
伝統的行政法学	278

と

当事者	304

当事者主義	304
当事者訴訟	17, 18, 286
統制密度	253
当選訴訟	56
特殊法人	2, 5
特別行政主体	2
都市計画決定	239, 248
都市計画事業の認可	239, 248
取消訴訟中心主義	132
取消訴訟の排他的管轄	293
取消判決の拘束力	256

な

内閣総理大臣の異議	87
内部関係	11

に

握りつぶし	114
二項道路	292
二本立て構想	127
二面関係	126

は

反射的利益論	295
判断過程合理性審査	240, 253, 270, 289
判断過程審査	195, 210, 235, 243, 251, 266, 270, 289, 290
判断代置	243, 247, 252, 254, 290
判断の終局性	87
万人条項	301

ひ

非訓令的職務命令	174
非申請型義務付け訴訟	96, 131, 154, 305
病院開設中止勧告	291
平野事件	43

ふ

不可逆的な環境破壊	302
不可争力	293
不作為の違法確認訴訟	114
藤山コート	238, 247, 252, 257, 282
部分開示	283

プライバシー型……………………284
不利益変更禁止の原則………………179, 180
分限処分………………………………236, 251
紛争の一回的解決……………………136
紛争の抜本的解決………………229, 231, 232

へ

併合提起………………………………94
併合提訴要件……………………130, 135, 141
弁明の機会……………………………191

ほ

包括的抗告訴訟概念…………………286
法規維持説……………………………18
法規命令…………………………219, 271, 289
法原理的決定…………………………79
法治国家………………………………33
法定外抗告訴訟…………………131, 223, 232
法定受託事務…………………………64
法的関連性……………………………160
法的行為………………………………205
法的効果………………………………291
法的地位………………………………216
方法選択の適否…………………………101, 226
法律上の争訟………………1, 44, 46, 73, 105, 284
法律上保護された利益説………………165, 287
法律による行政の原理…………………202
法令に基づく申請…………………94, 104, 149
保険医療機関の指定……………………291
保護基準………………………………262
補充性……………97, 100, 153, 179, 180, 193, 232

本案審理の対象………………………39

み

民事差止訴訟…………………202, 207, 286
民事訴訟…………………………298, 303
民衆訴訟………………………………55

む

無瑕疵裁量行使請求権…………………113
無名抗告訴訟………131, 153, 177, 180, 206, 285

も

目的外使用許可………………………238
目的を共通にする関係法令……………160

ゆ

有効適切な争訟方法……………………180

り

利益の内容及び性質……………………287
立法行為…………………………177, 294
立法作用………………………………286
理論への志向性………………………277

れ

列記主義……………………………42, 105
連座制による当選無効に関する訴訟……58

ろ

老齢加算………………………………237, 262

判 例 索 引

大正元〜昭和 25 年

行判大 4・7・28 行録 26 輯 958 頁 ……………114
行判昭 2・2・15 行録 38 輯 293 頁 ……………114
行判昭 9・9・21 行録 45 輯 792 頁 ……………114
最判昭 23・6・15 民集 2 巻 7 号 134 頁 …………57

昭和 26〜40 年

東京地判昭 27・4・28 行集 3 巻 3 号 634 頁 ……106
東京高判昭 27・11・15 行集 3 巻 11 号 2366 頁
　………………………………………………106
東京地判昭 28・4・27 行集 4 巻 4 号 952 頁 ……107
東京地判昭 28・7・3 労民 4 巻 4 号 281 頁 ……109
東京地判昭 28・9・9 行集 4 巻 9 号 2171 頁 ……111
最大判昭 28・12・23 民集 7 巻 13 号 1561 頁
　………………………………………… 106, 121
最判昭 29・2・23 民集 8 巻 2 号 550 頁 …………55
東京高判昭 29・3・18 行集 5 巻 3 号 655 頁 ……107
東京地判昭 29・4・27 行集 5 巻 4 号 922 頁 ……108
東京高判昭 30・1・28 行集 6 巻 1 号 181 頁 ……108
最判昭 30・2・24 民集 9 巻 2 号 217 頁 ………278
最判昭 30・12・26 民集 9 巻 14 号 2082 頁
　………………………… 102, 181, 214, 222, 225
佐賀地判昭 31・9・1 行集 7 巻 9 号 2104 頁 ……55
最判昭 36・3・15 民集 15 巻 3 号 467 頁 ………278
東京地判昭 36・8・24 行集 12 巻 8 号 1589 頁
　………………………………………………115
最判昭 37・1・19 民集 16 巻 1 号 57 頁 ………278
東京地判昭 37・6・20 行集 13 巻 6 号 1031 頁
　………………………………………………115
大分地判昭 37・9・21 行集 13 巻 9 号 1603 頁
　………………………………………………115
東京地判昭 37・10・24 行集 13 巻 10 号 1858 頁
　………………………………………………230
東京高判昭 38・4・26 民集 20 巻 6 号 1234 頁
　………………………………………………230
最判昭 38・5・31 民集 17 巻 4 号 617 頁 ………278
最判昭 38・6・4 民集 17 巻 5 号 670 頁 ………278
東京地判昭 38・7・29 行集 14 巻 7 号 1316 頁
　………………………………………………279
東京地判昭 38・9・18 行集 14 巻 9 号 1666 頁
　………………………………………………278
最判昭 38・10・18 民集 17 巻 9 号 1229 頁
　………………………………………… 150, 151, 152
東京地判昭 38・12・25 行集 14 巻 12 号 2255 頁
　………………………………………………278
最判昭 38・12・27 民集 17 巻 12 号 1871 頁 ……278
最判昭 39・2・26 民集 18 巻 2 号 353 頁 …………56
最判昭 39・10・29 民集 18 巻 8 号 1809 頁
　………………………………………… 278, 291
東京地決昭 40・4・22 行集 16 巻 4 号 708 頁
　………………………………………………278
最大判昭 40・7・14 民集 19 巻 5 号 1198 頁
　………………………………………… 119, 149, 153

昭和 41〜50 年

最大判昭 41・2・23 民集 20 巻 2 号 271 頁 ……278
最大判昭 41・7・20 民集 20 巻 6 号 1217 頁
　………………………………………… 176, 216, 230
最大判昭 42・5・24 民集 21 巻 5 号 1043 頁
　………………………………………… 237, 268, 278
東京地決昭 42・11・27 行集 18 巻 11 号 1485 頁
　………………………………………………279
最判昭 43・12・24 民集 22 巻 13 号 3147 頁
　………………………………………… 170, 221, 278
最判昭 43・12・24 民集 22 巻 13 号 3254 頁 ……278
最判昭 45・8・20 民集 24 巻 9 号 1268 頁 ……278
東京地決昭 45・10・14 行集 21 巻 10 号 1187 頁
　………………………………………………278
最判昭 46・10・28 民集 25 巻 7 号 1037 頁 ……278
東京地判昭 46・11・8 行集 22 巻 11＝12 号 1785 頁
　………………………………………………278
最判昭 47・3・31 民集 26 巻 2 号 319 頁 ………278
最判昭 47・11・9 民集 26 巻 9 号 1513 頁
　………………………………………… 215, 225
最判昭 47・11・16 民集 26 巻 9 号 1573 頁
　………………………………… 119, 149, 150, 151, 152
最判昭 47・11・30 民集 26 巻 9 号 1746 頁
　………………………………………… 100, 176, 222, 279
最判昭 47・12・5 民集 26 巻 10 号 1795 頁 ……278
東京地判昭 47・12・23 判時 691 号 7 頁 …………7

最判昭 48・4・26 民集 27 巻 3 号 629 頁 ……… 280
東京高判昭 48・7・13 行集 24 巻 6＝7 号 533 頁
　………………………………… 235, 251, 278, 290
最判昭 48・9・14 民集 27 巻 8 号 925 頁
　………………………………… 236, 251, 252, 253, 254, 290
東京高判昭 48・10・24 判時 722 号 52 頁……… 7
最判昭 49・5・30 民集 28 巻 4 号 594 頁 ………… 6
最判昭 49・7・19 民集 28 巻 5 号 790 頁 ……… 238
最判昭 49・11・8 判時 765 号 68 頁 …… 150, 151
最判昭 50・5・29 民集 29 巻 5 号 662 頁 ……… 278
大阪高判昭 50・11・27 判時 787 号 36 頁 …… 212

昭和 51〜60 年
最大判昭 51・4・14 民集 30 巻 3 号 223 頁 …… 280
最大判昭 52・7・13 民集 31 巻 4 号 533 頁 …… 280
最判昭 52・12・20 民集 31 巻 7 号 1101 頁
　……………………………………………… 238, 279
最判昭 53・3・14 民集 32 巻 2 号 211 頁
　………………………………………… 156, 279, 300
最大判昭 53・10・4 民集 32 巻 7 号 1223 頁
　………………………………………… 241, 253, 254, 279
最判昭 53・10・20 民集 32 巻 7 号 1367 頁 …… 294
最判昭 53・12・8 民集 32 巻 9 号 1617 頁 ……… 7
東京地判昭 54・7・20 行集 30 巻 7 号 1329 頁
　……………………………………………………… 218
最判昭 54・12・25 民集 33 巻 7 号 753 頁
　……………………………………………… 280, 291
最判昭 55・11・25 民集 34 巻 6 号 781 頁 …… 279
最判昭 56・4・7 民集 35 巻 3 号 443 頁 ………… 80
最判昭 56・5・14 民集 35 巻 4 号 717 頁 ………… 70
最大判昭 56・12・16 民集 35 巻 10 号 1369 頁
　…………………………… 202, 203, 204, 205, 207,
　　　　　　　　　　　　　　211, 212, 213, 279, 286
最判昭 57・3・12 民集 36 巻 3 号 329 頁 ……… 294
最判昭 57・4・22 民集 36 巻 4 号 705 頁 ……… 279
最大判昭 57・7・7 民集 36 巻 7 号 1235 頁
　……………………………………… 237, 264, 267
最判昭 57・7・13 民集 36 巻 6 号 970 頁 ……… 280
最判昭 57・9・9 民集 36 巻 9 号 1679 頁
　………………………………………… 151, 156, 280
横浜地判昭 57・10・20 判時 1056 号 26 頁 …… 204
東京高判昭 58・1・25 行集 34 巻 1 号 88 頁 …… 218
最大判昭 58・6・22 民集 37 巻 5 号 793 頁
　……………………………………………… 239, 253
最判昭 59・1・26 民集 38 巻 2 号 53 頁 ……… 279
最判昭 59・10・26 民集 38 巻 10 号 1169 頁 … 279
最判昭 60・1・22 民集 39 巻 1 号 1 頁 ………… 280
最判昭 60・11・21 民集 39 巻 7 号 1512 頁
　……………………………………………… 279, 294
最判昭 60・12・17 民集 39 巻 8 号 1821 頁 …… 280

昭和 61〜63 年
最判昭 61・2・13 民集 40 巻 1 号 1 頁 …… 151, 280
最判昭 62・4・17 民集 41 巻 3 号 286 頁 ……… 280
東京高判昭 63・3・23 行集 39 巻 3＝4 号 181 頁
　……………………………………………………… 231
最判昭 63・7・14 判時 1297 号 29 頁……… 236, 253

平成元〜10 年
最判平元・2・17 民集 43 巻 2 号 56 頁 …… 156, 280
最判平元・4・13 判時 1313 号 121 頁 …… 156, 279
最判平元・6・20 判時 1334 号 201 頁 ………… 279
最判平元・7・4 判時 1336 号 86 頁(訟月 36 巻 1
　号 137 頁) ……………… 100, 176, 222, 231, 279
最判平元・11・24 民集 43 巻 10 号 1169 頁 …… 296
最判平 3・7・9 民集 45 巻 6 号 1049 頁…… 280, 294
最判平 4・1・24 民集 46 巻 1 号 54 頁 ………… 280
福岡高判平 4・3・6 判時 1418 号 3 頁 ……… 204
最大判平 4・7・1 民集 46 巻 5 号 437 頁 ……… 280
最判平 4・9・22 民集 46 巻 6 号 571 頁
　………………………………………… 156, 280, 287
最判平 4・10・29 民集 46 巻 7 号 1174 頁
　………………………………… 236, 251, 253, 270, 280, 290
最判平 4・11・26 民集 46 巻 8 号 2658 頁……… 280
最判平 5・2・25 民集 47 巻 2 号 643 頁
　……… 202, 203, 204, 205, 207, 211, 213, 279, 286
最判平 5・3・11 民集 47 巻 4 号 2863 頁
　……………………………………………… 279, 294
最判平 5・3・16 民集 47 巻 5 号 3483 頁
　……………………………………… 237, 251, 253, 271
最判平 5・3・30 民集 47 巻 4 号 3226 頁 ……… 279
最判平 5・9・10 民集 47 巻 7 号 4955 頁 ……… 279
最判平 5・10・22 民集 47 巻 8 号 5147 頁
　……………………………………………… 239, 252
東京地判平 6・9・9 行集 45 巻 8＝9 号 1760 頁
　……………………………………………… 218, 222, 224

最判平 6・9・27 判時 1518 号 10 頁 ············· 157
最判平 7・3・7 民集 49 巻 3 号 893 頁 ·········· 215
最判平 7・3・23 民集 49 巻 3 号 1006 頁 ········ 279
那覇地判平 7・3・28 判時 1547 号 22 頁 ····· 11, 13
最判平 7・7・7 民集 49 巻 7 号 2599 頁 ····· 210, 211
最判平 8・3・8 民集 50 巻 3 号 469 頁
　　　　　　　　 ············ 238, 252, 253, 254, 255, 280
福岡高那覇支判平 8・9・24 行集 47 巻 9 号 808 頁
　　　　　　　　　　 ······································· 11
最判平 9・1・28 民集 51 巻 1 号 250 頁 ······ 157, 287
最判平 9・1・28 民集 51 巻 1 号 147 頁 ·········· 243
札幌地判平 9・3・27 判時 1598 号 33 頁
　　　　　　　　　　　 ······························ 238, 252
大阪地判平 9・5・28 判タ 956 号 163 頁 ········ 217
最判平 9・7・15 民集 51 巻 6 号 2645 頁 ········ 251
最判平 9・8・29 民集 51 巻 7 号 2921 頁
　　　　　　　　　　　 ······························ 237, 251
最判平 10・12・17 民集 52 巻 9 号 1821 頁 ····· 157

平成 11〜15 年

最判平 11・1・21 判時 1675 号 48 頁 ······· 279, 295
最判平 11・11・25 判時 1698 号 66 頁 ·········· 155
浦和地判平 12・1・31 裁判所 HP ················ 219
最判平 12・3・17 判時 1708 号 62 頁············· 157
東京高判平 12・10・19 判時 1732 号 73 頁 ····· 219
最判平 13・3・13 民集 55 巻 2 号 283 頁 ·········· 164
最判平 13・3・27 民集 55 巻 2 号 530 頁
　　　　　　　　　　　 ······························ 282, 283
最判平 13・7・13 訟月 48 巻 8 号 2014 頁 ········· 8
東京地判平 13・10・3 判時 1764 号 3 頁
　　　　　　　　　　　 ······························ 238, 248
東京地決平 13・12・3 裁判所 HP ················ 238
東京地決平 13・12・3 判例集未登載 ······ 252, 256
東京地判平 13・12・4 判時 1791 号 3 頁 ········ 142
東京地決平 13・12・27 判時 1771 号 76 頁
　　　　　　　　　　 ························· 238, 252, 256
最判平 14・1・17 民集 56 巻 1 号 1 頁 ······ 281, 292
最判平 14・1・22 民集 56 巻 1 号 46 頁 ·········· 157
東京地判平 14・2・14 判時 1808 号 31 頁
　　　　　　　　　　 ························· 102, 218, 222
東京地判平 14・2・19 裁判所 HP ················ 238
東京地判平 14・2・19 判例集未登載 ············ 252
金沢地判平 14・3・6 判時 1798 号 21 頁 ········ 202

東京地判平 14・3・7 判時 1811 号 63 頁 ········ 257
東京地判平 14・3・26 判時 1787 号 42 頁 ······ 222
東京地判平 14・3・28 民集 56 巻 3 号 613 頁 ··· 157
最判平 14・7・9 民集 56 巻 6 号 1134 頁
　　　　　　　　　　 ······················ 3, 8, 52, 77, 282, 284
東京地判平 14・8・27 訟月 49 巻 1 号 325 頁
　　　　　　　　　　 ························· 238, 252, 256, 257
最判平 15・9・4 判時 1841 号 89 頁 ········ 281, 292
東京地判平 15・9・19 判時 1836 号 46 頁
　　　　　　　　　　 ························· 238, 252, 256, 257
東京地判平 15・10・17 裁判所 HP ············· 238
東京高判平 15・12・18 訟月 50 巻 8 号 2332 頁
　　　　　　　　　　　 ······························ 248
岐阜地判平 15・12・26 判時 1858 号 19 頁 ····· 252

平成 16〜20 年

最大判平 16・1・14 民集 58 巻 1 号 56 頁
　　　　　　　　　　　 ······························ 239, 252
最判平 16・1・15 民集 58 巻 1 号 226 頁
　　　　　　　　　　　 ······························ 282, 294
東京地判平 16・2・19 裁判所 HP ················ 238
東京地判平 16・2・19 判例集未登載 ············ 252
東京地判平 16・3・25 判時 1881 号 52 頁
　　　　　　　　　　　 ······························ 238, 252
東京地判平 16・4・22 訟月 51 巻 3 号 593 頁
　　　　　　　　　　 ························· 238, 252, 256
最判平 16・4・26 民集 58 巻 4 号 989 頁 ········ 281
最判平 16・4・27 民集 58 巻 4 号 1032 頁 ······ 281
東京地判平 16・9・17 判時 1892 号 17 頁 ······ 257
最判平 16・10・15 民集 58 巻 7 号 1802 頁 ····· 281
最判平 16・12・24 判時 1890 号 46 頁 ····· 215, 225
大津地判平 17・2・7 判時 1921 号 45 頁
　　　　　　　　　　 ························· 218, 222, 224
東京地判平 17・3・25 裁判所 HP ·········· 217, 224
最判平 17・4・14 民集 59 巻 3 号 491 頁
　　　　　　　　　　　 ······························ 281, 292
最判平 17・4・19 民集 59 巻 3 号 563 頁 ········ 294
東京地判平 17・5・16 LEX/DB ··················· 219
最判平 17・5・30 民集 59 巻 4 号 671 頁
　　　　　　　　　　　 ······························ 236, 251
最判平 17・7・15 民集 59 巻 6 号 1661 頁
　　　　　　　　　　　 ······························ 281, 291
岡山地判平 17・7・27 訟月 52 巻 10 号 3133 頁

……………………………………………… 252
大阪高判平 17・7・28 裁判所 HP ……………… 94
最大判平 17・9・14 民集 59 巻 7 号 2087 頁
  ……………………… 100, 103, 176, 215, 216,
          220, 223, 227, 281, 286
東京高判平 17・10・20 判時 1914 号 43 頁 …… 242
甲府地判平 17・10・25 判タ 1194 号 117 頁 …… 222
最判平 17・10・25 判時 1920 号 32 頁 ………… 291
最判平 17・11・8 判時 1915 号 19 頁 …… 215, 225
大阪高判平 17・11・24 訟自 279 号 74 頁
  ………………………………………… 218, 222, 224
東京地判平 17・11・25 裁判所 HP ……… 94, 96, 97
東京高判平 17・11・29 裁判所 HP ……… 217, 224
最判平 17・12・1 判時 1922 号 72 頁 …… 237, 251
最大判平 17・12・7 民集 59 巻 10 号 2645 頁
  ………………………………………… 155, 248, 281, 287
東京地判平 17・12・16 裁判所 HP ……………… 96
東京高判平 17・12・19 判時 1927 号 27 頁
  ………………………………………… 102, 218, 222
東京地判平 17・12・26 裁判所 HP ……………… 95
大阪地決平 18・1・13 判タ 1221 号 256 頁 …… 99
最判平 18・2・7 民集 60 巻 2 号 401 頁
  …… 195, 238, 252, 253, 254, 256, 271, 281, 290
大阪地判平 18・2・22 判タ 1221 号 238 頁 …… 99
東京高判平 18・2・23 判時 1950 号 27 頁 …… 252
横浜地判平 18・3・22 訟月 53 巻 8 号 2399 頁 … 9
大阪地判平 18・3・23 判自 288 号 74 頁 ……… 94
最判平 18・3・23 訟月 54 巻 4 号 823 頁
  ………………………………………… 239, 252, 253
東京地判平 18・3・24 訟月 53 巻 6 号 1769 頁
  ………………………………………… 9, 14, 15
最判平 18・3・30 民集 60 巻 3 号 948 頁 …… 303
名古屋地判平 18・4・14 裁判所 HP …………… 219
岡山地判平 18・4・19 判タ 1230 号 108 頁 …… 94
さいたま地判平 18・4・26 判自 303 号 46 頁 … 93
東京高判平 18・5・11 裁判所 HP ……………… 96
大阪地決平 18・5・22 判タ 1216 号 115 頁
  ……………………………………………… 99, 100
大津地判平 18・6・12 判自 284 号 33 頁 ……… 97
東京高判平 18・6・28 裁判所 HP（民集 63 巻 2 号
  351 頁） ………………………………………… 95
横浜地判平 18・7・19 裁判所 HP ……………… 97
名古屋地判平 18・8・10 判タ 1240 号 203 頁

……………………………………………… 97, 99
最判平 18・9・4 判時 1948 号 26 頁
  ………………………………………… 252, 253, 281
東京地判平 18・9・12 裁判所 HP
  ………………………………………… 100, 102, 217, 222
東京地判平 18・9・21 判時 1952 号 44 頁
  ……… 97, 99, 100, 101, 169, 218, 222, 228, 231
千葉地判平 18・9・29 裁判所 HP
  ………………………………… 101, 102, 217, 222, 230
最大判平 18・10・4 民集 60 巻 8 号 2696 頁
  ……………………………………………… 239, 252
名古屋地判平 18・10・5 判タ 1266 号 207 頁 … 93
東京高判平 18・10・20 裁判所 HP ……… 97, 98, 99
東京地判平 18・10・25 判時 1956 号 162 頁 …… 94
大阪地判平 18・10・26 判タ 1226 号 82 頁 …… 166
最判平 18・10・26 判時 1953 号 122 頁
  ………………………………………… 239, 252, 253
最判平 18・11・2 民集 60 巻 9 号 3249 頁
  ……………………… 155, 195, 210, 239, 248, 271
東京高判平 18・11・15 裁判所 HP ……………… 97
札幌地判平 18・11・16 判タ 1239 号 129 頁 …… 94
東京地判平 18・11・29 賃社 1439 号 55 頁
  ………………………………………………… 220, 221
名古屋地判平 18・11・30 判自 292 号 9 頁 …… 220
福岡地判平 18・12・19 判タ 1241 号 66 頁
  ………………………………………… 101, 218, 224
東京地判平 18・12・20 裁判所 HP ……………… 219
東京地判平 19・1・12 訟月 54 巻 12 号 3069 頁
  ………………………………………… 102, 222, 225
大阪地判平 19・1・30 裁判所 HP ……………… 93
東京地判平 19・1・31 裁判所 HP ……………… 96
東京高判平 19・2・15 訟月 53 巻 8 号 2385 頁 … 9
大阪地判平 19・2・15 判タ 1253 号 134 頁 …… 96
大阪地決平 19・2・20 裁判所 HP ……… 99, 100
東京地判平 19・2・23 裁判所 HP
  ………………………… 96, 99, 101, 102, 217, 229
水戸地判平 19・2・27 判タ 1224 号 233 頁 …… 98
神戸地決平 19・2・27 賃社 1442 号 57 頁 …… 98
最判平 19・2・27 民集 61 巻 1 号 291 頁 …… 173
新潟地高田支判平 19・3・1 税務訴訟資料 257 号
  順号 20644 …………………………………… 219
大阪地判平 19・3・14 判タ 1252 号 198 頁 …… 95
大阪地判平 19・3・14 判タ 1257 号 79 頁 …… 163

神戸地判平 19・3・16 判自 303 号 27 頁 ………97
名古屋地判平 19・3・23 判時 1997 号 93 頁
　…………………………………… 102, 222
大分地判平 19・3・26 裁判所 HP…………… 166
大阪高決平 19・3・27 裁判所 HP……………98
大阪地決平 19・3・28 判タ 1278 号 80 頁………99
最判平 19・4・17 判時 1971 号 109 頁 ……… 283
さいたま地判平 19・4・25 裁判所 HP…………95
東京高判平 19・4・25 裁判所 HP
　………………… 101, 102, 217, 222, 224, 230
東京地判平 19・5・25 裁判所 HP………… 94, 97
東京地判平 19・5・25 訟月 53 巻 8 号 2424 頁
　……………………………………………… 100
東京地判平 19・5・31 判時 1981 号 9 頁 ………96
東京高判平 19・6・13 裁判所 HP……………96
最大判平 19・6・13 民集 61 巻 4 号 1617 頁…… 239
東京地判平 19・6・20 判時 2001 号 136 頁
　………………………………………… 101, 217
東京高判平 19・6・28 税務訴訟資料 257 号順号
　10739 ………………………………………… 219
広島地判平 19・7・6 裁判所 HP ……………94
最判平 19・7・13 判時 1982 号 153 頁 ………… 215
東京地判平 19・7・20 裁判所 HP……………94
東京高判平 19・7・26 訟月 54 巻 12 号 3044 頁
　………………………………………… 102, 222, 225
大阪地決平 19・8・10 裁判所 HP……………95
大阪地判平 19・8・10 判タ 1261 号 164 頁
　………………………………………… 103, 219, 223
大阪地判平 19・8・30 訟月 55 巻 4 号 1875 頁
　………………………………… 94, 101, 222, 229
東京地判平 19・9・7 裁判所 HP ……………96
東京地判平 19・9・28 裁判所 HP………… 93, 94
岐阜地判平 19・10・11 裁判所 HP ……………95
東京地判平 19・10・17 裁判所 HP………… 94, 97
大阪地判平 19・10・18 判タ 1273 号 159 頁……94
大阪地判平 19・10・19 裁判所 HP………… 93, 94
広島地判平 19・10・26 訟月 55 巻 7 号 2661 頁
　………………………………………………97
最決平 19・10・26 税務訴訟資料 257 号順号
　10805 ………………………………………… 219
東京高判平 19・11・5 判タ 1277 号 133 頁……96
京都地判平 19・11・7 判タ 1282 号 75 頁……96
東京地判平 19・11・7 判時 1996 号 3 頁

　…………………………………………… 100, 227
名古屋高判平 19・11・15 裁判所 HP……………93
大阪地判平 19・11・28 判自 315 号 73 頁……99
大阪地判平 19・11・28 判自 306 号 21 頁…… 228
東京高判平 19・11・29 判自 299 号 41 頁…… 9
高松高判平 19・11・29 裁判所 HP…………… 220
東京高判平 19・12・5 裁判所 HP…………… 100
最判平 19・12・7 民集 61 巻 9 号 3290 頁
　…………………………………………… 239, 270
東京地判平 19・12・13 裁判所 HP ……………94
最決平 19・12・18 判時 1994 号 21 頁 ……… 281
東京地判平 19・12・21 判時 2054 号 14 頁……94
東京地判平 19・12・26 判時 1990 号 10 頁……95
東京地判平 19・12・26 裁判所 HP
　………………………………… 101, 102, 217, 230
大阪地判平 20・1・16 判タ 1271 号 90 頁……94
大阪地判平 20・1・16 労判 958 号 21 頁……… 227
東京地判平 20・1・19 判時 2000 号 27 頁……98
熊本地判平 20・1・25 裁判所 HP……………94
名古屋地判平 20・1・31 判時 2011 号 108 頁
　………………………………………………… 93, 94
大阪地判平 20・1・31 判タ 1268 号 152 頁
　…………………………………………… 98, 99, 100
東京地判平 20・2・1 裁判所 HP ……………96
大阪地判平 20・2・14 判タ 1265 号 67 頁…… 166
大阪高判平 20・2・14 裁判所 HP…………… 219
最判平 20・2・19 民集 62 巻 2 号 445 頁……… 294
水戸地判平 20・2・26 裁判所 HP………… 93, 95
さいたま地判平 20・2・27 判自 308 号 79 頁
　………………………………………………… 228
東京地判平 20・2・29 判時 2013 号 61 頁……94
名古屋地判平 20・3・12 判タ 1282 号 67 頁……94
最判平 20・4・15 民集 62 巻 5 号 1005 頁…… 296
名古屋高判平 20・4・17 判時 2056 号 74 頁…… 219
東京高判平 20・4・17 裁判所 HP…………… 219
東京地判平 20・4・23 裁判所 HP……………94
福岡地判平 20・4・25 裁判所 HP…… 218, 222, 229
東京地判平 20・5・16 判時 2010 号 62 頁…… 159
東京地判平 20・5・21 裁判所 HP……………94
最大判平 20・6・4 民集 62 巻 6 号 1367 頁
　…………………………………………… 101, 216
広島高判平 20・6・20 訟月 55 巻 7 号 2642 頁…97
東京地判平 20・6・26 判時 2014 号 48 頁…… 262

最決平 20・7・8 判例集未登載 ……………… 9
東京高判平 20・7・9 裁判所 HP ………… 96, 97
名古屋高判平 20・7・16 裁判所 HP ……… 93, 94
東京高判平 20・7・17 判時 2054 号 9 頁 ……… 93
神戸地判平 20・7・31 判自 320 号 56 頁 ……… 97
広島地判平 20・7・31 判時 2046 号 59 頁 …… 228
東京地判平 20・8・22 裁判所 HP ………… 96, 97
東京地判平 20・8・28 裁判所 HP …………… 96
福岡高判平 20・9・8 裁判所 HP …………… 166
最大判平 20・9・10 民集 62 巻 8 号 2029 頁
　…………………………………… 175, 281, 293
長崎地判平 20・11・10 判時 2058 号 42 頁
　…………………………………………… 94, 95
新潟地判平 20・11・14 判自 317 号 49 頁 ……… 94
金沢地判平 20・11・28 判タ 1311 号 104 頁 …… 94
東京地判平 20・12・19 裁判所 HP ………… 102
東京地判平 20・12・19 判タ 1296 号 155 頁
　…………………………………………… 218, 222
大阪地判平 20・12・25 判タ 1302 号 116 頁
　…………………………………… 101, 103, 223
広島地判平 20・12・25 賃社 1485 号 49 頁・1486
　号 52 頁 ……………………………………… 265

平成 21～25 年

東京地判平 21・1・19 判時 2056 号 148 頁 ……… 94
東京高判平 21・1・28 裁判所 HP
　………………………………… 101, 102, 217, 230
名古屋高判平 21・1・29 判自 320 号 62 頁
　…………………………………… 97, 101, 219, 228
高松地判平 21・2・9 労判 990 号 174 頁 ………… 94
名古屋高判平 21・2・19 判タ 1313 号 148 頁
　………………………………… 101, 102, 217, 222, 223
岡山地判平 21・2・24 判時 2046 号 124 頁 …… 219
最判平 21・2・27 民集 63 巻 2 号 299 頁 …… 281
東京高判平 21・3・5 裁判所 HP …………… 94, 97
大阪高判平 21・3・6 裁判所 HP ……………… 98
東京高判平 21・3・19 裁判所 HP ………… 93, 95
東京高判平 21・3・25 裁判所 HP …………… 95
大阪地判平 21・3・31 判時 2054 号 19 頁
　…………………………………… 102, 222, 225, 228
大阪高判平 21・4・14 裁判所 HP …………… 94
最判平 21・4・17 民集 63 巻 4 号 638 頁 ……… 96
福岡地判平 21・6・3 賃社 1529＝1530 号 56 頁

　………………………………………………… 265
最判平 21・7・10 判時 2058 号 53 頁
　…………………………………… 9, 52, 77, 284
横浜地判平 21・7・15 裁判所 HP …………… 95
横浜地判平 21・7・16 裁判所 HP … 101, 102, 103
横浜地判平 21・7・16 LEX/DB ………… 218, 223
福岡地判平 21・7・17 LEX/DB
　………………………………… 217, 222, 223, 230
最決平 21・8・12 裁判所 HP ………………… 94
名古屋高金沢支判平 21・8・19 判タ 1311 号 95 頁
　…………………………………………………… 94
福岡地判平 21・9・11 裁判所 HP …… 218, 222, 229
大阪地判平 21・9・25 判時 2071 号 20 頁 … 94, 95
東京高判平 21・9・29 判タ 1310 号 66 頁
　………………………………………… 101, 227
東京高判平 21・9・30 裁判所 HP ………… 93, 94
最大判平 21・9・30 民集 63 巻 7 号 1520 頁 …… 239
広島地判平 21・10・1 判時 2060 号 3 頁 …… 97, 99
大阪地判平 21・10・2 裁判所 HP
　………………………………… 101, 102, 219, 223, 229
横浜地判平 21・10・14 裁判所 HP ……… 101, 102
横浜地判平 21・10・14 判自 338 号 46 頁
　…………………………………… 218, 222, 227
東京高判平 21・10・15 判時 2063 号 147 頁 …… 94
最判平 21・10・15 民集 63 巻 8 号 1711 頁
　…………………………………… 157, 282, 288
名古屋高判平 21・10・23 裁判所 HP …… 101, 102
名古屋高判平 21・10・23 裁判所 HP
　………………………………… 217, 222, 223
仙台地判平 21・10・26 公務員関係判決速報 394
　号 2 頁 ……………………………………… 227
最大判平 21・11・18 民集 63 巻 9 号 2033 頁
　………………………………………………… 281
最判平 21・11・26 民集 63 巻 9 号 2124 頁 …… 281
京都地判平 21・12・14 裁判所 HP(2 件) … 96, 97
京都地判平 21・12・14 裁判所 HP ………… 265
最判平 21・12・17 判時 2068 号 28 頁 …… 93, 94
最判平 21・12・17 民集 63 巻 10 号 2631 頁
　…………………………………………… 281, 293
大阪高判平 22・1・29 裁判所 HP …………… 102
東京高判平 22・3・7 LEX/DB ……………… 218
福岡高判平 22・3・25 裁判所 HP
　………………………………… 217, 222, 223, 230

東京地判平 22・3・30 裁判所 HP ………… 101, 102
東京地判平 22・3・30 判時 2096 号 9 頁
　……………………………………… 217, 230
東京地判平 22・4・16 判時 2079 号 25 頁 ……… 166
東京高判平 22・5・27 判時 2085 号 43 頁 ……… 263
最判平 22・6・3 民集 64 巻 4 号 1010 頁 ……… 281
福岡高判平 22・6・14 判時 2085 号 76 頁 ……… 265
東京地判平 22・10・1 裁判所 HP ………………… 217
大分地判平 22・10・18 賃社 1534 号 22 頁 …… 217
仙台高判平 22・10・28 判時 2099 号 150 頁 …… 227
東京高判平 23・1・28 判時 2113 号 30 頁
　………………………………… 218, 169, 223, 231
岐阜地判平 23・2・10 裁判所 HP ………………… 219
東京高判平 23・3・25 判自 356 号 56 頁 ……… 245
長野地判平 23・4・1 LEX/DB …………… 218, 230
最判平 23・5・30 民集 65 巻 4 号 1780 頁 ……… 173
最判平 23・6・6 民集 65 巻 4 号 1855 頁 ……… 173
最判平 23・6・7 民集 65 巻 4 号 2081 頁 ……… 281
最判平 23・6・14 民集 65 巻 4 号 2148 頁 ……… 173
最判平 23・6・21 判時 2123 号 3 頁 …………… 174
最決平 23・6・22 LEX/DB ……………………… 218
最判平 23・10・14 判時 2159 号 59 頁 ………… 243
最判平 23・10・25 裁時 1542 号 3 頁 ……… 217, 227
最判平 24・1・16 判時 2147 号 127 頁 …… 179, 243
最判平 24・2・3 民集 66 巻 2 号 148 頁 ………… 281
最判平 24・2・9 民集 66 巻 2 号 183 頁
　………………………… 148, 153, 168, 191, 192,
　　　　　　　　　　　　193, 199, 208, 281, 285
最判平 24・2・9 裁判所 HP ……………………… 231
最判平 24・2・28 民集 66 巻 3 号 1240 頁
　……………………………………………… 237, 262
大阪地判平 24・2・29 裁判所 HP ……………… 160
大阪高判平 24・3・14 LEX/DB ………………… 265
最判平 24・4・2 民集 66 巻 6 号 2367 頁
　……………………………………………… 237, 266
最判平 25・1・11 民集 67 巻 1 号 1 頁
　……………………………………… 178, 196, 281

最判平 25・3・26 裁時 1576 号 8 頁 ……… 295, 296
最判平 25・4・16 民集 67 巻 4 号 1115 頁 …… 281
最判平 25・7・12 民集 67 巻 6 号 1255 頁 …… 288

平成 26 年〜
最判平 26・1・28 民集 68 巻 1 号 49 頁 ………… 281
横浜地判平 26・5・1 判時 2277 号 123 頁 …… 199
大阪地決平 26・5・23 LEX/DB ………………… 187
福岡地決平 26・5・28 LEX/DB ………………… 187
大阪地決平 26・7・29 判時 2256 号 3 頁 ……… 183
最判平 26・7・29 民集 68 巻 6 号 620 頁 ……… 281
最決平 26・9・25 民集 68 巻 7 号 781 頁 ……… 281
最判平 26・10・9 民集 68 巻 8 号 799 頁 ……… 282
最判平 28・12・8 民集 70 巻 8 号 1833 頁 …… 198
大阪高決平 27・1・7 判時 2264 号 36 頁 ……… 187
福岡高決平 27・1・7 LEX/DB …………………… 187
福岡高決平 27・1・9 LEX/DB …………………… 187
津地判平 27・2・26 判例集未登載 ……………… 146
最判平 27・3・3 判自 394 号 67 頁 ……………… 281
大阪高判平 28・6・30 判時 2309 号 58 頁 …… 182
横浜地判平 27・7・30 判時 2277 号 38 頁
　………………… 198, 203, 205, 206, 207, 211, 212
東京高判平 27・7・30 判時 2277 号 13 頁
　………………… 198, 205, 206, 207, 208, 209, 210, 211, 212
東京高判平 27・7・30 判時 2277 号 84 頁 …… 199
名古屋高判平 27・11・12 判時 2286 号 40 頁
　………………………………………………………… 146
大阪地判平 27・11・20 判時 2308 号 53 頁 …… 183
大阪地判平 27・12・16 裁判所 HP ……………… 187
福岡地判平 28・2・26 LEX/DB ………………… 187
最決平 28・3・23 判例集未登載 ………………… 146
大阪地判平 28・6・17 裁判所 HP ……………… 187
青森地判平 28・7・29 LEX/DB ………………… 187
大阪地判平 28・9・15 LEX/DB ………………… 187
福岡地判平 28・9・27 LEX/DB ………………… 187
最判平 28・12・8 判時 2325 号 37 頁 …………… 199
福岡高判平 29・1・19 LEX/DB ………………… 187

【著者紹介】

村上裕章（むらかみ・ひろあき）
1959年　福岡県に生まれる
1988年　九州大学大学院法学研究科博士後期課程単位取得退学
現　在　九州大学大学院法学研究院教授

著　書
『行政訴訟の基礎理論』（有斐閣・2007年）
『行政情報の法理論』（有斐閣・2018年）
『行政法（第4版）』（有斐閣・2018年）（共著）
『判例フォーカス行政法』（三省堂・2019年）（共編著）

行政訴訟の解釈理論　　　　　　（行政法研究双書 39）

2019(令和元)年6月15日　初版1刷発行

著　者　村上裕章
発行者　鯉渕友南
発行所　株式会社 弘文堂　　101-0062 東京都千代田区神田駿河台1の7
　　　　　　　　　　　　　　TEL 03(3294)4801　振替 00120-6-53909
　　　　　　　　　　　　　　https://www.koubundou.co.jp

印　刷　三陽社
製　本　牧製本印刷

© 2019 Hiroaki Murakami. Printed in Japan

[JCOPY] 〈(社)出版者著作権管理機構　委託出版物〉
本書の無断複写は著作権法上での例外を除き禁じられています。複写される場合は、そのつど事前に、(社)出版者著作権管理機構（電話 03-5244-5088、FAX 03-5244-5089、e-mail: info@jcopy.or.jp）の許諾を得てください。
また本書を代行業者等の第三者に依頼してスキャンやデジタル化することは、たとえ個人や家庭内での利用であっても一切認められておりません。

ISBN 978-4-335-31512-1